U0519495

《专利法》及《专利法实施细则》修改导读（2023）

国家知识产权局条法司 编

知识产权出版社
全国百佳图书出版单位
—北京—

图书在版编目（CIP）数据

《专利法》及《专利法实施细则》修改导读：2023/国家知识产权局条法司编.—北京：知识产权出版社，2024.1

ISBN 978－7－5130－9171－8

Ⅰ.①专… Ⅱ.①国… Ⅲ.①专利权法—中国—学习参考资料

Ⅳ.①D923.424

中国国家版本馆 CIP 数据核字（2024）第 002346 号

内容提要

本书对 2020 年修改的《专利法》、2023 年修改的《专利法实施细则》的各修改之处逐条作了简要说明，并辅以《专利法》及《专利法实施细则》修改决定、官方文本以及修改前后的文本对照表，是各界人士研读、学习、理解和正确执行修改的《专利法》和《专利法实施细则》的权威导读工具书。

责任编辑：卢海鹰　王祝兰	**责任校对：**王　岩
封面设计：杨杨工作室·张　冀	**责任印制：**刘译文

《专利法》及《专利法实施细则》修改导读（2023）

国家知识产权局条法司　编

出版发行： 知识产权出版社有限责任公司	**网　址：** http://www.ipph.cn
社　址： 北京市海淀区气象路 50 号院	**邮　编：** 100081
责编电话： 010－82000860 转 8555	**责编邮箱：** wzl_ipph@163.com
发行电话： 010－82000860 转 8101/8102	**发行传真：** 010－82000893/82005070/82000270
印　刷： 三河市国英印务有限公司	**经　销：** 新华书店、各大网上书店及相关专业书店
开　本： 880mm×1230mm　1/32	**印　张：** 13.875
版　次： 2024 年 1 月第 1 版	**印　次：** 2024 年 1 月第 1 次印刷
字　数： 388 千字	**定　价：** 99.00 元

ISBN 978－7－5130－9171－8

前　言

习近平法治思想是习近平新时代中国特色社会主义思想的重要组成部分，也是全面依法治国的根本遵循和行动指南。在知识产权法律制度建设中，应当坚持运用习近平新时代中国特色社会主义思想的立场、观点、方法，以习近平法治思想中的"十一个坚持"为指导，从我国基本国情出发，同改革开放不断深化相适应，做到学思用贯通、知信行统一，坚持问题导向，有效回应社会关切。

党的二十大报告强调"加强知识产权法治保障，形成支持全面创新的基础制度""完善产权保护、市场准入、公平竞争、社会信用等市场经济基础制度，优化营商环境""依法保护外商投资权益，营造市场化、法治化、国际化一流营商环境"，为新时代知识产权事业发展指明了前进方向，提供了根本遵循。

为认真落实习近平总书记关于知识产权工作的重要指示论述和党中央、国务院决策部署，更好地保护创新者的合法权益，充分激发全社会的创新活力，有效服务创新驱动发展，有力促进高水平对外开放，更好助力优化营商环境，进一步夯实知识产权法治根基，2020年10月17日，第十三届全国人民代表大会常务委员会第二十二次会议审议通过了《全国人民代表大会常务委员会关于修改〈中华人民共和国专利法〉的决定》，国家主席习近平签署第五十五号主席令予以公布。修改决定自2021年6月1日起施行。

本次《专利法》修改新增7条，修改22条，删除1条，在加强专利保护、促进专利创造运用和完善专利审查制度等方面都有重要修改点：一是加强对专利权人合法权益的保护，包括加大对侵犯专利权的赔偿力度，新增惩罚性赔偿制度，对故意侵权情节严重的行为规定一到五倍的惩罚性赔偿，提高法定赔偿额上下限，完善举证责任制度，加强专利行政保护，新增诚实信用原则，同时防止专利权滥用，新增专利权期限补偿制度和药品专利纠纷早期解决机制有关条款等；二是促进专利的创造和运用，包括完善职务发明制度，新增专利开放许可制度，促进专利信息传播，加强专利公共服务等；三是完善专利授权制度，着力提升专利审查质量，并为国内企业"走出去"创造有利环境，包括进一步完善外观设计保护制度，增加对局部外观设计的保护，增加新颖性宽限期的适用情形，完善专利权评价报告制度等。

《专利法》修改通过后，国家知识产权局在前期工作基础上形成《专利法实施细则修改建议（征求意见稿）》，于 2020 年 11 月 27 日至 2021 年 1 月 11 日向社会公众公开征求意见。在充分考虑各方面意见的基础上，于 2021 年 7 月提请国务院审议。

国务院审议过程中，国家知识产权局积极配合司法部完成了多轮征求意见，协助召开企业、专家学者、法院、代理机构代表参加的立法座谈会，赴多家创新主体开展调研，进一步听取企业、专家意见，并不断修改完善条款。在此基础上，2023 年 11 月 3 日，国务院常务会议审议并通过了《中华人民共和国专利法实施细则（修正草案）》。2023 年 12 月 11 日，国务院总理李强签署第 769 号国务院令，公布《国务院关于修改〈中华人民共和国专利法实施细则〉的决定》。修改决定自 2024 年 1 月 20 日起施行。

修改后的《专利法实施细则》共十三章，本次修改新增第五章"专利权期限补偿"和第十二章"关于外观设计国际申请的特别规定"，条数由 123 条变为 149 条，新增 30 条，删除 4 条，对完善我国专利制度具有重要意义。本次修改的主要内容包括：一是完善专利申请制度，便利申请人和创新主体，包括明确电子形式、局部外观涉及专利申请文件要求、放宽不丧失新颖性的情形、完善优先权相关制度等；二是完善专利审查制度，提高专利审查质量，包括规制非正常专利申请、增加延迟审查制度、完善复审制度等；三是加强专利保护，维护专利权人合法权益，包括新增专利权期限补偿专章、完善专利纠纷处理和调解制度等；四是加强服务，促进专利转化运用，包括增加强制代理例外的规定、细化开放许可制度、优化专利权评价报告相关规定等；五是新增外观设计国际申请特别条款，与《海牙协定》相衔接等。

本次《专利法》及《专利法实施细则》的修改受到国内外的高度关注，社会各界积极建言献策，参与的广度和深度均达到历史新高，为修改工作的顺利完成贡献了智慧和力量。在此，我们对所有关心和支持本次《专利法》及《专利法实施细则》修改的各界人士表示衷心的感谢。为便于学习、理解和正确执行修改后的《专利法》及《专利法实施细则》，我们对各个修改点作了简要说明，并将有关文件汇编成册，期盼为各界人士研读《专利法》及《专利法实施细则》尽绵薄之力。

编　者
2023 年 12 月 23 日

目　　录

中华人民共和国主席令

（第五十五号）

　　《全国人民代表大会常务委员会关于修改〈中华人民共和国专利法〉的决定》已由中华人民共和国第十三届全国人民代表大会常务委员会第二十二次会议于 2020 年 10 月 17 日通过，现予公布，自 2021 年 6 月 1 日起施行。

中华人民共和国主席　习近平

2020 年 10 月 17 日

全国人民代表大会常务委员会关于
修改《中华人民共和国专利法》的决定

（2020 年 10 月 17 日第十三届全国人民代表大会
常务委员会第二十二次会议通过）

第十三届全国人民代表大会常务委员会第二十二次会议决定对《中华人民共和国专利法》作如下修改：

一、将第二条第四款修改为："外观设计，是指对产品的整体或者局部的形状、图案或者其结合以及色彩与形状、图案的结合所作出的富有美感并适于工业应用的新设计。"

二、将第六条第一款修改为："执行本单位的任务或者主要是利用本单位的物质技术条件所完成的发明创造为职务发明创造。职务发明创造申请专利的权利属于该单位，申请被批准后，该单位为专利权人。该单位可以依法处置其职务发明创造申请专利的权利和专利权，促进相关发明创造的实施和运用。"

三、将第十四条改为第四十九条。

四、将第十六条改为第十五条，增加一款，作为第二款："国家鼓励被授予专利权的单位实行产权激励，采取股权、期权、分红等方式，使发明人或者设计人合理分享创新收益。"

五、增加一条，作为第二十条："申请专利和行使专利权应当遵循诚实信用原则。不得滥用专利权损害公共利益或者他人合法权益。

"滥用专利权，排除或者限制竞争，构成垄断行为的，依照《中华人民共和国反垄断法》处理。"

六、删除第二十一条第一款中的"及其专利复审委员会"。

将第二款修改为:"国务院专利行政部门应当加强专利信息公共服务体系建设,完整、准确、及时发布专利信息,提供专利基础数据,定期出版专利公报,促进专利信息传播与利用。"

七、在第二十四条中增加一项,作为第一项:"(一)在国家出现紧急状态或者非常情况时,为公共利益目的首次公开的"。

八、将第二十五条第一款第五项修改为:"(五)原子核变换方法以及用原子核变换方法获得的物质"。

九、将第二十九条第二款修改为:"申请人自发明或者实用新型在中国第一次提出专利申请之日起十二个月内,或者自外观设计在中国第一次提出专利申请之日起六个月内,又向国务院专利行政部门就相同主题提出专利申请的,可以享有优先权。"

十、将第三十条修改为:"申请人要求发明、实用新型专利优先权的,应当在申请的时候提出书面声明,并且在第一次提出申请之日起十六个月内,提交第一次提出的专利申请文件的副本。

"申请人要求外观设计专利优先权的,应当在申请的时候提出书面声明,并且在三个月内提交第一次提出的专利申请文件的副本。

"申请人未提出书面声明或者逾期未提交专利申请文件副本的,视为未要求优先权。"

十一、将第四十一条修改为:"专利申请人对国务院专利行政部门驳回申请的决定不服的,可以自收到通知之日起三个月内向国务院专利行政部门请求复审。国务院专利行政部门复审后,作出决定,并通知专利申请人。

"专利申请人对国务院专利行政部门的复审决定不服的,可以自收到通知之日起三个月内向人民法院起诉。"

十二、将第四十二条修改为:"发明专利权的期限为二十年,实用新型专利权的期限为十年,外观设计专利权的期限为十五年,均自申请日起计算。

"自发明专利申请日起满四年,且自实质审查请求之日起满三年后授予发明专利权的，国务院专利行政部门应专利权人的请求，就发明专利在授权过程中的不合理延迟给予专利权期限补偿，但由申请人引起的不合理延迟除外。

"为补偿新药上市审评审批占用的时间，对在中国获得上市许可的新药相关发明专利，国务院专利行政部门应专利权人的请求给予专利权期限补偿。补偿期限不超过五年，新药批准上市后总有效专利权期限不超过十四年。"

十三、将第四十五条、第四十六条中的"专利复审委员会"修改为"国务院专利行政部门"。

十四、将第六章的章名修改为"专利实施的特别许可"。

十五、增加一条，作为第四十八条："国务院专利行政部门、地方人民政府管理专利工作的部门应当会同同级相关部门采取措施，加强专利公共服务，促进专利实施和运用。"

十六、增加一条，作为第五十条："专利权人自愿以书面方式向国务院专利行政部门声明愿意许可任何单位或者个人实施其专利，并明确许可使用费支付方式、标准的，由国务院专利行政部门予以公告，实行开放许可。就实用新型、外观设计专利提出开放许可声明的，应当提供专利权评价报告。

"专利权人撤回开放许可声明的，应当以书面方式提出，并由国务院专利行政部门予以公告。开放许可声明被公告撤回的，不影响在先给予的开放许可的效力。"

十七、增加一条，作为第五十一条："任何单位或者个人有意愿实施开放许可的专利的，以书面方式通知专利权人，并依照公告的许可使用费支付方式、标准支付许可使用费后，即获得专利实施许可。

"开放许可实施期间，对专利权人缴纳专利年费相应给予减免。

"实行开放许可的专利权人可以与被许可人就许可使用费进行协商后给予普通许可，但不得就该专利给予独占或者排他许可。"

十八、增加一条，作为第五十二条："当事人就实施开放许可发生纠纷的，由当事人协商解决；不愿协商或者协商不成的，可以请求国务院专利行政部门进行调解，也可以向人民法院起诉。"

十九、将第六十一条改为第六十六条，将第二款修改为："专利侵权纠纷涉及实用新型专利或者外观设计专利的，人民法院或者管理专利工作的部门可以要求专利权人或者利害关系人出具由国务院专利行政部门对相关实用新型或者外观设计进行检索、分析和评价后作出的专利权评价报告，作为审理、处理专利侵权纠纷的证据；专利权人、利害关系人或者被控侵权人也可以主动出具专利权评价报告。"

二十、将第六十三条改为第六十八条，修改为："假冒专利的，除依法承担民事责任外，由负责专利执法的部门责令改正并予公告，没收违法所得，可以处违法所得五倍以下的罚款；没有违法所得或者违法所得在五万元以下的，可以处二十五万元以下的罚款；构成犯罪的，依法追究刑事责任。"

二十一、将第六十四条改为第六十九条，修改为："负责专利执法的部门根据已经取得的证据，对涉嫌假冒专利行为进行查处时，有权采取下列措施：

"（一）询问有关当事人，调查与涉嫌违法行为有关的情况；

"（二）对当事人涉嫌违法行为的场所实施现场检查；

"（三）查阅、复制与涉嫌违法行为有关的合同、发票、账簿以及其他有关资料；

"（四）检查与涉嫌违法行为有关的产品；

"（五）对有证据证明是假冒专利的产品，可以查封或者扣押。

"管理专利工作的部门应专利权人或者利害关系人的请求处理专利侵权纠纷时，可以采取前款第（一）项、第（二）项、第（四）项所列措施。

"负责专利执法的部门、管理专利工作的部门依法行使前两款规定的职权时，当事人应当予以协助、配合，不得拒绝、阻挠。"

二十二、增加一条，作为第七十条："国务院专利行政部门可以应专利权人或者利害关系人的请求处理在全国有重大影响的专利侵权纠纷。

"地方人民政府管理专利工作的部门应专利权人或者利害关系人请求处理专利侵权纠纷,对在本行政区域内侵犯其同一专利权的案件可以合并处理;对跨区域侵犯其同一专利权的案件可以请求上级地方人民政府管理专利工作的部门处理。"

二十三、将第六十五条改为第七十一条,修改为:"侵犯专利权的赔偿数额按照权利人因被侵权所受到的实际损失或者侵权人因侵权所获得的利益确定;权利人的损失或者侵权人获得的利益难以确定的,参照该专利许可使用费的倍数合理确定。对故意侵犯专利权,情节严重的,可以在按照上述方法确定数额的一倍以上五倍以下确定赔偿数额。

"权利人的损失、侵权人获得的利益和专利许可使用费均难以确定的,人民法院可以根据专利权的类型、侵权行为的性质和情节等因素,确定给予三万元以上五百万元以下的赔偿。

"赔偿数额还应当包括权利人为制止侵权行为所支付的合理开支。

"人民法院为确定赔偿数额,在权利人已经尽力举证,而与侵权行为相关的账簿、资料主要由侵权人掌握的情况下,可以责令侵权人提供与侵权行为相关的账簿、资料;侵权人不提供或者提供虚假的账簿、资料的,人民法院可以参考权利人的主张和提供的证据判定赔偿数额。"

二十四、将第六十六条改为第七十二条,修改为:"专利权人或者利害关系人有证据证明他人正在实施或者即将实施侵犯专利权、妨碍其实现权利的行为,如不及时制止将会使其合法权益受到难以弥补的损害的,可以在起诉前依法向人民法院申请采取财产保全、责令作出一定行为或者禁止作出一定行为的措施。"

二十五、将第六十七条改为第七十三条,修改为:"为了制止专利侵权行为,在证据可能灭失或者以后难以取得的情况下,专利权人或者利害关系人可以在起诉前依法向人民法院申请保全证据。"

二十六、将第六十八条改为第七十四条，修改为："侵犯专利权的诉讼时效为三年，自专利权人或者利害关系人知道或者应当知道侵权行为以及侵权人之日起计算。

"发明专利申请公布后至专利权授予前使用该发明未支付适当使用费的，专利权人要求支付使用费的诉讼时效为三年，自专利权人知道或者应当知道他人使用其发明之日起计算，但是，专利权人于专利权授予之日前即已知道或者应当知道的，自专利权授予之日起计算。"

二十七、增加一条，作为第七十六条："药品上市审评审批过程中，药品上市许可申请人与有关专利权人或者利害关系人，因申请注册的药品相关的专利权产生纠纷的，相关当事人可以向人民法院起诉，请求就申请注册的药品相关技术方案是否落入他人药品专利权保护范围作出判决。国务院药品监督管理部门在规定的期限内，可以根据人民法院生效裁判作出是否暂停批准相关药品上市的决定。

"药品上市许可申请人与有关专利权人或者利害关系人也可以就申请注册的药品相关的专利权纠纷，向国务院专利行政部门请求行政裁决。

"国务院药品监督管理部门会同国务院专利行政部门制定药品上市许可审批与药品上市许可申请阶段专利权纠纷解决的具体衔接办法，报国务院同意后实施。"

二十八、删除第七十二条。

二十九、将第七十三条改为第七十九条，第七十四条改为第八十条，将其中的"行政处分"修改为"处分"。

本决定自 2021 年 6 月 1 日起施行。

《中华人民共和国专利法》根据本决定作相应修改并对条文顺序作相应调整，重新公布。

中华人民共和国专利法

（1984 年 3 月 12 日第六届全国人民代表大会常务委员会第四次会议通过　根据 1992 年 9 月 4 日第七届全国人民代表大会常务委员会第二十七次会议《关于修改〈中华人民共和国专利法〉的决定》第一次修正　根据 2000 年 8 月 25 日第九届全国人民代表大会常务委员会第十七次会议《关于修改〈中华人民共和国专利法〉的决定》第二次修正　根据 2008 年 12 月 27 日第十一届全国人民代表大会常务委员会第六次会议《关于修改〈中华人民共和国专利法〉的决定》第三次修正　根据 2020 年 10 月 17 日第十三届全国人民代表大会常务委员会第二十二次会议《关于修改〈中华人民共和国专利法〉的决定》第四次修正）

目　录

第一章 总 则

第一条 为了保护专利权人的合法权益，鼓励发明创造，推动发明创造的应用，提高创新能力，促进科学技术进步和经济社会发展，制定本法。

第二条 本法所称的发明创造是指发明、实用新型和外观设计。

发明，是指对产品、方法或者其改进所提出的新的技术方案。

实用新型，是指对产品的形状、构造或者其结合所提出的适于实用的新的技术方案。

外观设计，是指对产品的整体或者局部的形状、图案或者其结合以及色彩与形状、图案的结合所作出的富有美感并适于工业应用的新设计。

第三条 国务院专利行政部门负责管理全国的专利工作；统一受理和审查专利申请，依法授予专利权。

省、自治区、直辖市人民政府管理专利工作的部门负责本行政区域内的专利管理工作。

第四条 申请专利的发明创造涉及国家安全或者重大利益需要保密的，按照国家有关规定办理。

第五条 对违反法律、社会公德或者妨害公共利益的发明创造，不授予专利权。

对违反法律、行政法规的规定获取或者利用遗传资源，并依赖该遗传资源完成的发明创造，不授予专利权。

第六条 执行本单位的任务或者主要是利用本单位的物质技术条件所完成的发明创造为职务发明创造。职务发明创造申请专利的权利属于该单位，申请被批准后，该单位为专利权人。该单位可以依法处置其职务发明创造申请专利的权利和专利权，促进相关发明创造的实施和运用。

非职务发明创造，申请专利的权利属于发明人或者设计人；申请被批准后，该发明人或者设计人为专利权人。

利用本单位的物质技术条件所完成的发明创造，单位与发明人或者设计人订有合同，对申请专利的权利和专利权的归属作出约定的，从其约定。

第七条 对发明人或者设计人的非职务发明创造专利申请，任何单位或者个人不得压制。

第八条 两个以上单位或者个人合作完成的发明创造、一个单位或者个人接受其他单位或者个人委托所完成的发明创造，除另有协议的以外，申请专利的权利属于完成或者共同完成的单位或者个人；申请被批准后，申请的单位或者个人为专利权人。

第九条 同样的发明创造只能授予一项专利权。但是，同一申请人同日对同样的发明创造既申请实用新型专利又申请发明专利，先获得的实用新型专利权尚未终止，且申请人声明放弃该实用新型专利权的，可以授予发明专利权。

两个以上的申请人分别就同样的发明创造申请专利的，专利权授予最先申请的人。

第十条 专利申请权和专利权可以转让。

中国单位或者个人向外国人、外国企业或者外国其他组织转让专利申请权或者专利权的，应当依照有关法律、行政法规的规定办理手续。

转让专利申请权或者专利权的，当事人应当订立书面合同，并向国务院专利行政部门登记，由国务院专利行政部门予以公告。专利申请权或者专利权的转让自登记之日起生效。

第十一条 发明和实用新型专利权被授予后，除本法另有规定的以外，任何单位或者个人未经专利权人许可，都不得实施其专利，即不得为生产经营目的制造、使用、许诺销售、销售、进口其专利产品，或者使用其专利方法以及使用、许诺销售、销售、进口依照该专利方法直接获得的产品。

外观设计专利权被授予后，任何单位或者个人未经专利权人许可，都不得实施其专利，即不得为生产经营目的制造、许诺销售、销售、进口其外观设计专利产品。

第十二条 任何单位或者个人实施他人专利的，应当与专利权人订立实施许可合同，向专利权人支付专利使用费。被许可人无权允许合同规定以外的任何单位或者个人实施该专利。

第十三条 发明专利申请公布后，申请人可以要求实施其发明的单位或者个人支付适当的费用。

第十四条 专利申请权或者专利权的共有人对权利的行使有约定的，从其约定。没有约定的，共有人可以单独实施或者以普通许可方式许可他人实施该专利；许可他人实施该专利的，收取的使用费应当在共有人之间分配。

除前款规定的情形外，行使共有的专利申请权或者专利权应当取得全体共有人的同意。

第十五条 被授予专利权的单位应当对职务发明创造的发明人或者设计人给予奖励；发明创造专利实施后，根据其推广应用的范围和取得的经济效益，对发明人或者设计人给予合理的报酬。

国家鼓励被授予专利权的单位实行产权激励，采取股权、期权、分红等方式，使发明人或者设计人合理分享创新收益。

第十六条 发明人或者设计人有权在专利文件中写明自己是发明人或者设计人。

专利权人有权在其专利产品或者该产品的包装上标明专利标识。

第十七条 在中国没有经常居所或者营业所的外国人、外国企业或者外国其他组织在中国申请专利的，依照其所属国同中国签订的协议或者共同参加的国际条约，或者依照互惠原则，根据本法办理。

第十八条 在中国没有经常居所或者营业所的外国人、外国企业或者外国其他组织在中国申请专利和办理其他专利事务的，应当委托依法设立的专利代理机构办理。

中国单位或者个人在国内申请专利和办理其他专利事务的，可以委托依法设立的专利代理机构办理。

专利代理机构应当遵守法律、行政法规，按照被代理人的委托办理专利申请或者其他专利事务；对被代理人发明创造的内容，除专利申请已经公布或者公告的以外，负有保密责任。专利代理机构的具体管理办法由国务院规定。

第十九条 任何单位或者个人将在中国完成的发明或者实用新型向外国申请专利的，应当事先报经国务院专利行政部门进行保密审查。保密审查的程序、期限等按照国务院的规定执行。

中国单位或者个人可以根据中华人民共和国参加的有关国际条约提出专利国际申请。申请人提出专利国际申请的，应当遵守前款规定。

国务院专利行政部门依照中华人民共和国参加的有关国际条约、本法和国务院有关规定处理专利国际申请。

对违反本条第一款规定向外国申请专利的发明或者实用新型，在中国申请专利的，不授予专利权。

第二十条 申请专利和行使专利权应当遵循诚实信用原则。不得滥用专利权损害公共利益或者他人合法权益。

滥用专利权，排除或者限制竞争，构成垄断行为的，依照《中华人民共和国反垄断法》处理。

第二十一条 国务院专利行政部门应当按照客观、公正、准确、及时的要求，依法处理有关专利的申请和请求。

国务院专利行政部门应当加强专利信息公共服务体系建设，完整、准确、及时发布专利信息，提供专利基础数据，定期出版专利公报，促进专利信息传播与利用。

在专利申请公布或者公告前，国务院专利行政部门的工作人员及有关人员对其内容负有保密责任。

第二章　授予专利权的条件

第二十二条　授予专利权的发明和实用新型，应当具备新颖性、创造性和实用性。

新颖性，是指该发明或者实用新型不属于现有技术；也没有任何单位或者个人就同样的发明或者实用新型在申请日以前向国务院专利行政部门提出过申请，并记载在申请日以后公布的专利申请文件或者公告的专利文件中。

创造性，是指与现有技术相比，该发明具有突出的实质性特点和显著的进步，该实用新型具有实质性特点和进步。

实用性，是指该发明或者实用新型能够制造或者使用，并且能够产生积极效果。

本法所称现有技术，是指申请日以前在国内外为公众所知的技术。

第二十三条　授予专利权的外观设计，应当不属于现有设计；也没有任何单位或者个人就同样的外观设计在申请日以前向国务院专利行政部门提出过申请，并记载在申请日以后公告的专利文件中。

授予专利权的外观设计与现有设计或者现有设计特征的组合相比，应当具有明显区别。

授予专利权的外观设计不得与他人在申请日以前已经取得的合法权利相冲突。

本法所称现有设计，是指申请日以前在国内外为公众所知的设计。

第二十四条　申请专利的发明创造在申请日以前六个月内，有下列情形之一的，不丧失新颖性：

（一）在国家出现紧急状态或者非常情况时，为公共利益目的首次公开的；

（二）在中国政府主办或者承认的国际展览会上首次展出的；

（三）在规定的学术会议或者技术会议上首次发表的；

（四）他人未经申请人同意而泄露其内容的。

第二十五条 对下列各项，不授予专利权：

（一）科学发现；

（二）智力活动的规则和方法；

（三）疾病的诊断和治疗方法；

（四）动物和植物品种；

（五）原子核变换方法以及用原子核变换方法获得的物质；

（六）对平面印刷品的图案、色彩或者二者的结合作出的主要起标识作用的设计。

对前款第（四）项所列产品的生产方法，可以依照本法规定授予专利权。

第三章 专利的申请

第二十六条 申请发明或者实用新型专利的，应当提交请求书、说明书及其摘要和权利要求书等文件。

请求书应当写明发明或者实用新型的名称，发明人的姓名，申请人姓名或者名称、地址，以及其他事项。

说明书应当对发明或者实用新型作出清楚、完整的说明，以所属技术领域的技术人员能够实现为准；必要的时候，应当有附图。摘要应当简要说明发明或者实用新型的技术要点。

权利要求书应当以说明书为依据，清楚、简要地限定要求专利保护的范围。

依赖遗传资源完成的发明创造，申请人应当在专利申请文件中说明该遗传资源的直接来源和原始来源；申请人无法说明原始来源的，应当陈述理由。

第二十七条 申请外观设计专利的，应当提交请求书、该外观设计的图片或者照片以及对该外观设计的简要说明等文件。

申请人提交的有关图片或者照片应当清楚地显示要求专利保护的产品的外观设计。

第二十八条　国务院专利行政部门收到专利申请文件之日为申请日。如果申请文件是邮寄的，以寄出的邮戳日为申请日。

第二十九条　申请人自发明或者实用新型在外国第一次提出专利申请之日起十二个月内，或者自外观设计在外国第一次提出专利申请之日起六个月内，又在中国就相同主题提出专利申请的，依照该外国同中国签订的协议或者共同参加的国际条约，或者依照相互承认优先权的原则，可以享有优先权。

申请人自发明或者实用新型在中国第一次提出专利申请之日起十二个月内，或者自外观设计在中国第一次提出专利申请之日起六个月内，又向国务院专利行政部门就相同主题提出专利申请的，可以享有优先权。

第三十条　申请人要求发明、实用新型专利优先权的，应当在申请的时候提出书面声明，并且在第一次提出申请之日起十六个月内，提交第一次提出的专利申请文件的副本。

申请人要求外观设计专利优先权的，应当在申请的时候提出书面声明，并且在三个月内提交第一次提出的专利申请文件的副本。

申请人未提出书面声明或者逾期未提交专利申请文件副本的，视为未要求优先权。

第三十一条　一件发明或者实用新型专利申请应当限于一项发明或者实用新型。属于一个总的发明构思的两项以上的发明或者实用新型，可以作为一件申请提出。

一件外观设计专利申请应当限于一项外观设计。同一产品两项以上的相似外观设计，或者用于同一类别并且成套出售或者使用的产品的两项以上外观设计，可以作为一件申请提出。

第三十二条　申请人可以在被授予专利权之前随时撤回其专利申请。

第三十三条　申请人可以对其专利申请文件进行修改，但是，对发明和实用新型专利申请文件的修改不得超出原说明书和权利要求书记载的范围，对外观设计专利申请文件的修改不得超出原图片或者照片表示的范围。

第四章　专利申请的审查和批准

第三十四条　国务院专利行政部门收到发明专利申请后，经初步审查认为符合本法要求的，自申请日起满十八个月，即行公布。国务院专利行政部门可以根据申请人的请求早日公布其申请。

第三十五条　发明专利申请自申请日起三年内，国务院专利行政部门可以根据申请人随时提出的请求，对其申请进行实质审查；申请人无正当理由逾期不请求实质审查的，该申请即被视为撤回。

国务院专利行政部门认为必要的时候，可以自行对发明专利申请进行实质审查。

第三十六条　发明专利的申请人请求实质审查的时候，应当提交在申请日前与其发明有关的参考资料。

发明专利已经在外国提出过申请的，国务院专利行政部门可以要求申请人在指定期限内提交该国为审查其申请进行检索的资料或者审查结果的资料；无正当理由逾期不提交的，该申请即被视为撤回。

第三十七条　国务院专利行政部门对发明专利申请进行实质审查后，认为不符合本法规定的，应当通知申请人，要求其在指定的期限内陈述意见，或者对其申请进行修改；无正当理由逾期不答复的，该申请即被视为撤回。

第三十八条　发明专利申请经申请人陈述意见或者进行修改后，国务院专利行政部门仍然认为不符合本法规定的，应当予以驳回。

第三十九条　发明专利申请经实质审查没有发现驳回理由的，由国务院专利行政部门作出授予发明专利权的决定，发给发明专利证书，同时予以登记和公告。发明专利权自公告之日起生效。

第四十条　实用新型和外观设计专利申请经初步审查没有发现驳回理由的，由国务院专利行政部门作出授予实用新型专利权或者外观设计专利权的决定，发给相应的专利证书，同时予以登记和公告。实用新型专利权和外观设计专利权自公告之日起生效。

第四十一条　专利申请人对国务院专利行政部门驳回申请的决定不服的，可以自收到通知之日起三个月内向国务院专利行政部门请求复审。国务院专利行政部门复审后，作出决定，并通知专利申请人。

专利申请人对国务院专利行政部门的复审决定不服的，可以自收到通知之日起三个月内向人民法院起诉。

第五章　专利权的期限、终止和无效

第四十二条　发明专利权的期限为二十年，实用新型专利权的期限为十年，外观设计专利权的期限为十五年，均自申请日起计算。

自发明专利申请日起满四年，且自实质审查请求之日起满三年后授予发明专利权的，国务院专利行政部门应专利权人的请求，就发明专利在授权过程中的不合理延迟给予专利权期限补偿，但由申请人引起的不合理延迟除外。

为补偿新药上市审评审批占用的时间，对在中国获得上市许可的新药相关发明专利，国务院专利行政部门应专利权人的请求给予专利权期限补偿。补偿期限不超过五年，新药批准上市后总有效专利权期限不超过十四年。

第四十三条　专利权人应当自被授予专利权的当年开始缴纳年费。

第四十四条　有下列情形之一的，专利权在期限届满前终止：

（一）没有按照规定缴纳年费的；

（二）专利权人以书面声明放弃其专利权的。

专利权在期限届满前终止的，由国务院专利行政部门登记和公告。

第四十五条 自国务院专利行政部门公告授予专利权之日起，任何单位或者个人认为该专利权的授予不符合本法有关规定的，可以请求国务院专利行政部门宣告该专利权无效。

第四十六条 国务院专利行政部门对宣告专利权无效的请求应当及时审查和作出决定，并通知请求人和专利权人。宣告专利权无效的决定，由国务院专利行政部门登记和公告。

对国务院专利行政部门宣告专利权无效或者维持专利权的决定不服的，可以自收到通知之日起三个月内向人民法院起诉。人民法院应当通知无效宣告请求程序的对方当事人作为第三人参加诉讼。

第四十七条 宣告无效的专利权视为自始即不存在。

宣告专利权无效的决定，对在宣告专利权无效前人民法院作出并已执行的专利侵权的判决、调解书，已经履行或者强制执行的专利侵权纠纷处理决定，以及已经履行的专利实施许可合同和专利权转让合同，不具有追溯力。但是因专利权人的恶意给他人造成的损失，应当给予赔偿。

依照前款规定不返还专利侵权赔偿金、专利使用费、专利权转让费，明显违反公平原则的，应当全部或者部分返还。

第六章　专利实施的特别许可

第四十八条 国务院专利行政部门、地方人民政府管理专利工作的部门应当会同同级相关部门采取措施，加强专利公共服务，促进专利实施和运用。

第四十九条 国有企业事业单位的发明专利，对国家利益或者公共利益具有重大意义的，国务院有关主管部门和省、自治区、直辖市人民政府报经国务院批准，可以决定在批准的范围内推广应用，允许指定的单位实施，由实施单位按照国家规定向专利权人支付使用费。

第五十条　专利权人自愿以书面方式向国务院专利行政部门声明愿意许可任何单位或者个人实施其专利，并明确许可使用费支付方式、标准的，由国务院专利行政部门予以公告，实行开放许可。就实用新型、外观设计专利提出开放许可声明的，应当提供专利权评价报告。

专利权人撤回开放许可声明的，应当以书面方式提出，并由国务院专利行政部门予以公告。开放许可声明被公告撤回的，不影响在先给予的开放许可的效力。

第五十一条　任何单位或者个人有意愿实施开放许可的专利的，以书面方式通知专利权人，并依照公告的许可使用费支付方式、标准支付许可使用费后，即获得专利实施许可。

开放许可实施期间，对专利权人缴纳专利年费相应给予减免。

实行开放许可的专利权人可以与被许可人就许可使用费进行协商后给予普通许可，但不得就该专利给予独占或者排他许可。

第五十二条　当事人就实施开放许可发生纠纷的，由当事人协商解决；不愿协商或者协商不成的，可以请求国务院专利行政部门进行调解，也可以向人民法院起诉。

第五十三条　有下列情形之一的，国务院专利行政部门根据具备实施条件的单位或者个人的申请，可以给予实施发明专利或者实用新型专利的强制许可：

（一）专利权人自专利权被授予之日起满三年，且自提出专利申请之日起满四年，无正当理由未实施或者未充分实施其专利的；

（二）专利权人行使专利权的行为被依法认定为垄断行为，为消除或者减少该行为对竞争产生的不利影响的。

第五十四条　在国家出现紧急状态或者非常情况时，或者为了公共利益的目的，国务院专利行政部门可以给予实施发明专利或者实用新型专利的强制许可。

第五十五条 为了公共健康目的，对取得专利权的药品，国务院专利行政部门可以给予制造并将其出口到符合中华人民共和国参加的有关国际条约规定的国家或者地区的强制许可。

第五十六条 一项取得专利权的发明或者实用新型比前已经取得专利权的发明或者实用新型具有显著经济意义的重大技术进步，其实施又有赖于前一发明或者实用新型的实施的，国务院专利行政部门根据后一专利权人的申请，可以给予实施前一发明或者实用新型的强制许可。

在依照前款规定给予实施强制许可的情形下，国务院专利行政部门根据前一专利权人的申请，也可以给予实施后一发明或者实用新型的强制许可。

第五十七条 强制许可涉及的发明创造为半导体技术的，其实施限于公共利益的目的和本法第五十三条第（二）项规定的情形。

第五十八条 除依照本法第五十三条第（二）项、第五十五条规定给予的强制许可外，强制许可的实施应当主要为了供应国内市场。

第五十九条 依照本法第五十三条第（一）项、第五十六条规定申请强制许可的单位或者个人应当提供证据，证明其以合理的条件请求专利权人许可其实施专利，但未能在合理的时间内获得许可。

第六十条 国务院专利行政部门作出的给予实施强制许可的决定，应当及时通知专利权人，并予以登记和公告。

给予实施强制许可的决定，应当根据强制许可的理由规定实施的范围和时间。强制许可的理由消除并不再发生时，国务院专利行政部门应当根据专利权人的请求，经审查后作出终止实施强制许可的决定。

第六十一条 取得实施强制许可的单位或者个人不享有独占的实施权，并且无权允许他人实施。

第六十二条 取得实施强制许可的单位或者个人应当付给专利

权人合理的使用费，或者依照中华人民共和国参加的有关国际条约的规定处理使用费问题。付给使用费的，其数额由双方协商；双方不能达成协议的，由国务院专利行政部门裁决。

第六十三条　专利权人对国务院专利行政部门关于实施强制许可的决定不服的，专利权人和取得实施强制许可的单位或者个人对国务院专利行政部门关于实施强制许可的使用费的裁决不服的，可以自收到通知之日起三个月内向人民法院起诉。

第七章　专利权的保护

第六十四条　发明或者实用新型专利权的保护范围以其权利要求的内容为准，说明书及附图可以用于解释权利要求的内容。

外观设计专利权的保护范围以表示在图片或者照片中的该产品的外观设计为准，简要说明可以用于解释图片或者照片所表示的该产品的外观设计。

第六十五条　未经专利权人许可，实施其专利，即侵犯其专利权，引起纠纷的，由当事人协商解决；不愿协商或者协商不成的，专利权人或者利害关系人可以向人民法院起诉，也可以请求管理专利工作的部门处理。管理专利工作的部门处理时，认定侵权行为成立的，可以责令侵权人立即停止侵权行为，当事人不服的，可以自收到处理通知之日起十五日内依照《中华人民共和国行政诉讼法》向人民法院起诉；侵权人期满不起诉又不停止侵权行为的，管理专利工作的部门可以申请人民法院强制执行。进行处理的管理专利工作的部门应当事人的请求，可以就侵犯专利权的赔偿数额进行调解；调解不成的，当事人可以依照《中华人民共和国民事诉讼法》向人民法院起诉。

第六十六条　专利侵权纠纷涉及新产品制造方法的发明专利的，制造同样产品的单位或者个人应当提供其产品制造方法不同于专利方法的证明。

专利侵权纠纷涉及实用新型专利或者外观设计专利的，人民法院或者管理专利工作的部门可以要求专利权人或者利害关系人出具由国务院专利行政部门对相关实用新型或者外观设计进行检索、分析和评价后作出的专利权评价报告，作为审理、处理专利侵权纠纷的证据；专利权人、利害关系人或者被控侵权人也可以主动出具专利权评价报告。

第六十七条 在专利侵权纠纷中，被控侵权人有证据证明其实施的技术或者设计属于现有技术或者现有设计的，不构成侵犯专利权。

第六十八条 假冒专利的，除依法承担民事责任外，由负责专利执法的部门责令改正并予公告，没收违法所得，可以处违法所得五倍以下的罚款；没有违法所得或者违法所得在五万元以下的，可以处二十五万元以下的罚款；构成犯罪的，依法追究刑事责任。

第六十九条 负责专利执法的部门根据已经取得的证据，对涉嫌假冒专利行为进行查处时，有权采取下列措施：

（一）询问有关当事人，调查与涉嫌违法行为有关的情况；

（二）对当事人涉嫌违法行为的场所实施现场检查；

（三）查阅、复制与涉嫌违法行为有关的合同、发票、账簿以及其他有关资料；

（四）检查与涉嫌违法行为有关的产品；

（五）对有证据证明是假冒专利的产品，可以查封或者扣押。

管理专利工作的部门应专利权人或者利害关系人的请求处理专利侵权纠纷时，可以采取前款第（一）项、第（二）项、第（四）项所列措施。

负责专利执法的部门、管理专利工作的部门依法行使前两款规定的职权时，当事人应当予以协助、配合，不得拒绝、阻挠。

第七十条 国务院专利行政部门可以应专利权人或者利害关系人的请求处理在全国有重大影响的专利侵权纠纷。

地方人民政府管理专利工作的部门应专利权人或者利害关系人

请求处理专利侵权纠纷，对在本行政区域内侵犯其同一专利权的案件可以合并处理；对跨区域侵犯其同一专利权的案件可以请求上级地方人民政府管理专利工作的部门处理。

第七十一条　侵犯专利权的赔偿数额按照权利人因被侵权所受到的实际损失或者侵权人因侵权所获得的利益确定；权利人的损失或者侵权人获得的利益难以确定的，参照该专利许可使用费的倍数合理确定。对故意侵犯专利权，情节严重的，可以在按照上述方法确定数额的一倍以上五倍以下确定赔偿数额。

权利人的损失、侵权人获得的利益和专利许可使用费均难以确定的，人民法院可以根据专利权的类型、侵权行为的性质和情节等因素，确定给予三万元以上五百万元以下的赔偿。

赔偿数额还应当包括权利人为制止侵权行为所支付的合理开支。

人民法院为确定赔偿数额，在权利人已经尽力举证，而与侵权行为相关的账簿、资料主要由侵权人掌握的情况下，可以责令侵权人提供与侵权行为相关的账簿、资料；侵权人不提供或者提供虚假的账簿、资料的，人民法院可以参考权利人的主张和提供的证据判定赔偿数额。

第七十二条　专利权人或者利害关系人有证据证明他人正在实施或者即将实施侵犯专利权、妨碍其实现权利的行为，如不及时制止将会使其合法权益受到难以弥补的损害的，可以在起诉前依法向人民法院申请采取财产保全、责令作出一定行为或者禁止作出一定行为的措施。

第七十三条　为了制止专利侵权行为，在证据可能灭失或者以后难以取得的情况下，专利权人或者利害关系人可以在起诉前依法向人民法院申请保全证据。

第七十四条　侵犯专利权的诉讼时效为三年，自专利权人或者利害关系人知道或者应当知道侵权行为以及侵权人之日起计算。

发明专利申请公布后至专利权授予前使用该发明未支付适当使

用费的，专利权人要求支付使用费的诉讼时效为三年，自专利权人知道或者应当知道他人使用其发明之日起计算，但是，专利权人于专利权授予之日前即已知道或者应当知道的，自专利权授予之日起计算。

第七十五条　有下列情形之一的，不视为侵犯专利权：

（一）专利产品或者依照专利方法直接获得的产品，由专利权人或者经其许可的单位、个人售出后，使用、许诺销售、销售、进口该产品的；

（二）在专利申请日前已经制造相同产品、使用相同方法或者已经作好制造、使用的必要准备，并且仅在原有范围内继续制造、使用的；

（三）临时通过中国领陆、领水、领空的外国运输工具，依照其所属国同中国签订的协议或者共同参加的国际条约，或者依照互惠原则，为运输工具自身需要而在其装置和设备中使用有关专利的；

（四）专为科学研究和实验而使用有关专利的；

（五）为提供行政审批所需要的信息，制造、使用、进口专利药品或者专利医疗器械的，以及专门为其制造、进口专利药品或者专利医疗器械的。

第七十六条　药品上市审评审批过程中，药品上市许可申请人与有关专利权人或者利害关系人，因申请注册的药品相关的专利权产生纠纷的，相关当事人可以向人民法院起诉，请求就申请注册的药品相关技术方案是否落入他人药品专利权保护范围作出判决。国务院药品监督管理部门在规定的期限内，可以根据人民法院生效裁判作出是否暂停批准相关药品上市的决定。

药品上市许可申请人与有关专利权人或者利害关系人也可以就申请注册的药品相关的专利权纠纷，向国务院专利行政部门请求行政裁决。

国务院药品监督管理部门会同国务院专利行政部门制定药品上

市许可审批与药品上市许可申请阶段专利权纠纷解决的具体衔接办法，报国务院同意后实施。

第七十七条 为生产经营目的使用、许诺销售或者销售不知道是未经专利权人许可而制造并售出的专利侵权产品，能证明该产品合法来源的，不承担赔偿责任。

第七十八条 违反本法第十九条规定向外国申请专利，泄露国家秘密的，由所在单位或者上级主管机关给予行政处分；构成犯罪的，依法追究刑事责任。

第七十九条 管理专利工作的部门不得参与向社会推荐专利产品等经营活动。

管理专利工作的部门违反前款规定的，由其上级机关或者监察机关责令改正，消除影响，有违法收入的予以没收；情节严重的，对直接负责的主管人员和其他直接责任人员依法给予处分。

第八十条 从事专利管理工作的国家机关工作人员以及其他有关国家机关工作人员玩忽职守、滥用职权、徇私舞弊，构成犯罪的，依法追究刑事责任；尚不构成犯罪的，依法给予处分。

第八章 附　则

第八十一条 向国务院专利行政部门申请专利和办理其他手续，应当按照规定缴纳费用。

第八十二条 本法自 1985 年 4 月 1 日起施行。

中华人民共和国国务院令

（第 769 号）

　　现公布《国务院关于修改〈中华人民共和国专利法实施细则〉的决定》，自 2024 年 1 月 20 日起施行。

总理　李强

2023 年 12 月 11 日

国务院关于修改《中华人民共和国专利法实施细则》的决定

　　国务院决定对《中华人民共和国专利法实施细则》作如下修改：

　　一、将第二条修改为："专利法和本细则规定的各种手续，应当以书面形式或者国务院专利行政部门规定的其他形式办理。以电子数据交换等方式能够有形地表现所载内容，并可以随时调取查用的数据电文（以下统称电子形式），视为书面形式。"

　　二、将第四条第二款改为第三款，其中的"可以通过邮寄、直接送交或者其他方式送达当事人"修改为"可以通过电子形式、邮寄、直接送交或者其他方式送达当事人"。

　　增加一款，作为第二款："以电子形式向国务院专利行政部门提交各种文件的，以进入国务院专利行政部门指定的特定电子系统的日期为递交日。"

　　第三款改为第四款，修改为："国务院专利行政部门邮寄的各种文件，自文件发出之日起满15日，推定为当事人收到文件之日。当事人提供证据能够证明实际收到文件的日期的，以实际收到日为准。"

　　增加一款，作为第七款："国务院专利行政部门以电子形式送达的各种文件，以进入当事人认可的电子系统的日期为送达日。"

　　三、将第五条中的"专利法和本细则规定的各种期限的第一日不计算在期限内"修改为"专利法和本细则规定的各种期限开始的当日不计算在期限内，自下一日开始计算"。

　　四、将第六条第一款修改为："当事人因不可抗拒的事由而延误专利法或者本细则规定的期限或者国务院专利行政部门指定的期限，导致其权利丧失的，自障碍消除之日起2个月内且自期限届满之日起2年内，可以向国务院专利行政部门请求恢复权利。"

第二款修改为："除前款规定的情形外，当事人因其他正当理由延误专利法或者本细则规定的期限或者国务院专利行政部门指定的期限，导致其权利丧失的，可以自收到国务院专利行政部门的通知之日起2个月内向国务院专利行政部门请求恢复权利；但是，延误复审请求期限的，可以自复审请求期限届满之日起2个月内向国务院专利行政部门请求恢复权利。"

第四款修改为："当事人请求延长国务院专利行政部门指定的期限的，应当在期限届满前，向国务院专利行政部门提交延长期限请求书，说明理由，并办理有关手续。"

五、将第九条修改为："国务院专利行政部门收到依照本细则第八条规定递交的请求后，经过审查认为该发明或者实用新型可能涉及国家安全或者重大利益需要保密的，应当在请求递交日起2个月内向申请人发出保密审查通知；情况复杂的，可以延长2个月。

"国务院专利行政部门依照前款规定通知进行保密审查的，应当在请求递交日起4个月内作出是否需要保密的决定，并通知申请人；情况复杂的，可以延长2个月。"

六、增加一条，作为第十一条："申请专利应当遵循诚实信用原则。提出各类专利申请应当以真实发明创造活动为基础，不得弄虚作假。"

七、增加一条，作为第十六条："专利工作应当贯彻党和国家知识产权战略部署，提升我国专利创造、运用、保护、管理和服务水平，支持全面创新，促进创新型国家建设。

"国务院专利行政部门应当提升专利信息公共服务能力，完整、准确、及时发布专利信息，提供专利基础数据，促进专利相关数据资源的开放共享、互联互通。"

八、将第十五条改为第十七条，第一款和第二款合并，作为第一款，修改为："申请专利的，应当向国务院专利行政部门提交申请文件。申请文件应当符合规定的要求。"

九、增加一条，作为第十八条："依照专利法第十八条第一款的规定委托专利代理机构在中国申请专利和办理其他专利事务的，涉及下列事务，申请人或者专利权人可以自行办理：

"（一）申请要求优先权的，提交第一次提出的专利申请（以下简称在先申请）文件副本；

"（二）缴纳费用；

"（三）国务院专利行政部门规定的其他事务。"

十、将第十七条改为第二十条，第四款修改为："发明专利申请包含一个或者多个核苷酸或者氨基酸序列的，说明书应当包括符合国务院专利行政部门规定的序列表。"

十一、将第二十三条改为第二十六条，第二款修改为："说明书摘要可以包含最能说明发明的化学式；有附图的专利申请，还应当在请求书中指定一幅最能说明该发明或者实用新型技术特征的说明书附图作为摘要附图。摘要中不得使用商业性宣传用语。"

十二、将第二十七条改为第三十条，修改为："申请人应当就每件外观设计产品所需要保护的内容提交有关图片或者照片。

"申请局部外观设计专利的，应当提交整体产品的视图，并用虚线与实线相结合或者其他方式表明所需要保护部分的内容。

"申请人请求保护色彩的，应当提交彩色图片或者照片。"

十三、将第二十八条改为第三十一条，增加一款，作为第三款："申请局部外观设计专利的，应当在简要说明中写明请求保护的部分，已在整体产品的视图中用虚线与实线相结合方式表明的除外。"

第三款改为第四款，修改为："简要说明不得使用商业性宣传用语，也不得说明产品的性能。"

十四、将第三十条改为第三十三条，第二款修改为："专利法第二十四条第（三）项所称学术会议或者技术会议，是指国务院有关主管部门或者全国性学术团体组织召开的学术会议或者技术会议，以及国务院有关主管部门认可的由国际组织召开的学术会议或者技术会议。"

第三款修改为："申请专利的发明创造有专利法第二十四条第（二）项或者第（三）项所列情形的，申请人应当在提出专利申请时声明，并自申请日起2个月内提交有关发明创造已经展出或者发表，以及展出或者发表日期的证明文件。"

第四款中的"专利法第二十四条第（三）项"修改为"专利法第二十四条第（一）项或者第（四）项"。

十五、将第三十二条改为第三十五条，修改为："申请人在一件专利申请中，可以要求一项或者多项优先权；要求多项优先权的，该申请的优先权期限从最早的优先权日起计算。

"发明或者实用新型专利申请人要求本国优先权，在先申请是发明专利申请的，可以就相同主题提出发明或者实用新型专利申请；在先申请是实用新型专利申请的，可以就相同主题提出实用新型或者发明专利申请。外观设计专利申请人要求本国优先权，在先申请是发明或者实用新型专利申请的，可以就附图显示的设计提出相同主题的外观设计专利申请；在先申请是外观设计专利申请的，可以就相同主题提出外观设计专利申请。但是，提出后一申请时，在先申请的主题有下列情形之一的，不得作为要求本国优先权的基础：

"（一）已经要求外国优先权或者本国优先权的；

"（二）已经被授予专利权的；

"（三）属于按照规定提出的分案申请的。

"申请人要求本国优先权的，其在先申请自后一申请提出之日起即视为撤回，但外观设计专利申请人要求以发明或者实用新型专利申请作为本国优先权基础的除外。"

十六、增加一条，作为第三十六条："申请人超出专利法第二十九条规定的期限，向国务院专利行政部门就相同主题提出发明或者实用新型专利申请，有正当理由的，可以在期限届满之日起 2 个月内请求恢复优先权。"

十七、增加一条，作为第三十七条："发明或者实用新型专利申请人要求了优先权的，可以自优先权日起 16 个月内或者自申请日起 4 个月内，请求在请求书中增加或者改正优先权要求。"

十八、增加一条，作为第四十五条："发明或者实用新型专利申请缺少或者错误提交权利要求书、说明书或者权利要求书、说明书的部分内容，但申请人在递交日要求了优先权的，可以自递交日起 2 个月内或者在国务院专利行政部门指定的期限内以援引在先申请文件的方式补交。补交的文件符合有关规定的，以首次提交文件的递交日为申请日。"

十九、将第四十四条改为第五十条，第一款修改为："专利法第三十四条和第四十条所称初步审查，是指审查专利申请是否具备专利法第二十六条或者第二十七条规定的文件和其他必要的文件，这些文件是否符合规定的格式，并审查下列各项：

"（一）发明专利申请是否明显属于专利法第五条、第二十五条规定的情形，是否不符合专利法第十七条、第十八条第一款、第十九条第一款或者本细则第十一条、第十九条、第二十九条第二款的规定，是否明显不符合专利法第二条第二款、第二十六条第五款、第三十一条第一款、第三十三条或者本细则第二十条至第二十四条的规定；

"（二）实用新型专利申请是否明显属于专利法第五条、第二十五条规定的情形，是否不符合专利法第十七条、第十八条第一款、第十九条第一款或者本细则第十一条、第十九条至第二十二条、第二十四条至第二十六条的规定，是否明显不符合专利法第二条第三款、第二十二条、第二十六条第三款、第二十六条第四款、第三十一条第一款、第三十三条或者本细则第二十三条、第四十九条第一款的规定，是否依照专利法第九条规定不能取得专利权；

"（三）外观设计专利申请是否明显属于专利法第五条、第二十五条第一款第（六）项规定的情形，是否不符合专利法第十七条、第十八条第一款或者本细则第十一条、第十九条、第三十条、第三十一条的规定，是否明显不符合专利法第二条第四款、第二十三条第一款、第二十三条第二款、第二十七条第二款、第三十一条第二款、第三十三条或者本细则第四十九条第一款的规定，是否依照专利法第九条规定不能取得专利权；

"（四）申请文件是否符合本细则第二条、第三条第一款的规定。"

二十、将第五十条改为第五十六条，增加一款，作为第二款："申请人可以对专利申请提出延迟审查请求。"

二十一、将第五十三条改为第五十九条，修改为："依照专利法第三十八条的规定，发明专利申请经实质审查应当予以驳回的情形是指：

"（一）申请属于专利法第五条、第二十五条规定的情形，或者依照专利法第九条规定不能取得专利权的；

"（二）申请不符合专利法第二条第二款、第十九条第一款、第二十二条、第二十六条第三款、第二十六条第四款、第二十六条第五款、第三十一条第一款或者本细则第十一条、第二十三条第二款规定的；

"（三）申请的修改不符合专利法第三十三条规定，或者分案的申请不符合本细则第四十九条第一款的规定的。"

二十二、将第五十六条改为第六十二条，第一款修改为："授予实用新型或者外观设计专利权的决定公告后，专利法第六十六条规定的专利权人、利害关系人、被控侵权人可以请求国务院专利行政部门作出专利权评价报告。申请人可以在办理专利权登记手续时请求国务院专利行政部门作出专利权评价报告。"

第二款修改为："请求作出专利权评价报告的，应当提交专利权评价报告请求书，写明专利申请号或者专利号。每项请求应当限于一项专利申请或者专利权。"

二十三、将第五十七条改为第六十三条，修改为："国务院专利行政部门应当自收到专利权评价报告请求书后2个月内作出专利权评价报告，但申请人在办理专利权登记手续时请求作出专利权评价报告的，国务院专利行政部门应当自公告授予专利权之日起2个月内作出专利权评价报告。

"对同一项实用新型或者外观设计专利权，有多个请求人请求作出专利权评价报告的，国务院专利行政部门仅作出一份专利权评价报告。任何单位或者个人可以查阅或者复制该专利权评价报告。"

二十四、删去第五十九条、第六十一条第二款、第六十二条。

二十五、将第六十三条改为第六十七条，修改为："国务院专利行政部门进行复审后，认为复审请求不符合专利法和本细则有关规定或者专利申请存在其他明显违反专利法和本细则有关规定情形的，应当通知复审请求人，要求其在指定期限内陈述意见。期满未答复的，该复审请求视为撤回；经陈述意见或者进行修改后，国务院专利行政部门认为仍不符合专利法和本细则有关规定的，应当作出驳回复审请求的复审决定。

"国务院专利行政部门进行复审后，认为原驳回决定不符合专利法和本细则有关规定的，或者认为经过修改的专利申请文件消除了原驳回决定和复审通知书指出的缺陷的，应当撤销原驳回决定，继续进行审查程序。"

二十六、将第六十五条改为第六十九条，第二款修改为："前款所称无效宣告请求的理由，是指被授予专利的发明创造不符合专利法第二条、第十九条第一款、第二十二条、第二十三条、第二十六条第三款、第二十六条第四款、第二十七条第二款、第三十三条或者本细则第十一条、第二十三条第二款、第四十九条第一款的规定，或者属于专利法第五条、第二十五条规定的情形，或者依照专利法第九条规定不能取得专利权。"

二十七、将第六十九条改为第七十三条，第一款修改为："在无效宣告请求的审查过程中，发明或者实用新型专利的专利权人可以修改其权利要求书，但是不得扩大原专利的保护范围。国务院专利行政部门在修改后的权利要求基础上作出维持专利权有效或者宣告专利权部分无效的决定的，应当公告修改后的权利要求。"

二十八、增加一章，作为第五章，章名为"专利权期限补偿"，包括第七十七条至第八十四条。

二十九、增加一条，作为第七十七条："依照专利法第四十二条第二款的规定请求给予专利权期限补偿的，专利权人应当自公告授予专利权之日起 3 个月内向国务院专利行政部门提出。"

三十、增加一条，作为第七十八条："依照专利法第四十二条第二款的规定给予专利权期限补偿的，补偿期限按照发明专利在授权过程中不合理延迟的实际天数计算。

"前款所称发明专利在授权过程中不合理延迟的实际天数，是指自发明专利申请日起满 4 年且自实质审查请求之日起满 3 年之日至公告授予专利权之日的间隔天数，减去合理延迟的天数和由申请人引起的不合理延迟的天数。

"下列情形属于合理延迟：

"（一）依照本细则第六十六条的规定修改专利申请文件后被授予专利权的，因复审程序引起的延迟；

"（二）因本细则第一百零三条、第一百零四条规定情形引起的延迟；

"（三）其他合理情形引起的延迟。

"同一申请人同日对同样的发明创造既申请实用新型专利又申请发明专利，依照本细则第四十七条第四款的规定取得发明专利权的，该发明专利权的期限不适用专利法第四十二条第二款的规定。"

三十一、增加一条，作为第七十九条："专利法第四十二条第二款规定的由申请人引起的不合理延迟包括以下情形：

"（一）未在指定期限内答复国务院专利行政部门发出的通知；

"（二）申请延迟审查；

"（三）因本细则第四十五条规定情形引起的延迟；

"（四）其他由申请人引起的不合理延迟。"

三十二、增加一条，作为第八十条："专利法第四十二条第三款所称新药相关发明专利是指符合规定的新药产品专利、制备方法专利、医药用途专利。"

三十三、增加一条，作为第八十一条："依照专利法第四十二条第三款的规定请求给予新药相关发明专利权期限补偿的，应当符合下列要求，自该新药在中国获得上市许可之日起 3 个月内向国务院专利行政部门提出：

"（一）该新药同时存在多项专利的，专利权人只能请求对其中一项专利给予专利权期限补偿；

"（二）一项专利同时涉及多个新药的，只能对一个新药就该专利提出专利权期限补偿请求；

"（三）该专利在有效期内，且尚未获得过新药相关发明专利权期限补偿。"

三十四、增加一条，作为第八十二条："依照专利法第四十二条第三款的规定给予专利权期限补偿的，补偿期限按照该专利申请日至该新药在中国获得上市许可之日的间隔天数减去 5 年，在符合专利法第四十二条第三款规定的基础上确定。"

三十五、增加一条，作为第八十三条："新药相关发明专利在专利权期限补偿期间，该专利的保护范围限于该新药及其经批准的适应症相关技术方案；在保护范围内，专利权人享有的权利和承担的义务与专利权期限补偿前相同。"

三十六、增加一条，作为第八十四条："国务院专利行政部门对依照专利法第四十二条第二款、第三款的规定提出的专利权期限补偿请求进行审查后，认为符合补偿条件的，作出给予期限补偿的决定，并予以登记和公告；不符合补偿条件的，作出不予期限补偿的决定，并通知提出请求的专利权人。"

三十七、将第五章改为第六章，章名修改为"专利实施的特别许可"。

三十八、增加一条，作为第八十五条："专利权人自愿声明对其专利实行开放许可的，应当在公告授予专利权后提出。

"开放许可声明应当写明以下事项：

"（一）专利号；

"（二）专利权人的姓名或者名称；

"（三）专利许可使用费支付方式、标准；

"（四）专利许可期限；

"（五）其他需要明确的事项。

"开放许可声明内容应当准确、清楚，不得出现商业性宣传用语。"

三十九、增加一条，作为第八十六条："专利权有下列情形之一的，专利权人不得对其实行开放许可：

"（一）专利权处于独占或者排他许可有效期限内的；

"（二）属于本细则第一百零三条、第一百零四条规定的中止情形的；

"（三）没有按照规定缴纳年费的；

"（四）专利权被质押，未经质权人同意的；

"（五）其他妨碍专利权有效实施的情形。"

四十、增加一条，作为第八十七条："通过开放许可达成专利实施许可的，专利权人或者被许可人应当凭能够证明达成许可的书面文件向国务院专利行政部门备案。"

四十一、增加一条，作为第八十八条："专利权人不得通过提供虚假材料、隐瞒事实等手段，作出开放许可声明或者在开放许可实施期间获得专利年费减免。"

四十二、将第七十六条改为第九十二条，第一款修改为："被授予专利权的单位可以与发明人、设计人约定或者在其依法制定的规章制度中规定专利法第十五条规定的奖励、报酬的方式和数额。鼓励被授予专利权的单位实行产权激励，采取股权、期权、分红等方式，使发明人或者设计人合理分享创新收益。"

四十三、将第七十七条改为第九十三条，第一款修改为："被授予专利权的单位未与发明人、设计人约定也未在其依法制定的规章制度中规定专利法第十五条规定的奖励的方式和数额的，应当自公告授予专利权之日起 3 个月内发给发明人或者设计人奖金。一项发明专利的奖金最低不少于 4000 元；一项实用新型专利或者外观设计专利的奖金最低不少于 1500 元。"

四十四、将第七十八条改为第九十四条，修改为："被授予专利权的单位未与发明人、设计人约定也未在其依法制定的规章制度中规定专利法第十五条规定的报酬的方式和数额的，应当依照《中华人民共和国促进科技成果转化法》的规定，给予发明人或者设计人合理的报酬。"

四十五、将第七十九条改为第九十五条，修改为："省、自治区、直辖市人民政府管理专利工作的部门以及专利管理工作量大又有实际处理能力的地级市、自治州、盟、地区和直辖市的区人民政府管理专利工作的部门，可以处理和调解专利纠纷。"

四十六、删去第八十条。

四十七、增加一条，作为第九十六条："有下列情形之一的，属于专利法第七十条所称的在全国有重大影响的专利侵权纠纷：

"（一）涉及重大公共利益的；

"（二）对行业发展有重大影响的；

"（三）跨省、自治区、直辖市区域的重大案件；

"（四）国务院专利行政部门认为可能有重大影响的其他情形。

"专利权人或者利害关系人请求国务院专利行政部门处理专利侵权纠纷，相关案件不属于在全国有重大影响的专利侵权纠纷的，国务院专利行政部门可以指定有管辖权的地方人民政府管理专利工作的部门处理。"

四十八、增加一条，作为第一百条："申请人或者专利权人违反本细则第十一条、第八十八条规定的，由县级以上负责专利执法的部门予以警告，可以处 10 万元以下的罚款。"

四十九、将第八十四条改为第一百零一条，第三款修改为："销售不知道是假冒专利的产品，并且能够证明该产品合法来源的，由县级以上负责专利执法的部门责令停止销售。"

五十、将第八十六条改为第一百零三条，第二款修改为："依照前款规定请求中止有关程序的，应当向国务院专利行政部门提交请求书，说明理由，并附具管理专利工作的部门或者人民法院的写明申请号或者专利号的有关受理文件副本。国务院专利行政部门认为当事人提出的中止理由明显不能成立的，可以不中止有关程序。"

五十一、将第八十九条改为第一百零六条，增加一项，作为第五项："（五）国防专利、保密专利的解密"。

增加一项，作为第九项："（九）专利权期限的补偿"。

增加一项，作为第十项："（十）专利实施的开放许可"。

五十二、将第九十条改为第一百零七条，第五项修改为："（五）实用新型专利的说明书摘要，外观设计专利的一幅图片或者照片"。

增加一项，作为第九项："（九）专利权期限的补偿"。

增加一项，作为第十三项："（十三）专利实施的开放许可事项"。

第十三项改为第十五项，修改为："（十五）专利权人的姓名或者名称、国籍和地址的变更"。

五十三、将第九十三条改为第一百一十条，删去第一款第三项中的"专利登记费、公告印刷费"。

第一款第五项修改为："（五）著录事项变更费、专利权评价报告请求费、无效宣告请求费、专利文件副本证明费"。

第二款修改为："前款所列各种费用的缴纳标准，由国务院发展改革部门、财政部门会同国务院专利行政部门按照职责分工规定。国务院财政部门、发展改革部门可以会同国务院专利行政部门根据实际情况对申请专利和办理其他手续应当缴纳的费用种类和标准进行调整。"

五十四、将第九十四条改为第一百一十一条，第一款修改为："专利法和本细则规定的各种费用，应当严格按照规定缴纳。"

删去第二款。

五十五、将第十章改为第十一章，章名修改为"关于发明、实用新型国际申请的特别规定"。

五十六、将第一百零四条改为第一百二十一条，第一款第五项修改为："（五）国际申请以外文提出的，提交摘要的中文译文，有附图和摘要附图的，提交附图副本并指定摘要附图，附图中有文字的，将其替换为对应的中文文字"。

第一款第六项修改为："（六）在国际阶段向国际局已办理申请人变更手续的，必要时提供变更后的申请人享有申请权的证明材料"。

五十七、删去第一百二十一条。

五十八、增加一条，作为第一百二十八条："国际申请的申请日在优先权期限届满之后 2 个月内，在国际阶段受理局已经批准恢复优先权的，视为已经依照本细则第三十六条的规定提出了恢复优先权请求；在国际阶段申请人未请求恢复优先权，或者提出了恢复优先权请求但受理局未批准，申请人有正当理由的，可以自进入日起 2 个月内向国务院专利行政部门请求恢复优先权。"

五十九、增加一章，作为第十二章，章名为"关于外观设计国际申请的特别规定"，包括第一百三十六条至第一百四十四条。

六十、增加一条，作为第一百三十六条："国务院专利行政部门根据专利法第十九条第二款、第三款规定，处理按照工业品外观设计国际注册海牙协定（1999 年文本）（以下简称海牙协定）提出的外观设计国际注册申请。

"国务院专利行政部门处理按照海牙协定提出并指定中国的外观设计国际注册申请（简称外观设计国际申请）的条件和程序适用本章的规定；本章没有规定的，适用专利法及本细则其他各章的有关规定。"

六十一、增加一条，作为第一百三十七条："按照海牙协定已确定国际注册日并指定中国的外观设计国际申请，视为向国务院专利行政部门提出的外观设计专利申请，该国际注册日视为专利法第二十八条所称的申请日。"

六十二、增加一条，作为第一百三十八条："国际局公布外观设计国际申请后，国务院专利行政部门对外观设计国际申请进行审查，并将审查结果通知国际局。"

六十三、增加一条，作为第一百三十九条："国际局公布的外观设计国际申请中包括一项或者多项优先权的，视为已经依照专利法第三十条的规定提出了书面声明。

"外观设计国际申请的申请人要求优先权的，应当自外观设计国际申请公布之日起3个月内提交在先申请文件副本。"

六十四、增加一条，作为第一百四十条："外观设计国际申请涉及的外观设计有专利法第二十四条第（二）项或者第（三）项所列情形的，应当在提出外观设计国际申请时声明，并自外观设计国际申请公布之日起2个月内提交本细则第三十三条第三款规定的有关证明文件。"

六十五、增加一条，作为第一百四十一条："一件外观设计国际申请包括两项以上外观设计的，申请人可以自外观设计国际申请公布之日起2个月内，向国务院专利行政部门提出分案申请，并缴纳费用。"

六十六、增加一条，作为第一百四十二条："国际局公布的外观设计国际申请中包括含设计要点的说明书的，视为已经依照本细则第三十一条的规定提交了简要说明。"

六十七、增加一条，作为第一百四十三条："外观设计国际申请经国务院专利行政部门审查后没有发现驳回理由的，由国务院专利行政部门作出给予保护的决定，通知国际局。

"国务院专利行政部门作出给予保护的决定后，予以公告，该外观设计专利权自公告之日起生效。"

六十八、增加一条，作为第一百四十四条："已在国际局办理权利变更手续的，申请人应当向国务院专利行政部门提供有关证明材料。"

六十九、对部分条文作以下修改：

（一）将第十二条改为第十三条，第二款中的"技术资料"修改为"技术信息和资料"。

（二）将第十六条改为第十九条，第二项中的"组织机构代码或者居民身份证件号码"修改为"统一社会信用代码或者身份证件号码"，第四项中的"专利代理人的姓名、执业证号码"修改为"专利代理师的姓名、专利代理师资格证号码"。

（三）将第二十六条改为第二十九条，在第一款中的"具有实际或者潜在价值的材料"后增加"和利用此类材料产生的遗传信息"。

（四）将第三十七条改为第四十二条，第四项修改为："（四）复审或者无效宣告程序中，曾参与原申请的审查的"。

（五）将第三十九条改为第四十四条，第三项修改为："（三）申请文件的格式不符合规定的"。

（六）将第四十三条改为第四十九条，第三款修改为："分案申请的请求书中应当写明原申请的申请号和申请日。"

（七）将第四章中的"专利复审委员会"修改为"国务院专利行政部门"。

（八）将第八十二条改为第九十八条，第一款中的"专利复审委员会"修改为"国务院专利行政部门"。

（九）将第八十三条改为第九十九条，第二款中的"管理专利工作的部门"修改为"县级以上负责专利执法的部门"。

（十）将第九十七条改为第一百一十四条，删去其中的"专利登记费、公告印刷费和"。

（十一）将第一百条改为第一百一十七条，其中的"减缴或者缓缴"修改为"减缴"，"国务院价格管理部门"修改为"国务院发展改革部门"。

（十二）将第一百一十四条改为第一百三十二条，在第二款中的"国际公布日"后增加"或者国务院专利行政部门公布之日"。

（十三）将第一百一十九条改为第一百四十六条，第二款中的"代理人"修改为"专利代理师"，"并附具"修改为"必要时应当提交"。

此外，根据 2020 年 10 月 17 日通过的《全国人民代表大会常务委员会关于修改〈中华人民共和国专利法〉的决定》，对《中华人民共和国专利法实施细则》引用《中华人民共和国专利法》的条文序号作了相应修改，并对部分条款顺序和文字作了调整和修改。

本决定自 2024 年 1 月 20 日起施行。

《中华人民共和国专利法实施细则》根据本决定作相应修改并对条文序号作相应调整，重新公布。

中华人民共和国专利法实施细则

（2001 年 6 月 15 日中华人民共和国国务院令第 306 号公布　根据 2002 年 12 月 28 日《国务院关于修改〈中华人民共和国专利法实施细则〉的决定》第一次修订　根据 2010 年 1 月 9 日《国务院关于修改〈中华人民共和国专利法实施细则〉的决定》第二次修订　根据 2023 年 12 月 11 日《国务院关于修改〈中华人民共和国专利法实施细则〉的决定》第三次修订）

第一章　总　　则

第一条　根据《中华人民共和国专利法》（以下简称专利法），制定本细则。

第二条　专利法和本细则规定的各种手续，应当以书面形式或者国务院专利行政部门规定的其他形式办理。以电子数据交换等方式能够有形地表现所载内容，并可以随时调取查用的数据电文（以下统称电子形式），视为书面形式。

第三条　依照专利法和本细则规定提交的各种文件应当使用中文；国家有统一规定的科技术语的，应当采用规范词；外国人名、地名和科技术语没有统一中文译文的，应当注明原文。

依照专利法和本细则规定提交的各种证件和证明文件是外文的，国务院专利行政部门认为必要时，可以要求当事人在指定期限内附送中文译文；期满未附送的，视为未提交该证件和证明文件。

第四条　向国务院专利行政部门邮寄的各种文件，以寄出的邮戳日为递交日；邮戳日不清晰的，除当事人能够提出证明外，以国务院专利行政部门收到日为递交日。

以电子形式向国务院专利行政部门提交各种文件的，以进入国务院专利行政部门指定的特定电子系统的日期为递交日。

国务院专利行政部门的各种文件，可以通过电子形式、邮寄、直接送交或者其他方式送达当事人。当事人委托专利代理机构的，文件送交专利代理机构；未委托专利代理机构的，文件送交请求书中指明的联系人。

国务院专利行政部门邮寄的各种文件，自文件发出之日起满15日，推定为当事人收到文件之日。当事人提供证据能够证明实际收到文件的日期的，以实际收到日为准。

根据国务院专利行政部门规定应当直接送交的文件，以交付日为送达日。

文件送交地址不清，无法邮寄的，可以通过公告的方式送达当事人。自公告之日起满1个月，该文件视为已经送达。

国务院专利行政部门以电子形式送达的各种文件，以进入当事人认可的电子系统的日期为送达日。

第五条 专利法和本细则规定的各种期限开始的当日不计算在期限内，自下一日开始计算。期限以年或者月计算的，以其最后一月的相应日为期限届满日；该月无相应日的，以该月最后一日为期限届满日；期限届满日是法定休假日的，以休假日后的第一个工作日为期限届满日。

第六条 当事人因不可抗拒的事由而延误专利法或者本细则规定的期限或者国务院专利行政部门指定的期限，导致其权利丧失的，自障碍消除之日起2个月内且自期限届满之日起2年内，可以向国务院专利行政部门请求恢复权利。

除前款规定的情形外，当事人因其他正当理由延误专利法或者本细则规定的期限或者国务院专利行政部门指定的期限，导致其权利丧失的，可以自收到国务院专利行政部门的通知之日起2个月内向国务院专利行政部门请求恢复权利；但是，延误复审请求期限的，可以自复审请求期限届满之日起 2 个月内向国务院专利行政部门请求恢复权利。

当事人依照本条第一款或者第二款的规定请求恢复权利的，应当提交恢复权利请求书，说明理由，必要时附具有关证明文件，并办理权利丧失前应当办理的相应手续；依照本条第二款的规定请求恢复权利的，还应当缴纳恢复权利请求费。

当事人请求延长国务院专利行政部门指定的期限的，应当在期限届满前，向国务院专利行政部门提交延长期限请求书，说明理由，并办理有关手续。

本条第一款和第二款的规定不适用专利法第二十四条、第二十九条、第四十二条、第七十四条规定的期限。

第七条 专利申请涉及国防利益需要保密的，由国防专利机构受理并进行审查；国务院专利行政部门受理的专利申请涉及国防利益需要保密的，应当及时移交国防专利机构进行审查。经国防专利机构审查没有发现驳回理由的，由国务院专利行政部门作出授予国防专利权的决定。

国务院专利行政部门认为其受理的发明或者实用新型专利申请涉及国防利益以外的国家安全或者重大利益需要保密的，应当及时作出按照保密专利申请处理的决定，并通知申请人。保密专利申请的审查、复审以及保密专利权无效宣告的特殊程序，由国务院专利行政部门规定。

第八条 专利法第十九条所称在中国完成的发明或者实用新型，是指技术方案的实质性内容在中国境内完成的发明或者实用新型。

任何单位或者个人将在中国完成的发明或者实用新型向外国申请专利的，应当按照下列方式之一请求国务院专利行政部门进行保密审查：

（一）直接向外国申请专利或者向有关国外机构提交专利国际申请的，应当事先向国务院专利行政部门提出请求，并详细说明其技术方案；

（二）向国务院专利行政部门申请专利后拟向外国申请专利或者向有关国外机构提交专利国际申请的，应当在向外国申请专利或者向有关国外机构提交专利国际申请前向国务院专利行政部门提出请求。

向国务院专利行政部门提交专利国际申请的，视为同时提出了保密审查请求。

第九条 国务院专利行政部门收到依照本细则第八条规定递交的请求后，经过审查认为该发明或者实用新型可能涉及国家安全或者重大利益需要保密的，应当在请求递交日起 2 个月内向申请人发出保密审查通知；情况复杂的，可以延长 2 个月。

国务院专利行政部门依照前款规定通知进行保密审查的，应当在请求递交日起 4 个月内作出是否需要保密的决定，并通知申请人；情况复杂的，可以延长 2 个月。

第十条 专利法第五条所称违反法律的发明创造，不包括仅其实施为法律所禁止的发明创造。

第十一条 申请专利应当遵循诚实信用原则。提出各类专利申请应当以真实发明创造活动为基础，不得弄虚作假。

第十二条 除专利法第二十八条和第四十二条规定的情形外，专利法所称申请日，有优先权的，指优先权日。

本细则所称申请日，除另有规定的外，是指专利法第二十八条规定的申请日。

第十三条 专利法第六条所称执行本单位的任务所完成的职务发明创造，是指：

（一）在本职工作中作出的发明创造；

（二）履行本单位交付的本职工作之外的任务所作出的发明创造；

（三）退休、调离原单位后或者劳动、人事关系终止后 1 年内作出的，与其在原单位承担的本职工作或者原单位分配的任务有关的发明创造。

专利法第六条所称本单位，包括临时工作单位；专利法第六条所称本单位的物质技术条件，是指本单位的资金、设备、零部件、原材料或者不对外公开的技术信息和资料等。

第十四条 专利法所称发明人或者设计人，是指对发明创造的实质性特点作出创造性贡献的人。在完成发明创造过程中，只负责组织工作的人、为物质技术条件的利用提供方便的人或者从事其他辅助工作的人，不是发明人或者设计人。

第十五条 除依照专利法第十条规定转让专利权外，专利权因其他事由发生转移的，当事人应当凭有关证明文件或者法律文书向国务院专利行政部门办理专利权转移手续。

专利权人与他人订立的专利实施许可合同，应当自合同生效之日起3个月内向国务院专利行政部门备案。

以专利权出质的，由出质人和质权人共同向国务院专利行政部门办理出质登记。

第十六条 专利工作应当贯彻党和国家知识产权战略部署，提升我国专利创造、运用、保护、管理和服务水平，支持全面创新，促进创新型国家建设。

国务院专利行政部门应当提升专利信息公共服务能力，完整、准确、及时发布专利信息，提供专利基础数据，促进专利相关数据资源的开放共享、互联互通。

第二章 专利的申请

第十七条 申请专利的，应当向国务院专利行政部门提交申请文件。申请文件应当符合规定的要求。

申请人委托专利代理机构向国务院专利行政部门申请专利和办理其他专利事务的，应当同时提交委托书，写明委托权限。

申请人有2人以上且未委托专利代理机构的，除请求书中另有声明的外，以请求书中指明的第一申请人为代表人。

第十八条　依照专利法第十八条第一款的规定委托专利代理机构在中国申请专利和办理其他专利事务的，涉及下列事务，申请人或者专利权人可以自行办理：

（一）申请要求优先权的，提交第一次提出的专利申请（以下简称在先申请）文件副本；

（二）缴纳费用；

（三）国务院专利行政部门规定的其他事务。

第十九条　发明、实用新型或者外观设计专利申请的请求书应当写明下列事项：

（一）发明、实用新型或者外观设计的名称；

（二）申请人是中国单位或者个人的，其名称或者姓名、地址、邮政编码、统一社会信用代码或者身份证件号码；申请人是外国人、外国企业或者外国其他组织的，其姓名或者名称、国籍或者注册的国家或者地区；

（三）发明人或者设计人的姓名；

（四）申请人委托专利代理机构的，受托机构的名称、机构代码以及该机构指定的专利代理师的姓名、专利代理师资格证号码、联系电话；

（五）要求优先权的，在先申请的申请日、申请号以及原受理机构的名称；

（六）申请人或者专利代理机构的签字或者盖章；

（七）申请文件清单；

（八）附加文件清单；

（九）其他需要写明的有关事项。

第二十条　发明或者实用新型专利申请的说明书应当写明发明或者实用新型的名称，该名称应当与请求书中的名称一致。说明书应当包括下列内容：

（一）技术领域：写明要求保护的技术方案所属的技术领域；

（二）背景技术：写明对发明或者实用新型的理解、检索、审查有用的背景技术；有可能的，并引证反映这些背景技术的文件；

（三）发明内容：写明发明或者实用新型所要解决的技术问题以及解决其技术问题采用的技术方案，并对照现有技术写明发明或者实用新型的有益效果；

（四）附图说明：说明书有附图的，对各幅附图作简略说明；

（五）具体实施方式：详细写明申请人认为实现发明或者实用新型的优选方式；必要时，举例说明；有附图的，对照附图。

发明或者实用新型专利申请人应当按照前款规定的方式和顺序撰写说明书，并在说明书每一部分前面写明标题，除非其发明或者实用新型的性质用其他方式或者顺序撰写能节约说明书的篇幅并使他人能够准确理解其发明或者实用新型。

发明或者实用新型说明书应当用词规范、语句清楚，并不得使用"如权利要求……所述的……"一类的引用语，也不得使用商业性宣传用语。

发明专利申请包含一个或者多个核苷酸或者氨基酸序列的，说明书应当包括符合国务院专利行政部门规定的序列表。

实用新型专利申请说明书应当有表示要求保护的产品的形状、构造或者其结合的附图。

第二十一条　发明或者实用新型的几幅附图应当按照"图1，图2，……"顺序编号排列。

发明或者实用新型说明书文字部分中未提及的附图标记不得在附图中出现，附图中未出现的附图标记不得在说明书文字部分中提及。申请文件中表示同一组成部分的附图标记应当一致。

附图中除必需的词语外，不应当含有其他注释。

第二十二条　权利要求书应当记载发明或者实用新型的技术特征。

权利要求书有几项权利要求的，应当用阿拉伯数字顺序编号。

权利要求书中使用的科技术语应当与说明书中使用的科技术语

一致，可以有化学式或者数学式，但是不得有插图。除绝对必要的外，不得使用"如说明书……部分所述"或者"如图……所示"的用语。

权利要求中的技术特征可以引用说明书附图中相应的标记，该标记应当放在相应的技术特征后并置于括号内，便于理解权利要求。附图标记不得解释为对权利要求的限制。

第二十三条 权利要求书应当有独立权利要求，也可以有从属权利要求。

独立权利要求应当从整体上反映发明或者实用新型的技术方案，记载解决技术问题的必要技术特征。

从属权利要求应当用附加的技术特征，对引用的权利要求作进一步限定。

第二十四条 发明或者实用新型的独立权利要求应当包括前序部分和特征部分，按照下列规定撰写：

（一）前序部分：写明要求保护的发明或者实用新型技术方案的主题名称和发明或者实用新型主题与最接近的现有技术共有的必要技术特征；

（二）特征部分：使用"其特征是……"或者类似的用语，写明发明或者实用新型区别于最接近的现有技术的技术特征。这些特征和前序部分写明的特征合在一起，限定发明或者实用新型要求保护的范围。

发明或者实用新型的性质不适于用前款方式表达的，独立权利要求可以用其他方式撰写。

一项发明或者实用新型应当只有一个独立权利要求，并写在同一发明或者实用新型的从属权利要求之前。

第二十五条 发明或者实用新型的从属权利要求应当包括引用部分和限定部分，按照下列规定撰写：

（一）引用部分：写明引用的权利要求的编号及其主题名称；

（二）限定部分：写明发明或者实用新型附加的技术特征。

从属权利要求只能引用在前的权利要求。引用两项以上权利要求的多项从属权利要求，只能以择一方式引用在前的权利要求，并不得作为另一项多项从属权利要求的基础。

第二十六条　说明书摘要应当写明发明或者实用新型专利申请所公开内容的概要，即写明发明或者实用新型的名称和所属技术领域，并清楚地反映所要解决的技术问题、解决该问题的技术方案的要点以及主要用途。

说明书摘要可以包含最能说明发明的化学式；有附图的专利申请，还应当在请求书中指定一幅最能说明该发明或者实用新型技术特征的说明书附图作为摘要附图。摘要中不得使用商业性宣传用语。

第二十七条　申请专利的发明涉及新的生物材料，该生物材料公众不能得到，并且对该生物材料的说明不足以使所属领域的技术人员实施其发明的，除应当符合专利法和本细则的有关规定外，申请人还应当办理下列手续：

（一）在申请日前或者最迟在申请日（有优先权的，指优先权日），将该生物材料的样品提交国务院专利行政部门认可的保藏单位保藏，并在申请时或者最迟自申请日起4个月内提交保藏单位出具的保藏证明和存活证明；期满未提交证明的，该样品视为未提交保藏；

（二）在申请文件中，提供有关该生物材料特征的资料；

（三）涉及生物材料样品保藏的专利申请应当在请求书和说明书中写明该生物材料的分类命名（注明拉丁文名称）、保藏该生物材料样品的单位名称、地址、保藏日期和保藏编号；申请时未写明的，应当自申请日起4个月内补正；期满未补正的，视为未提交保藏。

第二十八条　发明专利申请人依照本细则第二十七条的规定保藏生物材料样品的，在发明专利申请公布后，任何单位或者个人需要将该专利申请所涉及的生物材料作为实验目的使用的，应当向国务院专利行政部门提出请求，并写明下列事项：

（一）请求人的姓名或者名称和地址；

（二）不向其他任何人提供该生物材料的保证；

（三）在授予专利权前，只作为实验目的使用的保证。

第二十九条　专利法所称遗传资源，是指取自人体、动物、植物或者微生物等含有遗传功能单位并具有实际或者潜在价值的材料和利用此类材料产生的遗传信息；专利法所称依赖遗传资源完成的发明创造，是指利用了遗传资源的遗传功能完成的发明创造。

就依赖遗传资源完成的发明创造申请专利的，申请人应当在请求书中予以说明，并填写国务院专利行政部门制定的表格。

第三十条　申请人应当就每件外观设计产品所需要保护的内容提交有关图片或者照片。

申请局部外观设计专利的，应当提交整体产品的视图，并用虚线与实线相结合或者其他方式表明所需要保护部分的内容。

申请人请求保护色彩的，应当提交彩色图片或者照片。

第三十一条　外观设计的简要说明应当写明外观设计产品的名称、用途，外观设计的设计要点，并指定一幅最能表明设计要点的图片或者照片。省略视图或者请求保护色彩的，应当在简要说明中写明。

对同一产品的多项相似外观设计提出一件外观设计专利申请的，应当在简要说明中指定其中一项作为基本设计。

申请局部外观设计专利的，应当在简要说明中写明请求保护的部分，已在整体产品的视图中用虚线与实线相结合方式表明的除外。

简要说明不得使用商业性宣传用语，也不得说明产品的性能。

第三十二条　国务院专利行政部门认为必要时，可以要求外观设计专利申请人提交使用外观设计的产品样品或者模型。样品或者模型的体积不得超过30厘米×30厘米×30厘米，重量不得超过15公斤。易腐、易损或者危险品不得作为样品或者模型提交。

第三十三条　专利法第二十四条第（二）项所称中国政府承认

的国际展览会，是指国际展览会公约规定的在国际展览局注册或者由其认可的国际展览会。

专利法第二十四条第（三）项所称学术会议或者技术会议，是指国务院有关主管部门或者全国性学术团体组织召开的学术会议或者技术会议，以及国务院有关主管部门认可的由国际组织召开的学术会议或者技术会议。

申请专利的发明创造有专利法第二十四条第（二）项或者第（三）项所列情形的，申请人应当在提出专利申请时声明，并自申请日起 2 个月内提交有关发明创造已经展出或者发表，以及展出或者发表日期的证明文件。

申请专利的发明创造有专利法第二十四条第（一）项或者第（四）项所列情形的，国务院专利行政部门认为必要时，可以要求申请人在指定期限内提交证明文件。

申请人未依照本条第三款的规定提出声明和提交证明文件的，或者未依照本条第四款的规定在指定期限内提交证明文件的，其申请不适用专利法第二十四条的规定。

第三十四条　申请人依照专利法第三十条的规定要求外国优先权的，申请人提交的在先申请文件副本应当经原受理机构证明。依照国务院专利行政部门与该受理机构签订的协议，国务院专利行政部门通过电子交换等途径获得在先申请文件副本的，视为申请人提交了经该受理机构证明的在先申请文件副本。要求本国优先权，申请人在请求书中写明在先申请的申请日和申请号的，视为提交了在先申请文件副本。

要求优先权，但请求书中漏写或者错写在先申请的申请日、申请号和原受理机构名称中的一项或者两项内容的，国务院专利行政部门应当通知申请人在指定期限内补正；期满未补正的，视为未要求优先权。

要求优先权的申请人的姓名或者名称与在先申请文件副本中记载的申请人姓名或者名称不一致的，应当提交优先权转让证明材料，未提交该证明材料的，视为未要求优先权。

外观设计专利申请人要求外国优先权，其在先申请未包括对外观设计的简要说明，申请人按照本细则第三十一条规定提交的简要说明未超出在先申请文件的图片或者照片表示的范围的，不影响其享有优先权。

第三十五条 申请人在一件专利申请中，可以要求一项或者多项优先权；要求多项优先权的，该申请的优先权期限从最早的优先权日起计算。

发明或者实用新型专利申请人要求本国优先权，在先申请是发明专利申请的，可以就相同主题提出发明或者实用新型专利申请；在先申请是实用新型专利申请的，可以就相同主题提出实用新型或者发明专利申请。外观设计专利申请人要求本国优先权，在先申请是发明或者实用新型专利申请的，可以就附图显示的设计提出相同主题的外观设计专利申请；在先申请是外观设计专利申请的，可以就相同主题提出外观设计专利申请。但是，提出后一申请时，在先申请的主题有下列情形之一的，不得作为要求本国优先权的基础：

（一）已经要求外国优先权或者本国优先权的；

（二）已经被授予专利权的；

（三）属于按照规定提出的分案申请的。

申请人要求本国优先权的，其在先申请自后一申请提出之日起即视为撤回，但外观设计专利申请人要求以发明或者实用新型专利申请作为本国优先权基础的除外。

第三十六条 申请人超出专利法第二十九条规定的期限，向国务院专利行政部门就相同主题提出发明或者实用新型专利申请，有正当理由的，可以在期限届满之日起2个月内请求恢复优先权。

第三十七条 发明或者实用新型专利申请人要求了优先权的，可以自优先权日起16个月内或者自申请日起4个月内，请求在请求书中增加或者改正优先权要求。

第三十八条 在中国没有经常居所或者营业所的申请人，申请专利或者要求外国优先权的，国务院专利行政部门认为必要时，可以要求其提供下列文件：

（一）申请人是个人的，其国籍证明；

（二）申请人是企业或者其他组织的，其注册的国家或者地区的证明文件；

（三）申请人的所属国，承认中国单位和个人可以按照该国国民的同等条件，在该国享有专利权、优先权和其他与专利有关的权利的证明文件。

第三十九条　依照专利法第三十一条第一款规定，可以作为一件专利申请提出的属于一个总的发明构思的两项以上的发明或者实用新型，应当在技术上相互关联，包含一个或者多个相同或者相应的特定技术特征，其中特定技术特征是指每一项发明或者实用新型作为整体，对现有技术作出贡献的技术特征。

第四十条　依照专利法第三十一条第二款规定，将同一产品的多项相似外观设计作为一件申请提出的，对该产品的其他设计应当与简要说明中指定的基本设计相似。一件外观设计专利申请中的相似外观设计不得超过10项。

专利法第三十一条第二款所称同一类别并且成套出售或者使用的产品的两项以上外观设计，是指各产品属于分类表中同一大类，习惯上同时出售或者同时使用，而且各产品的外观设计具有相同的设计构思。

将两项以上外观设计作为一件申请提出的，应当将各项外观设计的顺序编号标注在每件外观设计产品各幅图片或者照片的名称之前。

第四十一条　申请人撤回专利申请的，应当向国务院专利行政部门提出声明，写明发明创造的名称、申请号和申请日。

撤回专利申请的声明在国务院专利行政部门做好公布专利申请文件的印刷准备工作后提出的，申请文件仍予公布；但是，撤回专利申请的声明应当在以后出版的专利公报上予以公告。

第三章　专利申请的审查和批准

第四十二条　在初步审查、实质审查、复审和无效宣告程序中，实施审查和审理的人员有下列情形之一的，应当自行回避，当事人或者其他利害关系人可以要求其回避：

（一）是当事人或者其代理人的近亲属的；

（二）与专利申请或者专利权有利害关系的；

（三）与当事人或者其代理人有其他关系，可能影响公正审查和审理的；

（四）复审或者无效宣告程序中，曾参与原申请的审查的。

第四十三条　国务院专利行政部门收到发明或者实用新型专利申请的请求书、说明书（实用新型必须包括附图）和权利要求书，或者外观设计专利申请的请求书、外观设计的图片或者照片和简要说明后，应当明确申请日、给予申请号，并通知申请人。

第四十四条　专利申请文件有下列情形之一的，国务院专利行政部门不予受理，并通知申请人：

（一）发明或者实用新型专利申请缺少请求书、说明书（实用新型无附图）或者权利要求书的，或者外观设计专利申请缺少请求书、图片或者照片、简要说明的；

（二）未使用中文的；

（三）申请文件的格式不符合规定的；

（四）请求书中缺少申请人姓名或者名称，或者缺少地址的；

（五）明显不符合专利法第十七条或者第十八条第一款的规定的；

（六）专利申请类别（发明、实用新型或者外观设计）不明确或者难以确定的。

第四十五条　发明或者实用新型专利申请缺少或者错误提交权利要求书、说明书或者权利要求书、说明书的部分内容，但申请人在递交日要求了优先权的，可以自递交日起2个月内或者在国务院专利行政部门指定的期限内以援引在先申请文件的方式补交。补交的文件符合有关规定的，以首次提交文件的递交日为申请日。

第四十六条 说明书中写有对附图的说明但无附图或者缺少部分附图的，申请人应当在国务院专利行政部门指定的期限内补交附图或者声明取消对附图的说明。申请人补交附图的，以向国务院专利行政部门提交或者邮寄附图之日为申请日；取消对附图的说明的，保留原申请日。

第四十七条 两个以上的申请人同日（指申请日；有优先权的，指优先权日）分别就同样的发明创造申请专利的，应当在收到国务院专利行政部门的通知后自行协商确定申请人。

同一申请人在同日（指申请日）对同样的发明创造既申请实用新型专利又申请发明专利的，应当在申请时分别说明对同样的发明创造已申请了另一专利；未作说明的，依照专利法第九条第一款关于同样的发明创造只能授予一项专利权的规定处理。

国务院专利行政部门公告授予实用新型专利权，应当公告申请人已依照本条第二款的规定同时申请了发明专利的说明。

发明专利申请经审查没有发现驳回理由，国务院专利行政部门应当通知申请人在规定期限内声明放弃实用新型专利权。申请人声明放弃的，国务院专利行政部门应当作出授予发明专利权的决定，并在公告授予发明专利权时一并公告申请人放弃实用新型专利权声明。申请人不同意放弃的，国务院专利行政部门应当驳回该发明专利申请；申请人期满未答复的，视为撤回该发明专利申请。

实用新型专利权自公告授予发明专利权之日起终止。

第四十八条 一件专利申请包括两项以上发明、实用新型或者外观设计的，申请人可以在本细则第六十条第一款规定的期限届满前，向国务院专利行政部门提出分案申请；但是，专利申请已经被驳回、撤回或者视为撤回的，不能提出分案申请。

国务院专利行政部门认为一件专利申请不符合专利法第三十一

条和本细则第三十九条或者第四十条的规定的，应当通知申请人在指定期限内对其申请进行修改；申请人期满未答复的，该申请视为撤回。

分案的申请不得改变原申请的类别。

第四十九条 依照本细则第四十八条规定提出的分案申请，可以保留原申请日，享有优先权的，可以保留优先权日，但是不得超出原申请记载的范围。

分案申请应当依照专利法及本细则的规定办理有关手续。

分案申请的请求书中应当写明原申请的申请号和申请日。

第五十条 专利法第三十四条和第四十条所称初步审查，是指审查专利申请是否具备专利法第二十六条或者第二十七条规定的文件和其他必要的文件，这些文件是否符合规定的格式，并审查下列各项：

（一）发明专利申请是否明显属于专利法第五条、第二十五条规定的情形，是否不符合专利法第十七条、第十八条第一款、第十九条第一款或者本细则第十一条、第十九条、第二十九条第二款的规定，是否明显不符合专利法第二条第二款、第二十六条第五款、第三十一条第一款、第三十三条或者本细则第二十条至第二十四条的规定；

（二）实用新型专利申请是否明显属于专利法第五条、第二十五条规定的情形，是否不符合专利法第十七条、第十八条第一款、第十九条第一款或者本细则第十一条、第十九条至第二十二条、第二十四条至第二十六条的规定，是否明显不符合专利法第二条第三款、第二十二条、第二十六条第三款、第二十六条第四款、第三十一条第一款、第三十三条或者本细则第二十三条、第四十九条第一款的规定，是否依照专利法第九条规定不能取得专利权；

（三）外观设计专利申请是否明显属于专利法第五条、第二十五条第一款第（六）项规定的情形，是否不符合专利法第十七条、第十八条第一款或者本细则第十一条、第十九条、第三十条、第三十一条的规定，是否明显不符合专利法第二条第四款、第二十三条第一款、第二十三条第二款、第二十七条第二款、第三十一条第二款、第三十三条或者本细则第四十九条第一款的规定，是否依照专利法第九条规定不能取得专利权；

（四）申请文件是否符合本细则第二条、第三条第一款的规定。

国务院专利行政部门应当将审查意见通知申请人，要求其在指定期限内陈述意见或者补正；申请人期满未答复的，其申请视为撤回。申请人陈述意见或者补正后，国务院专利行政部门仍然认为不符合前款所列各项规定的，应当予以驳回。

第五十一条 除专利申请文件外，申请人向国务院专利行政部门提交的与专利申请有关的其他文件有下列情形之一的，视为未提交：

（一）未使用规定的格式或者填写不符合规定的；

（二）未按照规定提交证明材料的。

国务院专利行政部门应当将视为未提交的审查意见通知申请人。

第五十二条 申请人请求早日公布其发明专利申请的，应当向国务院专利行政部门声明。国务院专利行政部门对该申请进行初步审查后，除予以驳回的外，应当立即将申请予以公布。

第五十三条 申请人写明使用外观设计的产品及其所属类别的，应当使用国务院专利行政部门公布的外观设计产品分类表。未写明使用外观设计的产品所属类别或者所写的类别不确切的，国务院专利行政部门可以予以补充或者修改。

第五十四条 自发明专利申请公布之日起至公告授予专利权之日止，任何人均可以对不符合专利法规定的专利申请向国务院专利行政部门提出意见，并说明理由。

第五十五条 发明专利申请人因有正当理由无法提交专利法第三十六条规定的检索资料或者审查结果资料的，应当向国务院专利行政部门声明，并在得到有关资料后补交。

第五十六条　国务院专利行政部门依照专利法第三十五条第二款的规定对专利申请自行进行审查时，应当通知申请人。

申请人可以对专利申请提出延迟审查请求。

第五十七条　发明专利申请人在提出实质审查请求时以及在收到国务院专利行政部门发出的发明专利申请进入实质审查阶段通知书之日起的 3 个月内，可以对发明专利申请主动提出修改。

实用新型或者外观设计专利申请人自申请日起 2 个月内，可以对实用新型或者外观设计专利申请主动提出修改。

申请人在收到国务院专利行政部门发出的审查意见通知书后对专利申请文件进行修改的，应当针对通知书指出的缺陷进行修改。

国务院专利行政部门可以自行修改专利申请文件中文字和符号的明显错误。国务院专利行政部门自行修改的，应当通知申请人。

第五十八条　发明或者实用新型专利申请的说明书或者权利要求书的修改部分，除个别文字修改或者增删外，应当按照规定格式提交替换页。外观设计专利申请的图片或者照片的修改，应当按照规定提交替换页。

第五十九条　依照专利法第三十八条的规定，发明专利申请经实质审查应当予以驳回的情形是指：

（一）申请属于专利法第五条、第二十五条规定的情形，或者依照专利法第九条规定不能取得专利权的；

（二）申请不符合专利法第二条第二款、第十九条第一款、第二十二条、第二十六条第三款、第二十六条第四款、第二十六条第五款、第三十一条第一款或者本细则第十一条、第二十三条第二款规定的；

（三）申请的修改不符合专利法第三十三条规定，或者分案的申请不符合本细则第四十九条第一款的规定的。

第六十条　国务院专利行政部门发出授予专利权的通知后，申请人应当自收到通知之日起 2 个月内办理登记手续。申请人按期办理登记手续的，国务院专利行政部门应当授予专利权，颁发专利证书，并予以公告。

期满未办理登记手续的，视为放弃取得专利权的权利。

第六十一条　保密专利申请经审查没有发现驳回理由的，国务院专利行政部门应当作出授予保密专利权的决定，颁发保密专利证书，登记保密专利权的有关事项。

第六十二条　授予实用新型或者外观设计专利权的决定公告后，专利法第六十六条规定的专利权人、利害关系人、被控侵权人可以请求国务院专利行政部门作出专利权评价报告。申请人可以在办理专利权登记手续时请求国务院专利行政部门作出专利权评价报告。

请求作出专利权评价报告的，应当提交专利权评价报告请求书，写明专利申请号或者专利号。每项请求应当限于一项专利申请或者专利权。

专利权评价报告请求书不符合规定的，国务院专利行政部门应当通知请求人在指定期限内补正；请求人期满未补正的，视为未提出请求。

第六十三条　国务院专利行政部门应当自收到专利权评价报告请求书后2个月内作出专利权评价报告，但申请人在办理专利权登记手续时请求作出专利权评价报告的，国务院专利行政部门应当自公告授予专利权之日起2个月内作出专利权评价报告。

对同一项实用新型或者外观设计专利权，有多个请求人请求作出专利权评价报告的，国务院专利行政部门仅作出一份专利权评价报告。任何单位或者个人可以查阅或者复制该专利权评价报告。

第六十四条　国务院专利行政部门对专利公告、专利单行本中出现的错误，一经发现，应当及时更正，并对所作更正予以公告。

第四章　专利申请的复审与专利权的无效宣告

第六十五条　依照专利法第四十一条的规定向国务院专利行政

部门请求复审的，应当提交复审请求书，说明理由，必要时还应当附具有关证据。

复审请求不符合专利法第十八条第一款或者第四十一条第一款规定的，国务院专利行政部门不予受理，书面通知复审请求人并说明理由。

复审请求书不符合规定格式的，复审请求人应当在国务院专利行政部门指定的期限内补正；期满未补正的，该复审请求视为未提出。

第六十六条 请求人在提出复审请求或者在对国务院专利行政部门的复审通知书作出答复时，可以修改专利申请文件；但是，修改应当仅限于消除驳回决定或者复审通知书指出的缺陷。

第六十七条 国务院专利行政部门进行复审后，认为复审请求不符合专利法和本细则有关规定或者专利申请存在其他明显违反专利法和本细则有关规定情形的，应当通知复审请求人，要求其在指定期限内陈述意见。期满未答复的，该复审请求视为撤回；经陈述意见或者进行修改后，国务院专利行政部门认为仍不符合专利法和本细则有关规定的，应当作出驳回复审请求的复审决定。

国务院专利行政部门进行复审后，认为原驳回决定不符合专利法和本细则有关规定的，或者认为经过修改的专利申请文件消除了原驳回决定和复审通知书指出的缺陷的，应当撤销原驳回决定，继续进行审查程序。

第六十八条 复审请求人在国务院专利行政部门作出决定前，可以撤回其复审请求。

复审请求人在国务院专利行政部门作出决定前撤回其复审请求的，复审程序终止。

第六十九条 依照专利法第四十五条的规定，请求宣告专利权无效或者部分无效的，应当向国务院专利行政部门提交专利权无效宣告请求书和必要的证据一式两份。无效宣告请求书应当结合提交的所有证据，具体说明无效宣告请求的理由，并指明每项理由所依据的证据。

前款所称无效宣告请求的理由，是指被授予专利的发明创造不符合专利法第二条、第十九条第一款、第二十二条、第二十三条、第二十六条第三款、第二十六条第四款、第二十七条第二款、第三十三条或者本细则第十一条、第二十三条第二款、第四十九条第一款的规定，或者属于专利法第五条、第二十五条规定的情形，或者依照专利法第九条规定不能取得专利权。

第七十条 专利权无效宣告请求不符合专利法第十八条第一款或者本细则第六十九条规定的，国务院专利行政部门不予受理。

在国务院专利行政部门就无效宣告请求作出决定之后，又以同样的理由和证据请求无效宣告的，国务院专利行政部门不予受理。

以不符合专利法第二十三条第三款的规定为理由请求宣告外观设计专利权无效，但是未提交证明权利冲突的证据的，国务院专利行政部门不予受理。

专利权无效宣告请求书不符合规定格式的，无效宣告请求人应当在国务院专利行政部门指定的期限内补正；期满未补正的，该无效宣告请求视为未提出。

第七十一条 在国务院专利行政部门受理无效宣告请求后，请求人可以在提出无效宣告请求之日起1个月内增加理由或者补充证据。逾期增加理由或者补充证据的，国务院专利行政部门可以不予考虑。

第七十二条 国务院专利行政部门应当将专利权无效宣告请求书和有关文件的副本送交专利权人，要求其在指定的期限内陈述意见。

专利权人和无效宣告请求人应当在指定期限内答复国务院专利行政部门发出的转送文件通知书或者无效宣告请求审查通知书；期满未答复的，不影响国务院专利行政部门审理。

第七十三条 在无效宣告请求的审查过程中，发明或者实用新型专利的专利权人可以修改其权利要求书，但是不得扩大原专利的保护范围。国务院专利行政部门在修改后的权利要求基础上作出维持专利权有效或者宣告专利权部分无效的决定的，应当公告修改后的权利要求。

发明或者实用新型专利的专利权人不得修改专利说明书和附图，外观设计专利的专利权人不得修改图片、照片和简要说明。

第七十四条 国务院专利行政部门根据当事人的请求或者案情需要，可以决定对无效宣告请求进行口头审理。

国务院专利行政部门决定对无效宣告请求进行口头审理的，应当向当事人发出口头审理通知书，告知举行口头审理的日期和地点。当事人应当在通知书指定的期限内作出答复。

无效宣告请求人对国务院专利行政部门发出的口头审理通知书在指定的期限内未作答复，并且不参加口头审理的，其无效宣告请求视为撤回；专利权人不参加口头审理的，可以缺席审理。

第七十五条 在无效宣告请求审查程序中，国务院专利行政部门指定的期限不得延长。

第七十六条 国务院专利行政部门对无效宣告的请求作出决定前，无效宣告请求人可以撤回其请求。

国务院专利行政部门作出决定之前，无效宣告请求人撤回其请求或者其无效宣告请求被视为撤回的，无效宣告请求审查程序终止。但是，国务院专利行政部门认为根据已进行的审查工作能够作出宣告专利权无效或者部分无效的决定的，不终止审查程序。

第五章 专利权期限补偿

第七十七条 依照专利法第四十二条第二款的规定请求给予专利权期限补偿的，专利权人应当自公告授予专利权之日起 3 个月内向国务院专利行政部门提出。

第七十八条 依照专利法第四十二条第二款的规定给予专利权期限补偿的，补偿期限按照发明专利在授权过程中不合理延迟的实际天数计算。

前款所称发明专利在授权过程中不合理延迟的实际天数，是指自发明专利申请日起满4年且自实质审查请求之日起满3年之日至公告授予专利权之日的间隔天数，减去合理延迟的天数和由申请人引起的不合理延迟的天数。

下列情形属于合理延迟：

（一）依照本细则第六十六条的规定修改专利申请文件后被授予专利权的，因复审程序引起的延迟；

（二）因本细则第一百零三条、第一百零四条规定情形引起的延迟；

（三）其他合理情形引起的延迟。

同一申请人同日对同样的发明创造既申请实用新型专利又申请发明专利，依照本细则第四十七条第四款的规定取得发明专利权的，该发明专利权的期限不适用专利法第四十二条第二款的规定。

第七十九条 专利法第四十二条第二款规定的由申请人引起的不合理延迟包括以下情形：

（一）未在指定期限内答复国务院专利行政部门发出的通知；

（二）申请延迟审查；

（三）因本细则第四十五条规定情形引起的延迟；

（四）其他由申请人引起的不合理延迟。

第八十条 专利法第四十二条第三款所称新药相关发明专利是指符合规定的新药产品专利、制备方法专利、医药用途专利。

第八十一条 依照专利法第四十二条第三款的规定请求给予新药相关发明专利权期限补偿的，应当符合下列要求，自该新药在中国获得上市许可之日起3个月内向国务院专利行政部门提出：

（一）该新药同时存在多项专利的，专利权人只能请求对其中一项专利给予专利权期限补偿；

（二）一项专利同时涉及多个新药的，只能对一个新药就该专利提出专利权期限补偿请求；

（三）该专利在有效期内，且尚未获得过新药相关发明专利权期限补偿。

第八十二条　依照专利法第四十二条第三款的规定给予专利权期限补偿的，补偿期限按照该专利申请日至该新药在中国获得上市许可之日的间隔天数减去 5 年，在符合专利法第四十二条第三款规定的基础上确定。

第八十三条　新药相关发明专利在专利权期限补偿期间，该专利的保护范围限于该新药及其经批准的适应症相关技术方案；在保护范围内，专利权人享有的权利和承担的义务与专利权期限补偿前相同。

第八十四条　国务院专利行政部门对依照专利法第四十二条第二款、第三款的规定提出的专利权期限补偿请求进行审查后，认为符合补偿条件的，作出给予期限补偿的决定，并予以登记和公告；不符合补偿条件的，作出不予期限补偿的决定，并通知提出请求的专利权人。

第六章　专利实施的特别许可

第八十五条　专利权人自愿声明对其专利实行开放许可的，应当在公告授予专利权后提出。

开放许可声明应当写明以下事项：

（一）专利号；

（二）专利权人的姓名或者名称；

（三）专利许可使用费支付方式、标准；

（四）专利许可期限；

（五）其他需要明确的事项。

开放许可声明内容应当准确、清楚，不得出现商业性宣传用语。

第八十六条　专利权有下列情形之一的，专利权人不得对其实行开放许可：

（一）专利权处于独占或者排他许可有效期限内的；

（二）属于本细则第一百零三条、第一百零四条规定的中止情形的；

（三）没有按照规定缴纳年费的；

（四）专利权被质押，未经质权人同意的；

（五）其他妨碍专利权有效实施的情形。

第八十七条 通过开放许可达成专利实施许可的，专利权人或者被许可人应当凭能够证明达成许可的书面文件向国务院专利行政部门备案。

第八十八条 专利权人不得通过提供虚假材料、隐瞒事实等手段，作出开放许可声明或者在开放许可实施期间获得专利年费减免。

第八十九条 专利法第五十三条第（一）项所称未充分实施其专利，是指专利权人及其被许可人实施其专利的方式或者规模不能满足国内对专利产品或者专利方法的需求。

专利法第五十五条所称取得专利权的药品，是指解决公共健康问题所需的医药领域中的任何专利产品或者依照专利方法直接获得的产品，包括取得专利权的制造该产品所需的活性成分以及使用该产品所需的诊断用品。

第九十条 请求给予强制许可的，应当向国务院专利行政部门提交强制许可请求书，说明理由并附具有关证明文件。

国务院专利行政部门应当将强制许可请求书的副本送交专利权人，专利权人应当在国务院专利行政部门指定的期限内陈述意见；期满未答复的，不影响国务院专利行政部门作出决定。

国务院专利行政部门在作出驳回强制许可请求的决定或者给予强制许可的决定前，应当通知请求人和专利权人拟作出的决定及其理由。

国务院专利行政部门依照专利法第五十五条的规定作出给予强制许可的决定，应当同时符合中国缔结或者参加的有关国际条约关于为了解决公共健康问题而给予强制许可的规定，但中国作出保留的除外。

第九十一条 依照专利法第六十二条的规定，请求国务院专利行政部门裁决使用费数额的，当事人应当提出裁决请求书，并附具双方不能达成协议的证明文件。国务院专利行政部门应当自收到请求书之日起 3 个月内作出裁决，并通知当事人。

第七章 对职务发明创造的发明人或者设计人的奖励和报酬

第九十二条 被授予专利权的单位可以与发明人、设计人约定或者在其依法制定的规章制度中规定专利法第十五条规定的奖励、报酬的方式和数额。鼓励被授予专利权的单位实行产权激励，采取股权、期权、分红等方式，使发明人或者设计人合理分享创新收益。

企业、事业单位给予发明人或者设计人的奖励、报酬，按照国家有关财务、会计制度的规定进行处理。

第九十三条 被授予专利权的单位未与发明人、设计人约定也未在其依法制定的规章制度中规定专利法第十五条规定的奖励的方式和数额的，应当自公告授予专利权之日起 3 个月内发给发明人或者设计人奖金。一项发明专利的奖金最低不少于 4000 元；一项实用新型专利或者外观设计专利的奖金最低不少于 1500 元。

由于发明人或者设计人的建议被其所属单位采纳而完成的发明创造，被授予专利权的单位应当从优发给奖金。

第九十四条 被授予专利权的单位未与发明人、设计人约定也未在其依法制定的规章制度中规定专利法第十五条规定的报酬的方式和数额的，应当依照《中华人民共和国促进科技成果转化法》的规定，给予发明人或者设计人合理的报酬。

第八章　专利权的保护

第九十五条 省、自治区、直辖市人民政府管理专利工作的部门以及专利管理工作量大又有实际处理能力的地级市、自治州、盟、地区和直辖市的区人民政府管理专利工作的部门，可以处理和调解专利纠纷。

第九十六条 有下列情形之一的，属于专利法第七十条所称的在全国有重大影响的专利侵权纠纷：

（一）涉及重大公共利益的；

（二）对行业发展有重大影响的；

（三）跨省、自治区、直辖市区域的重大案件；

（四）国务院专利行政部门认为可能有重大影响的其他情形。

专利权人或者利害关系人请求国务院专利行政部门处理专利侵权纠纷，相关案件不属于在全国有重大影响的专利侵权纠纷的，国务院专利行政部门可以指定有管辖权的地方人民政府管理专利工作的部门处理。

第九十七条 当事人请求处理专利侵权纠纷或者调解专利纠纷的，由被请求人所在地或者侵权行为地的管理专利工作的部门管辖。

两个以上管理专利工作的部门都有管辖权的专利纠纷，当事人可以向其中一个管理专利工作的部门提出请求；当事人向两个以上有管辖权的管理专利工作的部门提出请求的，由最先受理的管理专利工作的部门管辖。

管理专利工作的部门对管辖权发生争议的，由其共同的上级人民政府管理专利工作的部门指定管辖；无共同上级人民政府管理专利工作的部门的，由国务院专利行政部门指定管辖。

第九十八条 在处理专利侵权纠纷过程中，被请求人提出无效宣告请求并被国务院专利行政部门受理的，可以请求管理专利工作的部门中止处理。

管理专利工作的部门认为被请求人提出的中止理由明显不能成立的，可以不中止处理。

第九十九条　专利权人依照专利法第十六条的规定，在其专利产品或者该产品的包装上标明专利标识的，应当按照国务院专利行政部门规定的方式予以标明。

专利标识不符合前款规定的，由县级以上负责专利执法的部门责令改正。

第一百条　申请人或者专利权人违反本细则第十一条、第八十八条规定的，由县级以上负责专利执法的部门予以警告，可以处10万元以下的罚款。

第一百零一条　下列行为属于专利法第六十八条规定的假冒专利的行为：

（一）在未被授予专利权的产品或者其包装上标注专利标识，专利权被宣告无效后或者终止后继续在产品或者其包装上标注专利标识，或者未经许可在产品或者产品包装上标注他人的专利号；

（二）销售第（一）项所述产品；

（三）在产品说明书等材料中将未被授予专利权的技术或者设计称为专利技术或者专利设计，将专利申请称为专利，或者未经许可使用他人的专利号，使公众将所涉及的技术或者设计误认为是专利技术或者专利设计；

（四）伪造或者变造专利证书、专利文件或者专利申请文件；

（五）其他使公众混淆，将未被授予专利权的技术或者设计误认为是专利技术或者专利设计的行为。

专利权终止前依法在专利产品、依照专利方法直接获得的产品或者其包装上标注专利标识，在专利权终止后许诺销售、销售该产品的，不属于假冒专利行为。

销售不知道是假冒专利的产品，并且能够证明该产品合法来源的，由县级以上负责专利执法的部门责令停止销售。

第一百零二条　除专利法第六十五条规定的外，管理专利工作的部门应当事人请求，可以对下列专利纠纷进行调解：

（一）专利申请权和专利权归属纠纷；

（二）发明人、设计人资格纠纷；

（三）职务发明创造的发明人、设计人的奖励和报酬纠纷；

（四）在发明专利申请公布后专利权授予前使用发明而未支付适当费用的纠纷；

（五）其他专利纠纷。

对于前款第（四）项所列的纠纷，当事人请求管理专利工作的部门调解的，应当在专利权被授予之后提出。

第一百零三条　当事人因专利申请权或者专利权的归属发生纠纷，已请求管理专利工作的部门调解或者向人民法院起诉的，可以请求国务院专利行政部门中止有关程序。

依照前款规定请求中止有关程序的，应当向国务院专利行政部门提交请求书，说明理由，并附具管理专利工作的部门或者人民法院的写明申请号或者专利号的有关受理文件副本。国务院专利行政部门认为当事人提出的中止理由明显不能成立的，可以不中止有关程序。

管理专利工作的部门作出的调解书或者人民法院作出的判决生效后，当事人应当向国务院专利行政部门办理恢复有关程序的手续。自请求中止之日起 1 年内，有关专利申请权或者专利权归属的纠纷未能结案，需要继续中止有关程序的，请求人应当在该期限内请求延长中止。期满未请求延长的，国务院专利行政部门自行恢复有关程序。

第一百零四条　人民法院在审理民事案件中裁定对专利申请权或者专利权采取保全措施的，国务院专利行政部门应当在收到写明申请号或者专利号的裁定书和协助执行通知书之日中止被保全的专利申请权或者专利权的有关程序。保全期限届满，人民法院没有裁定继续采取保全措施的，国务院专利行政部门自行恢复有关程序。

第一百零五条 国务院专利行政部门根据本细则第一百零三条和第一百零四条规定中止有关程序，是指暂停专利申请的初步审查、实质审查、复审程序，授予专利权程序和专利权无效宣告程序；暂停办理放弃、变更、转移专利权或者专利申请权手续，专利权质押手续以及专利权期限届满前的终止手续等。

第九章 专利登记和专利公报

第一百零六条 国务院专利行政部门设置专利登记簿，登记下列与专利申请和专利权有关的事项：

（一）专利权的授予；

（二）专利申请权、专利权的转移；

（三）专利权的质押、保全及其解除；

（四）专利实施许可合同的备案；

（五）国防专利、保密专利的解密；

（六）专利权的无效宣告；

（七）专利权的终止；

（八）专利权的恢复；

（九）专利权期限的补偿；

（十）专利实施的开放许可；

（十一）专利实施的强制许可；

（十二）专利权人的姓名或者名称、国籍和地址的变更。

第一百零七条 国务院专利行政部门定期出版专利公报，公布或者公告下列内容：

（一）发明专利申请的著录事项和说明书摘要；

（二）发明专利申请的实质审查请求和国务院专利行政部门对发明专利申请自行进行实质审查的决定；

（三）发明专利申请公布后的驳回、撤回、视为撤回、视为放弃、恢复和转移；

（四）专利权的授予以及专利权的著录事项；

（五）实用新型专利的说明书摘要，外观设计专利的一幅图片或者照片；

（六）国防专利、保密专利的解密；

（七）专利权的无效宣告；

（八）专利权的终止、恢复；

（九）专利权期限的补偿；

（十）专利权的转移；

（十一）专利实施许可合同的备案；

（十二）专利权的质押、保全及其解除；

（十三）专利实施的开放许可事项；

（十四）专利实施的强制许可的给予；

（十五）专利权人的姓名或者名称、国籍和地址的变更；

（十六）文件的公告送达；

（十七）国务院专利行政部门作出的更正；

（十八）其他有关事项。

第一百零八条　国务院专利行政部门应当提供专利公报、发明专利申请单行本以及发明专利、实用新型专利、外观设计专利单行本，供公众免费查阅。

第一百零九条　国务院专利行政部门负责按照互惠原则与其他国家、地区的专利机关或者区域性专利组织交换专利文献。

第十章　费　用

第一百一十条　向国务院专利行政部门申请专利和办理其他手续时，应当缴纳下列费用：

（一）申请费、申请附加费、公布印刷费、优先权要求费；

（二）发明专利申请实质审查费、复审费；

（三）年费；

（四）恢复权利请求费、延长期限请求费；

（五）著录事项变更费、专利权评价报告请求费、无效宣告请求费、专利文件副本证明费。

前款所列各种费用的缴纳标准，由国务院发展改革部门、财政部门会同国务院专利行政部门按照职责分工规定。国务院财政部门、发展改革部门可以会同国务院专利行政部门根据实际情况对申请专利和办理其他手续应当缴纳的费用种类和标准进行调整。

第一百一十一条 专利法和本细则规定的各种费用，应当严格按照规定缴纳。

直接向国务院专利行政部门缴纳费用的，以缴纳当日为缴费日；以邮局汇付方式缴纳费用的，以邮局汇出的邮戳日为缴费日；以银行汇付方式缴纳费用的，以银行实际汇出日为缴费日。

多缴、重缴、错缴专利费用的，当事人可以自缴费日起 3 年内，向国务院专利行政部门提出退款请求，国务院专利行政部门应当予以退还。

第一百一十二条 申请人应当自申请日起 2 个月内或者在收到受理通知书之日起 15 日内缴纳申请费、公布印刷费和必要的申请附加费；期满未缴纳或者未缴足的，其申请视为撤回。

申请人要求优先权的，应当在缴纳申请费的同时缴纳优先权要求费；期满未缴纳或者未缴足的，视为未要求优先权。

第一百一十三条 当事人请求实质审查或者复审的，应当在专利法及本细则规定的相关期限内缴纳费用；期满未缴纳或者未缴足的，视为未提出请求。

第一百一十四条 申请人办理登记手续时，应当缴纳授予专利权当年的年费；期满未缴纳或者未缴足的，视为未办理登记手续。

第一百一十五条 授予专利权当年以后的年费应当在上一年度期满前缴纳。专利权人未缴纳或者未缴足的，国务院专利行政部门应当通知专利权人自应当缴纳年费期满之日起 6 个月内补缴，同时缴纳滞纳金；滞纳金的金额按照每超过规定的缴费时间 1 个月，加收当年全额年费的 5% 计算；期满未缴纳的，专利权自应当缴纳年费期满之日起终止。

第一百一十六条　恢复权利请求费应当在本细则规定的相关期限内缴纳；期满未缴纳或者未缴足的，视为未提出请求。

延长期限请求费应当在相应期限届满之日前缴纳；期满未缴纳或者未缴足的，视为未提出请求。

著录事项变更费、专利权评价报告请求费、无效宣告请求费应当自提出请求之日起 1 个月内缴纳；期满未缴纳或者未缴足的，视为未提出请求。

第一百一十七条　申请人或者专利权人缴纳本细则规定的各种费用有困难的，可以按照规定向国务院专利行政部门提出减缴的请求。减缴的办法由国务院财政部门会同国务院发展改革部门、国务院专利行政部门规定。

第十一章　关于发明、实用新型
国际申请的特别规定

第一百一十八条　国务院专利行政部门根据专利法第十九条规定，受理按照专利合作条约提出的专利国际申请。

按照专利合作条约提出并指定中国的专利国际申请（以下简称国际申请）进入国务院专利行政部门处理阶段（以下称进入中国国家阶段）的条件和程序适用本章的规定；本章没有规定的，适用专利法及本细则其他各章的有关规定。

第一百一十九条　按照专利合作条约已确定国际申请日并指定中国的国际申请，视为向国务院专利行政部门提出的专利申请，该国际申请日视为专利法第二十八条所称的申请日。

第一百二十条　国际申请的申请人应当在专利合作条约第二条所称的优先权日（本章简称优先权日）起 30 个月内，向国务院专利行政部门办理进入中国国家阶段的手续；申请人未在该期限内办理该手续的，在缴纳宽限费后，可以在自优先权日起 32 个月内办理进入中国国家阶段的手续。

第一百二十一条 申请人依照本细则第一百二十条的规定办理进入中国国家阶段的手续的，应当符合下列要求：

（一）以中文提交进入中国国家阶段的书面声明，写明国际申请号和要求获得的专利权类型；

（二）缴纳本细则第一百一十条第一款规定的申请费、公布印刷费，必要时缴纳本细则第一百二十条规定的宽限费；

（三）国际申请以外文提出的，提交原始国际申请的说明书和权利要求书的中文译文；

（四）在进入中国国家阶段的书面声明中写明发明创造的名称、申请人姓名或者名称、地址和发明人的姓名，上述内容应当与世界知识产权组织国际局（以下简称国际局）的记录一致；国际申请中未写明发明人的，在上述声明中写明发明人的姓名；

（五）国际申请以外文提出的，提交摘要的中文译文，有附图和摘要附图的，提交附图副本并指定摘要附图，附图中有文字的，将其替换为对应的中文文字；

（六）在国际阶段向国际局已办理申请人变更手续的，必要时提供变更后的申请人享有申请权的证明材料；

（七）必要时缴纳本细则第一百一十条第一款规定的申请附加费。

符合本条第一款第（一）项至第（三）项要求的，国务院专利行政部门应当给予申请号，明确国际申请进入中国国家阶段的日期（以下简称进入日），并通知申请人其国际申请已进入中国国家阶段。

国际申请已进入中国国家阶段，但不符合本条第一款第（四）项至第（七）项要求的，国务院专利行政部门应当通知申请人在指定期限内补正；期满未补正的，其申请视为撤回。

第一百二十二条 国际申请有下列情形之一的，其在中国的效力终止：

（一）在国际阶段，国际申请被撤回或者被视为撤回，或者国际申请对中国的指定被撤回的；

（二）申请人未在优先权日起 32 个月内按照本细则第一百二十条规定办理进入中国国家阶段手续的；

（三）申请人办理进入中国国家阶段的手续，但自优先权日起 32 个月期限届满仍不符合本细则第一百二十一条第（一）项至第（三）项要求的。

依照前款第（一）项的规定，国际申请在中国的效力终止的，不适用本细则第六条的规定；依照前款第（二）项、第（三）项的规定，国际申请在中国的效力终止的，不适用本细则第六条第二款的规定。

第一百二十三条 国际申请在国际阶段作过修改，申请人要求以经修改的申请文件为基础进行审查的，应当自进入日起 2 个月内提交修改部分的中文译文。在该期间内未提交中文译文的，对申请人在国际阶段提出的修改，国务院专利行政部门不予考虑。

第一百二十四条 国际申请涉及的发明创造有专利法第二十四条第（二）项或者第（三）项所列情形之一，在提出国际申请时作过声明的，申请人应当在进入中国国家阶段的书面声明中予以说明，并自进入日起 2 个月内提交本细则第三十三条第三款规定的有关证明文件；未予说明或者期满未提交证明文件的，其申请不适用专利法第二十四条的规定。

第一百二十五条 申请人按照专利合作条约的规定，对生物材料样品的保藏已作出说明的，视为已经满足了本细则第二十七条第（三）项的要求。申请人应当在进入中国国家阶段声明中指明记载生物材料样品保藏事项的文件以及在该文件中的具体记载位置。

申请人在原始提交的国际申请的说明书中已记载生物材料样品保藏事项，但是没有在进入中国国家阶段声明中指明的，应当自进入日起 4 个月内补正。期满未补正的，该生物材料视为未提交保藏。

申请人自进入日起 4 个月内向国务院专利行政部门提交生物材料样品保藏证明和存活证明的，视为在本细则第二十七条第（一）项规定的期限内提交。

第一百二十六条　国际申请涉及的发明创造依赖遗传资源完成的，申请人应当在国际申请进入中国国家阶段的书面声明中予以说明，并填写国务院专利行政部门制定的表格。

第一百二十七条　申请人在国际阶段已要求一项或者多项优先权，在进入中国国家阶段时该优先权要求继续有效的，视为已经依照专利法第三十条的规定提出了书面声明。

申请人应当自进入日起 2 个月内缴纳优先权要求费；期满未缴纳或者未缴足的，视为未要求该优先权。

申请人在国际阶段已依照专利合作条约的规定，提交过在先申请文件副本的，办理进入中国国家阶段手续时不需要向国务院专利行政部门提交在先申请文件副本。申请人在国际阶段未提交在先申请文件副本的，国务院专利行政部门认为必要时，可以通知申请人在指定期限内补交；申请人期满未补交的，其优先权要求视为未提出。

第一百二十八条　国际申请的申请日在优先权期限届满之后 2 个月内，在国际阶段受理局已经批准恢复优先权的，视为已经依照本细则第三十六条的规定提出了恢复优先权请求；在国际阶段申请人未请求恢复优先权，或者提出了恢复优先权请求但受理局未批准，申请人有正当理由的，可以自进入日起 2 个月内向国务院专利行政部门请求恢复优先权。

第一百二十九条　在优先权日起 30 个月期满前要求国务院专利行政部门提前处理和审查国际申请的，申请人除应当办理进入中国国家阶段手续外，还应当依照专利合作条约第二十三条第二款规定提出请求。国际局尚未向国务院专利行政部门传送国际申请的，申请人应当提交经确认的国际申请副本。

第一百三十条　要求获得实用新型专利权的国际申请，申请人可以自进入日起2个月内对专利申请文件主动提出修改。

要求获得发明专利权的国际申请，适用本细则第五十七条第一款的规定。

第一百三十一条　申请人发现提交的说明书、权利要求书或者附图中的文字的中文译文存在错误的，可以在下列规定期限内依照原始国际申请文本提出改正：

（一）在国务院专利行政部门做好公布发明专利申请或者公告实用新型专利权的准备工作之前；

（二）在收到国务院专利行政部门发出的发明专利申请进入实质审查阶段通知书之日起3个月内。

申请人改正译文错误的，应当提出书面请求并缴纳规定的译文改正费。

申请人按照国务院专利行政部门的通知书的要求改正译文的，应当在指定期限内办理本条第二款规定的手续；期满未办理规定手续的，该申请视为撤回。

第一百三十二条　对要求获得发明专利权的国际申请，国务院专利行政部门经初步审查认为符合专利法和本细则有关规定的，应当在专利公报上予以公布；国际申请以中文以外的文字提出的，应当公布申请文件的中文译文。

要求获得发明专利权的国际申请，由国际局以中文进行国际公布的，自国际公布日或者国务院专利行政部门公布之日起适用专利法第十三条的规定；由国际局以中文以外的文字进行国际公布的，自国务院专利行政部门公布之日起适用专利法第十三条的规定。

对国际申请，专利法第二十一条和第二十二条中所称的公布是指本条第一款所规定的公布。

第一百三十三条　国际申请包含两项以上发明或者实用新型的，申请人可以自进入日起，依照本细则第四十八条第一款的规定提出分案申请。

在国际阶段，国际检索单位或者国际初步审查单位认为国际申请不符合专利合作条约规定的单一性要求时，申请人未按照规定缴纳附加费，导致国际申请某些部分未经国际检索或者未经国际初步审查，在进入中国国家阶段时，申请人要求将所述部分作为审查基础，国务院专利行政部门认为国际检索单位或者国际初步审查单位对发明单一性的判断正确的，应当通知申请人在指定期限内缴纳单一性恢复费。期满未缴纳或者未足额缴纳的，国际申请中未经检索或者未经国际初步审查的部分视为撤回。

第一百三十四条 国际申请在国际阶段被有关国际单位拒绝给予国际申请日或者宣布视为撤回的，申请人在收到通知之日起2个月内，可以请求国际局将国际申请档案中任何文件的副本转交国务院专利行政部门，并在该期限内向国务院专利行政部门办理本细则第一百二十条规定的手续，国务院专利行政部门应当在接到国际局传送的文件后，对国际单位作出的决定是否正确进行复查。

第一百三十五条 基于国际申请授予的专利权，由于译文错误，致使依照专利法第六十四条规定确定的保护范围超出国际申请的原文所表达的范围的，以依据原文限制后的保护范围为准；致使保护范围小于国际申请的原文所表达的范围的，以授权时的保护范围为准。

第十二章　关于外观设计国际申请的特别规定

第一百三十六条 国务院专利行政部门根据专利法第十九条第二款、第三款规定，处理按照工业品外观设计国际注册海牙协定（1999年文本）（以下简称海牙协定）提出的外观设计国际注册申请。

国务院专利行政部门处理按照海牙协定提出并指定中国的外观设计国际注册申请（简称外观设计国际申请）的条件和程序适用本章的规定；本章没有规定的，适用专利法及本细则其他各章的有关规定。

第一百三十七条 按照海牙协定已确定国际注册日并指定中国的外观设计国际申请，视为向国务院专利行政部门提出的外观设计专利申请，该国际注册日视为专利法第二十八条所称的申请日。

第一百三十八条 国际局公布外观设计国际申请后，国务院专利行政部门对外观设计国际申请进行审查，并将审查结果通知国际局。

第一百三十九条 国际局公布的外观设计国际申请中包括一项或者多项优先权的，视为已经依照专利法第三十条的规定提出了书面声明。

外观设计国际申请的申请人要求优先权的，应当自外观设计国际申请公布之日起 3 个月内提交在先申请文件副本。

第一百四十条 外观设计国际申请涉及的外观设计有专利法第二十四条第（二）项或者第（三）项所列情形的，应当在提出外观设计国际申请时声明，并自外观设计国际申请公布之日起 2 个月内提交本细则第三十三条第三款规定的有关证明文件。

第一百四十一条 一件外观设计国际申请包括两项以上外观设计的，申请人可以自外观设计国际申请公布之日起 2 个月内，向国务院专利行政部门提出分案申请，并缴纳费用。

第一百四十二条 国际局公布的外观设计国际申请中包括含设计要点的说明书的，视为已经依照本细则第三十一条的规定提交了简要说明。

第一百四十三条 外观设计国际申请经国务院专利行政部门审查后没有发现驳回理由的，由国务院专利行政部门作出给予保护的决定，通知国际局。

国务院专利行政部门作出给予保护的决定后，予以公告，该外观设计专利权自公告之日起生效。

第一百四十四条 已在国际局办理权利变更手续的，申请人应当向国务院专利行政部门提供有关证明材料。

第十三章　附　则

第一百四十五条　经国务院专利行政部门同意，任何人均可以查阅或者复制已经公布或者公告的专利申请的案卷和专利登记簿，并可以请求国务院专利行政部门出具专利登记簿副本。

已视为撤回、驳回和主动撤回的专利申请的案卷，自该专利申请失效之日起满 2 年后不予保存。

已放弃、宣告全部无效和终止的专利权的案卷，自该专利权失效之日起满 3 年后不予保存。

第一百四十六条　向国务院专利行政部门提交申请文件或者办理各种手续，应当由申请人、专利权人、其他利害关系人或者其代表人签字或者盖章；委托专利代理机构的，由专利代理机构盖章。

请求变更发明人姓名、专利申请人和专利权人的姓名或者名称、国籍和地址、专利代理机构的名称、地址和专利代理师姓名的，应当向国务院专利行政部门办理著录事项变更手续，必要时应当提交变更理由的证明材料。

第一百四十七条　向国务院专利行政部门邮寄有关申请或者专利权的文件，应当使用挂号信函，不得使用包裹。

除首次提交专利申请文件外，向国务院专利行政部门提交各种文件、办理各种手续的，应当标明申请号或者专利号、发明创造名称和申请人或者专利权人姓名或者名称。

一件信函中应当只包含同一申请的文件。

第一百四十八条　国务院专利行政部门根据专利法和本细则制定专利审查指南。

第一百四十九条　本细则自 2001 年 7 月 1 日起施行。1992 年 12 月 12 日国务院批准修订、1992 年 12 月 21 日中国专利局发布的《中华人民共和国专利法实施细则》同时废止。

《专利法》修改逐条说明

一、关于第二条

第二条 本法所称的发明创造是指发明、实用新型和外观设计。

发明，是指对产品、方法或者其改进所提出的新的技术方案。

实用新型，是指对产品的形状、构造或者其结合所提出的适于实用的新的技术方案。

外观设计，是指对产品**的整体或者局部**的形状、图案或者其结合以及色彩与形状、图案的结合所作出的富有美感并适于工业应用的新设计。

（一）修改目的

本次《专利法》修改前我国的外观设计制度只保护设计的整体。近年来，设计行业对保护局部设计创新的需求越来越强烈。实践中，设计师有时候会作出具有颠覆性的产品整体设计创新，但更多时候是对产品的某些部分进行改良性的局部设计创新。尤其是对于一些设计空间越来越小的产品，不同企业之间产品的差异，往往体现在局部的设计特征上。局部创新逐渐成为设计创新的主要方式之一，对局部外观设计的保护是工业设计发展到一定阶段的必然要求。同时，设计不仅关系到产品是否具有美感，而且关系到企业无法替代的产品形象和品牌形象。企业产品的风格虽然会出现新的变化，但其在不断变化中仍然会保持一定的继承性，即"设计DNA"。通过优良设计长期营造出来的"设计DNA"以及其附带的值得信赖的产品形象和品牌形象往往更具价值。由于"设计DNA"往往是通过某些局部设计特征来体现的，因此对这些局部设计特征的保护需求也越来越强烈。

（二）修改内容

本次《专利法》修改将第二条第四款修改为："外观设计，是指对产品的整体或者局部的形状、图案或者其结合以及色彩与形状、图案的结合所作出的富有美感并适于工业应用的新设计。"即将外观设计专利的保护客体扩大到了局部外观设计。

申请人在准备局部外观设计申请时需要考虑以下三个方面。一是局部外观设计应当是能够与其他外观设计进行比较的相对完整的设计单元，涉及多个部分时，这些部分应具有整体性；不能作为完整设计单元比较的部分一般不能成为局部外观设计专利的保护对象。二是局部外观设计的申请文件需要准备整体产品的视图，可以将欲获得外观设计专利保护的部分用实线绘制，其他部分用虚线绘制。三是可以将请求保护与非请求保护部分的区分方式记载于外观设计简要说明中。关于局部外观设计专利申请的具体要求将在《专利法实施细则》《专利审查指南》中进一步细化，例如，如何提交局部外观设计申请的视图，如何表明所需要保护的内容等。

（三）制度参考

由于本次《专利法》修改前我国只保护整体外观设计，局部设计创新只能依附于整体产品而提出申请，因此我国申请人向外申请局部外观设计保护时，通常不能以其在国内的整体外观设计在先申请为基础享有优先权，不利于我国申请人在国外更好地获得知识产权保护。

在立法过程中，曾有社会公众担心引入局部外观设计保护制度会导致申请量大幅度增长。对于这个问题可以从以下两个方面进行分析。首先，近年来我国外观设计申请量总体稳定，说明社会公众对外观设计专利的认知趋于理性。其次，实施局部外观设计保护制度后，既可能出现申请人只提交产品核心设计的情况，也可能出现同时提交产品整体设计与局部设计的情况。前一种情况将会进一步优化外观设计专利的申请结构，降低申请量，提升专利质量；后一种情况虽然可能会导致申请量有所增长，但是专利权人也需要同时缴纳多份外观设计专利的申请费及年费，理性的申请人会从经济角度权衡需要提交的局部外观设计专利申请数量。因此，引入局部外观设计保护制度后，短期内外观设计申请量大幅增长的可能性较低。❶

关于"局部"的用语选择，在之前的研究中曾有学者认为应当是"部分外观设计"，考虑到该制度的实质是为某些相对完整的设计单元提供保护，而汉语中"局部"相对于"部分"语义略窄，指向性更为明确，更加符合该制度的实质，因此在《专利法》条文中使用"局部"一词。

（四）修改作用

保护局部外观设计，一是可以满足创新主体需求，弥补外观设计整体保护的局限。当前，消费者越来越关注细节设计而不仅仅是整体设计，企业也越来越多地将设计关注点放在产品细节和局部上，保护局部外观设计有利于鼓励设计领域的创新。同时，构成侵权的整体模仿行为越来越多地转向难以被认定为侵权的抄袭、模仿局部创新，并有意在整体上避免构成近似，保护局部外观设计更有利于权利人的权益保障。

二是符合知识产权制度国际发展趋势，有利于我国企业"走出去"。美国、日本、欧洲、韩国等主要国家和地区的法律制度均对局部外观设计予以保护。我国企业要"走出去"，参与国际竞争，就必须熟悉和运用国际规则。在我国建立局部外观设计保护制度，有利于我国申请人熟悉相关规则。

三是有利于提高专利申请质量。保护局部外观设计后，申请人可以仅对其关键局部外观设计进行保护，不必再提交局部设计与产品整体的大量组合申请，从而减少不必要的专利申请。

---

❶ 严若菡，郭静娴. 引入局部外观设计保护制度的必要性和规则制定：从实务视角的研究［M］//国家知识产权局条法司. 专利法研究 2019. 北京：知识产权出版社，2020：75－76.

二、关于第六条和第十五条

第六条 执行本单位的任务或者主要是利用本单位的物质技术条件所完成的发明创造为职务发明创造。职务发明创造申请专利的权利属于该单位，申请被批准后，该单位为专利权人。**该单位可以依法处置其职务发明创造申请专利的权利和专利权，促进相关发明创造的实施和运用。**

非职务发明创造，申请专利的权利属于发明人或者设计人；申请被批准后，该发明人或者设计人为专利权人。

利用本单位的物质技术条件所完成的发明创造，单位与发明人或者设计人订有合同，对申请专利的权利和专利权的归属作出约定的，从其约定。

第十五条 被授予专利权的单位应当对职务发明创造的发明人或者设计人给予奖励；发明创造专利实施后，根据其推广应用的范围和取得的经济效益，对发明人或者设计人给予合理的报酬。

国家鼓励被授予专利权的单位实行产权激励，采取股权、期权、分红等方式，使发明人或者设计人合理分享创新收益。

（一）修改目的

随着现代科技的发展，技术研发活动越来越依靠团队协作，职务发明创造的数量和比例增长都非常迅速。职务发明制度是调整单位和发明人权利和利益分配的基础制度，对调动单位及其研发人员的创新积极性、促进发明成果的转移转化都起到重要作用。《专利法》立法之初即对职务发明制度作出规定，随着我国经济由计划经济向市场经济的转型，有关职务发明制度的规定也不断进行适应性修改。近年来，我国科技成果转化"使用权、处置权、收益权"三权改革不断推进，对完善职务发明相关规定提出了新要求。为积极推动知识产权的运用实施，围绕我国现阶段激励创新制度环境建设需求，本次《专利法》修改新增了单位依法处置职务发明创造相关权利的规定，进一步鼓励发明创造的产生及其推广应用，提高社会创新能力。

（二）修改内容

《专利法》第六条和第十五条是对职务发明制度的完善。其中第六条是在规定职务发明创造的专利申请权和专利权属于单位的基础上，进一步明确了单位对职务发明创造的处置权，即规定单位可以依法处置其职务发明创造的专利申请权和专利权，促进相关发明创造的实施和运用。而第十五条则进一步明确了国家鼓励被授予专利权的单位实行产权激励的方式等，使发明人或者设计人合理分享创新收益。

在《专利法》修改过程中，如何进一步完善职务发明制度曾引发广泛的讨论，首先是对职务发明制度进一步细化是否有必要。在《专利法》第四次修改起草过程中，曾研究从职务发明的定义、归属、奖励报酬等多个方面对该制度进行完善，以进一步保障职务发明人的合法权益，平衡发明人及其所在单位的权利和义务，充分激发发明人和单位双方的创新积极性，推动科技创新和经济社会发展。但在征求意见过程中，社会各界有很多不同意见。其中企业不太赞同对职务发明进行过多规定，认为创新成果的利益分配应交由市场解决，政府不宜过多干预，职务发明规定过细会影响企业行使经营自主权从而影响企业的创新积极性。而国有单位、高校、科研院所则希望能够进一步为职务发明成果转化运用"松绑"，希望在《专利法》中进一步完善职务发明有关制度，但在如何完善的具体方案上也有不同意见，其中最大的分歧在于《专利法》的规定是否构成职务科技成果混合所有制改革的障碍。

《专利法》第六条规定执行单位任务完成的发明创造属于职务发明创造，其专利权归属于单位所有。在高校职务科技成果混合所有制试点改革探索中，有意见认为该改革举措与《专利法》的上述规定不一致，因为《专利法》第六条仅规定利用单位的物质技术条件所完成的发明创造可以约定其权属，这也意味着执行单位任务的发明创造不能约定权属。

对此问题，国家知识产权局曾开展了专项课题研究，最终认为混合所有制所采取的约定职务发明权属的做法并不违反《专利法》第六条的规定。《专利法》第六条规定，执行单位任务或者主要利用单位物质技术条件完成的发明创造属于职务发明创造，其专利权属于单位所有。2000 年《专利法》第二次修改时，将国有单位的职务发明创造专利权由"持有"修改为"所有"，明确了单位对职务发明专利拥有完整的所有权，包括使用、收益、处置等权利。而科技成果"三权"改革试点的核心也是将科技成果所获知识产权的处置权、使用权和收益权交给单位。其中关于"处置"的概念，2011 年财政部发布的《关于在中关村国家自主创新示范区进行中央级事业单位科技成果处置权改革试点的通知》（财教〔2011〕18 号）中指出："中央级事业单位科技成果处置是指，中央级事业单位对其拥有的科技成果进行产权转让或注销产权的行为，包括无偿划转、对外捐赠、出售、转让等。"因此，单位与发明人约定共同享有专利权，应当属于单位行使处置权的行为，并不违反《专利法》相关规定。

同时，由于国有高校和科研院所的专利权属于国有资产，单位是否可以将其专利权无偿转让给单位员工还应当符合国有资产监管的有关规定。

鉴于实践中对《专利法》第六条的规定存在不同理解，为了消除理解分歧，促进高校和科研院所科技成果转化，经过广泛征求意见和反复论证，在《专利法》第六条中增加规定："该单位可以依法处置其职务发明创造申请专利的权利和专利权，促进相关发明创造的实施和运用。"

与此同时，在第十五条关于职务发明创造奖励报酬的规定之后，新增第二款，进一步明确了国家鼓励被授予专利权的单位实行产权激励，使发明人或者设计人合理分享创新收益。该规定是单位产权激励的倡导性规定，即是否进行产权激励以及如何进行产权激励，属于单位自主决策的范围，属于单位自由处置的权利。

（三）制度参考

为了促进高校和科研院所科技成果转化，国家陆续出台了一系列举措，取得了一定进展。

2011 年财政部发布《关于在中关村国家自主创新示范区进行中央级事业单位科技成果处置权改革试点的通知》和《关于在中关村国家自主创新示范区开展中央级事业单位科技成果收益权管理改革试点的意见》（财教〔2011〕127 号），拉开了科技成果"三权"改革的序幕，将科技成果的使用权、收益权和处置权交还给单位。

2014 年 9 月，财政部、科学技术部和国家知识产权局联合发布《关于开展深化中央级事业单位科技成果使用、处置和收益管理改革试点的通知》（财教〔2014〕233 号），在部分单位开展科技成果使用、处置和收益管理改革试点：一是不再区分金额，所有科技成果的处置都不再审批；二是处置收益全部留归单位所有。

2015 年修改的《促进科技成果转化法》将上述改革试点经验法律化，进一步推广至全国，其新增第十八条中规定："国家设立的研究开发机构、高等院校对其持有的科技成果，可以自主决定转让、许可或者作价投资，但应当通过协议定价、在技术交易市场挂牌交易、拍卖等方式确定价格。"第十九条中规定："国家设立的研究开发机构、高等院校所取得的职务科技成果，完成人和参加人在不变更职务科技成果权属的前提下，可以根据与本单位的协议进行该项科技成果的转化，并享有协议规定的权益。"

2020 年 5 月，科学技术部等 9 部门印发《赋予科研人员职务科技成果所有权或长期使用权试点实施方案》，进一步提出"通过赋予科研人员职务科技成果所有权或长期使用权实施产权激励，完善科技成果转化激励政策，激发科研人员创新创业的积极性"。

（四）修改作用

本次修改后的《专利法》明确了单位对于职务发明创造的处置权，消除了高校和科研院所科技成果转化的顾虑，同时还照顾到了企业对于经营自主权的需求。值得注意的是，目前《专利法》已经明确了单位对职务发明创造专利拥有完整的所有权，包括使用、收益、处置等权利。因此，单位与发明人或者设计人约定共同享有专利权，属于单位行使处置权的行为，与《专利法》相关规定并不矛盾。但能否就利用财政资金形成的科技成果进行约定，仍要依照国有资产监管方面的规定。同时，为尊重市场运行规律及企业自治需求，第十五条新增的产权激励相关规定是倡导性规定，并不是强制性要求，企业可以结合自身实际情况决定采取何种方式激励发明人或者设计人。

三、关于第二十条

第二十条　申请专利和行使专利权应当遵循诚实信用原则。不得滥用专利权损害公共利益或者他人合法权益。

滥用专利权，排除或者限制竞争，构成垄断行为的，依照《中华人民共和国反垄断法》处理。

（一）修改目的

诚实信用原则是民法最重要的基本原则之一。其指的是民事主体在从事民事活动、行使民事权利和履行民事义务时，应该按照诚实、善意的态度，讲究信用，履行义务，信守承诺，在不损害社会和他人利益的前提下追求自己的利益，行使自己的权利。诚实信用原则在民法中的地位突出，被誉为民法中的"帝王条款"，其涉及两重利益关系，即民事主体之间的利益关系以及民事主体与社会公众利益之间的关系。民事主体按照诚实信用原则进行民事活动，不仅应当使民事主体之间的利益得到平衡，也应当使民事主体与社会公众之间的利益得到平衡。我国的民事法律制度也已经将诚实信用原则作为基本准则之一。

专利权是法律赋予发明创造所有人的一项民事权利，和其他民事权利一样，无论是申请专利还是行使权利，都应当遵循诚实信用原则和禁止权利滥用原则，不能通过抄袭、伪造等手段获得专利权，不得违反诚实信用原则滥用专利权。《专利法》第一条开宗明义阐述了立法宗旨，阐明了保护专利权的最终目的是推动发明创造的应用，促进科学技术进步和经济社会发展。第五条也明确规定，对违反法律、社会公德或者妨害公共利益的发明创造，不授予专利权。在申请专利过程中的非正常申请专利行为不仅违反《专利法》立法宗旨，也有违民法诚实信用的基本原则，会影响专利制度的运行及社会公众利益。

实践中，存在专利申请人违背诚实信用原则，提供虚假信息，恶意利用专利审查程序，提出非正常专利申请的行为，主要表现为：在专利申请文件中提交虚假、捏造的数据，试图通过欺骗手段获得专利权；或者提交大量的通过不同材料、组分、配比、部件等简单替换的专利申请；或者故意抄袭现有技术提出申请。对于这些申请，有些无法通过现有的审查、驳回程序予以解决，有些虽然能够解决却浪费大量审查资源，也将带来不良社会影响。

因此，有必要在《专利法》中明确规定诚实信用原则，规范专利申请行为和专利权行使等行为。

（二）修改内容

本次《专利法》修改引入诚实信用原则和禁止权利滥用原则，并明确了以下三点。一是专利申请人应当在申请专利过程中遵循诚实信用原则。专利申请人不得进行编造、伪造、抄袭、拼凑等不正当行为，以欺骗手段获得专利权，浪费行政资源，损害公共利益。这一原则性规定有待于在行政法规、部门规章、规范性文件中进一步细化和落实，以遏制低质量申请，打击非正常申请，推动专利数量和质量协调发展，加快我国由知识产权大国向知识产权强国转变。二是专利权人在行使权利过程中应当诚实守信，不得滥用专利权、损害他人合法权益和公共利益。该规定为《民法典》诚实信用原则在专利领域的细化规定，有利于引导专利权人合法、正当行使自己的权利。三是滥用专利权构成垄断行为的，应当依照《反垄断法》进行处理。"排除、限制竞争"是滥用专利权的后果之一，本条第二款与《反垄断法》作出了衔接性规定。在判断具体行为是否为滥用专利权排除、限制竞争时，适用《反垄断法》相关规定。

为严厉打击非正常申请专利行为，从源头上促进专利质量提升，国家知识产权局自 2007 年起采取了一系列措施，发布了第 45 号局令《关于规范专利申请行为的若干规定》（以下简称《若干规定》），对非正常申请专利行为及其处理措施进行了规制。《若干规定》的实施对于遏制非正常申请专利行为发挥了一定作用，但是现实中又出现了一些新类型的非正常申请专利行为，需要予以规制。因此，国家知识产权局 2017 年发布了第 75 号局令，对《若干规定》进行了修改，加入了新的非正常申请专利行为的情形，加大了对非正常申请专利行为的处理力度。根据第 75 号局令，国家知识产权局对非正常申请专利行为进行了排查处置，多次向地方通报了不以保护创新为目的的非正常专利申请线索。

但是对于申请人这种恶意利用专利申请制度的情形，无法完全依靠审查机关的行为进行规制，还需要在法律法规层面明确申请人负有遵守诚实信用原则的义务。通过引入诚实信用原则，一方面引导申请人对自己的行为进行自律，避免过度浪费行政资源，提高审查效率；另一方面能够为专利审查提供上位法依据。

此外，专利权人违背诚实信用原则、滥用专利权的现象也时有发生。近期我国发生的一些有影响力的反垄断案件多涉及专利权人滥用专利权的问题，例如，美国高通公司垄断案和华为诉交互数字公司（IDC）案都涉及专利权人滥用其拥有的专利权。但由于垄断的门槛较高，不是所有的权利滥用行为都能构成垄断，未构成垄断的滥用行为以及其他类型的滥用专利权的行为，例如滥发警告函、恶意诉讼、权利懈怠等行为，也同样会对创新环境产生不良影响。其中专利恶意诉讼已经成为学界和业界讨论的热点问题。这些滥用专利权的行为不仅会损害消费者的权益，还会扰乱市场竞争秩序，阻碍创新，违反了《专利法》的立法宗旨。

（三）制度参考

1986 年通过的《民法通则》中第四条规定，民事活动应当遵循自愿、公平、等价有偿、诚实信用的原则。1999 年通过的《合同法》中第六条规定，当事人行使权利、履行义务应当遵循诚实信用原则。2012年《民事诉讼法》修改后在第十三条增加规定，民事诉讼应当遵循诚实信用原则。2017年通过的《民法总则》中第七条和2020年通过的《民法典》第七条都规定，民事主体从事民事活动，应当遵循诚信原则，秉持诚实，恪守承诺。同时，禁止权利滥用原则也是民法的重要原则之一。其指的是任何权利都有界限，民事主体行使其权利时不能超越法律所确定的正当界限，不能损害社会公共利益和他人合法权益，否则即构成权利的滥用，应当承担相应的法律责任。禁止权利滥用原则在我国民事法律制度中的依据包括：《宪法》中第五十一条规定，中华人民共和国公民在行使自由和权利的时候，不得损害国家的、社会的、集体的利益和其他公民的合法的自由和权利。1986年通过的《民法通则》中第七条规定，民事活动应当尊重社会公德，不得损害社会公共利益，破坏国家经济计划，扰乱社会经济秩序。2017年通过的《民法总则》中第一百三十二条和2020年通过的《民法典》第一百三十二条都规定，民事主体不得滥用民事权利损害国家利益、社会公众利益或者他人合法权益。

（四）修改作用

上述原则性规定在法律层面为规范申请专利行为提供了明确、直接的法律依据，能够对《专利法》中有关防止专利权滥用的具体规定起到统领的作用，引导专利申请人和专利权人合法行使自己的权利，恪守诚实信用原则，有利于进一步规范申请专利行为，维护立法宗旨，进而从整体上提升我国的专利质量。

本次修改后的《专利法》中的诚实信用原则条款只是原则性的规定，其为在《专利法实施细则》《专利审查指南》等行政法规、部门规章中针对实践中出现的新问题，对诚实信用原则条款进行细化，以规制非正常申请专利行为和权利滥用行为，提供了充分且必要的上位法依据。

四、关于第二十一条

第二十一条　国务院专利行政部门应当按照客观、公正、准确、及时的要求，依法处理有关专利的申请和请求。

国务院专利行政部门应当**加强专利信息公共服务体系建设**，完整、准确、及时发布专利信息，**提供专利基础数据**，定期出版专利公报，**促进专利信息传播与利用**。

在专利申请公布或者公告前，国务院专利行政部门的工作人员及有关人员对其内容负有保密责任。

（一）修改目的

专利制度的两大基本功能，一是专利申请的授权及专利权的保护，二是专利信息的公开和利用。及时发布、传播和有效利用专利信息，对于提高创新起点、减少重复研发、避免侵犯他人专利权、促进创新具有重要意义。据世界知识产权组织（WIPO）2010 年的统计，全世界每年发明创造成果的 90% ~ 95% 体现在专利文献中，充分利用专利信息，可以缩短 60% 的研发时间，节约 40% 的研发资金。❶

《专利法》第二十一条涉及专利信息公开和利用方面的相关内容。2018 年《国家知识产权局职能配置、内设机构和人员编制规定》（以下简称《国家知识产权局"三定"方案》）明确国家知识产权局"负责建立知识产权公共服务体系。建设便企利民、互联互通的全国知识产权信息公共服务平台，推动商标、专利等知识产权信息的传播利用"。为落实依法行政的要求，有必要在《专利法》中进一步明确国务院专利行政部门负责专利信息公共服务体系建设的职责。

（二）修改内容

本条的修改在于：进一步明确国务院专利行政部门负责专利信息公共服务体系建设的职责，规定其提供专利基础数据，促进专利

---

❶ 杨甲. 重点产业专利信息服务平台建成新闻发布会召开［EB/OL］.（2010 – 02 – 25）［2023 – 10 – 16］. https://www.gov.cn/gzdt/2010 – 02/25/content_1541698.htm.

信息传播与利用。

近年来，国家知识产权局加强全国知识产权信息公共服务体系顶层设计，印发了《关于新形势下加快建设知识产权信息公共服务体系的若干意见》；举办知识产权信息公共服务体系建设培训班，建立联络机制、凝聚共识。推进形成横向联系紧密、服务互相支撑、门类功能完善的立体化、多层级的知识产权信息公共服务体系；印发了《国家知识产权信息公共服务网点备案实施办法》，充分利用社会力量，推动形成中央和地方联动、各类型网点协作的"全国一盘棋"局面。稳步推进知识产权公共服务重点网点建设，不断提升知识产权公共服务可及性。国家知识产权局还着力夯实知识产权信息公共服务基础，优化完善新一代地方专利检索及分析系统，为企业创新提供有力支撑。

随着信息化的快速发展，社会各方对专利信息公共服务平台数据范围、下载速度、功能的要求不断提高，创新主体对专利信息服务的需求日益个性化、多样化。我国专利公共服务能力不强，市场化知识产权服务机构数量少、规模小，与快速增长的社会需求之间还存在较大的差距。近年来，国家知识产权局基于专利审批以及国际交流中积累的大量基础数据，推动知识产权基础信息和资源平台统筹整合，完成知识产权基础信息目录并开发管理系统；印发了《知识产权基础信息数据管理办法》，形成《知识产权基础信息和资源平台统筹整合方案》；编制知识产权基础信息数据规范，提升数据规范应用实施效果；进一步加大知识产权基础数据开放力度，持续完善专利数据服务试验系统，推动增加中国法律状态、复审无效等数据资源。

对于专利信息公共服务体系的主要内容和专利信息基础数据的提供范围、载体和方式，将在《专利法实施细则》和其他配套部门规章及规范性文件中进一步细化和落实。

（三）制度参考

国内相关法律对于政府部门提供基础信息及数据已有类似规

定。《防震减灾法》第二十五条中规定，国务院地震工作主管部门建立健全地震监测信息共享平台，为社会提供服务。《促进科技成果转化法》第十一条中规定，国家建立、完善科技报告制度和科技成果信息系统，向社会公布科技项目实施情况以及科技成果和相关知识产权信息，提供科技成果信息查询、筛选等公益服务。

美国、日本、欧洲等多个国家和地区的专利法也均规定了专利主管部门负责专利信息公共服务、提供专利信息基础数据等内容。从成效看，美国、日本、欧洲等发达国家和地区履行法定职责，提供专利信息基础数据，减少了社会各方开发专利信息的时间和成本，给市场化专利信息服务提供了良好的基础条件，促使涌现出一批规模大、国际竞争力和影响力较强的专利信息服务机构。这些机构利用基础数据，为创新主体进一步提供专利咨询、预警、战略制定等高端服务，取得了良好的社会效益。

（四）修改作用

为了进一步满足社会需求，从制度上对专利信息应用与服务体系予以总体安排，并进一步明确政府部门更好地开展专利信息公共服务工作的职责，本次《专利法》修改明确规定其"提供专利基础数据"的职责，将更好地促进专利信息传播与利用，降低基础数据的获取成本，促进知识产权服务机构对基础数据进行加工，开发出高附加值的专利信息产品，满足多层次、个性化的市场需求，从而释放数据红利，促进信息消费和服务模式创新，促进形成经济发展新动能。

创新主体和社会公众通过登录国家知识产权局官方网址（https：//www.cnipa.gov.cn）选择"服务"—"政务服务平台"，可以实现专利、商标、地理标志、集成电路布图设计的申请、缴费、信息查询、检索及数据下载等一站式服务；选择"服务"—"公共服务"即可进入"国家知识产权公共服务网"，该网站集成检索查询、数据下载、注册申请、缴费服务、代理查询、维权保护、加快审查、文献服务等多个模块，以及知识产权公共服务网点一体化可视化展示，最大限度地为用户提供便利。

五、关于第二十四条

第二十四条　申请专利的发明创造在申请日以前六个月内，有下列情形之一的，不丧失新颖性：

（一）在国家出现紧急状态或者非常情况时，为公共利益目的首次公开的；

（二）在中国政府主办或者承认的国际展览会上首次展出的；

（三）在规定的学术会议或者技术会议上首次发表的；

（四）他人未经申请人同意而泄露其内容的。

（一）修改目的

新冠疫情发生以来，党中央、国务院高度重视疫情防控应对工作。在此期间，相关部门和创新主体出于疫情防控需要，紧急公开了用于治疗新型冠状病毒感染的治疗方案、中药方剂等信息，对抗击疫情发挥了积极作用。但这种公开行为不属于《专利法》第四次修改前规定的不丧失新颖性的例外情形，导致相关发明创造因丧失新颖性而面临不能获得专利保护的风险，反映出《专利法》新颖性宽限期制度中关于应对疫情等突发事件的规定还需要修改完善。

（二）修改内容

对本条的修改在于：在不丧失新颖性例外的适用情形中增加一项，即"在国家出现紧急状态或者非常情况时，为公共利益目的首次公开"。

首先，申请专利的发明创造应当是为公共利益目的首次公开，且公开的目的是社会公共利益，例如为了维护公共健康安全，抗击疫情等。其次，首次公开的情形应当是在国家出现紧急状态或者非常情况时。对于"在国家出现紧急状态或者非常情况时，为公共利益目的首次公开的"情形的具体要求，将在《专利法实施细则》和其他配套部门规章及规范性文件中进一步明确。

《专利法》第四次修改原送审稿中并没有相关内容。面对新冠疫情爆发后产生的实际问题，国家知识产权局及时开展调研论证。

从在北京、郑州、沈阳、青岛、天津等地的调研情况来看，关于该问题的解决方案，调研对象均表示赞同在《专利法》中增加规定，将"在国家出现紧急状态或者非常情况时，为公共利益首次公开"作为不丧失新颖性的例外情形，从而平衡维护公共健康安全和创新主体的利益诉求。同时也有部分调研对象提出了其他建议，包括将宽限期时间由6个月延长至1年，将宽限期适用的主动情形扩展到申请人主动公开，包括在刊物上发表论文、互联网公开以及在国际会议上的公开，并建议在《专利法实施细则》或《专利审查指南》中对"紧急状态""非常情况"的含义加以细化和明确。综合考虑上述建议，国家知识产权局在全国人大常委会第二次审议中提出相关修改建议，立法机关予以采纳。对于其他建议，将在后续工作中予以研究完善。

（三）制度参考

本条中的"紧急状态"或者"非常情况"情形与《专利法》关于强制许可的规定具有一致性。其中，"紧急状态"的决定和宣布的法律依据为《宪法》第六十七条、第八十条和第八十九条，全国人大常委会有权决定全国或者个别省、自治区、直辖市进入紧急状态，而国务院有权决定省、自治区、直辖市的范围内部分地区进入紧急状态；"非常情况"的理解和适用可以借鉴《突发事件应对法》中的"突发事件"，是指突然发生，造成或者可能造成严重社会危害，需要采取应急处置措施予以应对的自然灾害、事故灾难、公共卫生事件和社会安全事件。按照社会危害程度、影响范围等因素，自然灾害、事故灾难、公共卫生事件分为特别重大、重大、较大和一般四级。法律、行政法规或者国务院另有规定的，从其规定。突发事件的分级标准由国务院或者国务院确定的部门制定。新冠疫情对民众的生命安全构成重大威胁，可以认定为"非常情况"。

（四）修改作用

本次《专利法》修改在不丧失新颖性例外的适用情形中增加"国家出现紧急状态或者非常情况时，为公共利益目的首次公开"，既能使社会公众能够更快地获知治疗方案，促进这些发明创造在疾病治疗等方面的及时应用，解决公众健康问题，并回应创新主体放宽不丧失新颖性例外规定的需求，更好地保护发明创造；又能为今后在其他"紧急状态"或者"非常情况"下的适用留有空间。但是，实践中还需加强宣传培训，说明宽限期规定的局限性，引导发明人尽早提出专利申请，以降低丧失权利和面临纠纷的风险。

六、关于第二十五条

第二十五条 对下列各项，不授予专利权：

（一）科学发现；

（二）智力活动的规则和方法；

（三）疾病的诊断和治疗方法；

（四）动物和植物品种；

（五）**原子核变换方法以及用原子核变换方法获得的物质；**

（六）对平面印刷品的图案、色彩或者二者的结合作出的主要起标识作用的设计。

对前款第（四）项所列产品的生产方法，可以依照本法规定授予专利权。

（一）修改目的

《专利法》第四次修改前第二十五条第一款所列不授予专利权的主题中包括用原子核变换方法获得的物质，其本意在于对原子核变换方法以及通过该方法所获得的物质均不授予专利权。尽管自《专利法》制定实施以来，我国一直未对原子核变换方法提供专利保护，但因为条款未作明确排除，理解上容易出现歧义，所以实践中存在一定误解。为使表述更为清晰，对《专利法》第二十五条第一款第（五）项进行适当修改，以消除实践中的不同认识。

（二）修改内容

对本条的修改在于：在第一款第（五）项中增加"原子核变换方法以及"的表述，进一步明确规定不授予专利权的主题包括"原子核变换方法以及用原子核变换方法获得的物质"，明确对原子核变换方法不授予专利权。

原子核变换方法是指一个或几个原子核经分裂或聚合形成几个或一个新原子核的过程。由原子核变换方法获得的物质，主要是指用加速器、反应堆以及其他核反应装置制造的各种放射性同位素。原子核变换方法涉及的核行业有自身的特殊性：一方面，原子核技术的军事应用涉及国防安全、核扩散等重大事项；另一方面，可控核聚变、核裂变等技术作为潜在的能源问题的解决方案，也涉及国家和社会公众的重大利益。因此，无论是原子核变换方法，还是用该方法所获得的物质，均关系到国家的经济、国防、科研和公共生活的重大利益，不宜为单位或个人垄断。

（三）制度参考

世界各国对原子核变换技术发明保护立法和授予专利权的情况大体分为三类。

第一类是对原子核变换方法和用原子核变换方法获得的物质均可授予专利权，如日本、韩国和欧洲国家等。

第二类是对军用和民用核技术进行区分，对军用核技术不授权，对民用核技术授权，如美国；但对相关专利的实施、许可、转让都有严格的规定。

第三类是对涉及核技术的发明专利申请一律不授权，如印度和巴西。其中，《印度专利法》规定："若发现发明与防卫目的和原子能相关，审查员在无中央政府在先允许下，不得授权"，"在专利授权后的任何阶段，中央政府若发现专利与原子能相关，均可指令审查员将专利宣告无效"。

（四）修改作用

考虑到核安全及核能源对于国家国防、经济及社会公众利益的重大影响，以及我国核相关产业发展水平，目前并不适宜对原子核变换方法这一主题提供专利权保护。

因此，本次修改明确对原子核变换方法不授予专利权，以使得表述更为严谨清晰，消除了实践中的不同认识。

七、关于第二十九条

第二十九条 申请人自发明或者实用新型在外国第一次提出专利申请之日起十二个月内，或者自外观设计在外国第一次提出专利申请之日起六个月内，又在中国就相同主题提出专利申请的，依照该外国同中国签订的协议或者共同参加的国际条约，或者依照相互承认优先权的原则，可以享有优先权。

申请人自发明或者实用新型在中国第一次提出专利申请之日起十二个月内，**或者自外观设计在中国第一次提出专利申请之日起六个月内，**又向国务院专利行政部门就相同主题提出专利申请的，可以享有优先权。

（一）修改目的

本条修改增加了外观设计本国优先权制度，给予申请人进一步完善设计，调整保护范围的机会。

《专利法》第三次修改后增加了"相似外观设计"概念，规定"同一产品两项以上的相似外观设计，可以作为一件申请提出"。但由于没有外观设计本国优先权制度，申请人在我国申请了外观设计专利之后，又在我国提交该设计的相似外观设计申请的，会因前后两件申请属于同样的发明创造导致在后申请不能获得授权。国内申请人只能在产品的所有设计构思完全成熟、相似设计已经全部完成后，于同一天提出合案申请。相比之下，申请人在国外首次提出一件外观设计申请后可不断完善，并在优先权期限内，向中国提交包含首次申请在内的、最多10项相似外观设计的合案申请，这样的相似外观设计专利申请不但可以被授予专利权，而且对于其中要求了外国优先权的设计项还可以享受外国优先权，这给了申请人完善设计、调整保护范围的机会。因此，有必要完善外观设计本国优先权制度，保障国内申请人利益。

（二）修改内容

本次《专利法》修改了第二十九条，明确申请人自外观设计在国内第一次提出专利申请之日起6个月内，又就相同主题在国内提出专利申请的，可以享有优先权。

（三）制度参考

我国于 1992 年在《专利法》第一次修改过程中引入了发明和实用新型本国优先权制度，已运行多年，这为外观设计专利制定符合自身特色的"本国优先权"制度奠定了法律基础和理论支持。同时，外观设计的"本国优先权"与"外国优先权"对相同主题的判断原则基本相同，具有较好的实践基础，外观设计本国优先权制度可以很快被广大申请人以及审查员所适应并良性运行。

（四）修改作用

引入外观设计本国优先权，一是完善相似设计合案申请制度的需要。增加外观设计本国优先权制度后，首次在中国提出的申请可以享受和首次在外国提出的申请同样的待遇，从而减少由"相似外观设计"和"外国优先权制度"所带来的国内外申请人权利不对等问题。二是引入局部外观设计保护制度的需要。申请人以在外国提交局部外观设计的首次申请为优先权基础在中国提出申请时，按照我国目前对优先权相同主题的认定方式，既可以把虚线描实，以整体来保护，也可以继续以局部设计来保护，均可以享有外国优先权。但是，在没有本国优先权制度的情况下，首次在中国提出的申请如果想在产品整体与局部之间转换，就无法得到对申请人有利的申请日。例如，申请人在中国就某产品整体申请了外观设计专利之后，再以产品的局部提交外观设计专利申请，为了避免在先申请构成在后申请的抵触申请，申请人必须主动撤回在先申请，但是由于没有本国优先权制度，在后申请无法享受在先申请的申请日。这既不利于保护申请人发明创造的积极性，也使首次申请在中国提出的申请人在申请日和保护范围方面相比首次申请在外国提出的申请人处于劣势。因此，我国若建立局部外观设计保护制度，也需要相应建立本国优先权制度作为补充，才能保证首次申请在中国提出的申请人和首次申请在外国提出的申请人享有平等的权利，三是加入《工业品外观设计国际注册海牙协定》（日内瓦文本）（以下简称

《海牙协定》）的需要。我国在加入《海牙协定》的声明中并没有提出"禁止自我指定"，即申请人可以提交海牙国际申请并指定中国。申请人在中国提出外观设计首次申请，6个月内就同一主题提出海牙国际申请并指定中国，可以享有其在中国在先申请的优先权，相当于变相享受了本国优先权。而如果没有本国优先权制度，那么未通过《海牙协定》、直接在中国提交的在后外观设计专利申请就不能享受在先申请的本国优先权。同一申请会因申请途径不同，在能否享受本国优先权的问题上得到不同的结论，这既造成了权利的不平等，也会导致制度上的混乱。如果增加本国优先权制度，就可以很好地解决上述权利不平等的问题。因此，建立外观设计本国优先权制度是我国加入《海牙协定》后的迫切需要和对法律体系的有力补充。

八、关于第三十条

第三十条　申请人要求发明、实用新型专利优先权的，应当在申请的时候提出书面声明，并且在第一次提出申请之日起十六个月内，提交第一次提出的专利申请文件的副本。

申请人要求外观设计专利优先权的，应当在申请的时候提出书面声明，并且在三个月内提交第一次提出的专利申请文件的副本。

申请人未提出书面声明或者逾期未提交专利申请文件副本的，视为未要求优先权。

（一）修改目的

本条修改放宽了要求优先权的程序性要求，能够提高审查效率，便利申请人。实践中申请人可能由于耽误提交优先权副本的期限而丧失优先权，为了更好地便利申请人，改善审查制度，顺应《专利合作条约》（PCT）等国际规则发展趋势，本次修改将发明、实用新型专利申请提交优先权副本的时限由自申请日起3个月内延长至自优先权日起16个月内。

（二）修改内容

对本条的修改在于：将原条款分为三款，对发明、实用新型专利优先权副本提交时间调整为第一次提出申请之日起 16 个月内，外观设计专利优先权副本提交时间保持不变。

优先权制度源自 1883 年签订的《保护工业产权巴黎公约》（以下简称《巴黎公约》）：申请人在一成员国第一次提出工业产权申请后，一定期限内（发明、实用新型 12 个月，外观设计、商标 6 个月）就同一主题向其他成员国请求保护，在后申请就被视为在第一次申请的申请日提出，相对于该期限内其他人提出的申请就处于优先的地位。该项制度使得申请人可以在优先权期限内从容准备向其他国家提出申请，不必担心被他人抢先申请而丧失权利。

在要求优先权的手续方面，《巴黎公约》规定应由申请人提出书面声明，并且说明在先申请的申请日、受理国家和申请号等；受理在后申请的专利局可以要求申请人提交在先申请文件的副本，并且应当允许申请人在提出在后申请后 3 个月内随时提交。

我国在《专利法》制定之初即对优先权制度进行了专门规定。1992 年《专利法》第一次修改时，为了使首次申请在中国提出的申请人在中国再次就相同主题提出的专利申请也能够享有与首次申请在外国提出的申请人同样的优惠待遇，对发明和实用新型专利增设了本国优先权制度，并对要求优先权的手续作了具体规定：申请人应在《专利法》规定的优先权期限内提出在后申请，申请的同时应提出要求优先权的书面声明，申请日起 3 个月内应提交在先申请文件副本；申请时没有提出书面声明或者没有在规定期限内提交在先申请文件副本的，视为未要求优先权，并且不能请求恢复权利。

优先权是申请人经常会利用的一项制度。对同一主题的技术方案，申请人可以享有较早的申请日，并实现对多个在先申请技术方案的整合和进一步改进。但是实践中，由于申请人对要求优先权手续等方面的法律规则不熟悉，而《专利法》第四次修改前的规定又较为严格，因此常常出现超过优先权期限、未在申请时提出声明和未在期限内提交在先申请文件副本等手续问题，导致申请人未能享有优先权。

对此，申请人主要反映了三个方面的问题：第一，在后申请必须在规定的优先权期限内提交，超过期限，就不能主张优先权，并且无法通过提出恢复权利请求进行补救；第二，提交申请之后就不能再增加优先权要求；第三，在先申请文件副本提交的期限过短，并且只能由申请人提交。

进入 21 世纪后，知识产权国际规则呈现出对申请人更加友好的趋势，WIPO 制定的《专利法条约》和修改的《专利合作条约实施细则》（以下简称《PCT 实施细则》），逐渐放宽对优先权办理手续的要求。由于《PCT 实施细则》中有关优先权办理手续的规定与我国专利制度存在不同，因此我国 2007 年对《PCT 实施细则》相关条款作出了保留。近年来，我国申请人通过《专利合作条约》途径提交的国际专利申请（以下简称"PCT 申请"）逐年增长。2020年我国共受理 PCT 申请 7.2 万件，同比增长 18.6%。其中，6.7 万件来自国内，同比增长 17.9%。共完成国际检索报告 7.0 万件，同比增长 25.6%。截至 2020 年底我国累计受理 PCT 申请 44.7 万件，累计完成国际检索报告 40.7 万件。2020 年收到进入中国国家阶段的 PCT 申请 10.1 万件，同比增长 0.8%。其中，发明专利申请10.0 万件，实用新型专利申请 966 件。截至 2020 年底我国累计收到进入中国国家阶段的 PCT 申请 131.2 万件。为助力国内企业走出去参与国际竞争，进一步便利 PCT 申请人，有必要修改相关条款，取消对《PCT 实施细则》有关条款的保留。

而就外观设计优先权副本的提交期限，目前尚未形成统一的国际规则，正在磋商中的《外观设计法条约草案》并没有明确规定，我国已加入的《海牙协定》也未作要求。作为参考，日本、韩国、欧盟对外观设计专利申请优先权副本的提交期限的规定均为自申请日起 3 个月。外观设计专利申请的优先权副本提交期限应当根据我国自身需求来规定。"自申请日起 3 个月"的期限参考了《巴黎公约》第 4 条的规定，同时考虑了外观设计的特殊性。外观设计更新快，申请人大多期待更早获得授权，因此审查平均周期较短。外观设计专利申请的优先权期限为第一次提出申请之日起 6 个月，短于发明和实用新型专利申请的优先权期限（12 个月），因此外观设计专利申请优先权副本的提交期限短于发明和实用新型专利申请是合理的。

（三）制度参考

1. 国际条约规定

《巴黎公约》确立的优先权规则一直沿用多年。进入 21 世纪后，《专利法条约》和修改后的《PCT 实施细则》均逐渐放宽对优先权办理手续的要求，包括：允许申请人在提交申请之后，改正或者增加优先权要求；对于超过优先权期限提交的申请，允许申请人在规定期限内提出恢复优先权的请求；对于在先申请文件副本的提交期限和方式，也有更为宽松的规定。

2. 域外立法情况

近年来美国、日本等国的专利法以及《欧洲专利公约》，在遵循《巴黎公约》规定的优先权期限的基础上，都放松了办理手续方面的要求，并为申请人提供了更多的救济机会（详见表1）。

3. 我国规定与国际条约及域外立法的比较

《专利法》第四次修改前有关要求优先权手续的规定与美国、日本、韩国等国的专利法以及《欧洲专利公约》《专利合作条约》《专利法条约》规定的对比如表 1 所示。

表1　主要国家、地区以及国际条约关于要求优先权手续规定的对比

对比内容	中国	美国	韩国	日本	《欧洲专利公约》	《专利合作条约》	《专利法条约》
提出声明的时机	申请的同时	申请的同时，且允许申请人随后增加或改正优先权（期限要求见"增加或者改正优先权"部分）					

对比内容	中国	美国	韩国	日本	《欧洲专利公约》	《专利合作条约》	《专利法条约》
提交副本的期限	申请日起3个月内	优先权日起16个月内					
超期优先权恢复	不予恢复	优先权期限届满后2个月内	不予恢复	优先权期限届满后2个月内			
增加或者改正优先权	未设立	优先权日起16个月内或申请日起4个月内,以后到期为准	优先权日起16个月内,且在申请日起4个月内				

我国优先权制度在手续方面的要求较为严格,为申请人提供的补救机会相对较少。而且我国对《PCT 实施细则》关于"优先权办理手续"的条款作出了保留,导致中国申请人提交的 PCT 申请进入中国国家阶段时也无法适用该条款规定,在一定程度上影响了中国申请人充分利用优先权制度。为顺应国际规则发展趋势,放宽手续要求,减少申请人不必要的损失,我国需要考虑适当放宽优先权相关规定。

(四)修改作用

《专利法》第四次修改后,将发明、实用新型专利申请提交优先权副本的期限由自申请日起 3 个月内延长至自优先权日起 16 个月内。该期限设定使发明、实用新型专利申请人提交副本的时限至少延长了 1 个月。设定依据主要参考了《PCT 实施细则》中的相关规定,使申请人能更充分地享受和利用优先权制度带来的好处。同时,修改后的规定适当放松办理优先权的程序性要求,对于申请人在要求优先权方面可能出现的手续方面的缺陷,给予更宽松的期限和更多的救济手段。对于超期优先权恢复、增加或者改正优先权的相关修改，将在《专利法实施细则》及其他配套部门规章、规范性文件中予以明确。

九、关于第四十二条第一款

第四十二条第一款 发明专利权的期限为二十年，实用新型专利权的期限为十年，**外观设计专利权的期限为十五年**，均自申请日起计算。

（一）修改目的

随着中国企业"走出去"步伐持续加快，在境外获得外观设计保护的需求明显增加。实践中，企业反映向外获得外观设计保护的主要障碍和困难在于费用高、程序复杂。对于广大中国企业来说，海牙体系通过一次申请多国保护的方式，可以满足企业对简便、快捷的外观设计多边注册程序的需求，有效降低我国企业参与国际竞争的成本。但是，本次《专利法》修改之前我国外观设计的保护期限还不能满足《海牙协定》要求缔约方提供不低于15年的保护期限要求。这成为我国加入《海牙协定》的法律障碍，不利于我国企业更便利地在国外获得外观设计保护。

同时，外观设计涉及领域广泛，产品生命周期长短不一，对产品外观设计保护期限的需求也存在多样性。延长保护期限有利于满足需要较长的保护期限行业的需求，且不会对需要较短的保护期限的行业产生负面影响。另外，对企业而言，延长外观设计保护周期对于品牌产品的风格延续、畅销经典产品的保护都具有重要的实际意义。

（二）修改内容

本次《专利法》修改了第四十二条第一款，将外观设计专利保护期限延长为15年。

（三）制度参考

从世界范围内的立法情况来看，延长外观设计的保护期限是国际趋势：欧盟及多数欧洲国家的外观设计保护期限是自申请日起25

年，初始 5 年，可以进行 4 次续展；日本、韩国近年来相继将本国的外观设计保护期限从 15 年分别修改为 25 年、20 年；美国为了加入《海牙协定》，于 2015 年将外观设计专利的保护期限由自授权日起 14 年改为 15 年。

加入《海牙协定》，我国需要承担的主要义务是承认国际注册的效力，即对国际注册的外观设计在规定期限内未发现实体驳回理由的，应承认该外观设计与我国授权的外观设计专利具有同等效力，并对该外观设计提供不低于 15 年的保护期限。如果维持 10 年的外观设计保护期限，会造成通过国内途径提交的申请受到保护的期限明显短于通过海牙途径提交的申请，两者没有享受同等的权益，将不利于国内申请所涉及的相关主体。因此需要考虑通过修改《专利法》延长外观设计保护期期限，与《海牙协定》协调一致，以消除差异并使国内主体享有同等权益。

（四）修改作用

结合我国现有工业设计发展水平，将外观设计保护期限延长到自申请日起 15 年，既可以强化我国外观设计专利权的保护，也为我国加入《海牙协定》创造条件，满足创新主体向外申请和保护期限多元化的需求，对维持年限较长的优秀外观设计产生积极的作用，有利于鼓励设计创新❶，同时也不会对属于维持年限较短的外观设计专利产生不利影响。

关于期限延长的方式，曾有意见建议采用续展制。我国《专利法》曾经采用过续展模式，后被逐渐舍弃，因为续展制在实践中不仅会增加主管部门和权利人的管理成本，而且会增加权利丧失的风险。实际上，权利人要维持专利权或者放弃专利权，完全可以通过是否缴纳年费来选择，不必设置单独的程序。因此，本次《专利法》修改继续采用了直接延长至 15 年的方式延长外观设计专利保

❶ 陈扬跃，马正平. 专利法第四次修改的主要内容与价值取向［J］. 知识产权，2020（12）：6 - 19.

护期限。

十、关于第四十二条第二款

第四十二条第二款　自发明专利申请日起满四年，且自实质审查请求之日起满三年后授予发明专利权的，国务院专利行政部门应专利权人的请求，就发明专利在授权过程中的不合理延迟给予专利权期限补偿，但由申请人引起的不合理延迟除外。

（一）修改目的

本款是此次《专利法》修改新增内容，就发明专利权期限补偿作出规定。

本条第一款规定，发明专利权的期限为 20 年，自申请日起计算，即发明专利权的期限自国务院专利行政部门收到符合法律规定的专利申请文件之日起开始计算。前述内容规定了专利权期限的计算起点和终点，但该期限并不等同于专利权可以实际获得法律保护的期限。《专利法》第三十九条规定"发明专利权自公告之日起生效"，考虑到申请人提出专利申请至专利权被公告通常需要经历一定时间的审查，而专利权人或者利害关系人通常也仅可在专利权被公告后，就专利侵权纠纷向人民法院提起诉讼，或者请求国务院专利行政部门或者地方管理专利工作的部门处理，所以发明专利权实际保护期限一般少于 20 年。

近年来，我国专利申请审查周期已进一步压减，与其他国家或地区相比保持在低位运行，通常不会影响权利人行使权利，但一些案件仍可能存在审查周期相对较长，特别是存在并非因为申请人的原因造成专利授权延迟的情形。在这种情况下，专利权人所获得的专利权保护期限实际上会进一步缩短。为解决该问题，引入专利权期限补偿制度，对不合理的授权延迟给予相应的专利权期限补偿，有利于更好地维护专利权人的合法权益，充分激发其进行发明创造的积极性和全社会的创新活力。

（二）修改内容

关于本款规定的理解，应当注意以下四个方面。

一是关于可给予期限补偿的条件。该制度旨在专利授权过程中，对不是由申请人原因引起的不合理延迟给予相应的期限补偿。那么，自发明专利申请日或者实质审查请求之日起，发明专利申请经过多长时间被授予专利权，才属于经历了较长时间的审查授权周期，应给予相应的专利权期限补偿呢？对于这个问题，需要考虑我国发明专利审查实践，在加强对专利权人合法权益的保护和维护社会公众利益之间作出平衡，将其规定为"自发明专利申请日起满四年，且自实质审查请求之日起满三年"后授予发明专利权的，专利权人可以提出期限补偿请求。其中，"自发明专利申请日起满四年"是对专利申请审查总体时间的限定，"自实质审查请求之日起满三年"是对实质审查程序时间的限定。

二是关于提出期限补偿请求的主体。本款规定，只有发明专利的专利权人可以向国务院专利行政部门提出专利权期限补偿请求，即专利权期限补偿程序依专利权人请求而启动。

三是关于给予期限补偿的不合理延迟。根据本款规定，应就发明专利在授权过程中的不合理延迟给予期限补偿。对于不属于授权过程中的不合理延迟，例如因权属纠纷或者协助执行保全措施而终止有关程序等情形，不予期限补偿。相关具体情形将在《专利法实施细则》《专利审查指南》等中作出细化规定，并在审查实践中根据实际情况予以判断。

同时，对于由申请人原因引起的不合理延迟，也不予补偿。在发明专利申请审查授权过程中，可能存在由申请人原因引起的不合理延迟，比如申请人在答复审查意见通知书过程中请求延长答复期限等，对这部分时间给予专利权期限补偿将无法有效平衡社会公众利益。因此，即便专利授权时间超出自申请日起满4年且自实质审查请求之日起满3年，也不宜对由申请人原因引起的不合理延迟给予相应的期限补偿。具体地，在计算专利权补偿期限时，需要扣除这部分时间。关于申请人原因引起不合理延迟的相关情形，将在《专利法实施细则》《专利审查指南》等中作出细化规定，并在审查实践中根据实际情况予以判断。

四是关于实质审查请求之日。实质审查请求之日是计算补偿期限的基础，应对其进行明确界定。《专利法实施细则》第一百一十条第一款规定，申请人提出实质审查请求的，应当缴纳实质审查费。根据上述规定，从条文解释的角度，通常情况下可将实质审查请求之日界定为申请人提出实质审查请求并足额缴纳实质审查费之日。但是，根据《专利法》第三十五条第一款的规定，申请人可以在自申请日起3年内的任意时间提出实质审查请求；如果申请人在提出实质审查请求时，专利申请尚未公布，则按照中国专利制度审查实践，该申请不会进入实质审查程序，此种情形下不应适用前述界定标准。主要考虑是，《专利法》第四十二条第二款关于"自实质审查请求之日起满三年"的规定，其实质含义是指在进入实质审查程序后，国家知识产权局对发明专利申请的实质审查时间长于3年的，给予相应的专利权期限补偿。所以，第四十二条第二款所述"实质审查请求之日"指的是"实质审查程序开始之日"。

《专利审查指南》第二部分第八章第3.2.1节"查对启动程序的依据"规定，审查员在查对启动实质审查程序的依据时，需要查对申请文档中是否有实质审查请求书，是否有发明专利申请公布进入实质审查程序通知书等。在《专利法》及《专利法实施细则》的修改过程中，有的意见指出，如果依据前述确定"实质审查程序开始之日"的规则确定"实质审查请求之日"，并以此为基础计算发明专利权补偿期限可能会减损专利权人的权益，无法使其获得相应的专利权补偿期限。

因此，在综合考虑发明专利审查实践和各方意见的基础上，如果发明专利申请的实质审查请求之日早于《专利法》第三十四条所称公布之日的，将实质审查请求之日界定为专利申请公布日，以更加合理地对发明专利申请审查授权过程中的不合理延迟给予相应的补偿期限，有效地平衡专利权人和社会公众的利益。对于实质审查请求之日的具体界定，将在《专利法实施细则》《专利审查指南》等中予以明确。

（三）制度参考

1. 调研论证情况

关于可给予专利权期限补偿的条件，即对自发明专利申请日起满 4 年，且自实质审查请求之日起满 3 年后授予的发明专利权给予期限补偿，在《专利法》修改调研论证过程中，调研对象对自申请日起满 4 年以及自实质审查请求之日起满 3 年没有提出异议；但有的意见认为，在表述上应将其规定为"自申请日起满四年或者自实质审查请求之日起满三年，以较晚日期为准"。关于此，两种表述方式实质上相同，但"自发明专利申请日起满四年，且自实质审查请求之日起满三年后授予发明专利权的"更加符合《专利法》的表述习惯。

2. 域外立法经验

美国专利法规定，期限补偿主要适用于三种情形：一是美国专利商标局未在规定期限内采取行动而导致的延迟，例如在收到申请人的答复后 4 个月内未处理；二是审查授权总时间超过 3 年；三是由于权属纠纷、保密审查以及纠正错误驳回造成的延迟。

在韩国，根据其专利法规定，自申请日起超过 4 年或者自提出实质审查请求之日起 3 年，以后到日期为准，可以提出期限补偿请求。

（四）修改作用

本款通过修改，引入了发明专利权期限补偿制度，对发明专利在授权过程中的不合理延迟给予专利权期限补偿。在适用该条规定时应当注意，仅对自发明专利申请日起满四年，且自实质审查请求之日起满 3 年后授予的发明专利权，才可请求获得发明专利权期限补偿，且在计算补偿期限时需要扣除相关原因引起的合理延迟以及申请人引起的不合理延迟。

本款对发明专利权期限补偿作出原则性规定，关于期限补偿请求提出时间、不属于不合理延迟的情形、申请人引起的不合理延迟等具体制度内容，将在《专利法实施细则》《专利审查指南》等中作出细化规定。

十一、关于第四十二条第三款

第四十二条第三款　为补偿新药上市审评审批占用的时间，对在中国获得上市许可的新药相关发明专利，国务院专利行政部门应专利权人的请求给予专利权期限补偿。补偿期限不超过五年，新药批准上市后总有效专利权期限不超过十四年。

（一）修改目的

本款是此次《专利法》修改新增的内容，就药品专利权期限补偿作出规定。

发明专利申请在被授予专利权后可获得 20 年的保护期限，这一规定适用于所有的技术领域。但在药品领域，药品上市通常需要开展较长时间的临床试验，并经过药品监督管理部门的审批，证明其安全有效后才可上市。这一过程通常会占用一定时间的专利保护期限，相对缩短了药品上市后因专利保护而享有的市场独占期。对于有的药品来说，其专利保护期限可能仅剩数年时间，致使新药研发企业可能无法回收研发成本并获得合理利润，影响其研发新药的积极性。

2017 年 10 月和 2019 年 11 月，中共中央办公厅、国务院办公厅先后印发了《关于深化审评审批制度改革鼓励药品医疗器械创新的意见》和《关于强化知识产权保护的意见》，提出要"开展药品专利期限补偿制度试点"，探索"建立药品专利期限补偿制度"。为落实党中央、国务院决策部署，解决实践中存在的问题，本款通过增加药品专利权期限补偿相关规定，对新药相关专利因药品开展临床试验和行政审批而实际占用的专利保护期限给予一定时间的补偿，进一步加强对专利权人合法权益的保护，激励新药研发企业研发新药的积极性，提高药品可及性，保障公共健康。

（二）修改内容

关于本款规定的理解，应当注意以下三个方面。

一是作为药品专利权期限补偿基础的"新药"。因为该制度是对药品监督管理部门批准上市的"新药"所涉及的相关专利给予的期限补偿，所以"新药"定义属于药品监督管理法律制度设计，直接适用药品监督管理法律制度相关定义即可。在药品监督管理法律制度中，《药品管理法》没有对"新药"作出明确规定。2015年印发的《国务院关于改革药品医疗器械审评审批制度的意见》（以下简称《意见》）将新药由"未曾在中国境内上市销售的药品"调整为"未在中国境内外上市销售的药品"，包括创新药和改良型新药。2020年国家市场监督管理总局公布的《药品注册管理办法》以及国家药品监督管理局发布的《化学药品注册分类及申报资料要求》《生物制品注册分类及申报资料要求》《中药注册分类及申报资料要求》等相关文件中，均沿用了前述《意见》有关"新药"的定义。据此，《专利法》该条规定所涉及的"新药"直接适用上述《意见》以及相关规范性文件的规定。

需要说明的是，基于我国国情考虑并借鉴现已建立类似制度的相关国家或者地区的经验做法，并不是所有"新药"都可作为专利权期限补偿的基础，需在其中选择作出实质性创新的药品给予相关专利权期限补偿，以更好地平衡专利权人和社会公众、原研药企业和仿制药企业的利益，解决好公共健康相关问题。有关"新药"适用范围的规定，将在《专利法实施细则》《专利审查指南》等中进一步细化。

二是药品专利权期限补偿是依专利权人请求启动的程序，提出请求的主体为专利权人。

三是补偿期限不超过5年，且新药批准上市后总有效专利权期限不超过14年。这既可以使新药研发企业能够在回收新药研发成本的基础上获得合理回报，充分激发其研发新药的积极性，也兼顾了仿制药行业发展和药品可及性问题。补偿期限不超过5年是指经过相应计算方法计算得出的补偿期限最长不超过 5 年；新药批准上市后总有效专利权期限不超过 14 年是指自新药获得上市许可之日起，剩余专利权期限与专利权补偿期限之和不超过 14 年。其中，新药相关专利同时符合发明专利权期限补偿（根据《专利法》第四十二条第二款的专利权期限补偿）和药品专利权期限补偿（根据《专利法》第四十二条第三款的专利权期限补偿）有关法定条件的，剩余专利权期限与发明专利权补偿期限、药品专利权补偿期限三者之和不超过 14 年。前述补偿期限的具体计算方法将在《专利法实施细则》《专利审查指南》等中作出进一步细化规定。

（三）制度参考

1. 调研论证情况

关于提出请求的主体，在《专利法》修改调研论证过程中，有的意见认为，除专利权人外，药品上市许可持有人等也可提出专利权期限补偿请求。实践中，在药品上市许可持有人不是专利权人的情况下，其通常为被许可人。考虑到是否给予专利权期限补偿将直接影响专利权人相关权利的行使，被许可人通常只有在经专利权人许可的情况下才可实施相关专利，所以，本款将提出期限补偿请求的主体限定于专利权人。

关于补偿期限不超过 5 年，新药批准上市后总有效专利权期限不超过 14 年的规定，在《专利法》修改调研论证过程中，社会各界普遍认为我国应对计算获得的最长补偿期限以及药品获得上市许可后的总最长专利保护期限作出限定，以在鼓励新药研发的同时，维护好公众利益。

2. 域外立法经验

《美国专利法》规定，对于首次批准上市药品活性成分相关专利给予期限补偿，补偿期限最长不超过 5 年，且药品上市后剩余专利权期限与补偿期限之和不超过 14 年。补偿期限＝（临床试验时间－申请人未尽责时间）×50%＋（审批时间－申请人未尽责时间），且扣除专利授权前的时间。

欧洲于 1992 年通过 Council Regulation（EEC）No 1768/92，以补充保护证书的形式来补偿药品因上市审批而损失的专利保护期限，补偿期限＝药品获得上市许可之日－专利申请日－5 年，最长为 5 年，但对于儿童适应症可额外获得最长半年的保护期限。

《日本专利法》规定，因等待行政审批而导致无法实施专利的，允许专利权人以 5 年为限提出专利权期限补偿申请。补偿期限＝药品获得上市许可之日－专利授权日/药品临床试验开始之日（较晚者）。

《韩国专利法》规定，如果药品为获得行政许可而导致相关专利无法实施，则可以提出专利权期限补偿申请，补偿期限最长为 5 年。

《加拿大专利法》和《加拿大补充保护证书条例》（Certificate of Supplementary Protection Regulations）规定，对于首次注册申请在加拿大提交的创新药品，或者首次注册申请在其他国家提交，但其后 12 个月内又在加拿大提交注册申请的创新药品，可以通过补充保护证书的形式给予期限补偿，补偿期限＝药品获得上市许可之日－专利申请日－5 年，最长为 2 年。

（四）修改作用

本款通过修改引入了药品专利权期限补偿制度：为补偿新药上市审评审批占用的专利权保护期限，对在中国获得上市许可的新药相关发明专利权给予期限补偿。与《专利法》第四十二条第二款规定的专利权期限补偿不同，本款对可给予的药品专利权补偿期限最长时间作出限定，以平衡原研药企业和仿制药企业、专利权人和社会公众的利益，更好地维护公共健康，满足患者用药需求。需要说明的是，药品专利权补偿期限自原专利权期限届满日起开始计算，对相关发明专利给予专利权期限补偿的，药品专利权补偿期限自发明专利权补偿期限届满日开始计算。

本款对药品专利权期限补偿作出原则性规定。关于适用药品和专利范围、期限补偿请求条件、补偿期限计算方法、补偿期间专利权保护范围等具体制度内容，将在《专利法实施细则》《专利审查指南》等中作出细化规定。

十二、关于第四十八条

第四十八条　国务院专利行政部门、地方人民政府管理专利工作的部门应当会同同级相关部门采取措施，加强专利公共服务，促进专利实施和运用。

（一）修改目的

专利制度有两大基本功能，一是专利的授权及保护，二是专利信息的公开和专利的实施与运用。及时发布、传播和有效利用专利信息，对提高创新起点、减少重复研发、避免侵犯他人专利权、促进创新、促进专利实施与运用等具有重要意义。

目前，社会各方对专利公共服务平台数据范围、下载速度、功能的要求不断提高，创新主体对专利信息服务的需求日益个性化、多样化，但我国专利公共和社会服务能力不强，市场化知识产权服务机构数量少、规模小，与快速增长的社会需求之间还存在较大的差距。

为了进一步满足社会需求，对专利信息利用与服务体系从制度上予以总体安排，并进一步明确政府部门更好地开展专利公共服务工作的职责，本次《专利法》修改过程中增加了公共服务的规定。除本条外，第二十一条第二款增加相关内容后修改为："国务院专利行政部门应当加强专利信息公共服务体系建设，完整、准确、及时发布专利信息，提供专利基础数据，定期出版专利公报，促进专利信息传播与利用。"

专利制度的目的不仅仅在于保护创新，更重要的是通过制度设计，激励创新，促进专利的实施与运用，提高整体社会公共利益。实践中，我国专利权人仍广泛存在"重申请、轻运用"的现象，为促进专利的实施和运用，《专利法》第四次修改在本条明确规定政府部门有职责促进专利实施和运用。

（二）修改内容

本条明确国家和地方专利行政部门加强专利公共服务、促进专利实施和运用的职责。

为使专利制度更好地服务于经济产业发展，除国务院专利行政部门外，还需要地方知识产权部门及其他相关部门的共同努力。因此，有必要在《专利法》中明确地方专利行政部门加强专利公共服务、促进专利实施和运用的职责。

（三）制度参考

美国、日本、欧洲等多个国家或地区的专利法规定了专利主管部门负责专利领域的公共服务，包括提供专利信息基础数据等内容。从成效看，相关国家或地区履行法定职责，提供公共服务，减少了社会各方开发专利信息的时间和成本，给市场化专利信息服务提供了良好的基础条件，促使涌现出一批规模大、国际竞争力和影响力较强的专利信息服务机构。这些机构利用政府提供的基础数据，为创新主体进一步提供专利咨询、预警、战略制定等高端服务，取得了良好的社会效益。

（四）修改作用

本条作为《专利法》第六章的原则性条款，进一步明确了国家和地方专利行政部门加强专利公共服务、促进专利实施和运用的职责，将促使行政机关更好地履职尽责，统筹各方面力量，加强包括专利信息公共服务、运用促进服务等各方面的专利公共服务，更好地促进专利转化和运用。

十三、关于第五十条、第五十一条、第五十二条

第五十条　专利权人自愿以书面方式向国务院专利行政部门声明愿意许可任何单位或者个人实施其专利，并明确许可使用费支付方式、标准的，由国务院专利行政部门予以公告，实行开放许可。就实用新型、外观设计专利提出开放许可声明的，应当提供专利权评价报告。

专利权人撤回开放许可声明的，应当以书面方式提出，并由国

务院专利行政部门予以公告。开放许可声明被公告撤回的，不影响在先给予的开放许可的效力。

第五十一条　任何单位或者个人有意愿实施开放许可的专利的，以书面方式通知专利权人，并依照公告的许可使用费支付方式、标准支付许可使用费后，即获得专利实施许可。

开放许可实施期间，对专利权人缴纳专利年费相应给予减免。

实行开放许可的专利权人可以与被许可人就许可使用费进行协商后给予普通许可，但不得就该专利给予独占或者排他许可。

第五十二条　当事人就实施开放许可发生纠纷的，由当事人协商解决；不愿协商或者协商不成的，可以请求国务院专利行政部门进行调解，也可以向人民法院起诉。

（一）修改目的

经过多年的经济发展和科技创新，我国目前已经成为全球专利申请量最多的国家，是名副其实的"专利大国"。然而，促进专利技术的转化运用是迈进"专利强国"的重要标志，也是有效实现专利价值链中不可或缺的重要一环。目前在实践中，存在以下突出问题，制约了我国专利转化运用的效果。

一是专利转化实施率不高。我国目前仍存在"重申请、轻运用"的现象，特别是高校与科研院所，专利实施率（包括自行实施、许可、转让等）普遍较低。根据 2020 年全国专利调查结果，截至 2019 年底拥有有效专利的高校专利实施率为 11.7%，科研单位实施率为 30.0%。❶ 2014 年，《全国人民代表大会常务委员会执法检查组关于检查〈中华人民共和国专利法〉实施情况的报告》也指出：高校和科研院所"重申请、轻运用"的问题较为突出，专利"沉睡"与"流失"现象并存，要健全以市场和需求为导向的专利成果转化机制。同时，非职务发明人获得专利授权后，由于渠

---

❶　国家知识产权局战略规划司、国家知识产权局知识产权发展研究中心《2020 年中国专利调查报告》第 46 页。

道有限，无力参加展会或通过其他方式推广其专利技术，其专利转化率也不高。

二是专利市场供需信息不对称。专利交易市场在促进专利转化方面发挥了积极作用，但由于市场信用体系尚不完善，供需双方信息不对称，因此仍存在供需匹配难、对接难等问题。企业谈判及交易困难，引进专利技术难度大、成本高。特别对于中小企业，由于没有可靠的许可平台，导致其往往需要花费较多的精力去鉴别信息的真伪。根据 2020 年全国专利调查结果，高校专利权人认为制约专利技术有效实施的因素中，"信息不对称造成专利权许可转让困难"占比 58.6%，"缺乏权威可信的专利交易平台"占比为 50.3%。❶

三是专利权许可转让过程中存在法律风险。获取专利许可需要考虑专利权当时的法律状态（包括是否处于无效程序中以及是否被质押或已被独占、排他许可等）。专利权法律状态的变动，如专利权被宣告无效，可能给专利许可转让带来不确定性风险。因此，寻求实施许可需要付出较多的资源成本检索相关专利权的法律状态信息，并且由于没有统一的信息公示平台，也无法确保相关信息的真实准确，不利于保障专利许可交易的安全性。

为解决上述问题，有必要通过新的制度安排，搭建更为有效的供需双方对接平台，及时披露专利许可需求信息，并全面公开相关专利的法律状态，促进有关专利技术能够被公开公平使用，促进专利的转化运用。为此，经深入研究，立足于国情，在参考域外立法经验的基础上，在本次《专利法》修改中增加了开放许可制度。

（二）修改内容

为有效应对目前我国专利实施和运用存在的问题，参考域外立法经验，本次《专利法》修改新增 3 条（第五十条、第五十一条、第五十二条）涉及开放许可制度，具体制度内容包含以下四个方面。

---

❶ 国家知识产权局战略规划司、国家知识产权局知识产权发展研究中心《2020 年中国专利调查报告》第 57 页。

1. 明确专利权人提出开放许可声明及其生效的程序要件

《专利法》第五十条第一款规定："专利权人自愿以书面方式向国务院专利行政部门声明愿意许可任何单位或者个人实施其专利，并明确许可使用费支付方式、标准的，由国务院专利行政部门予以公告，实行开放许可。就实用新型、外观设计专利提出开放许可声明的，应当提供专利权评价报告。"

该款规定了开放许可制度由专利权人自愿提出，同时要求声明以书面方式提出，便于潜在被许可人清晰地了解开放许可声明的内容以及许可费用的支付标准和方式，以便其就是否接受开放许可声明作出决定，保护自身利益。许可使用费的支付方式、标准是开放许可制度的核心，需要专利权人在声明中予以明确。开放许可制度有助于促进专利的广泛实施，因此对作为开放许可当事人的专利权人和被许可人都没有限制：发明、实用新型和外观设计的专利权人，均可提出开放许可声明；任何人均可以成为开放许可的被许可人。通过该款规定，建立专利开放许可制度，使专利权人可能与多人达成许可协议，从而促进专利的实施。

值得注意的是，专利权人提出开放许可声明之后，国务院专利行政部门会对声明进行一定的审查后予以公告。该审查并非行政审批，而是考虑到国务院专利行政部门作为开放许可制度的平台提供方，应当确保相关信息的完整、准确，维护公众的信赖利益。例如，由于我国对实用新型专利和外观设计专利采用初步审查制度，因此，如果涉及就实用新型专利和外观设计专利权提出开放许可声明的，《专利法》中明确要求专利权人提供专利权评价报告，以免由于专利权不稳定而影响被许可人的利益。

开放许可声明是专利权人自愿提出的，为尊重专利权人的意愿，保障其利益，也应当允许其撤回开放许可声明。但对于已经实施的开放许可，为充分保障实施人的利益，维护开放许可制度的社会公信力，《专利法》第五十条第二款规定："专利权人撤回开放许可声明的，应当以书面方式提出，并由国务院专利行政部门予以公告。开放许可声明被公告撤回的，不影响在先给予的开放许可的效力。"

2. 明确被许可人获得开放许可的程序、权利义务

按照合同法原理，专利权人提出开放许可声明即构成合同意义上的要约，此时任何单位或者个人以书面方式通知专利权人，并依照公告的许可使用费支付方式、标准支付许可使用费后，专利开放许可即可成立。因此，《专利法》第五十一条第一款规定："任何单位或者个人有意愿实施开放许可的专利的，以书面方式通知专利权人，并依照公告的许可使用费支付方式、标准支付许可使用费后，即获得专利实施许可。"

为尊重专利权人与潜在被许可人的意愿，根据民事意思自治原则，如果专利权人与潜在被许可人之间就许可使用费标准、支付方式等达成有别于开放许可条件的合同，实践中通常为就许可使用费进行了重新协商，则允许专利权人与被许可人实施普通许可。根据开放许可的特点，专利权人不得在开放许可期间就该专利给予独占或者排他许可，为被许可人和潜在被许可人提供了一定的保护，有助于维护许可交易的安全。这是开放许可的应有之义。否则，容易造成独占或者排他许可实施者与开放许可实施者之间的权利冲突，不利于充分发挥开放许可的制度价值。因此，《专利法》第五十一条第三款规定："实行开放许可的专利权人可以与被许可人就许可使用费进行协商后给予普通许可，但不得就该专利给予独占或者排他许可。"

3. 明确对开放许可专利权人年费减免的激励措施

在《专利法》第四次修改最初的送审草案中没有规定对开放许可专利权人的激励措施。在全国人大常委会审议期间，有意见提出，为切实促进开放许可制度发挥其作用，建议对于实施开放许可的专利权人给予一定的激励，参考域外立法经验，对其专利权人需要缴纳的年费予以减免。

开放许可实施期间，对专利权人缴纳专利年费给予减免是实施

该项制度的国家的普遍措施。这一优惠措施能够降低企业负担，鼓励专利权人通过开放许可的方式实施专利，进而能够使得专利技术在更大范围内运用，提升社会公众的整体利益。为此，根据立法机关审议意见，《专利法》第五十一条第二款规定："开放许可实施期间，对专利权人缴纳专利年费相应给予减免。"

需要注意的是，并非专利权人提出开放许可声明就可以获得年费减免的优惠，而是必须满足至少已经有一个实施者的条件。全国人大常委会审议期间，部分专家学者提出，我国目前专利数量多、质量不高，这与专利申请、维持的成本不高有一定的联系；如果专利权人提出声明就可以获得年费减免，则有可能进一步导致低质量的专利申请。因此，《专利法》第五十一条第二款规定对专利权人缴纳年费相应给予减免的限定条件为"开放许可实施期间"，而非提起开放许可声明后。❶

4. 规定了开放许可的争议解决路径

实施开放许可期间，当事人可能会由于开放许可实施条件，特别是许可使用费的支付、开放许可生效时间等问题发生纠纷。为此，《专利法》第五十二条规定："当事人就实施开放许可发生纠纷的，由当事人协商解决；不愿协商或者协商不成的，可以请求国务院专利行政部门进行调解，也可以向人民法院起诉。"

我国专利保护一直采用行政保护和司法保护双轨制的保护模式，对于实施开放许可发生的纠纷，该条规定了三种纠纷解决方式，一是当事人协商解决，二是规定专利行政部门可以应当事人的请求进行调解，三是可以向人民法院起诉。多元化的纠纷解决方式有助于帮助当事人尽快达成一致，提高专利许可交易效率。

关于纠纷解决方式，国务院提出的《专利法》修订草案中仅规定，当事人发生纠纷的，可以请求国务院专利行政部门进行调解。全国人大常委会审议期间，部分委员、专家提出，专利权属于民事

---

❶ 王瑞鹤. 中华人民共和国专利法释义 [M]. 2 版. 北京：法律出版社，2021：149.

权利，除行政调解外，还应当允许当事人自行协商解决或者向司法机关起诉。为此，《专利法》就纠纷解决方式进行了上述完善。❶

需要注意的是，包括第五十一条、第五十二条、第五十三条在内，《专利法》仅对开放许可的主要含义及程序作出了规定，提出开放许可请求的时机和方式、开放许可声明中应当写明的内容、开放许可声明公告时间及不予公告的情形、开放许可声明的撤回程序及生效时间、开放许可成立后的备案程序以及所需材料等内容，将在《专利法实施细则》和其他配套部门规章、规范性文件中进一步予以规定。

此外，开放许可制度是一个系统工程，在法律法规规定的基础上，还需要国务院专利行政部门在信息系统建设、开放许可信息公开、制度宣传普及等方面加大工作力度，共同促进开放许可制度在专利实施运用转化过程中起到积极的作用。

（三）制度参考

法国、德国、英国等发达国家以及巴西、俄罗斯等发展中国家均设置了开放许可制度。一些代表性国家的有关规定如下。

1. 法国

《法国知识产权法典》规定，专利权人在没有影响专利性的现有技术、公开报价、未进行独占许可的前提下，可声明同意任何人非独占地使用其专利，请求并经法国工业产权局局长决定后可适用开放许可制度并减缴专利年费。双方就专利许可使用费协商不成的，由法院确定。被许可人可随时放弃获得的许可。专利权人可请求撤销其开放许可声明，但不影响撤销前已获得的许可或者正在请求中的开放许可。

2. 德国

《德国专利法》规定，专利权人在未进行独占许可、没有影响专利性的现有技术的前提下，公开声明同意任何人使用其专利，请

---

❶ 王瑞鹤. 中华人民共和国专利法释义［M］. 2 版. 北京：法律出版社，2021：150.

求并经德国专利商标局决定后该专利可适用开放许可制度并减缴专利年费。应一方当事人的请求，专利使用费由专利局确定。被许可人可随时放弃获得的许可。没有人请求实施该专利的，专利权人可请求撤销其开放许可声明并补足减缴的专利年费。

3. 英国

《英国专利法》规定，专利权人可向英国知识产权局局长提出开放许可请求，若该请求与现存合同不冲突，则可批准并登记。开放许可请求被批准并登记后，任何人可获得许可，许可条件由许可双方协商，协商不成的由英国知识产权局局长决定。开放许可的专利年费减半。若侵权人承诺按开放许可的条件取得许可，法院不得颁发临时或永久禁令。被许可人实施该专利受到侵害时，可要求专利权人起诉，专利权不起诉的可自行起诉。专利权人在未达成开放许可协议或所有当前被许可人同意的前提下，随时可请求取消开放许可登记，但须补足少缴的专利年费。

4. 俄罗斯

《俄罗斯联邦民法典》规定，专利权人在以普通许可方式许可、公开许可条件的前提下，可声明允许任何人使用其专利，由俄罗斯联邦政府负责知识产权事务的机构决定实行开放许可并公布，从公布当年的次年起专利年费减半。决定公布满 2 年未许可的，专利权人可撤回开放许可请求并补缴过去少缴的年费。

5. 巴西

《巴西工业产权法》规定，专利权人在未进行独占许可的前提下可向巴西工业产权局申请实行开放许可。许可双方就许可使用费达不成协议的，由巴西工业产权局裁定，该费用 1 年后可以修改。从发出开放许可声明到发出第一个开放许可期间的专利年费减半。有人获得开放许可之前专利权人可以撤回开放许可申请。被许可人 1 年不实施、实施间断超过 1 年或不符合实施条件的，专利权人可以请求撤销许可。

（四）修改作用

开放许可，也被称为"当然许可"，是指专利权人通过专利授权部门发表声明，表明凡是希望实施其专利的人，均可通过支付相应的许可使用费而获得实施该专利的许可。开放许可属于自愿许可的范畴，政府通过提供平台服务参与其中，及时发布开放许可信息，促进供需双方对接，降低交易成本。专利开放许可制度是促进专利转化实施的一项重要法律手段，其核心在于鼓励专利权人向社会开放专利权，促进专利实施，真正实现专利价值。

为确保专利开放许可制度平稳落地、高效运行，大力推动知识产权转化运用，充分发挥要素市场化配置在经济发展中的重要作用，国家知识产权局于2022年5月印发《专利开放许可试点工作方案》，组织开展专利开放许可试点工作，鼓励各省份根据本省份专利供给与需求的不同优势，有重点地部署试点工作，为专利开放许可制度全面落地做好政策、机制、平台、项目等各方面准备。一是探索模式。充分发挥地方的积极性、能动性和示范带头作用，积累并贡献经验，在政策措施等方面探索形成可复制推广的模式，吸收上升为制度机制，支持完善开放许可规则体系。二是有效推广。发动、引导专利权人，特别是高校、科研院所、中小企业了解熟悉和初步运用开放许可制度，为制度全面实施起到推广预热的作用。三是形成成果。2022年底前，超过100所高校、科研组织、国有企业参与试点，达成专利许可超过1000项，专利转化专项计划相关绩效指标有效提升。试点任务包括搭建许可信息发布平台、促进供需对接、做好定价指导等配套服务、完善激励和规范措施四个方面内容。

为深入贯彻落实国务院印发的《"十四五"国家知识产权保护和运用规划》关于"建立完善专利开放许可制度和运行机制"的部署，推动专利开放许可制度平稳落地、高效运行，引导专利权人科学、公允、合理估算专利开放许可使用费，促进市场化定价和许可达成，国家知识产权局于2022年10月印发《专利开放许可使用费估算指引（试行）》，指导相关方结合实际参考使用。

十四、关于第六十六条

第六十六条 专利侵权纠纷涉及新产品制造方法的发明专利的，制造同样产品的单位或者个人应当提供其产品制造方法不同于专利方法的证明。

专利侵权纠纷涉及实用新型专利或者外观设计专利的，人民法院或者管理专利工作的部门可以要求专利权人或者利害关系人出具由国务院专利行政部门对相关实用新型或者外观设计进行检索、分析和评价后作出的专利权评价报告，作为审理、处理专利侵权纠纷的证据；**专利权人、利害关系人或者被控侵权人也可以主动出具专利权评价报告。**

（一）修改目的

为了更好地发挥评价报告在专利保护和运用中的作用，防止权利人滥用诉权，保障双方当事人的举证权利，本次《专利法》修改扩大了专利权评价报告的请求主体，赋予侵权案件双方当事人提交评价报告的权利。

（二）修改内容

本条第一款和第二款分别规定了侵犯新产品制造方法发明专利权纠纷的举证责任、实用新型专利和外观设计专利的专利权评价报告。本次《专利法》修改中，在本条第二款的最后增加了以下内容："专利权人、利害关系人或者被控侵权人也可以主动出具专利权评价报告"，将专利权评价报告请求主体扩大到专利权人、利害关系人或者被控侵权人。

（三）制度参考

《专利法》第四十条中规定："实用新型和外观设计专利申请经初步审查没有发现驳回理由的，由国务院专利行政部门作出授予实用新型专利权或者外观设计专利权的决定，发给相应的专利证书，同时予以登记和公告。"即我国对实用新型和外观设计专利实行初步审查制，经过形式审查和明显实质性缺陷审查，没有发现驳回理由的，即可授予专利权。与发明专利相比，因未经过实质审查，实用新型专利权和外观设计专利权的法律稳定性相对较差。实践中，部分实用新型专利权和外观设计专利权可能并不符合《专利法》规定的授权条件，专利权人此时行使其权利，容易损害对方当事人和社会公众的合法权益，且会浪费行政部门和司法机关资源，不利于营造良好的创新环境和营商环境。同时，还存在部分被控侵权人利用专利权无效宣告程序，故意拖延侵权纠纷审理或者处理进程的现象。如果采用实质审查的方式提高实用新型和外观设计专利权的稳定性，将会延长审查周期，与其制度设计理念相悖。

为了解决上述问题，帮助专利权人了解其实用新型专利权和外观设计专利权的实际状况，2000 年修改《专利法》时引入了实用新型专利的检索报告制度，即在专利侵权纠纷中，人民法院或者管理专利工作的部门可以要求专利权人出具由国务院专利行政部门作出的检索报告。实用新型检索报告可以作为人民法院和管理专利工作的部门在审理、处理专利侵权纠纷时的重要参考，但其仅就实用新型是否具备新颖性、创造性进行分析评价，不涉及授予专利权的其他实质性条件。2008 年修改《专利法》时进一步将"检索报告"修改为"专利权评价报告"，并将外观设计专利纳入作出专利权评价报告的对象，同时进一步扩大请求作出专利权评价报告的主体，明确专利权评价报告的性质和效力。

根据 2008 年修改的《专利法》的规定，专利权评价报告的性质是审理和处理实用新型专利和外观设计专利侵权纠纷的证据，人民法院或者管理专利工作的部门可以要求专利权人或者利害关系人出具专利权评价报告，而按照当事人"谁主张，谁举证"的原则，证据是否提交取决于当事人意愿。实践中常有这种情况发生：当专利权评价报告结论有利、专利权的稳定性高时，专利权人会主动提交；反之，专利权质量不高、稳定性差时，专利权人常常选择不提交或者拖延提交。没有提交评价报告并不会影响专利权人或利害关系人主张权利，也不会影响专利权的有效性，更不会导致对其不利的法律后果。因此，在专利侵权纠纷中有时会出现当事人不愿意提交或者拖延提交专利权评价报告的现象。

（四）修改作用

本条通过修改，赋予侵权案件双方当事人提交专利权评价报告的权利。当专利权人或者利害关系人因为专利权评价报告结论对自己不利而不愿提交时，被控侵权人可以选择主动提交专利权评价报告作为审理证据。这样可以帮助人民法院和专利行政机关尽快对技术性较强的专利侵权案件作出裁判，发挥专利权评价报告定纷止争的作用，也能防止权利人滥用诉权，侵犯他人权益；同时能够进一步发挥专利权评价报告在专利实施与运用方面的促进作用，使专利权人对其专利权有较为清晰的认识，从而提高专利质量，保障交易安全。

十五、关于第六十八条

第六十八条 假冒专利的，除依法承担民事责任外，**由负责专利执法**的部门责令改正并予公告，没收违法所得，可以并处违法**所得五倍以下的罚款；没有违法所得或者违法所得在五万元以下的，可以处二十五万元以下的罚款；**构成犯罪的，依法追究刑事责任。

（一）修改目的

本条修改有两个方面的原因。一是落实机构改革要求，调整相关执法机关。2018 年国务院机构改革后，国家市场监督管理总局、国家知识产权局"三定"（职能配置、内设机构、人员编制）方案均规定："国家知识产权局负责对商标专利执法工作的业务指导，制定并指导实施商标权、专利权确权和侵权判断标准，制定商标专利执法的检验、鉴定和其他相关标准，建立机制，做好政策标准衔接和信息通报等工作。国家市场监督管理总局负责组织指导商标专利执法工作。"根据 2018 年国务院机构改革调整情况，对于假冒专利案件的查处，全部交由市场监管综合执法队伍负责，因此在《专利法》该条规定中作出相应修改。2023 年 3 月，中共中央、国务院印发的《党和国家机构改革方案》明确，完善知识产权管理体制，国家知识产权局由国家市场监督管理总局管理的国家局调整为国务院直属机构，商标、专利等领域执法职责继续由市场监管综合执法队伍承担，相关执法工作接受国家知识产权局专业指导。

二是随着互联网技术应用及跨境电商等产业发展，我国部分地区假冒专利的问题比较突出。由于互联网环境下违法行为隐蔽性强、假冒专利成本低，违法者往往心存侥幸甚至毫无忌惮，大量假冒专利行为多次反复实施。因此，为了加大对假冒专利行为的处罚力度，提高假冒专利行为的违法成本，维护良好的市场经济运行和专利管理秩序，营造更加良好的创新环境和营商环境，本次修改进一步加大了对假冒专利行为的行政处罚力度。

（二）修改内容

一是本条将查处假冒专利行为的执法机关由管理专利工作的部门调整为负责专利执法的部门，具体指市场监督管理部门。

二是提高了对假冒专利行为的行政处罚力度：针对违法所得在"五万元以上"的情形，将罚款数额由违法所得"四倍以下"调整为违法所得"五倍以下"；在没有违法所得或者违法所得在五万元以下的情况下，将罚款数额由"二十万元以下"调整为"二十五万元以下"。

（三）制度参考

《商标法》第六十三条第四款规定："人民法院审理商标纠纷案件，应权利人请求，对属于假冒注册商标的商品，除特殊情况外，责令销毁；对主要用于制造假冒注册商标的商品的材料、工具，责令销毁，且不予补偿；或者在特殊情况下，责令禁止前述材料、工具进入商业渠道，且不予补偿。"

《刑法》第二百一十四条规定："销售明知是假冒注册商标的商品，违法所得数额较大或者有其他严重情节的，处三年以下有期徒刑，并处或者单处罚金；违法所得数额巨大或者有其他特别严重情节的，处三年以上十年以下有期徒刑，并处罚金。"第二百一十六条规定："假冒他人专利，情节严重的，处三年以下有期徒刑或者拘役，并处或者单处罚金。"

（四）修改作用

假冒专利行为的法律责任，包括民事责任、行政责任和刑事责任三个方面。其中在行政责任方面，由于假冒专利的行为具有欺骗公众的性质，损害了公众利益，破坏了专利行政管理秩序，因此应当受到行政处罚。基于目前假冒专利违法成本低的现状，本次《专利法》修改进一步加大了假冒专利行为的处罚力度，有利于更好地维护良好的市场经济运行和专利管理秩序。

十六、关于第六十九条

第六十九条　负责专利执法的部门根据已经取得的证据，对涉嫌假冒专利行为进行查处时，**有权采取下列措施：**

（一）询问有关当事人，调查与涉嫌违法行为有关的情况；

（二）对当事人涉嫌违法行为的场所实施现场检查；

（三）查阅、复制与涉嫌违法行为有关的合同、发票、账簿以及其他有关资料；

（四）检查与涉嫌违法行为有关的产品；

（五）对有证据证明是假冒专利的产品，可以查封或者扣押。

管理专利工作的部门应专利权人或者利害关系人的请求处理专利侵权纠纷时，可以采取前款第（一）项、第（二）项、第（四）项所列措施。

负责专利执法的部门、管理专利工作的部门依法行使前两款规定的职权时，当事人应当予以协助、配合，不得拒绝、阻挠。

（一）修改目的

本条修改有两个方面的原因。一是落实机构改革要求，调整相关执法机关。2018 年国务院机构改革后，国家市场监督管理总局、国家知识产权局"三定"（职能配置、内设机构、人员编制）方案均规定："国家知识产权局负责对商标专利执法工作的业务指导，制定并指导实施商标权、专利权确权和侵权判断标准，制定商标专利执法的检验、鉴定和其他相关标准，建立机制，做好政策标准衔接和信息通报等工作。国家市场监督管理总局负责组织指导商标专利执法工作。"根据 2018 年国务院机构改革调整情况，对于假冒专利案件的查处，全部交由市场监管综合执法队伍负责，因此在《专利法》本条规定中作出相应修改。2023 年 3 月，中共中央、国务院印发的《党和国家机构改革方案》明确，完善知识产权管理体制，国家知识产权局由国家市场监督管理总局管理的国家局调整为国务院直属机构，商标、专利等领域执法职责继续由市场监管综合执法队伍承担，相关执法工作接受国家知识产权局专业指导。

二是在专利侵权纠纷维权过程中，"举证难"是突出问题之一。专利权的客体具有无形性，侵权行为具有较强的隐蔽性，权利人在维权过程中常常处于难以取证的尴尬境地，很大程度上限制了权利人维权的积极性和有效性。修改前的《专利法》仅就查处涉嫌假冒专利行为的调查取证手段作出了规定，没有明确规定针对专利侵权行为的调查取证手段，致使管理专利工作的部门在处理专利侵权纠纷时不能主动采取相关行政调查措施，如现场调查，查阅、复制有关资料等，难以帮助专利权人摆脱举证难的困境。为了解决该问题，本次《专利法》修改新增了处理专利侵权纠纷时管理专利工作的部门可以采取的措施。

（二）修改内容

一是本次《专利法》修改将查处假冒专利行为的执法机关由管理专利工作的部门调整为负责专利执法的部门，具体指市场监督管理部门。处理侵权纠纷仍由管理专利工作的部门负责，具体指国家知识产权局及地方知识产权局。

二是为了有针对性地完善解决"举证难"的问题，《专利法》第六十九条增加第二款规定：管理专利工作的部门应专利权人或者利害关系人的请求处理专利侵权纠纷时，可以询问有关当事人，调查与涉嫌违法行为有关的情况，对当事人涉嫌违法行为的场所实施现场检查，检查与涉嫌违法行为有关的产品。通过上述完善措施，提升调查取证效率，充分发挥行政机关处理侵权纠纷便利、快捷的优势。

（三）制度参考

墨西哥在知识产权保护方面实行行政保护和司法保护并行的"双轨制保护模式"，并且行政保护制度在其中占有重要的地位。《墨西哥工业产权法》规定，墨西哥工业产权执法部门可以依法查处专利侵权行为，一旦发现专利侵权产品，可以查封、扣押这些产品，可以在处理侵权案件中作出以下决定：对侵权人予以罚款；勒令侵权企业暂时或永久关闭；拘留侵权人至 36 个小时。当事人不服上述裁决的，可以向墨西哥联邦法院起诉。专利权人如发现自己的专利权被严重侵害，可以向墨西哥联邦检察官提出刑事诉讼。墨西哥联邦检察官在调查中将征询工业产权执法部门的意见。

《菲律宾知识产权法典》规定，菲律宾知识产权行政执法部门可以调查、处罚侵犯专利权的行为，可以颁布停止专利侵权的禁令，并就损害赔偿作出决定，有权扣押、没收、处置侵权产品或要求侵权人提供担保，必要时处以行政罚款。

（四）修改作用

2008 年第三次修改《专利法》时增加了管理专利工作的部门在查处假冒专利行为时的必要执法手段，该条款设立后强化了执法部门查处假冒专利行为的职能，但当时并未考虑将专利侵权纠纷处理纳入其中。随着近年来管理专利工作的部门处理专利侵权纠纷案件的不断增多，缺乏必要执法手段的困境日益凸显，其关键就体现在调查取证环节。因此本次修改将已经赋予管理专利工作的部门查处假冒专利时的部分调查取证措施扩大至处理专利侵权纠纷程序当中，是适应我国权利人与创新主体维权的需要，体现了行政机关的主动性、高效性，有助于权利人摆脱"举证难"的困境，进一步增强社会各界对专利保护的信心。

值得注意的是，管理专利工作的部门在处理专利侵权纠纷时，不能参照专利行政执法机关查处假冒专利，采取查阅、复制与涉嫌违法行为有关的合同、发票、账簿以及查封、扣押等行政调查及强制措施。上述规定主要考虑到与查处假冒专利行政执法不同，处理专利侵权纠纷是行政机关对民事主体的纠纷进行行政裁决；与司法诉讼也不同，行政机关不能对赔偿数额予以直接认定。考虑到专利侵权纠纷的上述性质，没有必要增加行政机关查询账簿、查封、扣押等措施。此外，考虑到查封、扣押等对企业生产经营活动影响较大，也不宜在认定专利侵权过程中采取。

十七、关于第七十条

第七十条　国务院专利行政部门可以应专利权人或者利害关系人的请求处理在全国有重大影响的专利侵权纠纷。

地方人民政府管理专利工作的部门应专利权人或者利害关系人请求处理专利侵权纠纷，对在本行政区域内侵犯其同一专利权的案件可以合并处理；对跨区域侵犯其同一专利权的案件可以请求上级地方人民政府管理专利工作的部门处理。

（一）修改目的

随着电子商务和现代物流业的不断发展，专利侵权行为呈现出链条化、网络化、复杂化的新特点，专利维权中长期存在的举证难、周期长、赔偿低、成本高、效果差等问题更加突出。专利保护状况与创新主体的需求存在较大差距，严重挫伤了企业创新的积极性。特别是专利行政保护权限不足、手段少、力量弱等问题导致其便利、快捷、费用少、效率高的优势没有充分体现，不能有效弥补司法保护的不足。本次《专利法》修改之前，专利行政保护存在的问题具体体现在以下三个方面。

1. 处理专利群体侵权行为效率不高

随着新技术的发展，专利侵权产品制造、扩散的范围和速度大大增加，大面积群体侵权现象时有发生。对于侵犯同一专利权的群体侵权案件，管理专利工作的部门只能分别处理。为此，专利权人必须就每一个侵权案件分别提出维权诉求，不堪其累，尤其是对一些市场寿命较短的产品，经常不得不放弃专利维权。这不仅挫伤了创新者的信心，而且在客观上纵容了侵权行为，不利于营造良好的创新环境。

2. 处理跨区域侵权案件效果不好

实践中，随着现代物流业的发展和商品流通的加快，针对同一专利权的侵权行为往往分布在多个地区。根据职能，地方管理专利工作的部门只能处理本行政区域内的专利侵权案件，对于侵权行为发生在不同行政区域内的案件，往往难以协调处理，不能全面认定侵权事实，难以满足权利人及时制止侵权行为的诉求。

3. 对于复杂涉外等在全国有重大影响的案件缺乏国家层面处理职能

根据《专利法》第四次修改前的规定，国务院专利行政部门承担指导地方知识产权行政执法的职能，但不能对专利侵权纠纷作出行政裁决。现阶段，重大、复杂的侵权案件时有发生：一是对于在全国有重大影响的专利侵权案件，跨区域侵权行为越来越多，给权利人维权造成极大的困扰，由某个地方管理专利工作的部门处理跨省区市的群体侵权、跨区域侵权等复杂案件存在难度；二是对于涉外案件，涉外因素增加了处理的难度和敏感度，可能对全国范围的侵权纠纷处理工作产生影响。地方管理专利工作的部门仅负责处理本行政区域内的侵权案件，面对上述两类案件时往往能力有限，影响专利保护效果。

因此，为了解决这些问题，《专利法》本次修改新增第七十条，进一步完善了行政机关专利侵权纠纷处理机制。

（二）修改内容

该条规定从三个方面完善了侵权纠纷处理机制。

一是明确国务院专利行政部门可以处理在全国有重大影响的专利侵权纠纷。根据《专利法》第四次修改前的规定，国务院专利行政部门承担指导地方知识产权行政执法的职能，但不能直接受理专利侵权纠纷及作出行政裁决。这就导致地方管理专利工作的部门处理在全国有重大影响的专利侵权案件以及跨区域侵权案件时，往往难度较大，效果受限。本次修改明确国务院专利行政部门可以处理在全国有重大影响的专利侵权纠纷，进一步合理解决涉及国家贸易、产业战略发展、国家卫生安全等具有重大影响的专利侵权纠纷，提高专利侵权纠纷处理水平，统一侵权认定标准，充分发挥国务院专利行政部门在指导协调全国专利行政保护工作方面的作用，健全专利行政保护体系。

二是明确地方管理专利工作的部门可以合并处理本行政区域内侵犯同一专利权的案件。通过健全侵权纠纷处理程序，依法快速对侵权案件进行处理，解决群体侵权等情况下权利人只能就每一个被控侵权人分别提出侵权处理请求，而管理专利工作的部门只能分别单独立案、调查、认定的突出问题，提高案件处理效率，更大限度地发挥专利行政保护便捷高效的特点。

三是明确跨区域专利侵权案件可由上级管理专利工作的部门处理。明确跨区域专利侵权案件可以由上级管理专利工作的部门处理，对于跨区域侵权案件，能够满足权利人尽快制止侵权行为的诉求，降低权利人维权成本，进一步完善侵权纠纷处理机制，增强专利保护效果。

（三）制度参考

美国设有专门的国家知识产权执法协调委员会，统筹国内国际知识产权执法事宜。美国国际贸易委员会（ITC）是美国联邦政府设立的独立管理机构，有权依请求或依职权按照《美国关税法》第337条设立的程序，即"337程序"调查处理知识产权侵权纠纷，重点是专利侵权纠纷，如果其认为存在侵权行为，则可下令排除有关物品进入美国。

《英国专利法》规定，英国知识产权局可以基于当事人依约定提出的请求处理专利侵权纠纷，就是否构成侵权、损害赔偿及有关开支费用等救济作出决定。《墨西哥工业产权法》规定，墨西哥工业产权执法部门可以依法查处专利侵权行为，一旦发现专利侵权产品，可以查封、扣押这些产品。

《菲律宾知识产权法典》规定，菲律宾知识产权行政执法部门可以调查、处罚侵犯专利权的行为，可以颁布停止专利侵权的禁令，并就损害赔偿作出决定，有权扣押、没收、处置侵权产品或要求侵权人提供担保，必要时处以行政罚款。

（四）修改作用

本条增加了国务院专利行政部门处理在全国有重大影响的专利侵权纠纷的职能，这将有助于从国家层面充分利用资源，全面统筹、协调全国专利执法工作，打破地域限制，提高执法质量和效率。其中，对于哪些情形属于"在全国有重大影响的专利侵权纠纷"将在《专利法实施细则》中进行进一步界定及解释，为权利人和管理专利工作的部门提供明确指引。

专利侵权纠纷案件的一个突出特点是会出现针对同一专利权有多个侵权人，进一步地，不同侵权人可能处于不同的行政区域，特别是针对市场反响好且制造工艺简单易仿制的专利技术，一旦侵权行为没有被及时制止，易引发群起效仿，对专利权人的合法利益造成严重冲击。《专利法》新增的第七十条规定可以将同一行政区域内侵犯同一专利权的案件进行合并处理、跨区域专利侵权案件可由上级管理专利工作的部门处理，将有效地降低专利权人的维权成本、解决跨区域维权成本高、取证难的问题，同时也有利于形成跨区域联动和预警，快速有效地抑制群体侵权案件的发展蔓延。

十八、关于第七十一条

第七十一条 侵犯专利权的赔偿数额按照权利人因被侵权所受到的实际损失**或者侵权人因侵权所获得的利益确定**；权利人的损失或者侵权人获得的利益难以确定的，参照该专利许可使用费的倍数合理确定。**对故意侵犯专利权，情节严重的，可以在按照上述方法确定数额的一倍以上五倍以下确定赔偿数额。**

权利人的损失、侵权人获得的利益和专利许可使用费均难以确定的，人民法院可以根据专利权的类型、侵权行为的性质和情节等因素，确定给予三万元以上**五百万元**以下的赔偿。

赔偿数额还应当包括权利人为制止侵权行为所支付的合理开支。

人民法院为确定赔偿数额，在权利人已经尽力举证，而与侵权行为相关的账簿、资料主要由侵权人掌握的情况下，可以责令侵权人提供与侵权行为相关的账簿、资料；侵权人不提供或者提供虚假的账簿、资料的，人民法院可以参考权利人的主张和提供的证据判定赔偿数额。

（一）修改目的

本条是关于侵犯专利权赔偿数额计算方法的规定。近年来，党中央、国务院高度重视知识产权工作，习近平总书记多次就完善知识产权法律制度、加强知识产权保护等作出重要指示，强调加强知识产权保护，是完善产权保护制度最重要的内容，也是提高中国经济竞争力最大的激励；要着力营造尊重知识价值的营商环境，全面完善知识产权保护法律体系；要加大知识产权侵权违法行为惩治力度，让侵权者付出沉重代价。

随着技术发展和市场竞争加剧，专利领域的新问题、新矛盾不断出现。专利维权存在"时间长、举证难、成本高、赔偿低"、"赢了官司、丢了市场"以及判决执行不到位等状况，挫伤了企业开展技术创新和利用专利制度维护自身合法权益的积极性。而这些问题，很多需要通过法律制度的完善来予以解决。

（二）修改内容

专利侵权赔偿低，是专利权保护中长期存在的主要问题，也是本次《专利法》修改着力解决的问题。对第七十一条的修改主要体现了完善确定赔偿数额的顺序和方式、新增惩罚性赔偿制度、提高法定赔偿额的上下限以及新增举证妨碍制度等四方面内容，同时进一步完善了合理开支的计算方式。

1. 完善确定赔偿数额的顺序和方式

人民法院在审理专利侵权纠纷案件时，或者管理专利工作的部门应当事人的请求对侵犯专利权的赔偿数额进行调解时，确定侵权损害赔偿的数额都是其中重要的工作。关于赔偿数额的计算方式，是根据司法实践中的需求不断调整变化的。《专利法》第二次修改时，为了便于司法实践中确定专利侵权损害赔偿数额，明确了关于赔偿数额计算方法的规定，在当时司法适用权利人的损失与侵权人的获利是没有先后顺序的。后来在《专利法》第三次修改时，考虑到二者的计算结果可能有差异，明确了二者的司法适用顺序，即在确定赔偿数额时，要先计算权利人因被侵权所受到的实际损失，无法确定的，再计算侵权人因侵权所获得的利益。当适用上述两种方式都无法确定的，才按照专利许可使用费的倍数确定。

《专利法》第四次修改过程中，特别是在全国人大常委会审议阶段，法院系统提出意见认为，实践中权利人的损失和侵权人的获利都不易计算，而要求法院先论证权利人的损失能否确定，再论证侵权人的获利能否确定，实际上增加了法院判断和当事人举证的负担，建议取消关于适用顺序的规定。立法机关采纳了此建议，取消了二者的适用顺序，将七十一条第一款修改为："侵犯专利权的赔偿数额按照权利人因被侵权所受到的实际损失或者侵权人因侵权所获得的利益确定；权利人的损失或者侵权人获得的利益难以确定的，参照该专利许可使用费的倍数合理确定。"从而使得当事人可以自行选择更有利于其自身权利保护的赔偿数额计算方法，❶ 既能减轻当事人的举证负担，也一定程度上提高了司法审判效率。

2. 新增惩罚性赔偿制度

在民事侵权领域，计算赔偿数额时一般都采用填平原则，即侵权人给予权利人的赔偿仅用来补偿权利人的实际损失，其数额不能超过权利人因侵权所受损失。专利权属于民事权利，侵犯专利权的行为是民事侵权行为，因此《专利法》中对于专利侵权也一直遵循填平原则。

---

❶ 陈扬跃，马正平. 专利法第四次修改的主要内容与价值取向［J］. 知识产权，2020（12）：8.

但是，知识产权有其特殊性，在侵权赔偿中实行填平原则，不仅难以遏制侵权行为，而且在一定程度上纵容了侵权。一方面，知识产权具有无形性，其真正的价值并不仅仅存在于产品本身，还有其背后巨大的研发成本。一旦被侵权，对于权利人来说，受到的损失可能难以具体估计，在损害赔偿中如果严格执行填平原则，对权利人来说显失公平。另一方面，对于侵权人而言，其最大代价莫过于被发现后交出侵权获利，不会有任何损失；如果未被发现，则会获得丰厚的非法获利。同时，知识产权侵权行为还具有隐蔽性，难于被发现，因此，从事知识产权侵权活动的收益远远大于其代价或者风险。正因如此，很多侵权人心存侥幸，不愿意通过合法途径获得许可，而是先用了再说，致使现实中故意侵权现象屡禁不止。从实践来看，侵犯知识产权比侵犯有形财产风险更小，代价更低；而保护知识产权比保护有形财产的保护成本更高，难度更大。因此填平原则对权利人而言是不合理的，需要进行理论创新，在特定情况下引入知识产权侵权的惩罚性赔偿，虽然形式上突破了填平原则，但却能够充分补偿权利人的损失，并对潜在的故意侵权者产生足够的威慑力，从而实现实质上的公平。

惩罚性赔偿，是指当侵权人以故意、恶意、欺诈等方式实施侵权行为时，法院判决被告承担超过权利人实际损失的赔偿，以对故意侵权人进行惩罚。

在《专利法》第四次修改中，为提高侵权成本，加大法律威慑力，遏制侵权行为，同时为更有效地保护权利人的合法权益，国家知识产权局在 2015 年报送国务院的《专利法修订草案》送审稿中提出了增加惩罚性赔偿制度的立法建议，即对于故意侵犯专利权的行为，情节严重的，将按照填平原则所确定数额的"一倍以上三倍以下"确定赔偿数额。在国务院审议过程中，各界均对该制度的必要性表示了认可，有意见认为惩罚力度还可以视情况进行加大，同时考虑到与《商标法》等规定的一致性，最终立法通过的版本中将惩罚性赔偿的倍数扩大为"一倍以上五倍以下"。

3. 提高法定赔偿额的上下限

考虑到专利侵权案件的复杂性，实践中很多被侵权的专利权人无法精准计算出赔偿数额，为了保障专利权人的合法权益，提高司法效率，《专利法》第三次修改时，增加了法定赔偿的相关规定，赔偿区间为1万元以上100万元以下。本次《专利法》修改中，考虑到社会发展、物价上涨，特别是结合专利权人的维权成本、专利的市场价值和研发成本等因素，将法定赔偿额从"一万元至一百万元"提高至"三万元至五百万元"。

修改过程中，各界对提高法定赔偿额上限基本没有异议，但对下限有较多的争论。有意见认为，应当进一步提高法定赔偿的下限，从而对侵权行为进行威慑，充分体现我国打击侵权、保护创新的决心。也有意见认为，应当保持法定赔偿额下限不变甚至取消下限，因为对于一些轻微的专利侵权案件，将法定赔偿额下限提高，或许会引起滥诉行为。

在立法过程中，法定赔偿额的下限几经调整：在国家知识产权局报送给国务院的送审稿中，建议法定赔偿额的下限为10万元，并经国务院常务会议采纳通过。在全国人大常委会一审和征求意见过程中，有的意见认为，实践中相当比例的专利（主要是外观设计和实用新型），市场价值较低，10万元的赔偿数额下限偏高，当事人责任过重，建议下调或者取消；有的意见则认为，《商标法》对商标侵权的法定赔偿额没有规定下限，建议与之衔接保持一致。据此，二审稿取消了法定赔偿下限。全国人大常委会二审和征求意见过程中，又有一些意见提出，取消法定赔偿额的下限，与加强专利权人合法权益保护的导向不符，建议恢复；如果认为10万元下限太高，可以适当降低一些。据此，三审稿改为5万元。全国人大常委会三审的过程中，又有意见提出，规定下限确实有利于强化对专利权人合法权益的保护，但同时也要考虑到实践中相当比例的专利市场价值较低、侵权人生产经营规模较小的实际情况。经有关方

面反复研究，最后将法定赔偿额的下限调整为 3 万元。❶

在讨论过程中，国家知识产权局一直建议保留法定赔偿额下限，并适当提高数额。由于与商标、作品相比，专利技术前期研发投入更多、授权难度更大、市场潜在价值更高，从权利保护角度来看，专利保护力度应更强、保护标准应更高，因此《专利法》在引入法定赔偿额之初就规定了下限。而实践中，创新主体反映"赢了官司输了钱"的问题较为突出，除能够证明的合理开支外，当事人维权耗费的人力物力往往难以计算，需要适当予以考虑。提高法定赔偿额下限，体现了我国加大知识产权保护的力度和决心，可以进一步提高侵权成本，对侵权行为形成威慑，引导社会公众增强知识产权保护意识。

4. 新增举证妨碍制度

"谁主张，谁举证"是各国民事诉讼的基本规则，也适用于专利侵权民事诉讼中。但由于专利权客体"无形性"的特点，侵权行为具有较强的隐蔽性，"举证难"成为专利保护中的突出问题，并与"赔偿低"问题密切相关。

在国家知识产权局发布的知识产权保护社会满意度调查报告中，历年来对"举证责任负担"的满意度均较低。而中南财经政法大学 2013 年发布的《知识产权侵权损害赔偿案例实证研究报告》显示，在我国的知识产权侵权案件中，绝大部分判赔案件适用的是法定赔偿标准，其中专利案件的占比达到 97.25%。造成这一现象的主要原因是损害赔偿的事实难以查明，不得不依赖于法官的自由裁量，而由于缺乏足够的证据，法官裁定的赔偿额也往往偏低。因此，要解决赔偿低问题，不能仅靠引入惩罚性赔偿，还需要进一步完善相关证据规则。

专利侵权损害赔偿计算方法有四种：原告因侵权而受到的损

---

❶ 陈扬跃，马正平. 专利法第四次修改的主要内容与价值取向 [J]. 知识产权，2020（12）：8－9.

失、被告因侵权而获得的利益、专利许可使用费的合理倍数以及法定赔偿。举证以上事实需要权利人提交的证据一般包括原告的财务审计报告、被告的财务账册、专利许可相关的证据、原告为制止侵权行为所支付的合理开支相关证据等。由于通常原告不太可能掌握被告的财务信息，而原告自身的财务数据变化与侵权行为的关系也很难得到证实（如原告利润并未因侵权行为存在而下降），因此常出现原告"不能"或"不愿"举证的情形。

举证难是专利保护中的突出难题，与赔偿低问题紧密相关。本次《专利法》修改借鉴了《商标法》的相关规定，引入举证妨碍制度，规定在法院确定赔偿数额时，如果权利人已经尽力举证而侵权行为相关的证据主要由侵权人掌握时，法院可以责令由侵权人承担举证责任，即侵权人不提供或者提供虚假的账簿、资料的，人民法院可以参考权利人的主张和提供的证据判定赔偿数额，从而敦促侵权人承担相应的举证责任，便于法院合理确定赔偿数额。

在本条款的适用中要注意以下两点。一是该制度仅适用于确定侵权损害赔偿数额相关的证据，对于是否构成侵权行为的证据，则不能适用。在《专利法》修改过程中，曾有意见建议将举证妨碍制度适用于整个专利侵权案件中，但经过反复讨论，立法机关认为，在是否构成侵权行为的举证中，专利权人对自己的专利技术更为熟悉，由其举证更为合理，对于专利权人较难举证的新产品制造方法的发明专利，《专利法》中已经规定了被控侵权人的举证责任，因此没有必要将举证妨碍适用于整个侵权案件中。二是该规定并非举证责任倒置，也没有改变"谁主张，谁举证"的一般规则。考虑到实践中，由于专利权人的实际损失往往难以确定，而能反映被控侵权人收益的账簿资料不在权利人手中的情况又比较普遍，因此，在专利权人尽力举证后，且侵权行为相关的证据主要由侵权人掌握时，后者才承担一定的举证责任。

（三）制度参考

1. 关于惩罚性赔偿制度

（1）我国其他法律领域

我国在 1993 年制定《消费者权益保护法》时，便已经引入惩罚性赔偿制度。2013 年《商标法》修改时首次引入了惩罚性赔偿，规定对恶意侵犯商标专用权，情节严重的，可以在依法确定数额的 1 倍以上 3 倍以下确定赔偿数额。2019 年第四次修改《商标法》时，将惩罚性赔偿的倍数由"一倍以上三倍以下"提高到"一倍以上五倍以下"。《民法典》虽然未设定知识产权编，但在侵权责任编中明确规定"故意侵害他人知识产权，情节严重的，被侵权人有权请求相应的惩罚性赔偿"。此外，在《反不正当竞争法》《著作权法》修改中，都对侵犯知识产权的行为规定了 1 倍以上 5 倍以下的惩罚性赔偿，可以说知识产权领域基本全面建立了惩罚性赔偿制度。

（2）美国

依照《美国专利法》的规定，根据有利于原告之证据显示，法院应对原告因专利受侵害之程度作出判决，给予足够之赔偿，其数目不得少于侵权人实施发明所需之合理使用费，以及法院所定之利息及诉讼费用之总和；陪审团如未能确认损害赔偿额，法院应估定之；以上任一种情形下，法院均可将决定或估定之损害赔偿额增加至 3 倍。上述条文明确规定了惩罚性赔偿。虽然其中没有明确惩罚性赔偿责任的构成要件必须包括"主观故意"，但从美国的司法实践来看，提高赔偿数额的自由裁量权一般只由法院在审理侵权案件中认定被告有故意侵权行为或恶意诉讼行为时行使。

（3）德国

依照《德国专利法》《德国实用新型法》《德国外观设计法》的规定，未经权利人的许可而使用、制造、销售，或为前述目的而进口或占有发明专利、实用新型或外观设计产品者，处 3 年以下有期徒刑或者罚金；以商业目的实施的，处 5 年以下有期徒刑或者罚金。基于上述侵犯发明专利、实用新型及外观设计追究刑事责任的规定，权利人可对涉嫌侵权人提出刑事起诉，并申请法院核发搜查令，由司法机关对侵权嫌疑人的住所或营业所进行搜查，使得侵权人可能面临最高 5 年的有期徒刑。

（4）日本

依照《日本专利法》的规定，侵犯专利权或独占实施许可权的，处以 10 年以下的徒刑或 1000 万日元以下的罚款。刑事责任一般都是对较为严重的违法行为的处罚，是最严厉的一种处罚，其对侵权人的惩罚力度大大超过其所承担的民事责任。可以看出，在日本，通过承担民事损害赔偿和追究刑事责任两种方式，大大加强了对故意专利侵权行为的惩罚力度。

2. 关于举证妨碍制度

我国目前尚无独立的证据法，民事证据规则主要规定在《民事诉讼法》及相关司法解释中，但针对专利权保护中的特殊问题，有必要在《专利法》中作出专门规定。2013 年修改后的《商标法》第六十三条第二款规定："人民法院为确定赔偿数额，在权利人已经尽力举证，而与侵权行为相关的账簿、资料主要由侵权人掌握的情况下，可以责令侵权人提供与侵权行为相关的账簿、资料；侵权人不提供或者提供虚假的账簿、资料的，人民法院可以参考权利人的主张和提供的证据判定赔偿数额。"此规定是举证妨碍制度（也称文书提供令）在知识产权单行法上的首次体现，具有积极的意义，值得借鉴。此外，相关司法解释对举证妨碍也有一定的规定。最高人民法院在 2019 年《最高人民法院关于民事诉讼证据的若干规定》第九十五条中规定："一方当事人控制证据无正当理由拒不提交，对待证事实负有举证责任的当事人主张该证据的内容不利于控制人的，人民法院可以认定该主张成立。"

（四）修改作用

本次《专利法》修改立足实践需求，以问题为导向，进行了上述多处调整，将为加强知识产权保护、维护权利人合法权益提供更加强有力的法律保障，同时在实践中还需要注意以下三个问题。

1. 关于惩罚性赔偿的适用

《专利法》规定的惩罚性赔偿主要适用于司法审判过程中对专利侵权赔偿数额的判定，惩罚性赔偿只是在特殊情形和严格条件下对填平原则的例外。因此，在司法领域具体适用惩罚性赔偿时，应当持谨慎态度，在满足以下四个条件的情况下适用。一是惩罚性赔偿适用的首要条件便是损害赔偿责任的存在，即侵权行为、损害后果、因果关系、主观过错四个要件均存在。二是侵权人主观上存在侵权故意。由于惩罚性赔偿具有惩罚性质，因此只有在侵权人故意侵权的情况下，对侵权人进行惩罚才具有正当性。三是要侵权情节严重。适用惩罚性赔偿时，应综合考虑侵权手段、次数，侵权行为的持续时间、地域范围、规模、后果，侵权人在诉讼中的行为等因素。四是要依当事人请求，即权利人必须明确提出惩罚性赔偿要求。

2. 关于法定赔偿的适用

法定赔偿只在无法确定权利人实际损失、侵权人侵权获利或专利许可使用费时才适用；能够证明相应数额的，则不必适用。《专利法》还规定，能够证明产品合法来源的销售者可以免除赔偿责任，从而合理减轻了善意销售者的责任。关于是否会引发"滥诉"问题，本次修改的《专利法》已增加诚实信用原则，将对滥用专利权行为予以规制。

3. 关于举证妨碍制度的适用

该制度仅适用于确定侵权损害赔偿数额相关的证据；对于是否构成侵权行为的证据，则不能适用。同时该规定并非举证责任倒置，也没有改变"谁主张，谁举证"的一般规则。

十九、关于第七十六条

第七十六条 药品上市审评审批过程中，药品上市许可申请人与有关专利权人或者利害关系人，因申请注册的药品相关的专利权产生纠纷的，相关当事人可以向人民法院起诉，请求就申请注册的药品相关技术方案是否落入他人药品专利权保护范围作出判决。国务院药品监督管理部门在规定的期限内，可以根据人民法院生效裁判作出是否暂停批准相关药品上市的决定。

药品上市许可申请人与有关专利权人或者利害关系人也可以就申请注册的药品相关的专利权纠纷，向国务院专利行政部门请求行政裁决。

国务院药品监督管理部门会同国务院专利行政部门制定药品上市许可审批与药品上市许可申请阶段专利权纠纷解决的具体衔接办法，报国务院同意后实施。

（一）修改目的

本条是本次《专利法》修改新增内容，就药品专利纠纷早期解决机制相关内容作出规定。

在本次《专利法》修改前，一般而言，在药品上市审评审批过程中，申请注册的药品满足《药品管理法》相关规定及药品监督管理部门相关要求即可获得注册证书，药品上市许可申请人就仿制药等相关药品提交上市许可申请的行为不涉及侵犯专利权，专利权人或者利害关系人无法就此提起诉讼或者请求行政机关处理。通常在仿制药获得上市许可后，专利权人或者利害关系人认为仿制药企业制造、销售仿制药等行为侵犯其专利权的，才可依据《专利法》相关规定向人民法院提起侵权诉讼或者请求行政机关处理。此时，对于原研药企业来说，即便认定制造、销售仿制药等行为侵犯其专利权，也可能因为仿制药的前期上市影响原研药相关市场利益，不利于充分激励原研药企业的创新积极性和更加有效地维护其合法权益；对于仿制药企业来说，被认定侵权后将停止其制造、销售仿制药等侵权行为，无法有效收回仿制研发、生产准备、市场营销等相关投入；同时，医疗体系相关药品的供应保障以及患者用药需求的满足也会受到影响。与之相比，如果在仿制药等相关药品上市前允许提前解决部分潜在的专利纠纷，则可以在一定程度上更好地维护专利权人的合法权益，降低仿制药上市后的侵权风险，保障公共健康。为解决实践中存在的相关问题，2017年10月和2019年11月，中共中央办公厅、国务院办公厅先后印发了《关于深化审评审批制度改革鼓励药品医疗器械创新的意见》和《关于强化知识产权保护的意见》，提出要探索建立药品专利链接制度。为落实党中央、国务院决策部署，通过增加本条赋予专利权人、利害关系人、药品上市许可申请人在药品上市审评审批过程中"提前"解决部分潜在专利纠纷的权利，降低相关药品上市后的专利侵权风险，更好地维护专利权人的合法权益，进一步平衡原研药企业和仿制药企业的利益。

（二）修改内容

本条共三款，第一款和第二款分别就司法途径解决纠纷和行政途径解决纠纷作出了规定，第三款就国务院药品监督管理部门会同国务院专利行政部门制定药品专利纠纷早期解决机制相关办法作出授权性规定，为药品上市审评审批程序和药品专利纠纷解决程序的衔接预留了接口。其中，第三款规定的具体衔接办法即已自2021年7月4日起施行的《药品专利纠纷早期解决机制实施办法（试行）》（下文简称《实施办法》），其就药品专利纠纷早期解决机制的主要内容作出规定。此外，2021年7月5日，国家知识产权局发布了《药品专利纠纷早期解决机制行政裁决办法》，最高人民法院发布了《关于审理申请注册的药品相关的专利权纠纷民事案件适用法律若干问题的规定》，分别就涉及该制度的行政裁决和司法适用作出相关规定。

本条第一款涉及司法程序，在理解该款规定时需要注意以下五个方面。

一是相关当事人可以在仿制药企业提交仿制药上市许可申请后，向人民法院提起诉讼，请求解决相关潜在专利纠纷。

二是请求解决相关潜在专利纠纷的主体，除专利权人或者利害关系人外，还包括药品上市许可申请人（主要是指仿制药企业）；其中，利害关系人主要是指专利被许可人。同时赋予原研药企业和仿制药企业请求解决潜在专利纠纷的权利，有利于避免因原研药企业滥用权利而不合理地延迟仿制药上市，进一步平衡原研药企业和仿制药企业的利益。

三是相关当事人可以就"与申请注册的药品相关的专利权产生的纠纷"提起诉讼，关于该"相关的专利权"范围，《实施办法》中将其明确为在中国上市药品专利信息登记平台中登记的专利。具体地，化学药可以登记药物活性成分化合物专利、含活性成分的药物组合物专利、医药用途专利，生物制品可以登记活性成分的序列结构专利和医药用途专利，中药可以登记中药组合物专利、中药提取物专利、医药用途专利。

相关专利不包括中间体、代谢产物、晶型、制备方法、检测方法等的专利。

现已建立类似制度的国家同样对适用该制度的专利范围作出限制。在美国，原研药企业在提交新药上市许可申请时，需要提交新药相关专利信息，并记载在《经过治疗等效性评价批准的药品》（Approved Drug Products with Therapeutic Equivalence Evaluations，以下简称"橙皮书"）中，专利权人等仅可针对橙皮书中记载的专利提起基于药品专利链接制度的诉讼。此外，韩国通过设置药品专利目录，加拿大通过设置药品专利登记簿，对适用该制度的专利范围作出限制。采用这种做法，可以公示原研药相关专利信息，有利于仿制药企业开展仿制药研发活动；同时可以避免原研药企业就外围专利和不相关专利提起诉讼，对仿制药企业造成不合理的负担，影响仿制药上市和药品可及性。

在《专利法》修改调研论证过程中，有的意见认为，如果不对平台记载的专利进行审核，那么对平台应当记载的专利范围作出限制将可能失去意义。关于该问题，可考虑在后续司法诉讼或者行政裁决中一并解决，以有效降低制度运行总体成本。

四是与侵权诉讼不同，此类诉讼的诉由为请求确认仿制药相关技术方案是否落入相关专利权保护范围。关于诉由，美国在建立药品专利链接制度时，通过在其专利法中规定"拟制侵权"条款，将相关药企提出药品上市许可申请的行为拟制为侵权行为。韩国、加拿大等并没有采取这种做法，因为世界各国普遍认为专利侵权行为通常仅包括制造、使用、销售、许诺销售、进口等涉及实施专利的行为，提交药品上市许可申请行为本身并不涉及实施专利，将其认定为侵犯专利权的行为与专利法律制度基本理念不符。据此，为解决专利权人等可以在相关药品上市审评审批过程中提起诉讼或者请求行政裁决这一问题，《专利法》第七十六条将涉及该制度的诉由规定为请求确认仿制药技术方案是否落入相关专利权保护范围。

五是明确国务院药品监督管理部门可以根据人民法院生效裁判，在规定期限内作出是否暂停批准相关药品（即化学仿制药）上市的决定，即该机制下有关批准等待期的适用。关于批准等待期的具体规定，在《实施办法》中予以进一步明确。

本条第二款涉及行政程序。我国在建立药品专利纠纷早期解决机制时，在《专利法》中明确规定通过行政与司法两条途径解决专利纠纷，可以更好地平衡专利权人、仿制药企和社会公众利益。主要考虑如下：一是行政和司法两条途径"优势互补、有机衔接"的保护模式是我国专利法律制度设计的基本理念，在该制度设计中，也应坚持这一理念，确保专利保护机制的协调统一；二是行政裁决具有高效、便捷等特点，有利于及时化解纠纷，促进医药产业发展；三是在药品专利纠纷早期解决机制中引入行政途径是经国际实践证明切实可行的制度安排，例如，韩国设置有司法和行政两条途径，其制度设计和实践对我国具有借鉴意义；四是可以为当事人提供更多可供选择的纠纷解决途径，有利于化解纠纷，降低制度运行成本。在《专利法》修改调研论证过程中，大部分意见认为提供更多可供选择的途径有利于当事人解决纠纷，且可以避免对仿制药上市产生不合理的影响。

（三）制度参考

1. 关于制度设计的总体考虑

药品专利纠纷早期解决机制是药品上市审评审批过程中的制度设计，现已建立该制度的国家或地区中，通常在药品监管法律制度中就其主要内容作出规定，专利法律制度仅就专利权人等可以在药品上市许可申请人提交仿制药上市许可申请后提起诉讼或者请求行政机关处理的权利作出规定。我国亦采用了类似做法。

《实施办法》就该机制主要内容作出了规定，主要流程可以参见图1。由此可见，《专利法》第七十六条的规定，仅是该机制整体框架下的部分环节。

2. 域外立法经验

《美国专利法》规定，对于依据原研药安全性和有效性信息提交注册申请的药品，就该药品提交注册申请的行为将会侵犯原研药相关专利权。

《加拿大专利药品（批准通知）条例》［Patented Medicines（Notice of Compliance）Regulations］规定，专利权人或者原研药上市许可持有人在收到药品注册申请人的专利挑战通知后，可以向联邦法院提起确认之诉，请求法院确认制造、使用、销售该药品将侵犯其在药品专利登记簿中所列出的专利。

《韩国专利法》规定，专利权人或者被许可人可以向法院提起专利侵权诉讼，或者专利权人、被许可人或者利害关系人可以向韩国知识产权局下设的知识产权裁判与上诉委员会提出请求确认专利权范围的审判。根据《韩国药事法》的规定，依据《韩国专利法》请求确认专利权范围的审判即为请求确认申请注册药品的技术方案是否落入原研药相关专利权保护范围。

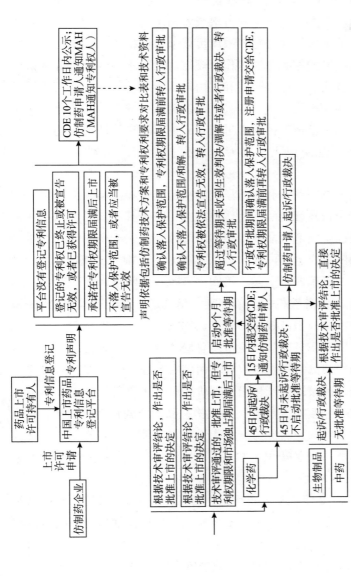

图 1 药品专利纠纷早期解决机制流程

注：45 日自 CDE 公开上市许可申请之日起算。 等待期自立案之日起算计算；只设置一次；不停止技术审评。

CDE：国家药品监督管理局药品审评中心。

MAH：药品上市许可持有人。

（四）修改作用

《专利法》第四次修改通过新增本条，引入了药品专利纠纷早期解决机制相关内容，就提起诉讼或者请求行政裁决的理由、国务院药品监督管理部门在规定期限内可以采取的措施、司法程序与行政程序、授权制定相关办法等作出规定。根据本条规定提起诉讼或者请求行政裁决的主体、时间和理由与《专利法》第六十五条规定的专利侵权纠纷不同，专利权人、利害关系人或者药品上市许可申请人可以在药品上市审评审批过程中，请求就申请注册的药品相关技术方案是否落入他人药品专利权保护范围作出判决或者行政裁决。

本条主要就药品专利纠纷早期解决机制中相关当事人可以提起诉讼或者请求行政裁决的理由作出规定，赋予其在药品上市审评审批过程中提前解决部分潜在专利纠纷的权利。关于药品专利纠纷早期解决机制的主要制度内容，在《实施办法》中作出规定。

二十、关于第四十一条、第四十五条、第四十六条

2018 年《国务院机构改革方案》中规定："重新组建国家知识产权局。将国家知识产权局的职责、国家工商行政管理总局的商标管理职责、国家质量监督检验检疫总局的原产地地理标志管理职责整合，重新组建国家知识产权局，由国家市场监督管理总局管理。"以此为依据，国家知识产权局内部机构设置也进行了调整，不再保留独立的"专利复审委员会"的机构，而相应调整为所属事业单位专利局的内设机构，名称为复审和无效审理部，专利确权行政案件的诉讼主体由"国家知识产权局专利复审委员会"变更为"国家知识产权局"。

考虑到 2018 年机构改革后已不再保留专利复审委员会的设置，而专利复审、无效宣告程序是整个专利行政授权确权程序的组成部分，属于行政机关的内部程序，专利复审和无效宣告程序统一由国务院专利行政部门进行处理并不会引起争议和混乱。

基于此，将《专利法》中涉及"专利复审委员会"的表述进行适应性修改，统一修改表述为"国务院专利行政部门"。

2023 年 3 月，中共中央、国务院印发的《党和国家机构改革方案》提出，完善知识产权管理体制，将国家知识产权局由国家市场监督管理总局管理的国家局调整为国务院直属机构；商标、专利等领域执法职责继续由市场监管综合执法队伍承担，相关执法工作接受国家知识产权局专业指导。

二十一、关于第七十二条、第七十三条、第七十四条

第七十二条　专利权人或者利害关系人有证据证明他人正在实施或者即将实施侵犯专利权、**妨碍其实现权利的行为**，如不及时制止将会使其合法权益受到难以弥补的损害的，可以在起诉前依法向人民法院申请采取**财产保全、责令作出一定行为或者禁止作出一定行为**的措施。

第七十三条　为了制止专利侵权行为，在证据可能灭失或者以后难以取得的情况下，专利权人或者利害关系人可以在起诉前**依法**向人民法院申请保全证据。

第七十四条　侵犯专利权的诉讼时效为三年，自专利权人或者利害关系人**知道或者应当知道**侵权行为**以及侵权人**之日起计算。

发明专利申请公布后至专利权授予前使用该发明未支付适当使用费的，专利权人要求支付使用费的诉讼时效为三年，自专利权人**知道或者应当知道**他人使用其发明之日起计算，但是，专利权人于专利权授予之日前即已**知道或者应当知道**的，自专利权授予之日起计算。

（一）修改目的

《专利法》第三次修改时增加了侵犯专利权的诉前临时措施和诉前证据保全，而当时的《民事诉讼法》尚无相应规定。2012 年《民事诉讼法》修改后，对诉前临时措施、诉前证据保全等作出了统一规定，《专利法》需要与之协调一致。此外，TRIPS 对知识产权临时措施也有专门规定。因此，《专利法》无须再保留具体操作规则。本次《专利法》修改时，根据《民法典》《民事诉讼法》等相关规定，对原来的诉前保全、证据保全和诉讼时效等规定进行了调整，修改后的表述更加简洁。

（二）修改内容

按照一般的诉讼程序，专利权人或者利害关系人从发现侵权行为到提起诉讼，再到法院作出责令侵权人停止侵权行为的判决需要较长的时间。有的专利占有市场的时间较短，可能等不到侵权诉讼结束就丧失了市场价值；如不及时制止侵权行为，专利权人可能"赢了官司，输了市场"；同时侵权人在诉讼期间也可能转移或隐匿财产，如不及时控制其财产，专利权人即使赢了官司，也得不到有效赔偿。为了保护专利权人和利害关系人的合法权益，第七十二条增加了将"妨碍其实现权利的行为"作为申请诉前保全的一个理由。同时，关于保全措施，修改前《专利法》仅有"责令停止有关行为"的规定。实践中，为保护诉讼当事人的利益，法院不仅有可能会采取责令有关当事人停止有关行为的措施，也可能会责令一方当事人必须作出一定行为，以更好地保护另一方当事人的利益。在全国人大常委会审议过程中，有意见提出，为保护我国专利权相关当事人的合法权益，建议进一步完善《专利法》关于保全措施的规定，明确对于他人实施的妨碍专利权人、利害关系人实现权利的行为，专利权人、利害关系人可以在起诉前依法向人民法院申请采取责令作出一定行为或者禁止作出一定行为的措施❶，即将《专利法》第七十二条修改为："专利权人或者利害关系人有证据证明他人正在实施或者即将实施侵犯专利权、妨碍其实现权利的行为，如不及时制止将会使其合法权益受到难以弥补的损害的，可以在起诉前依法向人民法院申请采取财产保全、责令作出一定行为或者禁止作出一定行为的措施。"经研究，立法机关采纳了这一意见。

《专利法》第七十三条是关于诉前证据保全的规定。由于《民事诉讼法》中已经作出了统一规定，因此本条增加"依法"的表

---

❶ 陈扬跃，马正平．专利法第四次修改的主要内容与价值取向［J］．知识产权，2020（12）：9.

述，作出衔接性规定，同时删除了原条款中的具体程序性规定。

《专利法》第七十四条是关于诉讼时效的规定。本次《专利法》修改时，为与《民法典》相关规定相衔接，将侵犯专利权的诉讼时效由"二年"改为"三年"，将"得知或者应当得知侵权行为"修改为"知道或者应当知道侵权行为以及侵权人"，同时对专利权人要求支付临时保护期内使用费的诉讼时效也由"二年"改为"三年"，将"得知或者应当得知"修改为"知道或者应当知道"。

（三）制度参考

1. 国内立法参考

2020 年通过的《民法典》第一百八十八条规定："向人民法院请求保护民事权利的诉讼时效期间为三年。法律另有规定的，依照其规定。诉讼时效期间自权利人知道或者应当知道权利受到损害以及义务人之日起计算。法律另有规定的，依照其规定。但是，自权利受到损害之日起超过二十年的，人民法院不予保护，有特殊情况的，人民法院可以根据权利人的申请决定延长。"

2017 年第三次修正的《民事诉讼法》第一百条规定："人民法院对于可能因当事人一方的行为或者其他原因，使判决难以执行或者造成当事人其他损害的案件，根据对方当事人的申请，可以裁定对其财产进行保全、责令其作出一定行为或者禁止其作出一定行为；当事人没有提出申请的，人民法院在必要时也可以裁定采取保全措施。人民法院采取保全措施，可以责令申请人提供担保，申请人不提供担保的，裁定驳回申请。人民法院接受申请后，对情况紧急的，必须在四十八小时内作出裁定；裁定采取保全措施的，应当立即开始执行。"第一百零一条规定："利害关系人因情况紧急，不立即申请保全将会使其合法权益受到难以弥补的损害的，可以在提起诉讼或者申请仲裁前向被保全财产所在地、被申请人住所地或者对案件有管辖权的人民法院申请采取保全措施。申请人应当提供担保，不提供担保的，裁定驳回申请。人民法院接受申请后，必须在四十八小时内作出裁定；裁定采取保全措施的，应当立即开始执行。申请人在人民法院采取保全措施后三十日内不依法提起诉讼或者申请仲裁的，人民法院应当解除保全。"第一百零二条规定："保全限于请求的范围，或者与本案有关的财物。"第一百零三条规定："财产保全采取查封、扣押、冻结或者法律规定的其他方法。人民法院保全财产后，应当立即通知被保全财产的人。财产已被查封、冻结的，不得重复查封、冻结。"第一百零四条规定："财产纠纷案件，被申请人提供担保的，人民法院应当裁定解除保全。"第一百零五条规定："申请有错误的，申请人应当赔偿被申请人因保全所遭受的损失。"

由此可见，《民法典》和《民事诉讼法》中对诉前财产保全和行为保全、诉前证据保全以及诉讼时效的相关内容作出了具体的安排。

2. 域外立法参考

TRIPS 第 50 条规定："（1）司法机关应当有权命令采取迅速而有效的临时措施，以便：（a）制止任何侵犯知识产权行为的发生，尤其是制止有关货物包括刚由海关放行的进口货物，进入其管辖下的商业渠道；（b）保存被指控侵权的有关证据。（2）司法机关应当有权在适当情况下，尤其是在任何迟延可能对权利持有人造成不可弥补损害的情况下，或者在证据显然有被毁灭危险的情况下，不听取另一方的意见而即采取临时措施。"

（四）修改作用

本次《专利法》修改立足实践需求，以问题为导向，进行了上述多处调整，将为加强知识产权保护、维护权利人合法权益提供更加有力的法律保障。

《专利法实施细则》修改逐条说明

一、关于第二条

第二条 专利法和本细则规定的各种手续，应当以书面形式或者国务院专利行政部门规定的其他形式办理。**以电子数据交换等方式能够有形地表现所载内容，并可以随时调取查用的数据电文（以下统称电子形式），视为书面形式。**

（一）修改目的

本条是为适应数字时代电子申请发展需要而进行的修改。随着互联网和电子信息技术的迅猛发展，信息已基本实现以电子通信为主、纸件交互为辅的方式进行传送。据统计，目前我国专利电子申请率已稳定在99%以上，通过电子形式办理各类专利事务已经被社会公众普遍接受。但目前以电子形式提交专利申请的有关规定主要体现在部门规章或规范性文件中，缺乏上位法律法规支撑。

（二）修改内容

本条的修改在于：在《专利法实施细则》中明确电子形式有关规定，并参考其他法律制度规范电子形式的表达方式，也厘清了电子形式与书面形式的内在关系。

电子形式申请也称电子申请，是指以互联网为传输媒介将专利申请文件以符合规定的电子文件形式向国务院专利行政部门提出的专利申请，区别于传统的通过当面递交或邮寄提交申请文件的专利申请方式。随着电子申请在专利申请中扮演越来越重要的角色，国家知识产权局不断调整与专利电子申请相关的制度规定。2001年6月，在《专利法实施细则》第二次修改时，为适应形势发展的需要以及为今后的申请形式变化留出必要的余地，规定"专利法和本细则规定的各种手续，应当以书面形式或者国务院专利行政部门规定的其他形式办理"；2004 年 2 月，为了规范与通过互联网以电子文件形式提出的专利申请有关的程序和要求，国家知识产权局令第 35 号发布《关于电子专利申请的规定》；2010 年 8 月，为了进一步规范与通过互联网传输并以电子文件形式提出的专利申请有关的程序和要求，方便申请人提交专利申请，提高专利审批效率，全面推进电子政务建设，国家知识产权局令第 57 号发布《关于专利电子申请的规定》，取代《关于电子专利申请的规定》。

自电子申请系统上线至今，国家知识产权局不断推陈出新，开发出一系列电子申请系统的配套系统，大力推动专利电子申请的快速普及。电子申请的推广普及，有利于提高我国专利申请和审批效率，降低社会成本，实现多方共赢；有利于提高各级知识产权主管部门的公共服务水平和创新意识，进一步推进服务型政府建设。因此，有必要进一步明确电子形式的性质及相关规则，促进国家知识产权局进一步推行专利审查、服务全面电子化。

（三）制度参考

《民法典》第四百六十九条第三款规定："以电子数据交换、电子邮件等方式能够有形地表现所载内容，并可以随时调取查用的数据电文，视为书面形式。"《电子签名法》第四条规定："能够有形地表现所载内容，并可以随时调取查用的数据电文，视为符合法律、法规要求的书面形式。"《商标法》第二十二条第三款规定："商标注册申请等有关文件，可以以书面方式或者数据电文方式提出。"上述法律条款对非纸质申请的表达均为"数据电文"。因此，在本次《专利法实施细则》修改确定明确电子形式的基础上，为了表述更加规范、全面，且与其他法律制度保持一致，引入"数据电文"这一表述。

此外，书面形式是指以文字等有形的方式表现所载内容。传统的纸质专利申请就是典型的书面形式。而包括电报、电传、传真、电子数据交换和电子邮件等在内的数据电文，都是能够有形地表现所载内容，并且可以随时调取查用的电子数据，具有与纸质文字等形式相同的属性。对于这一类数据电文，应视为书面形式，承认其书面形式的效力。鉴于上述理由，本次《专利法实施细则》修改，增加了"以电子数据交换等方式能够有形地表现所载内容，并可以随时调取查用的数据电文，视为书面形式"的规定，不仅明确规范了电子形式的表达方式，而且厘清了电子形式与书面形式的内在关系。

（四）修改作用

相比于纸质申请，专利申请的电子化可以减少数据加工、邮寄等环节，对于缩短审查周期、提高审查效率具有显著效果。不仅如此，与纸件数据再加工相比，提交专利电子申请也有利于进一步提高数据质量，可以将申请质量的把控置于流程前端，将相关申请在形式上的缺陷在提交申请环节就予以解决，有利于促进专利申请质量的提升。此外，以电子文本的形式提交专利申请，有利于相关专利信息实现电子化，更方便社会公众进行专利信息查询和使用。

通过本条修改，申请人、当事人和国务院专利行政部门之间以电子形式进行文件传送，可极大地提高事务办理的速度和效率，对社会公众和国务院专利行政部门来说都有很大好处。

综上所述，本条修改明确了电子形式的具体内涵，不仅进一步完善了专利文件的办理形式，也为电子申请等其他有关规则的补充细化提供了上位法律法规依据，符合技术发展的需要，也符合社会公众的实际需求。

二、关于第四条

第四条　向国务院专利行政部门邮寄的各种文件，以寄出的邮戳日为递交日；邮戳日不清晰的，除当事人能够提出证明外，以国务院专利行政部门收到日为递交日。

以电子形式向国务院专利行政部门提交各种文件的，以进入国务院专利行政部门指定的特定电子系统的日期为递交日。

国务院专利行政部门的各种文件，可以通过**电子形式**、邮寄、直接送交或者其他方式送达当事人。当事人委托专利代理机构的，文件送交专利代理机构；未委托专利代理机构的，文件送交请求书中指明的联系人。

国务院专利行政部门邮寄的各种文件，自文件发出之日起满 15 日，推定为当事人收到文件之日。**当事人提供证据能够证明实际收到文件的日期的，以实际收到日为准。**

根据国务院专利行政部门规定应当直接送交的文件，以交付日为送达日。

文件送交地址不清，无法邮寄的，可以通过公告的方式送达当事人。自公告之日起满 1 个月，该文件视为已经送达。

国务院专利行政部门以电子形式送达的各种文件，以进入当事人认可的电子系统的日期为送达日。

（一）修改目的

本条是对《专利法实施细则》第二条的适应性修改，涉及在明确了电子形式的内涵及效力的基础上，对电子形式申请的递交日和送达日等重要时间点的进一步规范和明确。

通常，大多数电子形式的专利申请只要不存在国务院专利行政部门不予受理的情形，其递交日即为申请日。因此，递交日的确定，对于申请日的确定有着重要作用。

申请日的确定无论对专利申请还是被授予的专利权来说都非常重要，如在判断申请专利的发明或实用新型是否具备《专利法》第二十二条规定的新颖性和创造性以及外观设计是否具备《专利法》第二十三条规定的授权条件时，申请日是时间标准；而送达日的确定对国务院专利行政部门与当事人的交互过程有着重要影响，如用于判断《专利法》和《专利法实施细则》规定的各种手续的办理时间、通知书的答复时间等是否超出相关规定的截止时间。综合上述原因，考虑到递交日和送达日的重要性，在明确了电子形式的内涵及效力的基础上，有必要进一步规范电子形式的递交日和送达日。

（二）修改内容

本条的修改在于：一是增加一款作为第二款，明确电子形式申请的递交日；二是在第三款送达方式中增加"电子形式"的适应性修改；三是在第四款后，增加"当事人提供证据能够证明实际收到文件的日期的，以实际收到日为准。"的表述；四是增加一款作为第七款，明确电子形式送达文件的送达日。

对于纸质申请而言，2010年修改的《专利法实施细则》（以下简称"原《专利法实施细则》"）第四条第一款中规定："向国务院专利行政部门邮寄的各种文件，以寄出的邮戳日为递交日"；对于电子形式专利申请而言，国家知识产权局令第五十七号发布的《关于专利电子申请的规定》第九条第一款规定："采用电子文件形式向国家知识产权局提交的各种文件，以国家知识产权局专利电子申请系统收到电子文件之日为递交日。"由此可见，纸质申请的递交方式是通过邮寄，而电子形式申请的递交方式是进入国家知识产权局专利电子申请系统。两种形式申请的递交方式存在较大差异，如果不对递交日加以明确区分，则会影响后续申请日的确定，损害申请人的利益。因此在明确电子形式申请方式的基础上，有必要进一步明确电子形式申请递交日，保障《专利法实施细则》规定的完整性。同理，对于电子形式申请送达日的具体要求也需加以明确。

对于纸质申请的送达日，原《专利法实施细则》第四条第三款规定："国务院专利行政部门邮寄的各种文件，自文件发出之日起满15天，推定为当事人收到文件之日。"一般而言，对于邮寄方式发出的文件，应该以当事人实际收到日为准。但由于邮寄过程中存在邮路运输效率、天气等不可抗力因素的影响，有时可能无法直接确定文件的送达日。因此，对于纸质申请，在考虑了邮寄快递的一般时间的基础上，以有利于申请人利益的角度，明确自文件发出之日起满15天，推定为当事人收到文件之日。在征求意见过程中，有意见认为，仅规定推定送达日在实践中会引起一定歧义，建议在此基础上完善规定，即增加"当事人提供证据能够证明实际收到文件的日期的，以实际收到日为准"，明确以推定送达为原则，可以确定实际收到日的，以实际送达日为准的方式。

对于电子形式申请的送达日，起初也是保持与纸质申请的送达日相同的要求，如国家知识产权局令第57号发布的《关于专利电子申请的规定》第九条第二款规定："对于专利电子申请，国家知识产权局以电子文件形式向申请人发出的各种通知书、决定或者其他文件，自文件发出之日起满15日，推定为申请人收到文件之日。"但是，专利电子申请系统中文件的送达日没有不可预估的因素影响，送达日一般是可以明确的，尽管存在申请人未及时登录系统、遗忘等因素的影响，但这些因素因人而异，存在个性差异，如果过度考虑最大限度地保障申请人的利益，从另一方面来说也是侵害了社会公众的利益。基于这样的考虑，有必要确定电子形式申请的送达日，做好申请人和社会公众的利益平衡。

（三）制度参考

习近平总书记主持第十九届中央政治局第二十五次集体学习时强调"要在严格执行民法典相关规定的同时，加快完善相关法律法规，统筹推进专利法、商标法、著作权法、反垄断法、科学技术进步法等修订工作，增强法律之间的一致性"。

《民法典》第一百三十七条第二款中规定："以非对话方式作出的采用数据电文形式的意思表示，相对人指定特定系统接收数据电文的，该数据电文进入该特定系统时生效；未指定特定系统的，相对人知道或者应当知道该数据电文进入其系统时生效。当事人对采用数据电文形式的意思表示的生效时间另有约定的，按照其约定。"

《电子签名法》第十一条规定："数据电文进入发件人控制之外的某个信息系统的时间，视为该数据电文的发送时间。收件人指定特定系统接收数据电文的，数据电文进入该特定系统的时间，视为该数据电文的接收时间；未指定特定系统的，数据电文进入收件人的任何系统的首次时间，视为该数据电文的接收时间。"

《商标法实施条例》第十条第二款中规定："以数据电文方式送达的，自文件发出之日起满15日视为送达当事人，但是当事人能够证明文件进入其电子系统日期的除外。文件通过上述方式无法送达的，可以通过公告方式送达，自公告发布之日起满 30 日，该文件视为送达当事人。"

可以看出，《民法典》第一百三十七条和《电子签名法》第十一条均明确规定了电子形式交互的接收时间；在《专利法实施细则》修改草案对外征求意见过程中，也有意见建议将递交日规定为"进入特定系统之日"。基于上述法律规定和社会各界建议，结合专利申请流程的具体工作实践，将电子申请递交日明确为"进入国务院专利行政部门指定的特定电子系统的日期"。同理，关于送达日，根据《民法典》第一百三十七条、《电子签名法》第十一条等法律规定，也应以数据电文进入当事人认可的电子系统的日期为送达日；尽管有意见建议参照《商标法实施条例》等规定内容，规定"电子文件发出之日起满 10 天或 15 天，推定为当事人接到文件之日"，但考虑该意见与最新法律规定原则并不一致，且实际工作中，国家知识产权局在申请人同意的情况下，还对所发的通知书等提供短信等提醒服务，对当事人的合法权益提供了必要的保障。因此，本条修改时未采纳相关意见，明确以电子形式送达的各种文件以进入当事人认可的系统的日期为送达日。

（四）修改作用

通过本次修改，明确了电子形式申请的递交日、送达日的具体规则，能够消除不同法律对待同一事实的差异性，减少当事人在涉及相关法律规定事务时的困惑，也能够减少电子形式文件传送事宜发文、送达的时间争议，明确国家知识产权局和电子申请用户的责任。而且就当前国家知识产权局电子申请系统而言，系统对于发出和接收的电子形式文件的各种信息保存较为完整，会清晰记录接收时间、提交人数字证书信息以及发出通知书和决定的发文日、下载日期等相关信息。

特别需要申请人/代理人关注的是，此前我国专利制度中的大部分送达日都具有一定的推定期限，本次《专利法实施细则》修改后，该规则发生了变化，即对于以电子形式送达的各类文件，以实际送达日为准。新规则实践初期，可能会出现申请人/代理人不适应而错过截止日期，从而导致权利损失的情况，此时申请人/代理人可以选择通过《专利法实施细则》及《专利审查指南》规定的相关救济措施进行弥补，进而保障自身利益免受损失。

三、关于第五条

第五条 专利法和本细则规定的各种期限**开始的当日**不计算在期限内，**自下一日开始计算**。期限以年或者月计算的，以其最后一月的相应日为期限届满日；该月无相应日的，以该月最后一日为期限届满日；期限届满日是法定休假日的，以休假日后的第一个工作日为期限届满日。

（一）修改目的

本条是参照《民法典》规定所作的适应性修改，旨在与《民法典》相关规定表述一致，使得期限的计算方式更加清晰明确。原《专利法实施细则》的规定为"专利法和本细则规定的各种期限的第一日不计算在期限内"，关于"第一日"的理解，有意见反映可能存在"当日"以及"当日之后的第一日"均不纳入期限开始日的计算的歧义，而一般情况下，为了充分保障当事人的权益，期限开始的当日一般不计入期限内，而是自下一日开始计算。但是，如果"当日之后的第一日"也不纳入期限开始日的计算，这显然不符合本条的立法初衷和目的。因此，有必要修改调整本条款规定的"第一日"，使得表述更加清晰、准确。

（二）修改内容

本条的修改在于：调整期限开始日的表述方式，由"专利法和本细则规定的各种期限的第一日不计算在期限内"修改为"专利法和本细则规定的各种期限开始的当日不计算在期限内，自下一日开始计算"。

本条的规定在 1984 年制定《专利法实施细则》时就已经写入，随后 1992 年和 2001 年两次修改，均未对本条规定作出修改，在

2010 年第三次修改时，为了与《民法通则》及相关规定的提法一致，将本条规定的原有内容"法定节假日"修改为"法定休假日"，从而使得修改后的表述既包括法定节假日，也包括双休日和调休的工作日等情况。

2003 年修改前的《专利审查指南》第五部分第七章第 2.3 节涉及期限的计算，其中规定："期限的第一日（起算日）不计算在期限内。期限以年或者月计算的，以其最后一月的相应日（与起算日相对应的日期）为期限届满日；该月无相应日的，以该月最后一日为期限届满日。例如，一件发明专利申请的申请日为 1998 年 6 月 1 日，其实质审查请求期限的届满日应当是 2001 年 6 月 1 日。又如，专利局于 2008 年 6 月 6 日发出审查意见通知书，指定期限两个月，其推定收到日是 2008 年 6 月 21 日（遇休假日不顺延），则期限届满日应当是 2008 年 8 月 21 日。再如，专利局于 1999 年 12 月 16 日发出的通知书，其推定收到日是 1999 年 12 月 31 日，如果该通知书的指定期限为两个月，则期限届满日应当是 2000 年 2 月 29 日。"

可以看出，修改前的《专利审查指南》通过举例的方式对原《专利法实施细则》本条内容进行了详细解释，明确了具体的计算方式。因此，在期限的实践执行过程中，并没有对该法条的理解产生偏差。但是，法律的规定需要严谨、经得起推敲，从而全面保障社会公众的利益。为了消除原有规定的"第一日"存在的"当日"以及"当日之后的第一日"两种歧义，准确界定当事人之间的权利和义务关系，有必要作出明确规定。

（三）制度参考

关于期限开始日的计算，《民法典》第二百零一条第一款规定："按照年、月、日计算期间的，开始的当日不计入，自下一日开始计算。"该款规定确立了历法计算法中期间开始的规则，即在历法计算法中，开始的当日不计入期间，而是从下一日开始计算期间。

鉴于此，为了消除"第一日"可能造成的歧义，使得条款的表述更加清楚、准确，参考最新通过实施的《民法典》第二百零一条的相关规定，对原《专利法实施细则》第五条的表述进行了适应性调整，同时，也实现了与其他法律制度的一致性。

（四）修改作用

通过表述调整，保障了条款的当前规定与《民法典》相关规定表述一致。虽然本次调整对目前实践中期限开始的具体计算方式并无本质影响，但有利于法律制度的一致性，也使得条款表述更加清晰、准确，更加便于社会公众理解、运用。

四、关于第六条

第六条　当事人因不可抗拒的事由而延误专利法或者本细则规定的期限或者国务院专利行政部门指定的期限，导致其权利丧失的，自障碍消除之日起2个月内**且**自期限届满之日起2年内，可以向国务院专利行政部门请求恢复权利。

除前款规定的情形外，当事人因其他正当理由延误专利法或者本细则规定的期限或者国务院专利行政部门指定的期限，导致其权利丧失的，可以自收到国务院专利行政部门的通知之日起2个月内向国务院专利行政部门请求恢复权利；**但是，延误复审请求期限的，可以自复审请求期限届满之日起2个月内向国务院专利行政部门请求恢复权利。**

当事人依照本条第一款或者第二款的规定请求恢复权利的，应当提交恢复权利请求书，说明理由，必要时附具有关证明文件，并办理权利丧失前应当办理的相应手续；依照本条第二款的规定请求恢复权利的，还应当缴纳恢复权利请求费。

当事人请求延长国务院专利行政部门指定的期限的，应当在期限届满前，向国务院专利行政部门**提交延长期限请求书**，说明理由，并办理有关手续。

本条第一款和第二款的规定不适用于专利法第二十四条、第二十九条、第四十二条、**第七十四条**规定的期限。

（一）修改目的

本条修改是在原条款中延误法定或指定期限请求恢复权利的情形基础上，根据专利复审工作的实践需求，增加对于延误复审请求期限的专利申请人在一定期限内向国务院专利行政部门请求恢复权利的情形，进一步完善权利恢复的情形，以更好维护专利申请人的利益。

（二）修改内容

对本条的修改在于：根据专利复审工作的实践需求，新增"但是，延误复审请求期限的，可以自复审请求期限届满之日起 2 个月内向国务院专利行政部门请求恢复权利"的情形，在维持修改前关于权利恢复的规定的基础上，进一步完善了请求恢复权利的起算点。

原有规定"除前款规定的情形外，当事人因其他正当理由延误专利法或者本细则规定的期限或者国务院专利行政部门指定的期限，导致其权利丧失的，可以自收到国务院专利行政部门的通知之日起 2 个月内向国务院专利行政部门请求恢复权利"是对于因不可抗拒事由或者因其他正当理由耽误期限，申请人可以在规定的期限内向国务院专利行政部门提出恢复权利的请求，是一种救济程序。无论是专利申请的初步审查、实质审查或复审受理程序，对于申请人期满未提交或者逾期提交的，审查员应当根据情况发出视为撤回通知书或者其他通知书，即表明如果申请人存在应答复而未答复的情况，为维护申请人的利益，国务院专利行政部门会再次发出期限届满通知书，以避免申请人因主观失误而导致权利丧失。

然而，《专利法》第四十一条中规定："专利申请人对国务院专利行政部门驳回申请的决定不服的，可以自收到通知之日起三个月内向国务院专利行政部门请求复审。国务院专利行政部门复审后，作出决定，并通知专利申请人。"即根据《专利法》规定，专利申请人请求复审的期限为自收到驳回决定之日起的三个月，该期限是法定期限；期限届满时，专利申请人未提起复审请求，驳回决定将生效，国家知识产权局并不会作出权利丧失的处分决定。由此，与其他流程相比缺少了二次确认的程序，申请人如未能及时提交复审请求书，可能导致申请人因存在主观因素等其他正当理由而丧失权利。

根据原《专利法实施细则》本条第二款规定"可以自收到国务院专利行政部门的通知之日起 2 个月内向国务院专利行政部门请求恢复权利"，按照字面意思，对于期限届满的，只有"收到国务院专利行政部门的通知"后方可"向国务院专利行政部门请求恢复权利"，未能有效涵盖专利申请被驳回后申请人有意愿且存在其他正当理由恢复权利的情形。因此，有必要对本条进行修改，使其完善权利恢复的相关规定，进一步符合本条的初衷和立法本意。

此外，对本条第四款作了文字修改，进一步明确申请人向国务院专利行政部门提交延长期限请求书时需要说明理由并办理有关手续，同时调整了相关条文序号。

(三) 制度参考

《欧洲专利公约》对于恢复权利的相关规定较为细致，其中包含了延误复审请求期限的情形。其第 122 条"恢复权利"规定："(1) 欧洲专利的申请人或者所有人，尽管尽到注意义务仍然不能遵守欧洲专利局规定的期限，如果因未遵守期限直接导致欧洲专利申请或请求被驳回，或申请被视为撤回，或欧洲专利被撤销，或丧失其他任何权利或救济方式，有权申请恢复权利；(2) 只要符合第 1 款和实施细则中规定的其他任何要求，欧洲专利局应当准许该请求；否则，应当驳回该请求；(3) 如果准许了该请求，则未遵守期限的法律后果视为未发生；(4) 恢复权利应当排除请求恢复权利期限的权利；实施细则可以排除其他期限的恢复权利；(5) 在第 1 款所指丧失权利和欧洲专利公报公告恢复权利的期间内，指定缔约国的任何人如果善意地使用公开的欧洲专利申请或欧洲专利主题的发明，或为使用公开的欧洲专利申请或欧洲专利主题的发明做了有效和认真的准备，可以在经营过程中或为了经营的需要而无偿继续使用该发明；（6）本条款不限制缔约国准许对本公约规定期限或遵守缔约国机关规定期限恢复权利。"

（四）修改作用

本条通过修改，进一步完善了请求恢复权利的起算点，更大程度便利申请人，维护创新主体的切身利益。

五、关于第九条

第九条 国务院专利行政部门收到依照本细则第八条规定递交的请求后，经过审查认为该发明或者实用新型可能涉及国家安全或者重大利益需要保密的，应当**在请求递交日起 2 个月内**向申请人发出保密审查通知；**情况复杂的，可以延长 2 个月**。

国务院专利行政部门依照前款规定通知进行保密审查的，应当**在请求递交日起 4 个月内**作出是否需要保密的决定，并通知申请人；**情况复杂的，可以延长 2 个月**。

（一）修改目的

专利制度的实质是"以公开换保护"，但是对于申请涉及国家安全或者重大利益的，世界各国普遍采用保密审查制度予以限制。根据《专利法》第十九条、《专利法实施细则》第七条相关规定，专利申请需要保密审查的情形包括向外国申请专利权、涉及国防利益以及国防利益以外的国家安全或者重大利益等。

《行政许可法》第三十七条规定："行政机关对行政许可申请进行审查后，除当场作出行政许可决定的外，应当在法定期限内按照规定程序作出行政许可的决定。"行政许可是一种对社会进行管理的手段，行政机关对经济事务设定和实施行政许可，本质上是对市场机会资源的一种分配行为。对于行政相对人来说，政府对个人或者组织从事某种活动的申请作出准予或者不准予的决定，直接关系申请人的利益。因此，行政许可决定何时作出，行政相对人何时能够获准从事其申请的活动，至关重要。制定行政许可法的宗旨之一，就是要简化行政许可的程序、减少环节，方便群众，强化服务。规定期限制度对于促进行政机关提高管理水平和效率，保障行政相对人的权益具有重要作用。

为了进一步落实《行政许可法》关于行政机关必须在法定期限内作出行政许可决定的规定，本条进一步明确向申请人发出保密审查通知以及作出保密决定的具体时限。

（二）修改内容

本条的修改进一步完善了向申请人发出保密审查通知以及作出保密决定的具体时限。

在保密审查实践中，有部分申请需要国防知识产权局的专家进行研判或者由本领域主管部门的专家进行评审，此类申请的审查周期较长。原《专利法实施细则》规定申请人未在相应时间收到保密审查通知或需要保密的决定的，可以就该发明或者实用新型向外国申请专利或者向有关国外机构提交专利国际申请。

为了更好地落实《行政许可法》关于行政机关必须在法定期限内作出行政许可决定的规定，本次《专利法实施细则》修改对本条以逾期无意见即许可的形式作出调整，依照《行政许可法》第三十七条有关要求，进一步明确向申请人发出保密审查通知和作出保密决定的时限分别为 2 个月和 4 个月，情况复杂的可以延长 2 个月。

（三）制度参考

保密审查的域外立法情况如下。

《德国专利法》规定，在向德国专利商标局递交申请之日起 4 个月内，未向申请人送达涉及国家秘密命令的，申请人可以认为该发明无须保密。在 4 个月内不能完成保密审查工作的，德国专利商标局在 4 个月内向申请人发通知，期限可以延长 2 个月。

《美国专利审查操作指南》规定，保密审查周期为自专利申请日起的 6 个月，或专利申请提交至国防部审核的 3 个月内，以两者较晚日期为准。

《荷兰专利法》规定，专利局认为对专利申请的内容进行保密符合本国国防利益的，在申请日起 3 个月通知申请人，申请提交之日起 8 个月内，国防部部长应当通知专利局该申请是否涉及国防利益需要保密。

（四）修改作用

本条的修改进一步贯彻落实上位法的相关规定，明确向申请人发出保密审查通知和作出保密决定的时限分别为 2 个月和 4 个月，情况复杂的，可以延长 2 个月。申请人对于向外国申请专利权、涉及国防利益以及国防利益以外的国家安全或者重大利益等需要进行保密审查的相关情形，保密审查有了更为确切的时间预期，可以更好地维护申请人的利益。

六、关于第十一条

第十一条　申请专利应当遵循诚实信用原则。提出各类专利申请应当以真实发明创造活动为基础，不得弄虚作假。

（一）修改目的

本条为新增条款，是对《专利法》第二十条的进一步细化。诚实信用原则是民法的基本原则，要求民事主体在民事活动中应当诚实、守信，正当行使权利和履行义务。《专利法》第四次修改新增第二十条，规定在专利申请和专利权行使过程中，权利人应当遵循诚实信用的原则。本次《专利法实施细则》修改中对此作出更具体的规制。

实践中，一些申请人采取弄虚作假方式或者其他不正当手段提出各类非正常专利申请，严重干扰了专利管理工作秩序，影响了专利制度作用的充分发挥。为严厉打击非正常申请专利行为，从源头上促进专利质量提升，国家知识产权局采取了一系列措施。2007年，国家知识产权局制定了《关于规范专利申请行为的若干规定》（国家知识产权局令第 45 号），并于 2017 年发布了第 75 号国家知识产权局令对该文件进行了修改。此后，国家知识产权局根据该文件对非正常申请专利行为进行了排查处置。

《关于规范专利申请行为的若干规定》对遏制非正常专利申请行为起到了非常重要的作用。但由于上述文件法律位阶较低，震慑力度不够，因此，有必要在《专利法实施细则》中明确规定专利申请应当以真实发明创造为基础，不得弄虚作假，以及进行非正常专利申请行为的法律后果，提升非正常专利申请处理程序的公开性和透明度。

为落实《专利法实施细则》最新修改内容，国家知识产权局在《专利法实施细则》修改过程中，同步启动了对《关于规范专利申请行为的若干规定》的修改，于 2023 年 12 月 21 日发布《规范申请专利行为的规定》（国家知识产权局令第 77 号）（以下简称《规定》）。《规定》于 2024 年 1 月 20 日施行，国家知识产权局第 45 号、第 75 号令公布的《关于规范专利申请行为的若干规定》同步废止。《规定》进一步明确了非正常申请专利行为的含义和表现形式；明确了国家知识产权局对非正常专利申请的处理程序以及相关法律救济途径，使程序更加公开透明；梳理和完善了对实施各类非正常申请专利行为的单位、个人的行政处罚和处理措施。通过上述修改，《规定》将更有效地遏制非正常申请专利行为。

（二）修改内容

本条为新增条款，对专利申请过程中应当遵循诚实信用原则进行了明确规定。此外，还增加了"提出各类专利申请应当以真实发明创造活动为基础，不得弄虚作假"的要求。弄虚作假的具体情形可以参考《关于规范专利申请行为的若干规定》中有关规定，例如同时或者先后提交发明创造内容明显相同的多件专利申请，所提交专利申请的发明创造与申请人、发明人实际研发能力及资源条件明显不符的等行为。

在《专利法实施细则修改草案》公开征求意见过程中，该条表述曾经为"不符合专利法第二十条第一款的情形包括编造、伪造、抄袭、拼凑或者其他明显不正当行为"。有意见认为，《专利法》新增第二十条第一款的内容包括两个部分：第一个部分是指申请专利应当遵循诚实信用原则；第二个部分是行使专利权也应当符合诚实信用原则，不得滥用专利权损害公共利益或者他人合法权益。而本条细化的范围主要针对非正常专利申请行为，因此修改草案中本条款的表述存在不周延之处。考虑到社会公众意见的合理性，立法机关对本条的表述进行了修改调整。

考虑到《关于规范专利申请行为的若干规定》并没有规定对违反诚实信用原则的专利申请予以驳回等法律后果，造成了实践中非正常申请专利处理程序与普通专利申请审查程序存在脱节之处，且对非正常专利申请的处理的震慑力度仍然不够。因此，为使《专利法实施细则》第十一条在实践中更具有可操作性，配套修改第五十条、第五十九条、第六十九条，将违法诚实信用原则的非正常申请行为作为初审、实审予以驳回的理由以及作为可以被宣告无效的理由，以增加遏制非正常专利申请行为的法律依据，加大打击力度，切实提升处理效果。

此外，也有公众意见认为，诚实信用原则在审查程序中的适用标准和尺度尚不明确，希望进一步细化，并避免对申请人造成过多限制和误伤。通过《专利法实施细则》第五十条、第五十九条、第六十九条的修改，将非正常专利申请作为驳回申请、宣告专利权无效的理由，申请人如果不服相关决定的，可以依法提起复审或者行政诉讼。因此，上述修改在程序上进一步保障了申请人的正当权益。此外，国家知识产权局还将进一步通过修改《关于规范专利申请行为的若干规定》以及《专利审查指南》等方式明确相关审查标准和程序，确保真正的创新发明和高质量申请不被误伤。

（三）制度参考

国内立法层面，《商标法》《著作权法》等相关知识产权法律也规定了权利行使的基本原则。如《商标法》第七条第一款规定："申请注册和使用商标，应当遵循诚实信用原则。"《著作权法》第四条中规定："著作权人和与著作权有关的权利人行使权利，不得违反宪法和法律，不得损害公共利益。"

国际条约层面，《巴黎公约》中明确规定各国可通过专利实施强制许可制度来规制滥用专利权行为。TRIPS 第一部分"总则和基本原则"中明确规定了知识产权不得滥用原则。其第 8 条规定：

"各成员在制定或者修正其法律和法规时，可以采取必要的措施，以保护公共卫生和营养，以及促进对其社会经济和技术发展至关重要的部门的公共利益，但是以这些措施符合本协定的规定为限。为了防止权利持有人滥用知识产权，或者采用不合理地限制贸易或不利于国际技术转让的做法，可以采取适当措施，但是以这些措施符合本协定的规定为限。"同时，TRIPS 还对滥用知识产权限制竞争的行为作出了规定。其第 40 条第 1 款规定："各成员同意，在有关知识产权的许可中的某些限制竞争的做法或条件，对贸易可能有不利影响，并且可能阻碍技术的转让和传播。"

域外立法层面，目前多数国家立法中确立了获得专利权的过程应当诚信的原则。如《美国专利法》要求申请人提出专利申请时宣誓或者声明申请人是所申请专利的原始发明人。《澳大利亚专利法》规定，如果一项专利权获权过程中有欺诈、虚假或者失实陈述，应当全部撤销该专利或者只撤销所涉及的某项权利要求。《日本专利法》在法律责任部分引用《日本民事诉讼法》规定，专利申请人或者专利权人有义务向日本特许厅提交文件或者陈述的，如果其中有虚假陈述，应当判处罚金。

（四）修改作用

《专利法实施细则》第十一条、第五十条、第五十九条、第六十九条的修改，将《专利法》第二十条关于诚实信用原则的规定进行了整体、系统、具有可操作性的细化落实，有利于提升打击非正常专利申请相关业务规则的法律位阶，完善相关处理措施及程序，切实提升专利申请的质量，并从制度层面回应了社会公众关于非正常专利申请处理程序的透明度问题以及可能被误伤的担忧。

目前，为落实上述诚实信用原则，国家知识产权局持续深入实施专利质量提升工程，坚决打击不以真实发明创造为基础的非正常专利申请，取得了良好成效。总体来看，其做了以下四方面的工作。一是积极引导地方优化专利政策，全面取消申请环节的资助和奖励，引导高质量发展。二是加大前端排查力度，通过计算机辅助筛查和人工核查相结合的手段，对涉嫌非正常专利申请的案件进行严格排查、审慎认定。三是集中开展打击非正常专利申请行为专项整治，及时通报非正常专利申请有关情况，严厉打击不以保护创新为目的的非正常专利申请行为。在这个过程中，也依法保障申请人的合法权益。四是加大正面宣传引导力度，营造高质量发展的良好氛围，引导申请人正确进行专利申请，积极促进专利质量提升。

七、关于第十三条、第九十二条

第十三条　专利法第六条所称执行本单位的任务所完成的职务发明创造，是指：

（一）在本职工作中作出的发明创造；

（二）履行本单位交付的本职工作之外的任务所作出的发明创造；

（三）退休、调离原单位后或者劳动、人事关系终止后 1 年内作出的，与其在原单位承担的本职工作或者原单位分配的任务有关的发明创造。

专利法第六条所称本单位，包括临时工作单位；专利法第六条所称本单位的物质技术条件，是指本单位的资金、设备、零部件、原材料或者不对外公开的技术**信息**和**资料**等。

第九十二条　被授予专利权的单位可以与发明人、设计人约定或者在其依法制定的规章制度中规定专利法第十五条规定的奖励、报酬的方式和数额。**鼓励被授予专利权的单位实行产权激励，采取股权、期权、分红等方式，使发明人或者设计人合理分享创新收益。**

企业、事业单位给予发明人或者设计人的奖励、报酬，按照国家有关财务、会计制度的规定进行处理。

（一）修改目的

职务发明制度是专利制度的重要组成内容，主要涉及在一项发明完成后申请专利的权利归属以及发明人的奖励等方面的规定。实践中，职务发明制度既要保证作为创新主体的单位的整体利益，也要考虑专利制度激励发明人的核心作用与目的，保障研发与市场经营秩序的协调。

《专利法》立法之初即对职务发明制度作出规定。随着我国经济由计划经济向市场经济的转型，有关职务发明制度的规定也不断进行适应性修改。近年来，我国科技成果转化"使用权、处置权、收益权"三权改革不断推进，对职务发明相关规定提出了新要求。在《专利法》第四次修改时，为促进科技成果的转化，对职务发明，规定"单位可以依法处置其职务发明创造申请专利的权利和专利权，促进相关发明创造的实施和运用"；同时，为激励发明人，保障其合法权益，第十五条增加规定："国家鼓励被授予专利权的单位实行产权激励，采取股权、期权、分红等方式，使发明人或者设计人合理分享创新收益。"

上述修改进一步强调了对发明人的权益保障，但职务发明制度同时需要考虑发明人所在单位的利益。《专利法》第六条规定了两种属于职务发明的情形，即执行本单位的任务和主要利用单位的物质技术条件完成的发明创造属于职务发明创造，申请专利的权利也属于该单位，但单位可以与发明人或者设计人订立合同对申请专利的权利及专利权的归属作出约定。

原《专利法实施细则》已经细化了第二种情形所称的"物质技术条件"的范围，是指"本单位的资金、设备、零部件、原材料或者不对外公开的技术资料等"，其中"不对外公开的技术资料"主要指的是该单位的技术秘密。但《专利法实施细则》修改草案公开征求意见过程中，有意见认为，实践中，有些技术秘密不是以技术资料的形式存在，而是以会议讨论、口头传达、传授经验等方式使得相关人员知悉，原规定中的"不对外公开的技术资料"无法涵盖此类情形，导致如果相关人员以个人名义将此类技术秘密申请专利，会对单位的经营造成较大影响，不利于切实保护作为创新主体的单位的合法权益，因此有必要完善本条表述。

同时，在《专利法实施细则》修改征求意见过程中，有意见希望加大对于发明人或者设计人的奖励报酬力度，以激励创新，同时也建议调整对专利权的奖励形式，更加重视专利质量，激励高质量科技成果创造与转化积极性。综合这两方面意见，有必要对于《专利法》第四次修改时职务发明中关于促进科技成果转化的新增内容，在实施细则层面予以呼应和强调。

（二）修改内容

一是为保障市场创新主体合法利益，基于实践需求，在草案第十三条第二款中，将"技术信息"列为"本单位的物质技术条件"的范围。这里技术信息主要指的是不以文本、图片、照片等技术资料作为载体的技术内容，例如口头传授的技术操作诀窍、会议讨论过程中形成的技术路线等。

二是进一步对《专利法》第十五条有关职务发明创造实施产权激励的规定进行呼应和强调，在草案第九十二条第一款增加以下内容："鼓励被授予专利权的单位实行产权激励，采取股权、期权、分红等方式，使发明人或者设计人合理分享创新收益。"

（三）制度参考

"技术信息"一词的相关表述参考了《民法典》第八百四十五条第一款的表述："技术合同的内容一般包括项目的名称，标的的内容、范围和要求，履行的计划、地点和方式，技术信息和资料的保密，技术成果的归属和收益的分配办法，验收标准和方法，名词和术语的解释等条款。"《民法典》的上述表述将"技术信息"和"资料"并列，更加全面、合理地体现了相关技术秘密的范围，因此有必要在专利制度中予以借鉴。

同时，《反不正当竞争法》第九条第四款规定："本法所称的商业秘密，是指不为公众所知悉、具有商业价值并经权利人采取相应保密措施的技术信息、经营信息等商业信息。"因此，本条增加的技术信息属于《反不正当竞争法》中规定的商业秘密的范围，能够在《反不正当竞争法》对商业秘密保护的措施基础上，通过职务发明制度，进一步完善对创新主体商业秘密的保护力度。

关于产权激励，2020年5月，科学技术部等9部门印发《赋予科研人员职务科技成果所有权或长期使用权试点实施方案》，进一步提出"通过赋予科研人员职务科技成果所有权或长期使用权实施产权激励，完善科技成果转化激励政策，激发科研人员创新创业的积极性"。

（四）修改作用

通过上述调整，能更好地保护相关创新主体在企业研发、经营过程中产生的技术信息不被非法侵占，尤其是对不以有形载体等方式体现的技术内容，从而更好地加大对知识产权的保护力度；同时也有利于在充分尊重市场运行规律及企业自治需求的基础上，鼓励企业结合自身实际情况采取多种方式激励发明人，鼓励发明创造。

八、关于第十六条

第十六条 专利工作应当贯彻党和国家知识产权战略部署，提升我国专利创造、运用、保护、管理和服务水平，支持全面创新，促进创新型国家建设。

国务院专利行政部门应当提升专利信息公共服务能力，完整、准确、及时发布专利信息，提供专利基础数据，促进专利相关数据资源的开放共享、互联互通。

（一）修改目的

党的二十大报告提出："完善科技创新体系。坚持创新在我国现代化建设全局中的核心地位。完善党中央对科技工作统一领导的体制，健全新型举国体制，强化国家战略科技力量，优化配置创新资源，优化国家科研机构、高水平研究型大学、科技领军企业定位和布局，形成国家实验室体系，统筹推进国际科技创新中心、区域科技创新中心建设，加强科技基础能力建设，强化科技战略咨询，提升国家创新体系整体效能。深化科技体制改革，深化科技评价改革，加大多元化科技投入，加强知识产权法治保障，形成支持全面创新的基础制度。培育创新文化，弘扬科学家精神，涵养优良学风，营造创新氛围。扩大国际科技交流合作，加强国际化科研环境建设，形成具有全球竞争力的开放创新生态。""加快实施创新驱动发展战略。坚持面向世界科技前沿、面向经济主战场、面向国家重大需求、面向人民生命健康，加快实现高水平科技自立自强。以国家战略需求为导向，集聚力量进行原创性引领性科技攻关，坚决打赢关键核心技术攻坚战。加快实施一批具有战略性全局性前瞻性的国家重大科技项目，增强自主创新能力。加强基础研究，突出原创，鼓励自由探索。提升科技投入效能，深化财政科技经费分配使用机制改革，激发创新活力。加强企业主导的产学研深度融合，强化目标导向，提高科技成果转化和产业化水平。强化企业科技创新主体地位，发挥科技型骨干企业引领支撑作用，营造有利于科技型中小微企业成长的良好环境，推动创新链产业链资金链人才链深度融合。"

2021 年 1 月，中共中央印发《法治中国建设规划（2020—2025 年)》，明确提出"推进党的领导入法入规，着力实现党的领导制度化、法治化"。贯彻落实宪法中关于"中国共产党领导是中国特色社会主义最本质的特征"的规定，制定和修改有关法律法规要明确规定党领导相关工作的法律地位。将坚持党的全面领导的要求载入人大、政府、法院、检察院的组织法，载入政协、民主党派、工商联、人民团体、国有企业、高等学校、有关社会组织等的章程，健全党对这些组织实施领导的制度规定，确保其始终在党的领导下积极主动、独立负责、协调一致地开展工作。因此，有必要规定专利工作应当坚持党的领导。

本条第二款是对《专利法》第二十一条关于加强专利信息公共服务体系建设的内容进一步予以细化。

（二）修改内容

新增本条，第一款将党的领导入法入规，第二款细化修改后的《专利法》第二十一条所规定的专利信息公共服务体系建设的相关内容。

我国经济正处在转变发展方式、优化经济结构、转换增长动力的攻关期。创新是引领发展的第一动力，加强知识产权保护、提高自主创新能力，已经成为我国加快转变经济发展方式、实施创新驱动发展战略的内在需要。党中央、国务院高度重视知识产权保护。习近平总书记指出："加强知识产权保护是完善产权保护制度最重要的内容，也是提高中国经济竞争力最大的激励"，"知识产权保护工作关系国家治理体系和治理能力现代化，关系高质量发展，关系人民生活幸福，关系国家对外开放大局，关系国家安全"，要求"着力营造尊重知识价值的营商环境，全面完善知识产权保护法律体系""提高知识产权保护工作法治化水平""加快完善相关法律法规"。《知识产权强国建设纲要（2021—2035 年）》提出"统筹推进知识产权强国建设，全面提升知识产权创造、运用、保护、管理和服务水平，充分发挥知识产权制度在社会主义现代化建设中的重要作用"。

明确赋予国务院专利行政部门提升专利信息公共服务能力的职能，以实现完整、准确、及时发布专利信息。这项工作主要体现在两个方面：一是建设专利信息公共服务平台。国务院专利行政部门建设交互性好的专利信息公共服务系统，开发并向社会提供便民、快捷的专利信息检索分析工具等；二是完善专利信息服务网络。国务院专利行政部门指导有条件的地方专利行政部门、公共图书馆、高校图书馆、科技情报机构设立专利信息服务网点，立足本地方、本系统开展专利信息服务，国务院专利行政部门对其提供数据资源、人才培养等方面的支持。

在此基础上，进一步规定国务院专利行政部门"提供专利基础数据"的职责，以实现专利相关数据资源的开放共享、互联互通。除《专利法》规定需要保密之外，专利信息基础数据由国务院专利行政部门通过建立内容完整、格式规范的数据库，以互联网等多种方式向社会提供。主要包括专利信息基础数据的提供范围、载体和方式等内容。

（三）制度参考

关于政府部门提供基础信息及数据，国内相关法律有类似规定。《防震减灾法》第二十五条第一款规定："国务院地震工作主管部门建立健全地震监测信息共享平台，为社会提供服务。"《促进科技成果转化法》第十一条第一款中规定："国家建立、完善科技报告制度和科技成果信息系统，向社会公布科技项目实施情况以及科技成果和相关知识产权信息，提供科技成果信息查询、筛选等公益服务。"

为认真贯彻落实中央关于构建便民利民知识产权公共服务体系的决策部署，努力织好知识产权公共服务网，夯实知识产权信息公共服务基础，积极推动知识产权强国建设，促进经济转型升级和高质量发展，2019 年 8 月，国家知识产权局印发《关于新形势下加快建设知识产权信息公共服务体系的若干意见》（国知发服字〔2019〕46号），其中对建立健全便民利民的知识产权信息公共服务体系、强化知识产权信息公共服务体系的支撑保障等多个具体方面进行了详细的规定。

美国、日本、欧洲等多个国家或地区的专利法同样规定了专利主管部门负责专利信息公共服务、提供专利信息基础数据等内容。从成效看，美国、日本、欧洲等发达国家或地区履行法定职责，提供专利信息基础数据，减少了社会各方开发专利信息的时间和成本，给市场化专利信息服务提供了良好的基础条件，促使涌现出一批规模大、国际竞争力和影响力较强的专利信息服务机构。这些机构利用基础数据，为创新主体进一步提供专利咨询、预警、战略制定等高端服务，取得了良好的社会效益。

（四）修改作用

本条修改明确规定专利工作应当坚持党的领导，贯彻党和国家知识产权战略部署，提升我国专利创造、运用、保护、管理和服务的能力和水平，促进创新型国家建设，为专利工作今后的发展指明了方向，进一步加强了顶层设计。

明确赋予国务院专利行政部门提升专利信息公共服务能力的职能，以实现完整、准确、及时发布专利信息，将更好地促进专利信息传播与利用，降低基础数据的获取成本，促进知识产权服务机构对基础数据进行加工，开发出高附加值的专利信息产品，满足多层次、个性化的市场需求，从而释放数据红利，促进信息消费和服务模式创新，促进形成经济发展新动能。

九、关于第十七条、第二十六条、第四十四条、第四十九条、第一百二十一条

上述条款均涉及对专利申请文件要求的简化。

（一）修改目的

上述条款修改旨在进一步推进向服务型政府的角色转变，持续优化营商环境。党的十八大以来，为了切实给创新主体松绑减负，我国对行政监管机制进行优化创新，通过规范行政权力的运行范围，优化行政权力的运行机制，从而赋予创新主体更加稳定、公平、透明、可预期的市场环境，以激发市场活力和社会创造力，推动有效市场和有为政府的更好结合，取得了显著的成效。

国家知识产权局充分响应创新发展需要和社会公众需求，更好激发创新动力和活力，切实提高社会公众对知识产权工作的满意度，推动知识产权高质量发展，优化创新环境和营商环境。通过持续压减专利审查周期、切实提高专利申请质量、提高知识产权公共服务效能等多种措施深入推进改革。良好的创新和营商环境需要法律法规政策给予更大空间的推动，因此本次《专利法实施细则》修改在多个条款中对申请文件要求进行了调整或简化，以进一步减轻申请人的负担。

（二）修改内容

1. 关于第十七条

第十七条 申请专利的，应当向国务院专利行政部门提交申请文件。**申请文件**应当符合规定的要求。

申请人委托专利代理机构向国务院专利行政部门申请专利和办

理其他专利事务的，应当同时提交委托书，写明委托权限。

申请人有2人以上且未委托专利代理机构的，除请求书中另有声明的外，以请求书中指明的第一申请人为代表人。

本条的修改在于：一是将第一款与第二款合并，将提交申请文件的要求概括为："申请专利的，应当向国务院专利行政部门提交申请文件。申请文件应当符合规定的要求。"二是提交纸质申请的，不再要求申请文件一式两份。

考虑到电子形式专利申请已被广泛接受、使用以及纸质申请现已普遍通过电子扫描存档等诸多因素，为了减轻申请人的负担，对申请人申请文件的要求逐渐放宽，对于纸件申请不再要求一式两份，即纸质申请与国务院专利行政部门允许的其他形式申请在提交文件上已没有额外要求，且纸质形式、电子形式以及国务院专利行政部门允许的其他形式均需按照国务院专利行政部门的规定提交申请文件。综合上述因素，将原《专利法实施细则》本条对不同形式的专利申请分别规定的第一款、第二款进行了整体考虑，在第一款概括为按照国务院专利行政部门的规定提交文件。至于不同提交形式的其他具体要求，将在《专利审查指南》或其他配套规则中予以细化规定。

2. 关于第二十六条

第二十六条 说明书摘要应当写明发明或者实用新型专利申请所公开内容的概要，即写明发明或者实用新型的名称和所属技术领域，并清楚地反映所要解决的技术问题、解决该问题的技术方案的要点以及主要用途。

说明书摘要可以包含最能说明发明的化学式；有附图的专利申请，还应当**在请求书中指定**一幅最能说明该发明或者实用新型技术特征的**说明书附图**作为摘要附图。摘要中不得使用商业性宣传用语。

本条的修改在于：将"提交"摘要附图修改为"指定"摘要附图，并对涉及摘要附图格式和摘要字数的规定作适应性修改。具体为，将第二款摘要附图的提交要求由"提供"修改为"在请求书中指定"，并删除关于附图尺寸、清晰度的规定以及有关摘要字数的规定。

根据《专利审查指南》第一部分第一章有关规定，摘要附图应当是一幅最能说明本发明或实用新型技术方案主要技术特征的附图，且应当是说明书附图中的一幅。由于其已经包含在说明书附图中，重复提交的意义不大；且在实际操作中，可以通过在专利申请请求书中指定一幅最能说明本发明或实用新型技术特征的说明书附图作为摘要附图。此外，摘要作为公开文件，其最大用途是有利于公众检索和筛选，原则上应该是通过简短、精练的语言来充分体现本发明或实用新型的发明构思，在《专利法实施细则》层面对摘要的字数进行具体规定过于细致，可根据具体情形在《专利审查指南》中进一步详细规定。

3. 关于第四十四条

第四十四条　专利申请文件有下列情形之一的，国务院专利行政部门不予受理，并通知申请人：

（一）发明或者实用新型专利申请缺少请求书、说明书（实用新型无附图）或者权利要求书的，或者外观设计专利申请缺少请求书、图片或者照片、简要说明的；

（二）未使用中文的；

（三）**申请文件的格式**不符合规定的；

（四）请求书中缺少申请人姓名或者名称，或者缺少地址的；

（五）明显不符合专利法第十七条或者第十八条第一款的规定的；

（六）专利申请类别（发明、实用新型或者外观设计）不明确或者难以确定的。

本条的修改在于：将第〔三〕项表述修改为"申请文件的格式不符合规定的"，同时删除了该条款原来引用的原第一百二十一条的条款，实质上减少了对申请文件的格式要求。

原《专利法实施细则》对申请文件的格式有比较详细的规定，如原第一百二十一条规定各类申请文件应当打字或者印刷，字迹呈黑色，整齐清晰，并不得涂改等。考虑到实践中对申请文件的要求已经有所放宽，故本次《专利法实施细则》修改删除了原第一百二十一条，在本条中也进行了适应性调整。

4. 关于第四十九条

第四十九条 依照本细则第**四十八条**规定提出的分案申请，可以保留原申请日，享有优先权的，可以保留优先权日，但是不得超出原申请记载的范围。

分案申请应当依照专利法及本细则的规定办理有关手续。

分案申请的请求书中应当写明原申请的申请号和申请日。

本条的修改在于：删除第三款"提交分案申请时，申请人应当提交原申请文件副本；原申请享有优先权的，并应当提交原申请的优先权文件副本。"的表述。

修改后，申请人无须再提交原申请文件副本及优先权文件副本。目前，绝大多数的申请都通过电子申请提出，审查实践中，分案申请的原申请文件副本及原申请优先权文件副本都可以从电子审查系统中查阅，原申请优先权是外国申请的，副本也可以通过 WIPO 优先权文件数字接入服务（DAS）或者通过双边电子数据交换服务获得，因此没有必要要求申请人额外提交相关副本，必要时由审查员直接在电子审查系统中查阅相关文件。

5. 关于第一百二十一条

第一百二十一条 申请人依照本细则第**一百二十条**的规定办理进入中国国家阶段的手续的，应当符合下列要求：

（一）以中文提交进入中国国家阶段的书面声明，写明国际申请号和要求获得的专利权类型；

（二）缴纳本细则第**一百一十条**第一款规定的申请费、公布印刷费，必要时缴纳本细则第**一百二十条**规定的宽限费；

（三）国际申请以外文提出的，提交原始国际申请的说明书和权利要求书的中文译文；

（四）在进入中国国家阶段的书面声明中写明发明创造的名称，申请人姓名或者名称、地址和发明人的姓名，上述内容应当与世界知识产权组织国际局（以下简称国际局）的记录一致；国际申请中未写明发明人的，在上述声明中写明发明人的姓名；

（五）国际申请以外文提出的，提交摘要的中文译文，有附图和摘要附图的，提交附图副本**并指定**摘要附图，附图中有文字的，将其替换为对应的中文文字；

（六）在国际阶段向国际局已办理申请人变更手续的，**必要时**提供变更后的申请人享有曰请权的证明材料；

（七）必要时缴纳本细则第**一百一十**条第一款规定的申请附加费。

符合本条第一款第（一）项至第（三）项要求的，国务院专利行政部门应当给予申请号，明确国际申请进入中国国家阶段的日期（以下简称进入日），并通知申请人其国际申请已进入中国国家阶段。

国际申请已进入中国国家阶段，但不符合本条第一款第（四）项至第（七）项要求的，国务院专利行政部门应当通知申请人在指定期限内补正；期满未补正的，其申请视为撤回。

本条的修改在于：一是对条款序号进行适应性调整；二是修改第（五）项，国际申请以外文提出的，无须提交摘要附图副本，明确通过指定的方式确认摘要附图，并简化以中文提出的国际申请的文件提交要求；三是修改第（六）项，将"提供变更后的申请人享有申请权的证明材料"调整为"必要时提供变更后的申请人享有申请权的证明材料"。

关于第（五）项的修改，其理由与本部分第二十六条的理由基本一致，在此不赘述。关于第（六）项的修改，规定仅在"必要时"提交变更申请权的证明材料，进一步简化国务院专利行政部门与当事人信息交互的程序，积极履行诚实信用原则，仅在国务院专利行政部门认为确有必要或者当事人自认为有必要加以解释说明的情形下，才需提交相应的证明材料，减轻申请人的负担。

（三）制度参考

中共中央、国务院印发的《知识产权强国建设纲要（2021—2035年)》中提出，要"提高审查质量和效率""深入推进'互联网＋'政务服务，充分利用新技术建设智能化专利商标审查和管理系统，优化审查流程"等。近年来，电子申请的推广普及，从技术上使得简化专利申请文件和程序可行，从而进一步提高了我国专利申请和审批效率，降低了社会成本。同时国家知识产权局从多个方面积极推进便民利民的知识产权公共服务，优化知识产权审查流程，按照便利申请人的原则，梳理商标、专利、地理标志、集成电路布图设计等知识产权业务流程及环节，加强制度供给，修订完善现行制度，提高服务水平，充分发挥知识产权制度优势，推动创新驱动发展和经济高质量发展。

（四）修改作用

通过上述调整，一是增加便利性，切实减轻申请人负担；二是提高审查效率和质量，充分利用电子审查系统，便利社会公众和国务院专利行政部门；三是条款表述更加精简，使得《专利法实施细则》中相关条款和其他规定可以更好地衔接配合，也为制度细化提供了更多灵活空间。

十、关于第十八条

第十八条 依照专利法第十八条第一款的规定委托专利代理机构在中国申请专利和办理其他专利事务的，涉及下列事务，申请人或者专利权人可以自行办理：

（一）申请要求优先权的，提交第一次提出的专利申请（以下简称在先申请）文件副本；

（二）缴纳费用；

（三）国务院专利行政部门规定的其他事务。

（一）修改目的

本条属于新增条款，规定了强制代理的例外情形，涉及在中国申请专利和办理其他专利事务的外国申请人在提交在先申请副本、费用处理等不影响双方有效交互的程序时，可选择自行提交，无须经过代理人，从而减轻申请人的负担，提高信息交互的效率。

《专利法》第十八条第一款规定："在中国没有经常居所或者营业所的外国人、外国企业或者外国其他组织在中国申请专利和办理其他专利事务的，应当委托依法设立的专利代理机构办理。"

专利制度的复杂性决定了专利代理产生和存在的必然性。从专利申请、审查到授权，手续复杂，格式严谨，专业性强，普通公众难以完全掌握，可能会影响专利权的获得和保护。这就要求有一批经过专业训练，精通技术、法律、经济的专门人才帮助专利申请人、专利权人处理专利事务。目前不少国家的专利法中都有关于专利代理的规定，我国专利法也同样对有关专利代理作了规定。

考虑到各国专利法规定的申请本国专利及办理其他专利事务的程序往往各有不同，外国的发明人或者设计人对我国专利法律的各项规定难以完全了解，规定对于在我国没有经常居所或者营业所的外国人、外国企业或者外国其他组织需要在我国申请专利或者办理其他专利事务的，应当由我国的专利代理机构代为办理。这样规定既可以为有关外国当事人提供方便，也便于我国专利管理机关及时、准确地处理这类专利事务，包括在我国专利管理机关与外国当事人之间进行有关文件、资料的交换和送达等。设置上述强制专利代理制度就是为了更好地提高当事人与国务院专利行政部门处理专利审批事务的工作效率。

然而，随着信息技术的不断发展，当事人可以独自办理一些相对简单的专利事务，如果强制要求代理机构代为办理，无疑增加了程序的复杂性，违背了强制代理制度设置的初衷和目的。因此，本次《专利法实施细则》修改有必要对强制代理制度进行优化完善，增加制度的灵活性。

（二）修改内容

本条增加的具体内容主要包括：第（一）项、第（二）项明确强制代理的例外情形包括提交优先权文件副本和缴纳费用，第（三）项为未来可能增加的其他事项留有空间。

为给有关外国当事人提供方便，也便于我国专利审查机关更及时准确地处理专利事务，《专利法》中规定了强制代理，即在中国没有经常居所或者营业所的外国人、外国企业或者外国其他组织在中国申请专利和办理其他专利事务的，应当委托依法设立的专利代理机构办理。

随着专利领域国际合作日渐深入，信息技术的不断发展，信息交流渠道更加畅通，《专利合作条约》等国际条约在专利申请的程序设置方面明显体现出对申请人更为宽松的趋势，且专利代理制度方面的国际规则调整，也在逐步向前推进。因此，在符合强制代理要求的总体原则下，结合实际需求和实践做法，可以将专利审批程序中的特定手续交由专利申请人或专利权人自行办理。具体而言，可以允许申请人或者专利权人自行提交在先申请文件副本和缴纳费用，不仅符合《专利法》规定强制代理的立法本意，也并不影响专利交互程序，反而给申请人或者专利权人多了一种选择，有利于提高信息交互的效率。此外，在具体操作上，国内外很多平台均已经可以便捷地实现信息交互，如在中国没有经常居所或营业所的外国申请人可以使用 WIPO 的优先权文件数字接入服务或者通过双边电子数据交换服务提交在先申请文本副本的优先权。因此，有必要在《专利法实施细则》层面规定强制代理的例外情形，增加申请人在实际操作中的不同选择，进一步提高交互便利度和效率。

（三）制度参考

《专利法条约》第 7 条第 2 款规定了强制代理，但其中明确规定了允许例外的情形，即："缔约方可要求，申请人、所有人或其他利害关系人，为进行主管局的任何程序的目的，须指定一名代表，但申请的受让人、申请人、所有人或其他利害关系人在主管局的下列程序中可自己办理：（1）为申请日的目的提交申请；（2）纯粹缴纳费用；……"虽然我国目前尚未加入该条约，但面对国际形势的发展，我国正密切关注其发展动向。

《外观设计法条约草案》第4条第2款（b）项同样规定了强制代理的例外情形，即："在缔约方所辖领土内既无住所也无真实有效的工商营业所的申请人、所有人或其他利害关系人，为申请日目的提交申请，以及纯粹为缴纳费用，可自行到主管局办理。"该条约虽尚未缔结，但根据目前讨论，相关规定得到较多国家支持，大概率会保留在条约文本中，我国也正积极参与条约讨论磋商。

鉴于此，有必要优化专利审批流程中涉及强制代理的相关规定，以进一步便利申请人，提高信息交互效率；此外，也便于与国际规则接轨，有利于进一步优化营商环境。因此，在本次《专利法实施细则》修改时，增加了强制代理的例外情形。

（四）修改作用

通过本次修改，允许在中国没有经常居所或营业所的外国人、外国企业或外国其他组织在实践操作中，既可以选择委托代理机构或者其他人办理相关业务，也可以自行办理相关业务，有利于相关专利程序的加快处理，同时也能切实减轻申请人的负担。

同时，作为国际社会的重要一员，我国也在积极参与国际规则制定，主动融入和适应全球化规则，以更高的标准保护知识产权，以不断创造良好的营商环境，扩大国际影响力。

十一、关于第十九条

第十九条 发明、实用新型或者外观设计专利申请的请求书应当写明下列事项：

（一）发明、实用新型或者外观设计的名称；

（二）申请人是中国单位或者个人的，其名称或者姓名、地址、邮政编码、**统一社会信用**代码或者身份证件号码；申请人是外国人、外国企业或者外国其他组织的，其姓名或者名称、国籍或者注册的国家或者地区；

（三）发明人或者设计人的姓名；

（四）申请人委托专利代理机构的，受托机构的名称、机构代码以及该机构指定的**专利代理师**的姓名、**专利代理师资格证**号码、联系电话；

（五）要求优先权的，在先申请的申请日、申请号以及原受理机构的名称；

（六）申请人或者专利代理机构的签字或者盖章；

（七）申请文件清单；

（八）附加文件清单；

（九）其他需要写明的有关事项。

（一）修改目的

本条主要为文字性调整，旨在规范专有名词的统一表述。近些年，在其他法律法规规定中，对"组织机构代码""居民身份证件号码""专利代理人的姓名、执业证号码"的具体表述进行了更新修改。

习近平总书记主持第十九届中央政治局第二十五次集体学习时强调"要在严格执行民法典相关规定的同时，加快完善相关法律法规，统筹推进专利法、商标法、著作权法、反垄断法、科学技术进步法等修订工作，增强法律之间的一致性"。因此，本次《专利法实施细则》修改，为了保持与《民法典》等相关法律的一致性，对组织机构代码、居民身份证、专利代理人等表述进行规范表述，以更好地有利于申请人和社会公众对法条的理解和使用。

（二）修改内容

本条的修改在于：对部分表述进行适应性调整，将"组织机构代码"修改为"统一社会信用代码"，将"居民身份证件号码"修改为"身份证件号码"，将"专利代理人的姓名、执业证号码"修改为"专利代理师的姓名、专利代理师资格证号码"。

目前，我国在构建社会信用体系，根据国家相关法规，2017年12月31日前企业未换发的证照可继续使用，相关税务登记按照原有法律制度执行；2017 年 12 月 31 日后，一律使用加载统一代码的营业执照办理相关业务，未换发的营业证照不再有效。统一社会信用代码是营业执照注册号，这也是"三证合一、一照一码"的工商改革的结果。所谓"三证合一"，就是将企业依次申请的工商营业执照、组织机构代码证和税务登记证三证合为一证（营业执照），从而提高市场准入效率。因此，本次《专利法实施细则》修改有必要对"组织机构代码"进行更新。同时，与《民法典》有关规定表述一致，将"居民身份证件号码"改为"身份证件号码"。

将"专利代理人"改为"专利代理师"，是代理行业长期以来的呼吁。2019 年《专利代理条例》的修改，顺应了广大代理从业人员的诉求。这个称谓的变化有其深层次的考虑，因为专利代理工作是一项非常重要的工作，其不但是提升专利质量的重要保障，也是服务创新主体的重要环节，称谓的变化有利于提升专利代理从业人员的社会影响力，使他们更有职业荣誉感。同样，本次《专利法实施细则》修改作出了同步调整。

专利代理师是取得执业资格，代理他人进行专利申请和办理其他专利事务的人。《专利代理条例》和《专利代理管理办法》规定，专利代理师执业应具备一定的条件，经考核批准，由国家知识产权局颁发专利代理师资格证，实习满一年，通过专利代理管理系统进行执业备案。因此，《专利法实施细则》中将"专利代理人的执业证号码"变更为"专利代理师资格证号码"。

（三）制度参考

《国家发展改革委办公厅关于在办理相关业务中使用统一社会信用代码的通知》规定，2018 年 1 月 1 日后，企业的组织机构代码证和未加载统一社会信用代码的营业执照停止使用，改为使用由工商、市场监管部门核发的加载统一社会信用代码的营业执照；自2018 年 6 月 30 日起，所有企事业单位、社会团体、基金会、民办非企业单位、基层群众性自治组织、工会等组织机构代码证和未加载统一社会信用代码的登记证照停止使用，改为使用由相关登记管理部门（或批准单位、归口管理单位）制发的加载统一社会信用代码的登记证照。

《民法典》第一千零三十四条第二款规定："个人信息是以电子或者其他方式记录的能够单独或者与其他信息结合识别特定自然人的各种信息，包括自然人的姓名、出生日期、身份证件号码、生物识别信息、住址、电话号码、电子邮箱、健康信息、行踪信息等。"

2019 年 3 月 1 日起施行的《专利代理条例》第十四条第二款规定："专利代理机构应当指派在本机构执业的专利代理师承办专利代理业务，指派的专利代理师本人及其近亲属不得与其承办的专利代理业务有利益冲突。"第十一条规定："专利代理师执业应当取得专利代理师资格证，在专利代理机构实习满 1 年，并在一家专利代理机构从业。"

参考上述制度，为保持专有名词的表述一致，修改本条第（二）项，将"组织机构代码"修改为"统一社会信用代码"，将"居民身份证件号码"修改为"身份证件号码"；以及适应性地将第（四）项中"专利代理人"修改为"专利代理师"，将"执业证"修改为"专利代理师资格证"。

（四）修改作用

通过本次调整，《专利法实施细则》与《民法典》《专利代理条例》《国家发展改革委办公厅关于在办理相关业务中使用统一社会信用代码的通知》等规定中的有关表述保持一致，有利于申请人和社会公众更好地理解法律规定，方便其具体操作。

十二、关于第二十条

第二十条 发明或者实用新型专利申请的说明书应当写明发明或者实用新型的名称，该名称应当与请求书中的名称一致。说明书应当包括下列内容：

（一）技术领域：写明要求保护的技术方案所属的技术领域；

（二）背景技术：写明对发明或者实用新型的理解、检索、审查有用的背景技术；有可能的，并引证反映这些背景技术的文件；

（三）发明内容：写明发明或者实用新型所要解决的技术问题以及解决其技术问题采用的技术方案，并对照现有技术写明发明或者实用新型的有益效果；

（四）附图说明：说明书有附图的，对各幅附图作简略说明；

（五）具体实施方式：详细写明申请人认为实现发明或者实用新型的优选方式；必要时，举例说明；有附图的，对照附图。

发明或者实用新型专利申请人应当按照前款规定的方式和顺序撰写说明书，并在说明书每一部分前面写明标题，除非其发明或者实用新型的性质用其他方式或者顺序撰写能节约说明书的篇幅并使他人能够准确理解其发明或者实用新型。

发明或者实用新型说明书应当用词规范、语句清楚，并不得使用"如权利要求……所述的……"一类的引用语，也不得使用商业性宣传用语。

发明专利申请包含一个或者多个核苷酸或者氨基酸序列的，说明书应当包括符合国务院专利行政部门规定的序列表。

实用新型专利申请说明书应当有表示要求保护的产品的形状、构造或者其结合的附图。

（一）修改目的

在本次《专利法实施细则》第二条修改明确了电子形式申请的内涵及效力的基础上，本条修改了原规定中对纸件形式申请序列表副本的提交要求以保证条款的完整性，并进一步规范电子形式申请序列表副本的提交要求。

根据原《专利法实施细则》本条规定，对于纸件形式申请，申请人应当将该序列表作为说明书的一个单独部分提交，并按照国务院专利行政部门的规定提交该序列表的计算机可读形式的副本。《专利审查指南》第一部分第一章第4.2节进一步规定，申请人应当在申请的同时提交与该序列表相一致的计算机可读形式的副本，如提交记载有该序列表的符合规定的光盘或者软盘。然而，随着数字技术的发展，电子形式早已不再满足于光盘或者软盘，申请人可自由选择符合国务院专利行政部门规定的电子形式的提交格式。因此，原《专利法实施细则》规定的纸质申请需额外提交的该序列表的计算机可读形式的副本已不能满足电子申请的要求。

（二）修改内容

本条的修改在于：删除第四款申请文件中对序列表的提交要求。

序列表是专利申请说明中比较特殊的文件形式。实践中，电子形式申请和纸件形式申请对于序列表副本的提交要求差异较大，需要更进一步思考的是有没有必要将如此详细的规定在《专利法实施细则》层面作出严格要求。依据《专利法实施细则》和《专利审查指南》分别为行政法规和部门规章的法律位阶定位，在《专利法实施细则》中对电子形式申请和纸件形式申请的序列表副本提交要求分别作详细规定会使得行政法规的条款过于复杂，过于细化的规定更适合纳入部门规章《专利审查指南》中。同时，部门规章的修改程序相对灵活，能够尽快匹配国内、国际规则的调整。综合上述理由，本次《专利法实施细则》修改对本条的修改是删除原有对纸件形式申请的序列表提交要求，并根据实践情况，在《专利审查指南》中对两种形式进一步细化规定，即将对电子形式申请的序列表相关要求纳入《专利审查指南》中。

（三）制度参考

《PCT实施细则》第5.2条（a）规定："如果国际申请包含一个或者多个核苷酸和/或氨基酸序列的公开，说明书应当包括符合行政规程规定标准的序列表。并按照该标准将其作为说明书的单独部分提交。"《PCT实施细则》第13条之三规定："如果申请人没有提交符合行政规程规定标准的计算机可读形式的序列表，国际检索单位可以通知申请人，在通知书指定的期限内提交符合该标准的计算机可读形式的序列表。"在对《专利法实施细则》第二次修改时，为了与《PCT实施细则》的上述规定保持一致，在原本条第四款增加了对核苷酸或者氨基酸序列的发明专利申请的特殊规定。

此后，WIPO 对序列表形式进行了标准化规范并不断调整。2022 年 6 月 10 日，国家知识产权局发布了《关于调整核苷酸或氨基酸序列表电子文件标准的公告》（第 485 号），要求自 2022 年 7 月 1 日起，向国家知识产权局提交的国家专利申请和 PCT 申请，专利申请文件中含有序列表的，该序列表电子文件应符合 WIPO ST. 26 标准要求。原有 WIPO ST. 25 标准与 WIPO ST. 26 标准的差异主要包括提交格式变化（从 TXT 格式变更为 XML 格式）、标签字段变化、序列表中专利说明书著录项目信息描述变化等。

（四）修改作用

从申请人的角度而言，修改后的条款更加明确简洁，也为进一步减轻申请人负担、根据实践情况灵活调整对申请文件的要求提供了更大空间。

从国务院专利行政部门的角度而言，《专利审查指南》的修改时机和程序相对比较灵活，在《专利法实施细则》中仅提出对专利申请的原则要求，更为细致的制度规定可以体现在《专利审查指南》中。这有利于在国内、国际相关制度发生变化时，能够尽快修改《专利审查指南》，给申请人和社会公众及时提供参考和指导。

十三、关于第二十九条

第二十九条 专利法所称遗传资源，是指取自人体、动物、植物或者微生物等含有遗传功能单位并具有实际或者潜在价值的材料**和利用此类材料产生的信息**；专利法所称依赖遗传资源完成的发明创造，是指利用了遗传资源的遗传功能完成的发明创造。

就依赖遗传资源完成的发明创造申请专利的，申请人应当在请求书中予以说明，并填写国务院专利行政部门制定的表格。

（一）修改目的

本条是根据《生物安全法》《人类遗传资源管理条例》等规定，结合遗传资源本身特点，对有关术语的解释进行调整。

遗传资源包括遗传资源材料和遗传资源信息：遗传资源材料是指含有基因等遗传物质的器官、组织、细胞等遗传材料，遗传资源信息是指利用遗传材料产生的数据等信息资源。对于遗传资源材料和遗传资源信息是区别管理的，即"材料归材料，数据归数据"。遗传资源信息由遗传资源材料产生，从性质上来说有可能反映人体、动物、植物或者微生物等的生物识别信息。一旦繁殖、培育、提取成功，就可以基于现有的生物技术不断地复制，摆脱对原始生物材料提供者的依赖。随着技术的发展和认识的变化，有必要对原《专利法实施细则》本条中遗传资源的定义进行完善，在保护"遗传资源材料"的同时应当加强对"遗传资源信息"的保护。

（二）修改内容

本条修改在于：调整第一款关于遗传资源的定义，增加"利用此类材料产生的信息"有关表述。

根据《生物多样性公约》的规定，国家对其资源拥有国家主权，成员国有义务依公约目的及规定，保护其生物的多样性，并可永续使用生物资源及公正平等分享因获取遗传资源及传统知识所衍生的利益。《生物多样性公约》规定了遗传资源的三个原则：一是"国家主权"原则；二是"知情同意"原则，即任何人要利用遗传资源，均要经国家主管机关的同意方可利用；三是"惠益分享"原则，即基于对遗传资源利用带来的商业上的收益，遗传资源的原始来源地也应当以某种方式分享。

为了在专利制度中体现对我国遗传资源的保护，落实《生物多样性公约》有关原则，在《专利法》第三次修改时，增加了涉及遗传资源保护的两个条款，分别是《专利法》第五条第二款和《专利法》第二十六条第五款；本次《专利法实施细则》修改对相关概念和要求作了进一步细化和解释。

《生物多样性公约》对"遗传资源"采用了一种分层递进的定义方式，首先定义了"遗传材料"的概念，即来自植物、动物、微生物或其他来源的任何含有遗传功能单位的材料；在此基础上，对遗传资源的概念进行了界定，即具有实际或潜在价值的遗传材料。由于《生物多样性公约》的宗旨在于保持自然界的生物多样性，并不涉及人类自身，因而不涉及人类遗传资源。但实践中，有关人类遗传资源的获取利用现象时有发生，而有关规则尚待健全和完善。为此，原《专利法实施细则》定义的遗传资源涵盖了人类遗传资源，具体表述为："专利法所称遗传资源，是指取自人体、动物、植物或者微生物等含有遗传功能单位并具有实际或者潜在价值的材料"。

随着信息技术的不断发展，对遗传资源的认识和重视程度不断深化，其具体范围也在不断调整。因此，有必要进一步参考其他相关法律法规，完善"遗传资源"的定义。

（三）制度参考

根据《生物安全法》第八十五条第（八）项以及《人类遗传资源管理条例》第二条第一款的规定，人类遗传资源包括人类遗传资源材料和人类遗传资源信息，为了适应目前技术的最新发展和实际情况，且与目前法律法规保持一致，借鉴将"遗传资源信息"纳入"遗传资源"，为了使得表述更加准确，增加"利用此类材料产生的信息"有关表述。

（四）修改作用

专利申请中，对于依赖遗传资源完成的发明创造，需要确保遗传资源的获取合法并披露其来源，因此遗传资源的定义无论是对申请人还是对审查人员来说都非常重要。原《专利法实施细则》将"遗传资源"定义为"取自人体、动物、植物或者微生物等含有遗传功能单位并具有实际或者潜在价值的材料"，基于当时的技术发展水平仅对"遗传材料"本身进行保护，而未涉及对"相关信息资料"的保护。通过本次调整，遗传资源的概念更加清晰明确、与时俱进，同时也与《生物安全法》《人类遗传资源管理条例》等相关法律法规保持原则一致。

十四、关于第三十条

第三十条　申请人应当就每件外观设计产品所需要保护的内容提交有关图片或者照片。

申请局部外观设计专利的，应当提交整体产品的视图，并用虚线与实线相结合或者其他方式表明所需要保护部分的内容。

申请人请求保护色彩的，应当提交彩色图片或者照片。

（一）修改目的

本条第二款是《专利法》第四次修改的配套修改条款。《专利法》第二条第四款规定："外观设计，是指对产品的整体或者局部的形状、图案或者其结合以及色彩与形状、图案的结合所作出的富有美感并适于工业应用的新设计。"即将外观设计的保护客体扩大到了局部外观设计。引入局部外观设计制度可以满足创新主体对于产品外观设计保护的进一步需求，弥补外观设计整体保护的局限，更有力地保障权利人权益。

（二）修改内容

本次修改在《专利法实施细则》第三十条中新增第二款："申请局部外观设计专利的，应当提交整体产品的视图，并用虚线与实线相结合或者其他方式表明所需要保护部分的内容。"这一修改进一步明确了局部外观设计专利申请的视图要求。首先，局部外观设计的专利申请应当提交整体产品的视图，整体产品的视图应当清楚地显示要求专利保护的产品的局部外观设计及其在整体产品中的位置和比例关系；其次，为了明确需要保护的局部，一般来讲，可以将欲获得外观设计专利保护的部分用实线绘制，其他部分用虚线绘制，另外也可以用其他方式来表明视图中需要保护部分的内容，例如用单一颜色半透明层覆盖不需要保护的部分等方式。关于局部外观设计专利申请更具体的视图要求将在《专利审查指南》中进一步细化规定。

（三）制度参考

世界上其他国家一般在审查指南层面规定通过视图绘制的方式区分请求保护的局部外观设计，目前美国、欧洲、日本、韩国等国家或地区主要以虚实线相结合的方式或者半透明层覆盖的方式来绘制局部外观设计的视图。其中，美国、日本、韩国、欧洲的局部外观设计视图中要求保护的部分用实线绘制，其他部分用虚线绘制。例如，《美国专利审查操作指南》规定：对于不要求保护但是与要求保护部分相关的环境部分可以用虚线显示；《日本外观设计注册的申请和绘图指引》中规定：在正投影制图法的"六面视图"中，用实线绘制要获得外观设计注册的部分，用虚线绘制其他的部分；另外，这些国家也允许用照片的形式提交局部外观设计申请，其中用阴影涂覆不需要保护的部分。欧盟的局部外观设计申请视图除了同样可以采用虚实线的表示方式外，还可以采用线条圈画方式，或者在黑白图片上用彩色表示要求保护的部分，或者在模糊背景中突出显示要求保护的部分。

（四）修改作用

根据《专利法》第六十四条第二款的规定，外观设计专利权的保护范围以表示在图片或者照片中的该产品的外观设计为准，简要说明可以用于解释图片或者照片所表示的该产品的外观设计。因此在《专利法》第四次修改引入局部外观设计制度时，需要就局部外观设计专利申请的视图应该如何提交进行明确，清楚的外观设计视图是确定外观设计专利权保护范围的主要依据。《专利法实施细则》新增第三十条第二款明确了申请局部外观设计专利的，应当提交整体产品的视图，并用虚线与实线相结合或者其他方式表明所需要保护部分的内容，为申请人提交局部外观设计专利申请提供了明确的视图规范依据。

十五、关于第三十一条

第三十一条 外观设计的简要说明应当写明外观设计产品的名称、用途，外观设计的设计要点，并指定一幅最能表明设计要点的图片或者照片。省略视图或者请求保护色彩的，应当在简要说明中写明。

对同一产品的多项相似外观设计提出一件外观设计专利申请的，应当在简要说明中指定其中一项作为基本设计。

申请局部外观设计专利的，应当在简要说明中写明请求保护的

部分，已在整体产品的视图中用虚线与实线相结合方式表明的除外。

简要说明不得使用商业性宣传用语，也不得说明产品的性能。

（一）修改目的

《专利法》第四次修改将外观设计的保护客体扩大到了局部外观设计，以进一步满足创新主体需求，弥补外观设计整体保护的局限，更有力地保障权利人权益。本条新增第三款作为配套修改条款，就局部外观设计专利申请的简要说明应该如何提交进行明确规定。

（二）修改内容

《专利法》第二十七条第一款规定："申请外观设计专利的，应当提交请求书、该外观设计的图片或者照片以及对该外观设计的简要说明等文件。"同时，《专利法》第六十四条第二款规定："外观设计专利权的保护范围以表示在图片或者照片中的该产品的外观设计为准，简要说明可以用于解释图片或者照片所表示的该产品的外观设计。"

本次《专利法实施细则》修改在第三十一条新增第三款规定："申请局部外观设计专利的，应当在简要说明中写明请求保护的部分，已在整体产品的视图中用虚线与实线相结合方式表明的除外。"

本条新增第三款明确了局部外观设计专利申请的简要说明要求。对于"虚线与实线相结合"的方式提交的视图，实线表示需要保护的部分，虚线表示其他部分，这种情况比较明确，一般不需在简要说明中写明请求保护的部分。除虚线与实线相结合这种国际通用的方式外，均需要在简要说明中进一步说明请求保护的部分。此外，因为中国已经加入了《海牙协定》，相关简要说明的形式审查由国际局执行，这样规定也是为了和国际惯用做法保持一致，消除两种途径申请的外观设计专利申请审查标准之间的差异。

（三）制度参考

世界上其他国家对于外观设计简要说明的要求不尽相同。

在韩国，申请外观设计专利需要提交简要说明或设计说明，《韩国外观设计保护法》规定应针对每项外观设计写明对外观设计的说明和创作要点。

美国也要求提交类似我国简要说明的文字说明，内容包括对绘图的描述、与在先设计相比具有新颖性或非显而易见性的特征描述以及一项权利要求等，具体规定参见《美国专利审查操作指南》第1503.01条。

欧洲不要求申请人必须提交文字说明，可以根据情况填写。例如规定申请人可以提交不超过100字的简要说明以解释外观设计的视图或者样品，简要说明中不能包含任何涉及未显示在外观设计的视图或者样品中的特征和任何旨在阐述新颖性、独特性或者功能性的表述（《注册共同体外观设计审查指南》第6.2.2节）。

（四）修改作用

《专利法》第四次修改为响应创新主体需求引入了局部外观设计制度。本条新增第三款明确了申请局部外观设计专利的，除在提交的整体产品的视图中已用虚线与实线相结合方式表明所需要保护的内容外，应当在简要说明中写明请求保护的部分。这一方面有助于引导申请人提交准确、规范的申请文件，另一方面规范的外观设计简要说明有助于必要时对外观设计专利权保护范围进行解释，为申请人提交局部外观设计专利申请提供了明确的简要说明规范依据。此外，关于局部外观设计简要说明更细化的要求将在《专利审查指南》中进一步规定，例如，必要时应当写明要求保护的局部外观设计的用途等。

十六、关于第三十三条

第三十三条 专利法第二十四条第（二）项所称中国政府承认的国际展览会，是指国际展览会公约规定的在国际展览局注册或者由其认可的国际展览会。

专利法第二十四条第（三）项所称学术会议或者技术会议，是指国务院有关主管部门或者全国性学术团体组织召开的学术会议或者技术会议，以及国务院有关主管部门认可的由国际组织召开的学术会议或者技术会议。

申请专利的发明创造有专利法第二十四条第（二）项或者第（三）项所列情形的，申请人应当在提出专利申请时声明，并自申请日起2个月内提交有关发明创造已经展出或者发表，以及展出或者发表日期的证明文件。

申请专利的发明创造有专利法第二十四条第（一）项或者第（四）项所列情形的，国务院专利行政部门认为必要时，可以要求申请人在指定期限内提交证明文件。

申请人未依照本条第三款的规定提出声明和提交证明文件的，或者未依照本条第四款的规定在指定期限内提交证明文件的，其申请不适用专利法第二十四条的规定。

（一）修改目的

本条是对《专利法》第二十四条关于新颖性宽限期内容的配套修改。

当前技术发展全球化、学术讨论国际化趋势加强，例如在人工智能相关技术领域，国内企业经常参加国外技术团体、学术性团体组织召开的各种会议，并在各种行业、学术国际会议上进行展示、发表文章，这是企业在海外展示技术实力、开拓商业合作的重要渠道。但由于相关技术发展、迭代速度太快，难免会发生参加国际会议之前来不及申请专利的情况。依照现行规定，国际性学术或技术会议的首次公开无法享受新颖性宽限期。因此，有必要对《专利法》第二十四条有关"规定的学术会议或者技术会议"的适用范围进行适当扩展。

（二）修改内容

本条的修改在于：在原有新颖性宽限期适用情形的基础上，进一步放宽了《专利法》第二十四条有关"规定的学术会议或者技术会议"的适用范围，增加了"国务院有关主管部门认可的由国际组织召开的学术会议或者技术会议"的情形。

在征求意见过程中，有意见建议进一步扩大新颖性宽限期有关"规定的学术会议或者技术会议"的外延，特别是包含有关标准制定的国际会议。经研究，《专利法实施细则》修改草案采纳了相关建议，修改第二款，增加"国务院有关主管部门认可的由国际组织召开的学术会议或者技术会议"，以鼓励国内企业积极参与国际学术交流和国际标准制定，满足创新主体的实践需求。

为进一步便利申请人，修改第三款，删除"有关国际展览会或者学术会议、技术会议的组织单位出具的"相关证明文件要求，以使证明形式在实践操作中更加方便。

同时，根据《专利法》第四次修改调整了相关条文序号，并明确有关《专利法》第二十四条第（一）项情形证明文件的提交。

（三）制度参考

对于发明专利申请而言，《美国专利法》规定，由发明人或共同发明人，或者直接或间接从发明人或共同发明人处获得其技术的其他人进行的公开，均被排除于现有技术之外；其宽限期所涵盖的公开形式包括在世界上任何国家进行的任何形式的公开，宽限期为12个月。《日本专利法》规定的适用宽限期的情形也几乎覆盖所有可能的公开方式，且不受公开方式以及公开次数的约束，宽限期为12个月。《欧洲专利公约》规定的宽限期为6个月，适用于明显滥用与申请人或其合法在先权利人关系导致的公开以及由申请人或其合法原权利人在官方主办或官方承认的国际展览会上展出的发明。《全面与进步跨太平洋伙伴关系协定》（CPTPP）规定：每一缔约方在确定某一发明是否具有新颖性或创造性时，应当不得考虑已公开披露的信息，如此类公开披露：（a）由专利申请人所为或从专利申请人处直接或间接获得信息的人所为；（b）发生在该缔约方领土内的申请日以前12个月内。

因此，为满足创新主体的实际需求，参考域外法律制度及相关国际条约中对新颖性宽限期逐渐放宽适用情形的趋势，本次《专利法实施细则》修改适当放宽了对相关情形的适用。

（四）修改作用

本条新增"国务院有关主管部门认可的由国际组织召开的学术会议或者技术会议"的情形，并删除"有关国际展览会或者学术会议、技术会议的组织单位出具的"相关证明文件要求，放宽了对《专利法》第二十四条有关"规定的学术会议或者技术会议"的适用范围，鼓励国内企业积极参与国际学术交流和国际标准制定，满足创新主体的实践需求，进一步减轻申请人提交证明材料的相应负担。

十七、关于第三十五条

第三十五条 申请人在一件专利申请中，可以要求一项或者多项优先权；要求多项优先权的，该申请的优先权期限从最早的优先权日起计算。

发明或者实用新型专利申请人要求本国优先权，在先申请是发明专利申请的，可以就相同主题提出发明或者实用新型专利申请；在先申请是实用新型专利申请的，可以就相同主题提出实用新型或者发明专利申请。**外观设计专利申请人要求本国优先权，在先申请是发明或者实用新型专利申请的，可以就附图显示的设计提出相同主题的外观设计专利申请；在先申请是外观设计专利申请的，可以就相同主题提出外观设计专利申请。但是，提出后一申请时，在先申请的主题有下列情形之一的，不得作为要求本国优先权的基础：**

（一）已经要求外国优先权或者本国优先权的；

（二）已经被授予专利权的；

（三）属于按照规定提出的分案申请的。

申请人要求本国优先权的，其在先申请自后一申请提出之日起即视为撤回，**但外观设计专利申请人要求以发明或者实用新型专利申请作为本国优先权基础的除外。**

（一）修改目的

本条是《专利法》第四次修改的配套修改条款，《专利法》第二十九条第二款中增加了"或者自外观设计在中国第一次提出专利申请之日起六个月内"的规定，即新增加了外观设计本国优先权制度。可以看出，《专利法》中的规定较为上位，其中仅对外观设计本国优先权的期限作了规定。结合发明和实用新型本国优先权的制度设计，本次《专利法实施细则》修改进一步明确了作为外观设计本国优先权基础的在先申请的专利类型和基于避免重复授权原则对于作为优先权基础的在先申请文件是否视为撤回的相关考虑。

（二）修改内容

本条修改主要在以下两个方面进行了细化规定。

一是进一步明确发明、实用新型和外观设计专利申请均可以作为外观设计本国优先权的基础，规定："外观设计专利申请人要求本国优先权，在先申请是发明或者实用新型专利申请的，可以就附图显示的设计提出相同主题的外观设计专利申请；在先申请是外观设计专利申请的，可以就相同主题提出外观设计专利申请。"

二是明确对于发明或者实用新型专利申请人要求本国优先权的，其在先申请自后一申请提出之日起即视为撤回。对于外观设计有两种情况：如果外观设计专利申请人要求以外观设计专利申请作为本国优先权基础的，在先申请自后一申请提出之日起即视为撤回；如果外观设计专利申请要求以发明或者实用新型专利申请作为本国优先权基础的，在先申请仍然保留。本款规定的视为撤回是为了防止对在先申请和在后申请重复授予专利权，而外观设计本身与发明或实用新型属于不同类型的专利权，因此对于以发明或者实用新型专利申请作为外观设计优先权基础的情形，不存在上述重复授权的情况，故在第三款中予以排除。

（三）制度参考

首先，我国在加入《海牙协定》时，未提出"禁止自我指定"的声明，即申请人可以提交海牙国际申请并指定中国。申请人在中国提出外观设计专利首次申请6个月内就同一主题提出海牙国际申请并指定中国的可以享有其在中国在先申请的优先权，相当于变相享受了本国优先权。因此，从权利对等的角度考虑，建立外观设计本国优先权制度是我国加入《海牙协定》后的迫切需求和对法律体系的有力补充。

其次，我国于 1992 年在《专利法》中对于发明和实用新型专利引入了本国优先权制度，目前运行良好，这也为外观设计的本国优先权制度奠定了法律基础。

此外，世界上其他国家或地区从各个角度对于本国或地区的申请人提供了一些类似"本国优先权"的优惠，美国有"继续申请"和"局部继续申请"制度，申请人提出第一个申请后，可以提出相关的外观设计申请并享有第一个申请的申请日；日本规定发明和实用新型申请可以转化成外观设计专利申请，并且有关联外观设计制度；韩国可以以自己申请和已经授权的外观设计变形的外观设计提交"近似外观设计"，在后的近似外观设计不会因为在先申请的存在而影响其新颖性和创造性；欧洲允许外观设计本国优先权。

（四）修改作用

引入外观设计本国优先权制度后，申请人可以利用本国优先权制度进行合案申请，还可以通过本国优先权制度实现整体外观设计和局部外观设计之间的转换。例如，在先申请是整体外观设计，申请人可以通过本国优先权制度就其中清楚显示的局部申请局部外观设计，并要求在先申请的优先权，反之亦然。这样创新主体有了更多根据研发进展和市场需求完善设计、调整保护范围的机会。

十八、关于第三十六条、第一百二十八条

第三十六条　申请人超出专利法第二十九条规定的期限，向国务院专利行政部门就相同主题提出发明或者实用新型专利申请，有正当理由的，可以在期限届满之日起 2 个月内请求恢复优先权。

第一百二十八条　国际申请的申请日在优先权期限届满之后 2 个月内，在国际阶段受理局已经批准恢复优先权的，视为已经依照本细则第三十六条的规定提出了恢复优先权请求；在国际阶段申请人未请求恢复优先权，或者提出了恢复优先权请求但受理局未批准，申请人有正当理由的，可以自进入日起 2 个月内向国务院专利行政部门请求恢复优先权。

（一）修改目的

为了便于申请人在多个国家获得知识产权保护，1883 年签订的《巴黎公约》确立了优先权原则。申请人在一成员国第一次提出工业产权申请后，一定期限内（发明、实用新型 12 个月，外观设计、商标 6 个月）就同一主题向其他国家请求保护，在后申请就被视为在第一次申请的申请日提出，相对于该期限内其他人提出的申请就处于优先的地位。

为保证优先权制度运行的稳定性，起初世界各国普遍采用较为严格的做法，不允许申请人以任何理由延长或者恢复优先权期限，也不允许改正或增加优先权。我国专利制度在设立之初，也参照各国通行做法对优先权制度适用较为严格的规定。进入 21 世纪以来，在加强知识产权保护、为申请人提供更便利服务的理念指导下，优先权制度不断完善。WIPO 于 2000 年制定的《专利法条约》明确增加了优先权恢复、改正和增加制度。2007 年，《PCT 实施细则》进行修改，借鉴《专利法条约》的理念，也引入了优先权恢复、改正和增加制度。

我国对《PCT 实施细则》中的上述制度有关条款提出了保留。因为 2007 年《PCT 实施细则》修改生效时，我国企业利用 PCT 制度向外申请的数量较少，国内企业对优先权恢复制度没有太大需求。如果不对该条款进行保留，则 PCT 申请可根据《PCT 实施细则》对优先权予以恢复，而国内申请根据《专利法》规定，对优先权不得恢复，会导致国内、国际申请待遇产生较大程度的不一致。因此，我国根据《PCT 实施细则》的规定，对作为指定局的优先权恢复条款进行了保留，即在国际阶段恢复优先权的 PCT 申请进入中国国家阶段时，对于其在国际阶段恢复的优先权，中国国家知识产权局将不予认可。

随着我国经济社会快速发展，中国已成为全球 PCT 申请量最多的国家，为了更加便利国内外申请人，给予申请人更多期限救济的机会，利用 PCT 制度相关便利措施提交申请，拟取消对《PCT 实施细则》上述条款的保留，修改《专利法实施细则》，建立优先权恢复制度。

（二）修改内容

1. 关于第三十六条

本条明确规定了优先权恢复的要求，包括：（1）申请人应当在优先权期限届满之日起 2 个月内提出请求；（2）申请人未能在《专利法》第二十九条规定的优先权期限内提出请求的应当有正当理由，该"正当理由"应当与《专利法实施细则》第六条第二款规定的"正当理由"作相同理解，对照《PCT 实施细则》第 26 条之二第 3 款（a）项和第 49 条之三第 2 款（a）项的规定，应该同时适用"尽管已采取了适当的注意，但仍出现了未能满足期限的疏忽"以及"非主观故意"两项权利恢复的标准。

按照本条规定，可以予以优先权恢复的限于发明与实用新型，外观设计不能适用该制度。在《专利法实施细则》中增加优先权恢复规定的原因，主要是为了取消我国对《PCT 实施细则》优先权恢复相关条款的保留以及进一步便利我国申请人，提供更多的期限救济机会。《PCT 实施细则》仅适用于发明和实用新型国际申请。对于外观设计专利申请，虽然 WIPO 拟定的《外观设计法条约草案》中，也建议针对外观设计专利申请建立优先权恢复制度，考虑到《外观设计法条约草案》仍在谈判磋商过程中，因此本次修改《专利法实施细则》未就外观设计专利申请增加优先权恢复进行规定。

2. 关于第一百二十八条

本条是第三十六条的配套条款，明确了 PCT 申请国际阶段与国家阶段对优先权恢复制度的衔接。对于 PCT 申请，本次《专利法实施细则》修改前，我国对作为指定局的优先权恢复条款进行了保留，即在国际阶段恢复优先权的 PCT 申请进入中国国家阶段时，对于其在国际阶段恢复的优先权，中国国家知识产权局将不予认可。

在优先权恢复已经不存在法律障碍的情况下，有必要在《专利法实施细则》中增加有关 PCT 申请在国家阶段关于优先权恢复的规定，并明确请求恢复优先权的期限、恢复标准和程序要求，以取消对《PCT 实施细则》优先权恢复条款的保留，更好地衔接国际阶段与国家阶段对优先权恢复的处理规则，从而更好地为国内外申请人利用 PCT 制度提供便利。

（三）制度参考

《专利法实施细则》本条修改主要参考了《专利合作条约》《专利法条约》的相关规定。《专利法条约》第 13 条第 2 款、第 4～6 款，《专利法条约实施细则》第 14 条第 4～5 款规定了优先权要求恢复程序的内容。根据上述规定，缔约方应当在本国的专利法律程序中规定，当在后申请的申请日晚于优先权期限届满之日，但在优先权期限届满之日 2 个月内的，可以向主管局请求恢复其优先权。应当满足的程序要求包括：（1）按照《专利法条约实施细则》相关规定提出请求，即满足《专利法条约实施细则》规定的签章等形式要求；（2）请求必须在规定期限内提交，即最早优先权届满之日起 2 个月内，或者在后申请的公布技术准备工作完成之时，二者以期限先届满的为准；（3）申请人应当在请求中说明未遵守优先权期限的理由，以便主管局判断基于"适当注意"标准还是"非故意"标准恢复优先权，前者的要求比后者要高一些。

2007 年 4 月 1 日修改生效的《PCT 实施细则》中引入了《专利法条约》中规定的"援引加入"和"优先权恢复"等法律制度。根据现行《PCT 实施细则》第 49 条之三第 1～2 款的规定，申请人非因主观故意未在优先权期限内提交国际申请并要求优先权的，可依照规定在优先权期限届满之日起 2 个月内向受理局或者国际局提交国际申请并请求恢复优先权。在国际阶段未能恢复优先权的，申请人可以在进入国家阶段起 1 个月内请求恢复优先权。在国际阶段，优先权恢复适用的条件是：（1）申请人在递交的国际申请的请求书中应当包含恢复优先权的要求；（2）国际申请日在所要求的优先权日起 14 个月内；（3）申请人需要说明在优先权期限内没有递交国际申请的原因；（4）受理局可以要求申请人提供相应证据或声明来支持其提交的原因说明；（5）申请人需按照受理局的要求缴纳优先权恢复费。在国家阶段，申请人向指定局请求恢复优先权的，应当在进入国家阶段之日起 1 个月内向指定局提出请求，其他条件与国际阶段相同。

（四）修改作用

本次修改《专利法实施细则》新增第三十六条和第一百二十八条，建立优先权恢复制度，有助于促进我国取消对《PCT 实施细则》相关条款的保留，还在要求优先权方面给予申请人更大的便利，对有正当理由未能在《专利法》第二十九条规定的优先权期限内提出专利申请的申请人，允许其依照规定在优先权期限届满之日起 2 个月内请求恢复优先权。这有利于进一步完善我国专利优先权制度，为国内外用户提供更好的审查服务；同时，能够顺畅地衔接PCT 申请国际阶段和国家阶段对优先权恢复请求的相关处理规则，保证我国履行条约义务，更好地保障 PCT 申请人的利益。

十九、关于第三十七条

第三十七条　发明或者实用新型专利申请人要求了优先权的，可以自优先权日起 16 个月内或者自申请日起 4 个月内，请求在请求书中增加或者改正优先权要求。

（一）修改目的

原《专利法实施细则》第三十一条规定，国务院专利行政部门发现优先权请求书中存在漏写或者错写相关内容的，应当通知申请人在指定期限内补正。该规定在一定程度上允许进行优先权改正，但并没有规定申请人自行发现存在错误情形以及希望增加优先权要求的情形如何处理。为了进一步便利申请人，放宽优先权手续要求，参照《PCT 实施细则》规定，在《专利法实施细则》中新增优先权要求改正和增加制度。

（二）修改内容

根据《专利法实施细则》本条规定，优先权要求改正主要是指对优先权的申请日、申请号和原受理机构名称进行改正，优先权要求增加是指新增一项或者多项优先权要求。与优先权恢复类似，可以进行优先权增加或者改正的限于"发明或者实用新型专利"，且申请人请求增加或者改正优先权要求，应当符合自优先权日起 16 个月内或者自申请日起 4 个月内的时间要求。

需要注意的是，对于优先权增加制度，本条规定的前提是"发明或者实用新型专利申请人要求了优先权的"，即申请人应当至少在提出申请时要求了一项优先权，才能增加另外一项或者多项优先权。如果申请人在申请时没有要求任何优先权，则不能利用本条增加优先权。之所以如此规定，主要是考虑到《专利法》第三十条第一款规定，"申请人要求发明、实用新型专利优先权的，应当在申请的时候提出书面声明"，为与上位法保持一致，申请人应当至少在提出申请时要求了一项优先权，才能增加另外一项或者多项优先权。具体要求将在《专利审查指南》相应章节细化规定。

本条规定，可以予以优先权增加或者改正的限于发明与实用新型，外观设计不能适用该制度。在《专利法实施细则》中增加优先权恢复规定的原因，主要是为了与《PCT 实施细则》相关条款保持一致，进一步便利我国申请人，提供更多的期限救济机会。《专利合作条约》及其实施细则仅适用于发明和实用新型国际申请，而对于外观设计专利申请，虽然 WIPO 正在拟定的《外观设计法条约草案》中，也建议针对外观设计专利申请建立优先权改正或者增加制度，但考虑到《外国设计法条约草案》仍在磋商过程中，因此，本次修改《专利法实施细则》未就外观设计专利申请新增优先权要求改正和增加的规定。

（三）制度参考

本条修改主要参考了《专利合作条约》《专利法条约》的相关规定。《专利法条约》第 13 条第 1 款及《专利法条约实施细则》第 14 条第 1~3 款规定了优先权要求改正或者增加程序的内容。根据上述规定，缔约方应当在本国的专利法律程序中规定，在提出专利申请之后，申请人可以在规定期限内请求改正或者增加一项或者多项在先申请的优先权。应当满足的程序要求包括：（1）按照相关规定提出请求，即满足申请人签章等形式要求；（2）请求必须在规定期限内提交，即最早优先权日起 16 个月内，但不能晚于自申请日起 4 个月内提出请求，缔约方可以另行规定更加宽松的时限要求；（3）改正或者增加后的优先权日，应当满足在后申请日在优先权期限（12 个月）之内的前提要求，否则还需要请求恢复优先权。

为进一步放宽优先权要求的手续，2007 年修改的《PCT 实施细则》规定了优先权改正或者增加制度。根据现行的《PCT 实施细则》第 26 条之二，优先权要求存在缺陷的，申请人可以通过向受理局递交一份通知而在请求书中改正或增加一项优先权要求。受理局或者国际局发现优先权要求存在缺陷的，应当通知申请人改正优先权要求。优先权改正或增加的期限是自优先权日起 16 个月内，或者如果所作的改正或增加将导致优先权日改变，期限是自改变了的优先权日起 16 个月内（以先届满的任一个 16 个月期限为准），或者可以在自国际申请日起 4 个月届满之前提交为限。

（四）修改作用

通过新增本条，建立了优先权要求改正和增加制度，对于已经要求了优先权的发明或者实用新型专利申请人，可以按照要求对其优先权要求进行主动改正，或者增加新的优先权要求。上述制度将进一步便利申请人，放宽优先权手续要求，有利于进一步完善我国专利优先权制度，为国内外申请人提供更好的审查服务。

二十、关于第四十五条

第四十五条　发明或者实用新型专利申请缺少或者错误提交权利要求书、说明书或者权利要求书、说明书的部分内容，但申请人在递交日要求了优先权的，可以自递交日起 2 个月内或者在国务院专利行政部门指定的期限内以援引在先申请文件的方式补交。补交的文件符合有关规定的，以首次递交文件的日期为申请日。

（一）修改目的

申请人在提交申请时需要提交请求书、权利要求书、说明书等重要材料，以确定申请日。如果申请人遗漏或者错误提交了权利要求书、说明书或者其部分内容，会导致其申请不满足受理条件，无法确定申请日等后果，影响其实体权利。

为进一步放宽程序要求，《专利法条约》引入了援引加入制度。借鉴该理念，2007 年修改的《PCT 实施细则》也规定了援引加入制度。其中"援引"是指援引在先申请优先权文件中的权利要求书或者说明书的内容，以便在申请时视为已经提交了上述内容，从而予以保留申请日。通过援引加入制度，如果 PCT 申请人发现递交国际申请时，遗漏了或者错误提交了某些项目或部分，可以通过援引在先申请中相应部分的方式加入，从而保留原国际申请日。

根据原《专利法实施细则》第四十条（现第四十六条）的规定，对于申请文件的遗漏仅给予补交遗漏附图的机会，即当说明书提及了附图，但缺少该附图时，申请人可以在国务院专利行政部门发出补正通知的指定期限内补交附图或取消说明书中对附图的说明。申请人补交附图的，以向国务院专利行政部门提交或邮寄附图之日为申请日；声明取消附图的，保留原申请日。而对于说明书、权利要求书的遗漏或者错误提交，则完全不允许补充遗漏或者错误提交的内容。为进一步便利申请人，在专利申请过程中给予其更为充分的救济途径，本次《专利法实施细则》修改引入了援引加入制度，对援引加入的条件、期限等作出具体规定。

此外，与优先权恢复条款类似，2007 年《PCT 实施细则》修改生效时，我国企业利用 PCT 制度向外申请的数量较少，对援引加入制度的需求不大，因此，我国作为指定局对《PCT 实施细则》有关的援引加入的条款作出声明进行了保留，即如果申请人在国际阶段曾援引加入项目或部分的，该 PCT 申请进入中国国家阶段时，对于通过援引优先权文件的方式加入的项目或部分，国家知识产权局将不予认可。但随着我国经济社会快速发展，我国已成为全球 PCT

申请数量最多的国家，为更好适应国际规则发展的趋势，保障申请人利益，更好地服务国内外企业，给予申请人更多救济机会，有必要取消我国对《PCT实施细则》援引加入条款的保留，在《专利法实施细则》中新增援引加入制度。

（二）修改内容

《专利法实施细则》新增本条规定，对于要求了优先权的发明或实用新型申请，缺少或者错误提交权利要求书、说明书或者权利要求书、说明书的部分内容的，如果遗漏或者错误提交的内容完全包含在在先申请文本中，那么，在满足本条及《专利审查指南》相关规定的要求后，在不修改申请日的前提下，允许将遗漏或者错误提交的内容补充到申请中。

援引加入包括援引加入项目和援引加入部分两种情形。援引加入项目是允许申请人在提交申请后在规定期限内通过援引优先权文件的方式加入遗漏或者错误提交的全部说明书或者全部权利要求书之一。援引加入部分是允许申请人在确定申请日后，在规定的期限内，通过援引优先权文件的方式补交说明书和权利要求书中遗漏或者错误提交的部分内容。在《专利法实施细则》中，援引加入的适用条件包括：（1）申请类型为发明专利申请或实用新型专利申请；（2）申请人在递交日已经要求了优先权，具备援引加入的"基础"；（3）自递交日起2个月内或者在国务院专利行政部门指定的期限内以援引在先申请文件的方式补交。《专利审查指南》将对上述条件进一步细化规定。

援引加入的法律效果，或者说申请人运用援引加入制度的好处在于，如果申请人满足了相关要求，则可以首次递交申请文件的日期作为申请日，而非按照《专利法实施细则》第四十六条的规定，以补交文件的日期作为申请日。

《专利法实施细则》第四十四条规定了专利申请的受理条件：发明或者实用新型专利申请的申请人必须提交请求书、说明书和权利要求书，实用新型必须提交附图，外观设计专利申请的申请人必须提交请求书、图片或者照片以及简要说明等要求。满足上述要求的专利申请国务院专利行政部门才予以受理。援引加入制度在一定程度上是对上述受理条件规定的补充和例外情形。在援引加入的特殊情形下，只要是符合本条规定的专利申请，即使申请材料缺少或者错误提交了说明书和权利要求书的全部内容（即"缺项目"的情况），也可予以受理并将提交日确定为申请日，其后再按照要求补交相关文件。

（三）制度参考

《PCT实施细则》规定了援引加入项目和援引加入部分两种情形，"项目"是指说明书或权利要求书，"部分"是指说明书的部分内容、权利要求书的部分内容、全部或部分附图。援引加入的适用条件为：（1）申请人所提交的在先申请中包含了这些遗漏或者错误提交的项目或部分；（2）申请人预先在递交国际申请的请求书中写明了希望援引加入的说明；（3）申请人在递交国际申请之日起2个月或受理局发出改正通知的发文日起2个月内及时申请确认援引加入的项目或部分。

申请人援引加入需要提交的文件包括：（1）确认援引加入的书面申请，确认援引加入国际申请的项目或部分；（2）遗漏或者错误提交的项目或部分的相应页；（3）在先申请的优先权文件副本，如果已经提交了优先权文件，则可以不再提交本项所要求的文件；（4）如果优先权文件与国际申请所用的语言不同时，还需要提交译文；（5）指明遗漏或者错误提交部分在优先权文件（及其译文）中的位置。如果没有满足关于援引加入的全部条件（例如，遗漏的项目或部分并非全部包含在优先权文件中），则对援引加入的请求不予认可。

（四）修改作用

对于发明和实用新型专利申请人而言，新增援引加入规定是本次《专利法实施细则》修改中较为重要的制度变化之一。本次《专利法实施细则》修改之前，对于遗漏申请文件的补交规定得较为严格，仅给予附图遗漏补交机会。援引加入制度在一定程度上放宽了相关要求。通过援引加入制度，如果申请人发现递交发明或者实用新型专利申请时，遗漏或者错误提交了某些申请文件，可以通过援引在先申请中相应部分的方式加入，而保留原申请日。建立该制度不仅有助于取消我国作为《专利合作条约》成员国对条约相关条款的保留，还有利于进一步便利申请人，在专利申请过程中给予其更为充分的救济途径。

二十一、关于第五十条

第五十条 专利法第三十四条和第四十条所称初步审查，是指审查专利申请是否具备专利法第二十六条或者第二十七条规定的文件和其他必要的文件，这些文件是否符合规定的格式，并审查下列各项：

（一）发明专利申请是否明显属于专利法第五条、第二十五条规定的情形，是否不符合专利法第十七条、第十八条第一款、第十九条第一款或者本细则**第十一条**、第十九条、第二十九条第二款的规定，是否明显不符合专利法第二条第二款、第二十六条第五款、第三十一条第一款、第三十三条或者本细则第二十条至第二十四条的规定；

（二）实用新型专利申请是否明显属于专利法第五条、第二十五条规定的情形，是否不符合专利法第十七条、第十八条第一款、第十九条第一款或者本细则**第十一条**、第十九条至第二十二条、第二十四条至第二十六条的规定，是否明显不符合专利法第二条第三款、第二十二条、第二十六条第三款、**第二十六条**第四款、第三十一条第一款、第三十三条或者本细则第二十三条、**第四十九条**第一款的规定，是否依照专利法第九条规定不能取得专利权；

（三）外观设计专利申请是否明显属于专利法第五条、第二十五条第一款第（六）项规定的情形，是否不符合专利法第十七条、第十八条第一款或者本细则**第十一条**、第十九条、第三十条、第三十一条的规定，是否明显不符合专利法第二条第四款、第二十三条第一款、**第二十三条第二款**、第二十七条第二款、第三十一条第二款、第三十三条或者本细则**第四十九条第一款**的规定,是否依照专利法第九条规定不能取得专利权;

(四)申请文件是否符合本细则第二条、第三条第一款的规定。

国务院专利行政部门应当将审查意见通知申请人,要求其在指定期限内陈述意见或者补正;申请人期满未答复的,其申请视为撤回。申请人陈述意见或者补正后,国务院专利行政部门仍然认为不符合前款所列各项规定的,应当予以驳回。

(一)修改目的

《专利法实施细则》第五十条规定了发明、实用新型和外观设计三种专利申请的初步审查范围,此次对该条进行了两方面的实质性修改:一方面是《专利法》中引入的第二十条诚实信用条款和《专利法实施细则》第十一条的配套修改条款,明确了诚实信用原则是发明、实用新型和外观设计专利申请的初步审查条款;另一方面是对实用新型、外观设计专利申请审查条款范围作出的适应性调整,对于实用新型专利申请增加了是否明显不具备创造性的审查,对外观设计专利申请增加了是否不具有明显区别的审查。

近年来,在专利申请中出现了申请人违背诚实信用原则、提交虚假数据、抄袭拼凑技术方案等非正常申请专利行为,且形式变化多样、行为屡禁不止,国家知识产权局也出台了相关部门规章、规范性文件予以遏制,但是在以往的规定中均缺乏审查方面的上位法律依据。另外,由于实用新型、外观设计专利申请采取初步审查制,不进行实质审查,因此部分申请人通过对申请文件作简单变换,或者增加某些细节的特征,导致实用新型、外观设计专利申请中出现了部分低质量申请。因此,为了进一步从源头上提高专利质量,打击不以真实发明创造为基础的非正常专利申请,解决专利申请目前存在的多而不优的问题,需要对《专利法实施细则》第五十条进行配套修改。

（二）修改内容

本条修改除了适应《专利法》及《专利法实施细则》中条款顺序的变化修改了相关条款顺序外，主要进行了两方面修改。

一是对于发明、实用新型、外观设计三种专利申请的初步审查条款中增加了《专利法实施细则》第十一条的审查规定。《专利法》第二十条引入了诚实信用原则，其中第一款规定："申请专利和行使专利权应当遵循诚实信用原则。不得滥用专利权损害公共利益或者他人合法权益。"《专利法实施细则》第十一条对此作了进一步细化规定："申请专利应当遵循诚实信用原则。提出各类专利申请应当以真实发明创造活动为基础，不得弄虚作假。"《专利法实施细则》第五十条的修改就是诚实信用原则在三种专利申请初步审查中的落地条款，明确了三种专利申请的审查范围包括《专利法实施细则》第十一条的审查。

二是对于实用新型专利申请初步审查增加了《专利法》第二十二条第三款是否明显不具备创造性的审查，对外观设计专利申请初步审查增加了《专利法》第二十三条第二款是否不具有明显区别的审查。在此前征求意见过程中，也有意见提出建议适当扩大初步审查的范围。考虑到此建议有利于提升实用新型和外观设计专利质量，且具有可行性，因此采纳了相关意见，作出上述修改。

（三）制度参考

诚实信用原则是民法最重要的原则之一，被誉为民法中的"帝王条款"。2020 年通过的《民法典》第七条规定，民事主体从事民事活动，应当遵循诚信原则，秉持诚实，恪守承诺。专利权是法律赋予发明创造所有人的一项民事权利，和其他民事权利一样，应当遵守诚实信用原则，不能通过抄袭、伪造等手段获得专利权。许多国家的专利法中都对诚信原则作出了规定，并且我国国内法在知识产权领域也已有相关立法经验。例如，《商标法》第七条第一款规定："申请注册和使用商标，应当遵循诚实信用原则。"这也是2013 年《商标法》第三次修改时增加的内容。全国人大常委会法制工作委员会编写的《中华人民共和国商标法释义》对此指出："诚实信用原则是民商事活动的基本原则，针对实践中在商标的申请注册和使用环节出现的一些违背诚实信用原则的现象，此次修改商标法进一步完善了这方面的规范，即在本条中明确规定，申请注册和使用商标，应当遵循诚实信用原则。"❶《著作权法》第四条中也规定："著作权人和与著作权有关的权利人行使权利，不得违反宪法和法律，不得损害公共利益。"该条规定为著作权人行使著作权划定了一个原则性的边界。《美国专利法》要求申请人提出专利申请时宣誓或者声明，申请人是所申请专利的原始发明人。《美国联邦法规汇编》第37编（37 C. F. R.）规定，专利申请人有义务向美国专利商标局披露其知悉的与其专利申请授权有关的信息，如果有欺骗行为或故意违反这一义务的行为，将导致其专利申请不得被授权，或者导致其被授予的专利权不可实施。

关于外观设计具有明显区别的要求，美国、日本在法律中均有类似规定，其中，美国、日本对于外观设计施行实质审查制，需对是否具有明显区别进行审查，例如《日本外观设计法》规定外观设计登记之前，具备该外观设计所属技术领域的普通知识者根据在日本国内或者外国已公知的形状、图案、色彩或者其结合能容易地作出该外观设计的，不能就其外观设计获得外观设计登记。

关于实用新型创造性的审查，韩国自2006年至今对于实用新型采用实质审查制，其中包括创造性的审查。《韩国实用新型法》第4条第（2）款规定，如果实用新型技术方案可以由所属技术领域的普通技术人员基于第（1）款规定的任一技术方案容易地作出，也不能对该实用新型予以注册；第13条拒绝实用新型注册的决定中明确了第4条属于实用新型不得注册条款。日本和德国对实用新型采取登记制，在评价报告中对实用新型的创造性作出评价。

---

❶ 郎胜. 中华人民共和国商标法释义 [M]. 北京：法律出版社，2013：19.

（四）修改作用

在三种专利申请中引入对于诚实信用条款的审查，以及对实用新型专利申请引入是否明显不具备创造性、对外观设计专利申请引入是否不具有明显区别的审查后，将有助于专利质量的进一步整体提升，同时使真正的发明创造和高价值专利申请得到充分的审查资源保障。对于更为具体的审查标准，社会公众可以参考《专利审查指南》以及相关部门规章、规范性文件中的具体规定。

二十二、关于第五十六条

第五十六条 国务院专利行政部门依照专利法第三十五条第二款的规定对专利申请自行进行审查时，应当通知申请人。

申请人可以对专利申请提出延迟审查请求。

（一）修改目的

当前，传统的审查模式不能满足部分特定领域创新主体的需求。例如，有的技术领域希望在递交专利申请后暂不进入审查程序，以获得更多时间考虑调整专利权利要求的布局与保护范围；对一些研发周期较长的产品来说，外观设计专利公告的时间经常早于所述外观设计产品上市的时间，由于外观设计"所见即所得"的特点，很容易被抄袭，如果在外观设计权利人没有完全准备好商业应用的情况下，外观设计被披露，权利人的商业利益可能受到损失。为了更好地服务创新主体，给申请人提供更多的审查模式选择，本次《专利法实施细则》修改引入了延迟审查制度，可以使审查周期更好地与专利的市场化运作相协调、相匹配，满足创新主体的多样化需求。

（二）修改内容

《专利法实施细则》新增第五十六条第二款规定："申请人可以对专利申请提出延迟审查请求。"此处的专利申请包括发明专利申请、实用新型专利申请和外观设计专利申请三种类型，申请人对这三种专利申请均可以提出延迟审查请求。

我国专利申请的延迟审查制度最初是在《专利审查指南》修改

过程中引入的。2019 年 9 月 23 日，国家知识产权局发布第 328 号公告，对《专利审查指南》进行修改，在第五部分第七章第 8.3 节规定了发明和外观设计专利申请的延迟审查制度。本次《专利法实施细则》修改过程中，考虑到以下三方面的因素，将三种专利申请的延迟审查制度在《专利法实施细则》中进行明确：一是为更好地服务创新主体，将在审查实践中运行良好的发明、外观设计专利申请延迟审查制度在更高法律位阶的《专利法实施细则》中进行固化；二是因为我国已经加入《海牙协定》，根据该协定，申请人可以请求延迟公布，本次修改对外观设计的延迟审查制度相应地进行了进一步完善，以适应外观设计制度的国际发展形势；三是按照三种专利同等对待的原则，增加实用新型专利申请延迟审查制度。

在《专利法实施细则》征求意见过程中，讨论较多的内容为公众希望对外观设计专利申请采用延迟公告制度，而不是目前的延迟审查制度。二者的区别在于延迟公告制度是外观设计专利申请在经过审查授权后，在一定期限内暂时不向公众公布，待延迟期限届满后再行公告；而延迟审查制度是收到外观设计专利申请后不进行审查，待延迟期限届满后再进行审查，审查结论可能是授权也可能是驳回。考虑到我国已经建立了外观设计延迟审查制度，且制度运行良好，因此，目前暂不引入延迟公告制度。

（三）制度参考

在发明专利方面，韩国 2008 年引入延迟审查制度，允许申请人根据自身需要来选择和控制其申请的审查进程。申请人可以在请求审查起 9 个月内提出延迟审查请求，从审查请求起 2 年至申请日起 5 年内指定审查开始的时间。申请人将在指定的延迟审查日期起 3 个月内收到第一次审查意见通知书。

在外观设计方面，《海牙协定》和《欧盟外观设计法》中都存在延迟公布制度，日本和韩国的外观设计法中均存在保密外观设计制度。这两种制度的共同点是：在一项外观设计申请被确认可以授权后，在一定的期限内暂时不向公众公布，而在期限届满后，应权利人的要求公布已被授权的外观设计，延迟公布的最长期限为自授权注册日起 3 年。《海牙协定》和《欧盟外观设计法》中，申请人应当在提交申请时提出是否要求延迟公布，延迟公布的最长期限为自申请日（或者优先权日）起 30 个月（例如《海牙协定实施细则》第 16 条规定延迟公布的规定期限应为自申请日起 30 个月；要求了优先权的，自优先权日起 30 个月）。

（四）修改作用

2019 年在《专利审查指南》中刚刚引入延迟审查制度时，申请人仅能对发明和外观设计两种专利申请提出延迟审查请求，并且延迟审查请求不能撤回。本次《专利法实施细则》修改引入的延迟审查制度更加灵活和完善，申请人可以就三种专利申请提出延迟审查请求，同时可以随时撤回延迟审查请求，从而将创新周期与审查周期进行更好的匹配。关于三种专利申请延迟审查制度的具体操作性内容，包括请求提出时机、生效时间、延迟期限及撤回等内容将在《专利审查指南》等部门规章及规范性文件中进一步细化规定。值得注意的是，目前对于实用新型和外观设计专利申请，提出延迟审查请求的时机是申请时；对于发明专利申请，提出延迟审查请求的时机是申请人提出实质审查请求时，但延迟审查自实质审查请求生效之日起生效。

二十三、关于第五十九条

第五十九条 依照专利法第三十八条的规定，发明专利申请经实质审查应当予以驳回的情形是指：

（一）申请属于专利法第五条、第二十五条规定的情形，或者依照专利法第九条规定不能取得专利权的；

（二）申请不符合专利法第二条第二款、第十九条第一款、第二十二条、第二十六条第三款、**第二十六条**第四款、**第二十六条第五款**、第三十一条第一款或者本细则**第十一条**、第二十三条第二款规定的；

（三）申请的修改不符合专利法第三十三条规定，或者分案的

· 225 ·

申请不符合本细则第**四十九条**第一款的规定的。

（一）修改目的

《专利法实施细则》第五十九条规定了对发明专利申请予以驳回的情形。本次对该条进行的修改在于：作为《专利法》第二十条和《专利法实施细则》第十一条的配套修改条款，明确了不符合诚实信用原则是发明专利申请的驳回情形，同时对其他审查条款序号作出的适应性调整。

（二）修改内容

本条修改主要在于对于发明专利申请的驳回条款中增加了《专利法实施细则》第十一条的审查规定。

《专利法》第二十条引入了诚实信用原则，其中第一款规定："申请专利和行使专利权应当遵循诚实信用原则。不得滥用专利权损害公共利益或者他人合法权益。"《专利法实施细则》第十一条对此作了进一步细化规定："申请专利应当遵循诚实信用原则。提出各类专利申请应当以真实发明创造活动为基础，不得弄虚作假。"《专利法实施细则》第五十九条的修改就是诚实信用原则在发明专利申请实质审查中的落地条款，明确了发明专利申请经实质审查应当予以驳回的情形中包括不符合《专利法实施细则》第十一条。

（三）制度参考

诚实信用原则是民法最重要的原则之一，被誉为民法中的"帝王条款"。《民法典》第七条规定，民事主体从事民事活动，应当遵循诚信原则，秉持诚实，恪守承诺。专利权是法律赋予发明创造所有人的一项民事权利，和其他民事权利一样，应当遵守诚实信用原则，不能通过抄袭、伪造等手段获得专利权。许多国家的专利法中都对诚信原则作出了规定，并且我国国内法在知识产权领域也已有相关立法经验。例如，《商标法》第七条第一款规定："申请注册和使用商标，应当遵循诚实信用原则。"这也是2013年《商标法》第三次修改时增加的内容。全国人大常委会法制工作委员会编写的《中华人民共和国商标法释义》对此指出："诚实信用原则是民商事活动的基本原则，针对实践中在商标的申请注册和使用环节出现的一些违背诚实信用原则的现象，此次修改商标法进一步完善了这方面的规范，即在本条中明确规定，申请注册和使用商标，应当遵循诚实信用原则。"❶《著作权法》第四条中规定："著作权人和与著作权有关的权利人行使权利，不得违反宪法和法律，不得损害公共利益。"该条规定为著作权人行使著作权划定了一个原则性的边界。《美国专利法》要求申请人提出专利申请时宣誓或者声明，申请人是所申请专利的原始发明人。《美国联邦法规汇编》第 37 编规定，专利申请人有义务向美国专利商标局披露其知悉的与其专利申请授权有关的信息，如果有欺骗行为或故意违反这一义务的行为，将导致其专利申请不得被授权，或者导致其被授予的专利权不可实施。

（四）修改作用

本次《专利法实施细则》修改，新增了发明专利申请违反诚实信用原则作为驳回的情形，将提高对违反诚信原则编造、伪造专利申请等行为的威慑力，有效规范专利申请秩序，更好地营造良好的创新环境。

二十四、关于第六十二条、第六十三条

第六十二条 授予实用新型或者外观设计专利权的决定公告后，专利法第六十六条规定的专利权人、利害关系人、**被控侵权人**可以请求国务院专利行政部门作出专利权评价报告。**申请人可以在办理专利权登记手续时请求国务院专利行政部门作出专利权评价报告。**

请求作出专利权评价报告的，应当提交专利权评价报告请求书，写明**专利申请号或者专利号**。每项请求应当限于一项**专利申请或者专利权**。

专利权评价报告请求书不符合规定的，国务院专利行政部门应

---

❶ 郎胜. 中华人民共和国商标法释义［M］. 北京：法律出版社，2013：19.

当通知请求人在指定期限内补正；请求人期满未补正的，视为未提出请求。

第六十三条 国务院专利行政部门应当自收到专利权评价报告请求书后 2 个月内作出专利权评价报告，**但申请人在办理专利权登记手续时请求作出专利权评价报告的，国务院专利行政部门应当自公告授予专利权之日起 2 个月内作出专利权评价报告。**

对同一项实用新型或者外观设计专利权，有多个请求人请求作出专利权评价报告的，国务院专利行政部门仅作出一份专利权评价报告。任何单位或者个人可以查阅或者复制该专利权评价报告。

（一）修改目的

第六十二条、第六十三条是《专利法》第六十六条的配套规定，由原《专利法实施细则》第五十六条、第五十七条修改而来，涉及专利权评价报告的请求主体和时机、请求书要求、相关程序等内容。

（二）修改内容

第六十二条修改涉及以下三个方面。

一是适应修改后《专利法》就专利权评价报告制度作出的修改，将请求作出专利权评价报告的请求人由专利权人、利害关系人扩大至包括被控侵权人。

第四次《专利法》修改前，在实用新型和外观设计专利侵权纠纷中，司法机关或者行政机关可以要求专利权人或者利害关系人出具专利权评价报告作为证据使用，但是否提交专利权评价报告，基本取决于专利权人（包括利害关系人）的意愿，在专利权评价报告结论对其不利时，专利权人通常会选择不提交或者拖延提交，不利于侵权纠纷的及时解决，也无法充分发挥专利权评价报告定分止争的作用。修改后的《专利法》为了防止专利权人滥用权利，保障双方当事人的合法权益，在第六十六条第二款中增加规定，即在涉及实用新型和外观设计专利的专利侵权纠纷中，除人民法院或者管理专利工作的部门可以要求专利权人或者利害关系人出具专利权评价报告外，专利权人、利害关系人或者被控侵权人也可以主动出具专利权评价报告。为了与《专利法》该条修改相适应，本条将请求作出专利权评价报告的请求主体扩大至包括被控侵权人。

二是将专利权人请求作出专利权评价报告的时机由公告授权决定后修改为可提前至办理专利权登记手续时。

《专利法》第四十条规定，实用新型专利权和外观设计专利权自公告之日起生效。原《专利法实施细则》第五十六条第一款规定，授予实用新型或者外观设计专利权的决定公告后，请求人可以请求国务院专利行政部门作出专利权评价报告。实践中，就申请人（通常情况下，其为专利申请被授予专利权后的专利权人）而言，需要在收到授予专利权的决定后向国务院专利行政部门办理登记手续并缴纳相关费用，且在授权决定被公告后，才可向国务院专利行政部门请求作出专利权评价报告，申请人（即专利权人）无法仅通过一次业务办理完成前述相关事项。为了给申请人提供更加便利的服务措施，便于其尽早提出请求并获得专利权评价报告，确定相关专利权的法律稳定性，本次修改《专利法实施细则》增加规定，在请求人为专利申请人的情况下，可以在办理专利权登记手续时，请求国务院专利行政部门作出专利权评价报告。

此处修改没有将申请人提出请求的时机提前至更早时间，主要考虑在于，实用新型或者外观设计专利申请只有在被授权公告后，才可以就已经生效的专利权进行分析、评价并给出是否符合法定授权条件的结论，作出专利权评价报告。按照《专利法》《专利法实施细则》的相关规定，申请人按期办理登记手续并缴纳相关费用的，国务院专利行政部门应当授予专利权，颁发专利证书，并予以公告。因此，申请人按期办理登记手续的，授权决定被公告且专利权生效的确定性相对更大，将申请人提出请求的时机提前至办理专利权登记手续时更具合理性，且足以解决前述问题；否则，将可能出现申请人提出请求后，又因没有按期办理登记手续导致授权决定未被公告，专利权没有生效，致使无法作出专利权评价报告。

三是在规定申请人可以在办理专利权登记手续时请求作出专利权评价报告的同时，对本条第二款规定的专利权评价报告请求应当满足的要求进行适应性修改。

关于专利权评价报告请求，原《专利法实施细则》第五十六条第二款规定，请求书应当写明专利号，每项请求应当限于一项专利权。如上所述，本条第一款修改后增加了"申请人可以在办理专利权登记手续时请求国务院专利行政部门作出专利权评价报告"的规定，但是，申请人在办理专利权登记手续时，授权决定尚未被公告，专利权也没有生效，此时仍处于专利申请过程中，没有相应的专利号。针对这种情况，对本条第二款进行修改，进一步明确请求书可以写明专利申请号，每项请求限于一项专利申请。

第六十三条修改在于：与第六十二条修改内容相适应，在第一款中增加"但申请人在办理专利权登记手续时请求作出专利权评价报告的，国务院专利行政部门应当自授权公告之日起2个月内作出专利权评价报告"。

本次修改后的《专利法实施细则》第六十二条第一款除规定专利权人可以在授权决定被公告后请求作出专利权评价报告外，增加了"申请人可以在办理专利权登记手续时请求国务院专利行政部门作出专利权评价报告"的规定。如果继续要求国务院专利行政部门自收到专利权评价报告请求书后2个月内作出专利权评价报告，则需要在申请人办理登记手续后的2个月内作出专利权评价报告，而申请人在办理登记手续时授权决定尚未被公告，专利权也没有生效，不存在作出专利权评价报告的前提和基础，以办理登记手续时作为前述2个月时限的起算时间显然是不合理的。

《专利法》第四十条规定："实用新型和外观设计专利申请经初步审查没有发现驳回理由的，由国务院专利行政部门作出授予实用新型专利权或者外观设计专利权的决定，发给相应的专利证书，同时予以登记和公告。实用新型专利权和外观设计专利权自公告之日起生效。"授权决定被公告后，实用新型和外观设计专利权生效，此时方可就相关专利权进行分析、评价，并给出其是否符合《专利法》及《专利法实施细则》相关条款规定的结论。因此，本条第一款修改时，针对"申请人在办理专利权登记手续时请求作出专利权评价报告的"情形，规定"国务院专利行政部门应当自授权公告之日起 2 个月内作出专利权评价报告"。

（三）制度参考

关于请求作出专利权评价报告的主体，在国家知识产权局于 2020 年 11 月 27 日至 2021 年 1 月 11 日向社会公开征求意见的《专利法实施细则修改建议（征求意见稿）》中，曾建议将请求主体扩大至任何单位或者个人。但有的意见提出：第一，专利权评价报告不是行政决定，仅在侵权纠纷中作为证据使用，由侵权纠纷当事人提出出具专利权评价报告的请求完全可以实现《专利法》设立专利权评价报告制度的立法目的；第二，实践中，将请求出具专利权评价报告的请求主体扩大至包括被控侵权人，即可解决专利权人或者利害关系人在专利侵权纠纷审理、处理过程中不提交专利权评价报告的问题，没有必要将请求主体扩大至任何单位或者个人；第三，如果允许任何单位或者个人都可以请求作出专利权评价报告，将对国务院专利行政部门的审查资源配置提出更高的要求，可能会对提高专利审查质量、压减专利审查周期产生不利影响。鉴于此，对征求意见稿中有关评价报告请求主体的规定进行了修改，采用了与《专利法》第六十六条规定的主体相适应的表述。

（四）修改作用

通过第六十二条、第六十三条的修改，一是明确除专利权人和利害关系人外，被控侵权人也可以请求国务院专利行政部门作出专利权评价报告，在专利侵权纠纷中作为证据使用；二是将专利权人请求作出专利权评价报告的时机修改为可提前至作为申请人办理专利权登记手续时，简化其办理相关手续的程序，并可使其尽早获得专利权评价报告；三是明确请求书应当写明的事项，对于申请人请求作出专利权评价报告的情形，写明专利申请号即可，且每项请求限于一项专利申请；四是明确申请人在办理专利权登记手续时请求作出专利权评价报告的，国务院专利行政部门自授权公告之日起 2 个月内作出专利权评价报告。根据上述规定，可以在为专利权人（包括专利申请人）提供更加便利服务的同时，尽快出具专利权评价报告，供其在侵权纠纷或者转让、许可、出资入股等运用实施过程中使用。

二十五、关于第六十七条

第六十七条　国务院专利行政部门进行复审后，认为复审请求不符合专利法和本细则有关规定**或者专利申请存在其他明显违反专利法和本细则有关规定情形**的，应当通知复审请求人，要求其在指定期限内陈述意见。期满未答复的，该复审请求视为撤回；经陈述意见或者进行修改后，**国务院专利行政部门**认为仍不符合专利法和本细则有关规定的，应当作出**驳回复审请求**的复审决定。

国务院专利行政部门进行复审后，认为原驳回决定不符合专利法和本细则有关规定的，或者认为经过修改的专利申请文件消除了原驳回决定**和复审通知书**指出的缺陷的，应当撤销原驳回决定，继续进行审查程序。

（一）修改目的

通过本条修改，在《专利法实施细则》层面明确了国务院专利行政部门复审时可以依职权进行审查，以进一步提高专利审查授权质量。

《专利审查指南》第四部分第二章第 1 节指出，复审程序具有双重属性：一是"提供救济"，即一般情况下仅针对驳回决定所依据的理由和证据进行审查，不承担对专利申请全面审查的义务；二是"延续审批"，即为了提高专利授权的质量，避免不合理地延长审批程序，可以依职权对驳回未提及的明显实质性缺陷进行审查。

《专利审查指南》规定的依职权审查的缺陷有三种类型：第一，足以用在驳回决定作出前已告知过申请人的其他理由及其证据予以驳回的缺陷；第二，驳回决定未指出的明显实质性缺陷；第三，与驳回决定所指出缺陷性质相同的缺陷。

总体而言，复审程序中的依职权审查，是提高专利授权质量，避免不合理地延长审批程序的一项有效措施。对于社会整体来说，这种做法可提高行政资源的利用效能，减少不当授权对社会整体创新造成的危害；对于当事人个体来说，其从解决请求人与在先审级的争议实质出发，可减少前后审级之间的无谓程序振荡，具有积极的意义。

尽管复审依职权审查具有重要作用，但是《专利法》及《专利法实施细则》中并未对依职权审查的范围进行明确限定，这使《专利审查指南》中规定的复审程序中的依职权审查缺乏上位法依据，因此有必要通过修改《专利法实施细则》予以明确。

（二）修改内容

本条修改在于：一是第一款中复审依据增加"或者专利申请存在其他明显违反专利法和本细则有关规定情形"；二是将第一款原复审决定由"维持原驳回决定"修改为"驳回复审请求"；三是第二款撤销原驳回决定的条件增加"经过修改的专利申请文件消除了复审通知书指出的缺陷"的规定；四是删除第二款中"由原审查部门"的表述；五是根据机构设置调整情况以及修改后《专利法》内容，将"专利复审委员会"的表述作适应性修改。

复审程序是在国务院专利行政部门内部进行的程序，是专利审查授权程序的组成部分，通过审查驳回决定是否符合《专利法》相关规定，对前期的审查行为进行监督并纠正错误，维护申请人权益。复审结果不仅关系到当事人的权益，更与公众的利益相关。在对驳回决定进行审查时，需要了解案件事实、争议焦点和作出驳回决定的审查过程，且申请人在提出复审请求时也会主动对原申请文件进行修改，因此复审程序除审查驳回决定外，还有可能发现专利申请存在驳回决定中未指出的其他明显缺陷。如果复审部门对其发现的明显缺陷一概不予置评，完全将其留给原审查部门处理，会造成程序反复而不合理地延长专利审查周期。

针对上述问题，《专利审查指南》已经规定，在复审程序中，一般仅针对驳回决定所依据的理由和证据进行审查，特定情形下，合议组可以对驳回决定未指出的明显实质性缺陷或者与驳回决定所指出的实质性缺陷性质相同的缺陷及其证据进行审查。

实践中，当事人和司法机关对于国务院专利行政部门在复审程序中依职权对审查范围作一定程度的扩展比较认同，但由于"依职权审查"长期以来仅在部门规章中规定，在上位法中并没有明确依据，对于依职权审查的规范性要求也没有形成完整的法律规则，相关制度有待进一步完善。因此，本次《专利法实施细则》修改明确增加以下规定：除当事人申请外，国务院专利行政部门还可以就专利申请中存在其他明显违反《专利法》和《专利法实施细则》有关规定的情形予以审查。

关于第一款的复审依据中增加"专利申请存在其他明显违反专利法和本细则有关规定情形"，是在《专利法实施细则》层面将国务院专利行政部门依职权进行复审予以明确。关于将第一款原复审决定由"维持原驳回决定"修改为"驳回复审请求"，由于复审程序中，国务院专利行政部门可以按照有关规定对驳回决定未指出的，但是专利申请存在其他明显违反《专利法》或《专利法实施细则》有关规定情形进行审查，在这种情形下，如果继续采用"应当作出维持原驳回决定的复审决定"显然不合适，因此，为使得表述更加准确，将第一款原复审决定由"维持原驳回决定"修改为"驳回复审请求"；相应地，第二款撤销原驳回决定的条件增加"经过修改的专利申请文件消除了复审通知书指出的缺陷"，以涵盖依职权审查和依复审请求审查两种情形。至于撤销原驳回决定后继续进行审查程序的具体部门，属于复审程序中国务院专利行政部门的内部程序，可在《专利审查指南》中进一步细化，也为以后的内部程序优化留有余地，因此在《专利法实施细则》中不再明确规定。

（三）制度参考

世界上其他国家或地区的专利复审程序在审查范围上具有一定程度的一致性，即复审程序在为复审请求人提供充分救济的前提下，都不局限于驳回决定中的理由和证据，而是可以进一步调查其他的驳回理由和证据。

例如，《日本专利法》规定，在复审程序中，驳回决定中的驳回理由不成立时，合议组可以依职权进一步调查有无其他驳回理由。《欧洲专利公约》规定，在申诉程序中，申诉委员会可以行使原作出决定的部门的职权，可以依职权引入新的驳回理由和证据，不局限于当事人所提供的事实、证据和论点以及当事人所请求的理由。《美国联邦法规汇编》第37编规定，专利申诉委员会可以基于新的驳回理由驳回申请中的权利要求，其中包括审查员在驳回决定中未反对的权利要求；专利申诉委员会提出新的驳回理由时，可以根据申请人的要求由审查员重新进行实质审查或再次听证。

（四）修改作用

通过本次修改，复审依职权审查情形在《专利法实施细则》层面有了明确依据，同时，复审依职权审查能够提高审查效率和授权质量，避免程序反复；同时也能充分保障复审请求人修改申请文件、陈述意见克服新指出的实质性缺陷的机会。这一规定能够更好地实现专利复审程序的价值，在提高专利质量方面迈出了重要一步，维护了公众的合法利益。

二十六、关于第六十九条

第六十九条 依照专利法第四十五条的规定，请求宣告专利权无效或者部分无效的，应当向**国务院专利行政部门**提交专利权无效宣告请求书和必要的证据一式两份。无效宣告请求书应当结合提交的所有证据，具体说明无效宣告请求的理由，并指明每项理由所依据的证据。

前款所称无效宣告请求的理由，是指被授予专利的发明创造不符合专利法第二条、第十九条第一款、第二十二条、第二十三条、

第二十六条第三款、**第二十六条**第四款、第二十七条第二款、第三十三条或者本细则**第十一条**、**第二十三条**第二款、**第四十九条**第一款的规定，或者属于专利法第五条、第二十五条规定**的情形**，或者依照专利法第九条规定不能取得专利权。

（一）修改目的

《专利法实施细则》第六十九条规定了专利无效宣告请求的理由。此次对该条的修改在于：一是作为《专利法》第二十条和《专利法实施细则》第十一条的配套修改条款，明确了不符合诚实信用原则是宣告专利权无效的理由之一；二是对其他审查条款序号作出的适应性调整。

（二）修改内容

本条修改主要在于：在专利无效宣告请求的理由中增加了不符合《专利法实施细则》第十一条规定的情形。

《专利法》第二十条引入了诚实信用原则，其中第一款规定："申请专利和行使专利权应当遵循诚实信用原则。不得滥用专利权损害公共利益或者他人合法权益。"《专利法实施细则》第十一条对此作了进一步细化规定："申请专利应当遵循诚实信用原则。提出各类专利申请应当以真实发明创造活动为基础，不得弄虚作假。"对《专利法实施细则》第六十九条进行修改，将违反诚信原则、不符合《专利法实施细则》第十一条规定的情形增加为专利无效宣告的理由，从而实现了诚实信用原则在无效宣告程序中的落地。

（三）制度参考

国内立法层面，《商标法》《著作权法》等相关知识产权法律都规定了权利行使的基本原则。如《商标法》第七条第一款规定："申请注册和使用商标，应当遵循诚实信用原则。"《著作权法》第四条中规定："著作权人和与著作权有关的权利人行使权利，不得违反宪法和法律，不得损害公共利益。"

域外立法层面，目前很多国家立法中确立了获得专利权的过程应当诚信的原则。如《美国专利法》要求申请人提出专利申请时宣誓或者声明，申请人是所申请专利的原始发明人。《澳大利亚专利法》规定，如果一项专利权获权过程中有欺诈、虚假或者失实陈述，应当全部撤销该专利或者只撤销所涉及的某项权利要求。《日本专利法》在法律责任部分引用其民事诉讼法规定，专利申请人或者专利权人有义务向特许厅提交文件或者陈述的，如果其中有虚假陈述，应当判处罚金。

（四）修改作用

本次《专利法实施细则》修改，新增了违反诚实信用原则、不符合《专利法实施细则》第十一条规定的情形作为请求宣告专利权无效的理由之一，将增大对企图违反诚信原则编造、伪造专利申请等行为的威慑力，有效规范专利申请秩序，更好地营造良好的创新环境。

二十七、关于第七十三条

第七十三条 在无效宣告请求的审查过程中，发明或者实用新型专利的专利权人可以修改其权利要求书，但是不得扩大原专利的保护范围。**国务院专利行政部门在修改后的权利要求基础上作出维持专利权有效或者宣告专利权部分无效的决定的，应当公告修改后的权利要求。**

发明或者实用新型专利的专利权人不得修改专利说明书和附图，外观设计专利的专利权人不得修改图片、照片和简要说明。

（一）修改目的

本条是本次《专利法实施细则》修改新增内容。《专利法》第四十七条中规定"宣告无效的专利权视为自始即不存在"，对于经无效宣告程序修改后维持有效的专利权的法律效力如何未作规定。考虑到权利要求的修改不仅涉及权利人的利益，还涉及利害关系人以及社会公众的利益，有必要在《专利法实施细则》中明确规定应当对修改后的权利要求予以及时公告。

（二）修改内容

在原《专利法实施细则》第六十九条第一款新增"国务院专

利行政部门在修改后的权利要求基础上作出维持专利权有效或者宣告专利权部分无效的决定的，应当公告修改后的权利要求。"。

专利权效力是专利制度的基础问题，对专利司法审判程序和创新主体应用专利权的方方面面均有直接影响。考虑到对于经无效宣告程序修改后维持有效的专利权的法律效力问题属于专利制度中较为基础的问题，建议在《专利法实施细则》层面予以规定。

（三）制度参考

《日本专利法》规定，当无效宣告程序中修改专利被准予后，专利申请、审查前公开、授权决定或者无效宣告请求决定以及专利权登记均视为根据修改后的说明书、权利要求书或附图作出的（即修改后的权利要求视为自始即存在）。

《韩国专利法》规定，修改后权利要求记载的内容视为在该专利申请提出时即时可以授予专利的。

《德国专利法》规定，通过修改专利权利要求书以限制保护范围是有追溯力的。

（四）修改作用

修改本条后，一方面，利害关系人和社会公众可以及时获悉专利权的真实范围，从而据此更好地对专利权进行评估并行使有关权利；另一方面，专利无效宣告程序往往和专利侵权诉讼司法程序关联，后者需要及时获知无效宣告程序的审理结论和修改后的权利要求文本，及时公告修改后的权利要求有助于提升行政与司法程序之间的衔接，提升创新主体依法运用专利制度的便利性。

二十八、关于第七十七条

第七十七条　依照专利法第四十二条第二款的规定请求给予专利权期限补偿的，专利权人应当自公告授予专利权之日起 3 个月内向国务院专利行政部门提出。

（一）修改目的

本条是本次《专利法实施细则》修改新增内容，作为《专利法》第四十二条第二款规定的专利权期限补偿的配套规定，就专利权人提出期限补偿请求的时机作出规定。

（二）修改内容

本条修改涉及发明专利的专利权人向国务院专利行政部门提出发明专利权期限补偿请求的时间要求，将其规定为自专利授权公告之日起3个月内。

《专利法》第四十二条第二款规定："自发明专利申请日起满四年，且自实质审查请求之日起满三年后授予发明专利权的，国务院专利行政部门应专利权人的请求，就发明专利在授权过程中的不合理延迟给予专利权期限补偿，但由申请人引起的不合理延迟除外。"根据《专利法》该条规定，国务院专利行政部门可以依据专利权人的请求启动专利权期限补偿相关程序，但该条没有明确规定专利权人作为请求人，可以在何时提出专利权期限补偿请求。基于此，《专利法实施细则》需要对其作出细化规定。

在《专利法实施细则》修改过程中，国家知识产权局基于我国国情和发明专利审查实践考虑，同时借鉴相关国家立法经验，在提出立法建议时将其规定为请求人可以自专利授权公告之日起3个月内向国务院专利行政部门提出请求。该立法建议最终被立法部门所采纳。

（三）制度参考

在《专利法》及《专利法实施细则》修改调研论证过程中，调研对象对3个月的时间没有提出异议，但有的意见认为，可将提出请求的时间规定为原专利期限届满前的一定时间内。关于此，考虑到在相关专利申请被授予专利权后的一定时间内确定补偿期限，可尽早给予专利权人和社会公众更加明确的预期，有利于相关研发活动的开展，并且可以与药品专利权期限补偿等制度更好地衔接，因此，仍将提出请求的时机规定为自专利授权公告之日起3个月内。

国外主要有美国和韩国建立了相关制度，具体情况如下。

1. 美国

1999 年 11 月 29 日，《美国发明人保护法案》生效。该法案降低了专利申请费和维持费，确立了专利早期公开制度，并正式设立发明专利权期限调整制度（Patent Term Adjustment，PTA），规定当出现因美国专利商标局的原因造成专利授权公告延迟相关情形时，美国专利商标局需将延迟天数补偿至专利权期限中，并对需要从补偿期限中扣除的时间、计算的方式等作出详细规定。该制度适用于发明专利申请。

具体地，能够获得补偿的有三种情形：第一类涉及美国专利商标局未在申请日或国际申请进入国家阶段之日起 14 个月内发出驳回、再审或授权通知，自收到申请人针对驳回或再审通知的答复之日起未在 4 个月内作出回应等；第二类涉及专利申请审查时间超过 3 年导致的延迟；第三类主要涉及由美国专利商标局执行的除审查之外的其他程序（如保密令审查等）导致的专利授权延迟。在作出前述规定的基础上，该法案同时明确了由于申请人原因导致的需要扣除相应补偿时间的若干情形，例如由于申请文件或答复存在问题、申请人未及时启动相关程序等导致的延迟。计算方式为三种延迟方式之和扣除重叠的天数以及申请人原因造成的延迟，按照计算得出的实际延迟的天数予以补偿。

在美国，专利权人无须在获得专利权后提出期限补偿请求，美国专利商标局将在专利授权后自动计算每件发明专利应当补偿的时间。

2. 韩国

2012 年 3 月 15 日韩国通过修改专利法引入了专利权期限补偿制度。具体规定为：如果专利权的授权时间被延迟到专利申请之日起 4 年后或者提出实质审查请求之日起 3 年后（以后到日期为准），那么相应被延迟的期限应当给予补偿，但是其中由于申请人原因（包括申请人未及时答复、申请延迟审查、中止程序等）导致的延迟不给予期限补偿。

与美国在专利授权时自动计算补偿期限不同，韩国根据请求人提出的请求启动专利权期限补偿程序，且要求请求人在提出请求时自行计算并提交要求补偿的天数，并由韩国知识产权局核实是否准确。提出请求的时间为自专利登记之日起 3 个月内。

（四）修改作用

通过本条修改，明确了专利权人在根据《专利法》第四十二条第二款的规定提出给予发明专利权期限补偿请求时，应在自专利授权公告之日起 3 个月内提出。专利权人提出请求的时间超出前述 3 个月的，将会因不符合《专利法实施细则》第七十七条的规定而无法获得专利权期限补偿。

二十九、关于第七十八条

第七十八条　依照专利法第四十二条第二款的规定给予专利权期限补偿的，补偿期限按照发明专利在授权过程中不合理延迟的实际天数计算。

前款所称发明专利在授权过程中不合理延迟的实际天数，是指自发明专利申请日起满 4 年且自实质审查请求之日起满 3 年之日至公告授予专利权之日的间隔天数，减去合理延迟的天数和由申请人引起的不合理延迟的天数。

下列情形属于合理延迟：

（一）依照本细则第六十六条的规定修改专利申请文件后被授予专利权的，因复审程序引起的延迟；

（二）因本细则第一百零三条、第一百零四条规定情形引起的延迟；

（三）其他合理情形引起的延迟。

同一申请人同日对同样的发明创造既申请实用新型专利又申请发明专利，依照本细则第四十七条第四款的规定取得发明专利权的，该发明专利权的期限不适用专利法第四十二条第二款的规定。

（一）修改目的

本条是本次《专利法实施细则》修改新增内容，作为《专利法》第四十二条第二款规定的专利权期限补偿的配套规定，就补偿期限的计算规则、属于合理延迟的情形、同一申请人同日对同样的发明创造既申请实用新型专利又申请发明专利（以下简称"同日申请"）的适用规则等内容作出规定。

（二）修改内容

本条修改涉及以下三个方面。

一是关于补偿期限的计算，将其规定为"按照发明专利在授权过程中不合理延迟的实际天数"，即超出自申请日起满 4 年或者自实质审查请求之日起满 3 年的时间（二者中以较晚日期为准），扣除发明专利在授权过程中的合理延迟时间以及由申请人原因引起的不合理延迟时间之后，按照计算获得的实际天数给予期限补偿。

二是明确属于合理延迟的相关情形。《专利法》第四十二条第二款规定，国务院专利行政部门应专利权人的请求，就发明专利在授权过程中的不合理延迟给予发明专利权期限补偿。根据《专利法》该条规定，专利权期限补偿仅针对授权过程中的不合理延迟给予期限补偿，对于有正当理由的合理延迟，不予期限补偿。关于属于合理延迟的情形，在本条第三款中列出。

第三款第（一）项涉及复审程序。《专利法实施细则》第六十六条、第六十七条规定，复审请求人在提出复审请求或者在对国务院专利行政部门的复审通知书作出答复时，可以修改专利申请文件，以克服驳回决定或者复审通知书中所指出的缺陷；国务院专利行政部门进行复审后，认为经过修改的专利申请文件消除了原驳回决定和复审通知书指出的缺陷的，应当撤销原驳回决定，继续进行审查程序。经审查没有发现驳回理由的，将作出授予专利权的决定。在这种情形中，驳回决定或者复审通知书中指出的专利申请不符合《专利法》《专利法实施细则》相关规定的理由没有错误，专利申请是在复审请求人对申请文件作出修改并克服相应缺陷的基础上才被授予专利权的，其所引起的延迟由申请文件本身存在的缺陷导致，不属于国务院专利行政部门在授权过程中引起的不合理延迟，因而该项规定"依照本细则第六十六条的规定修改专利申请文件后被授予专利权的，因复审程序引起的延迟"属于合理延迟，对该情形引起的延迟不予补偿。

第三款第（二）项涉及相关中止程序。《专利法实施细则》第一百零三条第一款规定，当事人因专利申请权或者专利权的归属发生纠纷，已请求管理专利工作的部门调解或者向人民法院起诉的，可以请求国务院专利行政部门中止有关程序。《专利法实施细则》第一百零四条规定，人民法院在审理民事案件中裁定对专利申请权或者专利权采取保全措施的，国务院专利行政部门应当在收到写明申请号或者专利号的裁定书和协助执行通知书之日中止被保全的专利申请权或者专利权的有关程序。前述因专利申请权归属纠纷或者协助执行对专利申请权采取的保全措施而中止有关程序，进而引起的延迟，是由当事人的原因引起的延迟，属于国务院专利行政部门在专利申请审查授权过程中的合理延迟，对该情形引起的延迟不予补偿。

第三款第（三）项采用开放式撰写方式，规定"其他合理情形引起的延迟"属于合理延迟。考虑《专利法实施细则》条文撰写体例规范以及个案审查的实际情况，本款无法全面列举属于合理延迟的所有情形，故采用上述方式撰写，后续将结合审查实践确定其他哪些具体情形属于合理延迟，在《专利审查指南》等部门规章中对其作出规定。

三是明确同日申请不适用《专利法》第四十二条第二款的规定。《专利法》《专利法实施细则》就同样的发明创造只能授予一项专利权作出相关规定。其中，《专利法》第九条第一款规定："同样的发明创造只能授予一项专利权。但是，同一申请人同日对同样的发明创造既申请实用新型专利又申请发明专利，先获得的实用新型专利权尚未终止，且申请人声明放弃该实用新型专利权的，可以授予发明专利权。"作为其配套规定，《专利法实施细则》第四十七条第四款、第五款规定："发明专利申请经审查没有发现驳回理由，国务院专利行政部门应当通知申请人在规定期限内声明放弃实用新型专利权。申请人声明放弃的，国务院专利行政部门应当作出授予发明专利权的决定，并在公告授予发明专利权时一并公告申请人放弃实用新型专利权声明。""实用新型专利权自公告授予发明专利权之日起终止。"据此在允许申请人同日对同样的发明创造既申请实用新型专利又申请发明专利的情况下，专利权人便可以自相对更早的实用新型专利权公告之日起主张相应的权利，更好地维护其合法权益。根据上述规定，即使发明专利在审查授权过程中客观上存在非因申请人原因引起的不合理延迟，但因实用新型已在先被授予专利权，实质上也不会影响权利人行使权利。在这种情况下，对发明专利权给予期限补偿便不具有必要性和合理性，否则将会不当地影响公众利益，也不利于充分激发全社会创新活力。据此，本条第四款规定涉及同日申请的发明专利权不适用发明专利权期限补偿制度。

（三）制度参考

在《专利法》及《专利法实施细则》修改调研论证过程中，关于是否对复审程序延迟的期限予以补偿，有意见认为应予补偿，还有意见提出，对于复审程序占用时间的补偿，应排除专利申请人在复审程序中因修改申请文件而被授予专利权的情形，因这种情形并不属于国务院专利行政部门的原因引起的不合理延迟。关于是否对诉讼程序延误的期限予以补偿，有意见建议对诉讼程序造成的不合理延迟不予补偿，还有意见认为诉讼程序占用的时间不是国务院专利行政部门在专利审查授权过程中延误的时间，没有必要予以补偿。立法部门经全面考虑后对属于合理延迟的情形进行了明确，即本条所述具体情形，同时还规定了兜底条款，以适应实践中可能出现的新情况。

（四）修改作用

通过本条修改，一是明确了通过相应的计算规定，对应给予专利权期限补偿的，按照发明专利在授权过程中不合理延迟的实际天数计算；二是明确了属于合理延迟的相关情形，在计算补偿期限时，对这些情形引起的延迟应予扣除；三是明确了涉及同日申请的发明专利权不适用专利权期限补偿，平衡好专利权人和社会公众利益，营造更加良好的创新环境和营商环境。

三十、关于第七十九条

第七十九条　专利法第四十二条第二款规定的由申请人引起的不合理延迟包括以下情形：

（一）未在指定期限内答复国务院专利行政部门发出的通知；

（二）申请延迟审查；

（三）因本细则第四十五条规定情形引起的延迟；

（四）其他由申请人引起的不合理延迟。

（一）修改目的

本条是本次《专利法实施细则》修改新增内容，作为《专利法》第四十二条第二款规定的专利权期限补偿的配套规定，就发明专利权期限补偿制度中由于申请人原因引起的不合理延迟情形作出规定。

（二）修改内容

根据《专利法》第四十二条第二款的规定，就专利权期限补偿而言，对由于申请人原因引起的不合理延迟不予期限补偿，需要在计算补偿期限时扣除。《专利法》该条规定仅就专利权期限补偿作出原则性规定，没有规定哪些情形属于因申请人原因引起的不合理延迟。基于此，《专利法实施细则》需要对其予以明确，并在本条作出细化规定。

本条第（一）项涉及申请人未在指定期限内答复国务院专利行政部门发出的通知，包括初步审查程序、实质审查程序、复审程序等过程中发出的通知。指定期限是国务院专利行政部门在根据《专利法》《专利法实施细则》发出的相关通知中，规定申请人等作出答复或者进行某种行为的期限。例如，初步审查程序中补交序列表副本、说明书附图等相关文件，答复补正通知书，实质审查程序中答复审查意见通知书、分案通知书、提交资料通知书，或者复审程序中补正复审请求书或者答复复审通知书时均涉及指定期限。指定期限一般为 2 个月；发明专利申请实质审查程序中，申请人答复第一次审查意见通知书的指定期限为 4 个月；对于相对简单或者时限要求较高的情形，指定期限可以为 1 个月或者更短。《专利法实施细则》第四条对包括通知在内的文件送达日作出相关规定，指定期限自当事人收到通知之日起开始计算。

本条第（二）项涉及依申请延迟审查。发明专利申请延迟审查是依申请人请求启动的程序，由此导致的专利授权延迟属于申请人原因引起的不合理延迟，不予专利权期限补偿。

本条第（三）项涉及申请文件相关缺陷的处理。由援引加入引起的专利授权延迟，是因申请文件存在相关缺陷所导致的，其属于申请人原因引起的不合理延迟，不予专利权期限补偿。

本条第（四）项采用开放式撰写方式，规定由申请人引起的不合理延迟还包括"其他由申请人引起的不合理延迟"。考虑到《专利法实施细则》条文撰写体例规范以及个案审查的实际情况，本条无法全面列举由申请人引起不合理延迟的所有情形，故采用上述方式撰写，后续将结合审查实践确定其他哪些具体情形属于由申请人引起的不合理延迟，在《专利审查指南》等部门规章中对其作出规定。

（三）制度参考

对于本条第（一）项中的指定期限，申请人可以根据《专利法实施细则》第六条第四款的规定，在指定期限届满前，向国务院专利行政部门请求延长该指定期限、说明理由并办理有关手续。当事人还可以根据《专利法实施细则》第六条第二款的规定，在因除不可抗拒的事由之外的其他正当理由延误指定期限导致权利丧失后，在规定时间内请求恢复相应权利。前述情形均涉及申请人未在指定期限内答复国务院专利行政部门发出的通知，其导致的专利授权延迟属于由申请人原因引起的不合理延迟，不予专利权期限补偿。

对于本条第（二）项中的延迟审查，是本次修改新增内容。《专利法实施细则》第五十六条第二款规定"申请人可以对专利申请提出延迟审查请求"，以满足创新主体多样化的审查需求。

对于本条第（三）项中的援引加入，也是本次修改新增内容。《专利法实施细则》第四十五条就援引加入项目或者部分作出规定，即："发明或者实用新型专利申请缺少或者错误提交权利要求书、说明书或者权利要求书、说明书的部分内容，但申请人在递交日要求了优先权的，可以自递交日起2个月内或者在国务院专利行政部门指定的期限内以援引在先申请文件的方式补交。补交的文件符合有关规定的，以首次提交文件的递交日为申请日。"

（四）修改作用

通过本条修改，进一步明确了由申请人引起的不合理延迟的相关情形，在计算专利权补偿期限时，需要扣除因这些情形引起的延迟，以平衡好专利权人和社会公众的利益。

三十一、关于第八十条

第八十条　专利法第四十二条第三款所称新药相关发明专利是指符合规定的新药产品专利、制备方法专利、医药用途专利。

（一）修改目的

本条是《专利法》第四十二条第三款的配套规定，为本次《专利法实施细则》修改新增内容，就药品专利权期限补偿制度中药品和专利的适用范围等作出规定。

（二）修改内容

本条修改涉及以下两个方面。

一是药品适用范围。

根据本条规定，作为药品专利权期限补偿基础的新药，应是符合规定的新药。如何理解"符合规定的新药"，需要把握以下两个方面的问题。

1. 关于化学药、生物制品和中药的适用

药品通常包括化学药、生物制品（即生物药）和中药。关于适用药品专利权期限补偿制度的药品范围，在《专利法》《专利法实施细则》修改调研论证过程中，调研对象普遍认为，上述三类药品均应适用该制度；仅个别调研对象表达了一些顾虑，认为中药在临床试验、专利申请等方面存在一定的特殊性，需要进一步分析。

鉴于中医药是中华民族瑰宝，在维护人民健康、促进中国特色卫生健康事业发展等方面发挥着重要作用。为加强中医药知识产权保护，传承创新发展中医药，药品专利权期限补偿制度除适用于化学药、生物制品外，还应适用于中药，以鼓励医药企业就化学药、生物制品、中药开展新药创制研发活动，促进我国医药产业结构调整和技术创新，提高我国医药产业竞争力，满足公众临床需要。

2. "新药"概念和适用范围

本条与《专利法》第四十二条第三款均使用了术语"新药"，但没有对其内涵和外延作出特别规定，主要考虑是"新药"定义属于药品监管法律制度设计范畴，专利法律制度和实践宜采用与其相一致的概念，避免出现不同法律制度对相同概念采用不一致标准的冲突。根据 2015 年国务院印发的《关于改革药品医疗器械审评审批制度的意见》，"新药"是指"未在中国境内外上市销售的药品"，包括创新药和改良型新药。根据上述规定，在全球范围内，如果某药品首先在我国提交上市许可申请，或者在其他国家或者地区提交上市许可申请后，但在获得上市许可前，在我国提交上市许可申请的，可以按照创新药或者改良型新药分类申报注册，属于新药的范畴。《专利法》《专利法实施细则》修改调研论证过程中，绝大多数意见认为专利法律制度和实践中的新药概念，宜与药品监管法律制度保持一致。

关于新药的具体适用范围，在立足我国国情的基础上，借鉴其他国家或地区立法经验，本条规定，只有符合规定的新药，才可作为药品专利权期限补偿的基础，就相关专利获得期限补偿。关于符合规定新药的具体适用范围，将在《专利审查指南》中进一步细化。

二是可给予期限补偿的专利范围。

专利类型包括产品专利和方法专利，具体到药品领域，方法专利还包括制备方法专利和医药用途专利。《专利法》及《专利法实施细则》修改调研论证过程中，多数调研对象认为上述三类专利，只要符合药品专利权期限补偿条件，均应给予期限补偿。个别调研对象建议，对制备方法专利不给予期限补偿。考虑到制备方法也可能涉及药品核心技术，特别是生物制品，所以，本条规定对产品专利、制备方法专利和医药用途专利，符合期限补偿条件的，均应给予期限补偿。

另外，可以获得期限补偿的新药相关专利包括新药活性成分相关专利，即请求人可以基于要求保护活性成分的相关专利提出期限补偿请求，该专利可以要求保护活性成分本身，也可以要求保护活性成分组合物，例如不同活性成分的组合物或者包括活性成分的药物组合物。

（三）制度参考

1. 涉及新药适用范围的调研论证情况

关于适用药品专利权期限补偿的新药范围，在《专利法》及《专利法实施细则》修改调研论证过程中，调研对象对包括创新药不持异议，对是否包括改良型新药提出不同意见。赞同包括改良型新药的主要理由在于：一是我国医药行业目前虽然正在加大研发投入，创新能力也在逐渐提高，但研发能力仍相对较弱，基础研究也较为薄弱，这一现状在短时间内无法改变，将改良型新药纳入该制度，将在未来的一段时间内有利于我国医药产业的转型和发展；二是改良型新药与创新药一样，在我国均是指境内外未上市的药品，因上市同样需要经过自行开展临床试验证明其安全性和有效性，且需要经过行政审批，而上述过程均会占用一定的专利权保护期，所以对其给予专利权期限补偿具有合理性。不赞同包括改良型新药的主要理由在于：我国引入药品专利权期限补偿制度的目的在于激励医药企业创新，促进医药产业转型升级；如果规定该制度适用于改良型新药，有可能使医药企业将研发重心放在改良型新药，无法有效实现制度设立目的。

赞同包括改良型新药的调研对象还对所适用的改良型新药的范围提出不同意见，多数意见认为应当包括对活性成分本身作出改进和涉及新适应症的改良型新药，排除新剂型、新处方工艺、新给药途径、新复方制剂等改良型新药，否则，相关制药企业可能会利用外围专利战略布局形成"常青专利"，进而影响药品可及性。

美国、欧洲、日本、韩国、加拿大等国家或地区的法律制度中对新药适用范围作出不同规定，多数包括首次批准上市的新药活性成分。

2. 相关考虑

2020 年 11 月 27 日至 2021 年 1 月 11 日，国家知识产权局就《专利法实施细则修改建议（征求意见稿）》向社会公开征求意见，其中新增第八十五条之四规定，"对在中国获得上市许可的化学药、生物制品和中药新药产品专利、制备方法专利或者医药用途相关专利，符合药品专利权期限补偿条件的，可以给予药品专利权期限补偿"，"前款所称新药相关专利，是指国务院药品监督管理部门首次批准上市的新药活性成分相关专利。中药新药专利包括中药创新药相关专利和增加功能主治的中药改良型新药相关专利"。

在公开征求意见过程中，有的意见提出上述条文表述含义不清，特别是"活性成分"等术语目前没有明确定义，容易引起歧义。

《专利法实施细则》作为专利法律制度领域中的行政法规，仅就新药适用范围作出原则性规定即可，不宜就相关概念予以限定，新药具体适用范围可在部门规章等下位法律文件中，根据需要进一步细化规定。因此，该条规定将相关内容最终修改为"专利法第四十二条第三款所称新药相关发明专利是指符合规定的新药产品专利、制备方法专利或者医药用途专利"。

（四）修改作用

通过本条修改，一是将适用于药品专利权期限补偿的药品范围明确为符合规定的新药，其中，新药定义与药品监管法律制度保持一致，新药范围在《专利审查指南》中进一步细化；二是将适用于药品专利权期限补偿的专利范围明确为符合规定的产品专利、制备方法专利、医药用途专利，请求人可以针对上述新药相关专利提出期限补偿请求，符合《专利法》及《专利法实施细则》规定相关条件的，给予相应的期限补偿。

三十二、关于第八十一条

第八十一条　依照专利法第四十二条第三款的规定请求给予新药相关发明专利权期限补偿的，应当符合下列要求，自该新药在中国获得上市许可之日起 3 个月内向国务院专利行政部门提出：

（一）该新药同时存在多项专利的，专利权人只能请求对其中一项专利给予专利权期限补偿；

（二）一项专利同时涉及多个新药的，只能对一个新药就该专利提出专利权期限补偿请求；

（三）该专利在有效期内，且尚未获得过新药相关发明专利权期限补偿。

（一）修改目的

本条是《专利法》第四十二条第三款的配套规定，为本次《专利法实施细则》修改新增内容，就药品专利权期限补偿制度中给予期限补偿的相关条件作出规定。

（二）修改内容

本条修改涉及以下两个方面。

1. 关于提出期限补偿请求的时间

关于请求人提出药品专利权期限补偿请求的时间，在考虑我国国情的基础上，将其规定为新药获得上市许可之日起 3 个月内，一方面可以给予专利权人较为充足的时间提出请求，另一方面有利于仿制药企业尽早获知专利权人是否会针对原研药提交药品专利权期限补偿请求等相关信息，便于其开展后续的仿制药研发活动。同时，为避免出现在专利权因保护期限届满而终止后，又因给予期限补偿而再次有效的情况，该条还规定应在专利有效期内提出药品专利权期限补偿请求。

2. 关于提出请求时药品及其专利应当满足的条件

通常情况下，创新主体可以针对一个药品提出多项专利申请并被授予专利权，一项专利也有可能保护多个药品。就药品专利权期限补偿而言，在一个药品受多项专利保护的情况下，因多项专利保护期限届满时间不同，且除个别"核心专利"外，其余多为"外围专利"，如果允许上述多项专利均可获得期限补偿，可能导致不合理地延迟仿制药上市时间，进而影响药品可及性和可获得性，不利于有效解决公共健康问题。基于相同的原因，如果允许多个药品就一项专利分别获得期限补偿，也将无法有效平衡原研药企业和仿制药企业的利益以及专利权人和社会公众的利益。

因此，关于提出请求时药品及其专利应当满足的条件，本条规定，在请求人提出药品专利权期限补偿请求时，"该新药同时存在多项专利的，专利权人只能请求对其中一项专利给予专利权期限补偿""一项专利同时涉及多个新药的，只能对一个新药就该专利提出专利权期限补偿请求"，并且该专利"尚未获得过新药相关发明专利权期限补偿"。

（三）制度参考

关于提出药品专利权期限补偿请求的时间，在《专利法》及《专利法实施细则》修改调研论证过程中，各方意见普遍认为，在新药获得上市许可时，通常专利申请已被授权，因在提出专利权期限补偿请求时，仅可针对已授权专利提出请求，故应规定为在新药获得上市许可后的一定时间内提出专利权期限补偿请求。现已建立类似制度的国家或地区中，美国将其规定为 60 日，日本、韩国为 3 个月，欧洲、加拿大为 6 个月。

关于本条第（一）项至第（三）项的规定，在《专利法》及

《专利法实施细则》修改调研论证过程中，各方意见普遍认为通过该制度给予相关新药专利合理的期限补偿，使医药企业能够在回收新药研发成本的基础上获得合理收益即可，不宜不合理地过度延长新药所能够享有的市场独占期。现已建立该制度的国家或地区中，美国、欧洲、韩国、加拿大等也作出类似规定。

（四）修改作用

通过本条修改，明确给予药品专利权期限补偿应当符合的相关条件，包括：一是专利权人应在新药获得上市许可之日起 3 个月内提出请求，且提出请求时相关新药专利权期限尚未届满；二是如果新药受多项专利保护，专利权人仅可针对一项专利提出专利权期限补偿请求；三是如果一项专利保护多个新药，专利权人仅可针对一个药品就该专利提出专利权期限补偿请求；四是相关专利此前未获得过专利权期限补偿。如此，可以在有效激励新药研发的同时平衡好公众利益，更好地解决公共健康相关问题。

三十三、关于第八十二条

第八十二条　依照专利法第四十二条第三款的规定给予专利权期限补偿的，补偿期限按照该专利申请日至该新药在中国获得上市许可之日的间隔天数减去 5 年，在符合专利法第四十二条第三款规定的基础上确定。

（一）修改目的

本条是《专利法》第四十二条第三款的配套规定，为本次《专利法实施细则》修改新增内容，就药品专利权期限补偿制度中补偿期限的计算方法作出规定。

（二）修改内容

修改后的《专利法》第四十二条第三款规定，新药相关发明专利的补偿期限不超过 5 年，新药批准上市后总有效专利权期限不超过 14 年。《专利法》该条没有规定补偿期限的具体计算方法，需要在《专利法实施细则》相关条款中对其作出细化规定。

在立足我国国情并借鉴国外相关立法经验的基础上，该条将补偿期限的计算方法规定为新药获得上市许可之日减去专利申请日，再减去5年。采用如上所述的计算方法，一方面，可给予原研药企业和仿制药企业明确预期，有利于进一步激励原研药企业研发新药的积极性，也有利于仿制药企业根据相关专利保护状况适时启动研发仿制药的相关工作；另一方面，我国在制度建立初期采用上述方法计算补偿期限，有利于保障专利权人创新收益，避免产生纠纷，节约行政、司法资源，降低制度运行总体成本。

此外，在理解该条规定时还需要注意以下两个方面。

一是根据该条规定计算获得的补偿期限以"日"为单位，最长不超过5年。

二是根据该条规定计算获得的补偿期限，与新药获得上市许可时原专利权剩余期限之和不得超过14年，超过14年的，计算获得的补偿期限应减少至满足上述规定的要求。需要说明的是，原专利权剩余期限包括新药获得上市许可时该专利自申请日起20年的剩余期限与发明专利权补偿期限的加和。也就是说，对相关专利同时给予发明专利权期限补偿和药品专利权期限补偿的，新药获得上市许可时该专利自申请日起20年的剩余期限与发明专利权补偿期限和药品专利权补偿期限的加和不得超过14年。

（三）制度参考

现已建立药品专利权期限补偿制度的国家或地区中，主要存在两种计算专利权补偿期限的模式：一是美国模式，补偿期限为临床试验时间的1/2与行政审批时间之和，且需要扣除因药品上市许可申请人原因而延误的时间（以下简称"未尽责时间"）；二是欧洲模式，补偿期限为药品获得上市许可之日减去专利申请日，再减去5年。

美国模式的优点在于计算获得的补偿期限更加准确，可以对临床试验和行政审批所占用的专利期限进行精确计算，但缺点在于制度设计较为复杂，需要确定临床试验和行政审批的起止时间、未尽责时间，并配以相应的程序设计，容易产生纠纷；欧洲模式的优点在于药品上市许可日和专利申请日容易确定，计算简单、便于操作，可以给医药企业明确的补偿期限预期，缺点在于计算不够精准。

（四）修改作用

通过本条修改，明确了药品专利权补偿期限的计算方法，采用本条规定计算方法计算得出的补偿期限最长不超过 5 年，且新药获得上市许可时原专利剩余期限与采用本条规定计算方法计算得出的补偿期限之和不得超过 14 年。

三十四、关于第八十三条

第八十三条　新药相关发明专利在专利权期限补偿期间，该专利的保护范围限于该新药及其经批准的适应症相关技术方案；在保护范围内，专利权人享有的权利和承担的义务与专利权期限补偿前相同。

（一）修改目的

本条是《专利法》第四十二条第三款的配套规定，为本次《专利法实施细则》修改新增内容，就药品专利权期限补偿制度中补偿期间的专利权保护范围作出规定。

（二）修改内容

本条修改涉及以下两个方面。

一是将补偿期间的专利权保护范围规定为限于新药及其经批准的适应症相关技术方案。实践中，药品领域授权专利通常包括若干个技术方案，有时可能涉及数十个技术方案，但与经药品监管部门审批上市的药品直接相关的，仅涉及其中个别技术方案。考虑到授权专利中与上市药品无关的技术方案，并没有因为为了满足药品上市审批相关要求而导致专利技术无法实施，即没有因为开展临床试验和行政审批而实际占用这部分技术方案所涉及专利权的保护期限，不存在给予药品专利权期限补偿的前提和基础。因此，仅应针对与上市药品直接相关的技术方案给予药品专利权期限补偿。

二是对补偿期间的专利权效力作出规定，即"在保护范围内，专利权人享有的权利和承扣的义务与专利权期限补偿前相同"。例如，在补偿期间的保护范围内，适用《专利法》第十一条有关专利权效力、第六十五条有关专利侵权纠纷解决方式等的规定，同时适用《专利法》第五十三条至第六十三条有关强制许可、第七十五条有关不视为侵犯专利权等的规定，期限补偿后的专利权效力与期限补偿前是相同的。

（三）制度参考

在《专利法实施细则》修改过程中，有的意见认为，对于产品专利，补偿期间的专利权保护范围限于国务院药品监督管理部门批准上市的新药产品，且限于经其批准的适应症；对于制备方法专利，补偿期间的专利权保护范围限于经国务院药品监督管理部门批准适应症的新药产品的制备方法；对于医药用途专利，补偿期间的专利权保护范围限于国务院药品监督管理部门批准上市新药产品的经批准的适应症。在《专利法》及《专利法实施细则》修改调研论证过程中，各方意见普遍对此表示赞同。美国、欧洲、日本、韩国、加拿大等已建立该制度的国家或地区也采用此种做法。

（四）修改作用

通过本条修改，一是将补偿期间的专利权保护范围明确为与经药品监管部门批准上市的新药相对应，与其无关的技术方案不属于补偿期间的专利权保护范围；二是明确在补偿期间的保护范围内，期限补偿后的专利权效力与期限补偿前相同。对补偿期间的保护范围作出限定，可以更好地实现建立药品专利权期限补偿制度的初衷和目的，平衡好专利权人和社会公众的利益。

三十五、关于第八十四条

第八十四条　国务院专利行政部门对依照专利法第四十二条第二款、第三款的规定提出的专利权期限补偿请求进行审查后，认为符合补偿条件的，作出给予期限补偿的决定，并予以登记和公告；不符合补偿条件的，作出不予期限补偿的决定，并通知提出请求的专利权人。

（一）修改目的

本条是《专利法》第四十二条第三款的配套规定，为本次《专利法实施细则》修改新增内容，就发明专利权期限补偿制度和药品专利权期限补偿制度中对专利权期限补偿请求的审查作出规定。

（二）修改内容

关于本条修改，需要注意以下问题。

一是涉及给予期限补偿决定的相关问题。根据本条规定，专利权人向国务院专利行政部门提出发明专利权期限补偿和药品专利权期限补偿请求后，经审查符合补偿条件的，将作出给予期限补偿的决定，并予以登记和公告。本条没有明确规定期限补偿何时生效，但根据《专利法》相关规定，期限补偿生效时间应参照发明专利权生效时间，即自公告之日起生效，主要原因在于：根据《专利法》第十一条规定，专利权被授予后，任何单位或者个人未经专利权许可，均不得为生产经营目的实施其专利，否则将构成侵权该专利权的行为，对于给予期限补偿的专利权，在补偿期间亦是如此。根据《专利法》相关规定，专利权是一种自权利生效日起对我国所有单位和个人均有约束效力的无形财产权，因此其生效需要公示，通过公示使公众能够知晓，从而承担不侵犯专利权的义务。对于给予期限补偿的专利权，同样需要经公示后生效，如此才能使公众获知相关专利权被给予期限补偿，并承担在补偿期间不侵犯专利权的义务。否则，如果不经公告即可生效，公众将无法明确获知在原专利权期限届满后是否可以实施相关专利，始终处于一种等待状态，如果实施了专利技术，会在很大程度上增加被诉的风险，造成专利权人和社会公众利益失衡。国务院专利行政部门对给予期限补偿的决定进行公告，公众就可以知晓专利权在补偿期间仍然受到法律保护，需要遵守《专利法》等相关法律规定。据此，应以公告之日作为专利权期限补偿的生效之日。

二是涉及不予期限补偿决定的相关问题。《专利法》第四十二条第二款和第三款，以及《专利法实施细则》第七十七条至第八十三条就专利权期限补偿作出相关规定，国务院专利行政部门对专利权人提出的期限补偿请求，经审查认为不符合《专利法》《专利法实施细则》等规定的相关补偿条件的，将作出不予期限补偿的决定，并通知提出请求的专利权人。

（三）制度参考

关于国家知识产权局作出给予期限补偿的决定或者不予期限补偿的决定后的救济程序，考虑到有关行政复议及复议后的诉讼程序可以直接适用《行政复议法》《行政诉讼法》《国家知识产权局行政复议规程》等相关规定，且《专利法》及《专利法实施细则》其他相关条款均未就行政复议作出特别规定，故本条亦没有进一步明确规定相关内容，对其直接予以适用即可。即通常情况下，当事人对前述决定不服的，可以自知道该决定之日起 60 日内提出行政复议申请，对复议决定不服的，可以自收到复议决定书之日起 15 日内向人民法院提起诉讼；此外，当事人也可以自知道或者应当知道前述决定之日起 6 个月内，直接向人民法院提起诉讼。

（四）修改作用

通过本条修改，明确了涉及发明专利权期限补偿和药品专利权期限补偿的相关审查程序，对符合法定条件的请求作出给予期限补偿的决定，对不符合法定条件的请求作出不予期限补偿的决定。此外，本条虽然没有明确规定对国务院专利行政部门作出相关决定不服的救济程序，但可适用《行政复议法》《行政诉讼法》《国家知识产权局行政复议规程》等相关规定，通过申请行政复议或者提起行政诉讼予以解决。

三十六、关于第八十五条、第八十六条、第八十七条

（一）修改目的

为确保专利开放许可制度平稳落地、高效运行，大力推动知识产权转化运用，充分发挥要素市场化配置在经济发展中的重要作用，搭建更为有效的供需双方对接平台，及时披露专利许可需求信息，并全面公开相关专利的法律状态，促进有关专利技术公开公平使用，有必要进一步细化配套规定。

本部分是《专利法》中关于开放许可制度的相关规定的配套修改，细化《专利法》中关于开放许可制度的相关规定，涉及提交开放许可声明的时机、方式，以及专利开放许可声明中应当写明的内容等具体规定。

（二）修改内容

1. 关于第八十五条

第八十五条 专利权人自愿声明对其专利实行开放许可的，应当在专利授权公告后提出。

开放许可声明应当写明以下事项：

（一）专利号；

（二）专利权人的姓名或者名称；

（三）专利许可使用费支付方式、标准；

（四）专利许可期限；

（五）其他需要明确的事项。

开放许可声明内容应当准确、清楚，不得出现商业性宣传用语。

第一款涉及提出开放许可声明的时机。开放许可声明是专利权人意思表示的重要载体形式，是具有法律约束力的特殊合同要约行为。《专利法》规定其必须采取书面方式，同时，声明还应当明确许可使用费和许可期限等事项。参照原《专利法实施细则》中类似书面方式的规定，有必要要求专利权人在提出开放许可声明时，单独提交一份专利权开放许可声明。

第二款涉及开放许可声明应当明确的事项。具体地，声明应当记载开放许可的许可使用费标准和支付方式，许可使用期限、地域，专利权人或者其指定联系人的联系方式以及声明的法律后果等。

第三款涉及对开放许可声明的要求，正面引导声明内容，说明不允许出现的内容。

2. 关于第八十六条

第八十六条　专利权有下列情形之一的，专利权人不得对其实行开放许可：

（一）专利权处于独占或者排他许可有效期限内的；

（二）属于本细则第一百零三条、第一百零四条规定的中止情形的；

（三）没有按照规定缴纳年费的；

（四）专利权被质押，未经质权人同意的；

（五）其他妨碍专利权有效实施的情形。

实行专利开放许可需要考虑专利权当时的法律状态（包括是否处于无效宣告程序中以及是否被质押或已被独占、排他许可等）。专利权法律状态的变动，如专利权被宣告无效，可能给专利开放许可带来不确定性风险。

根据开放许可的特点，专利权人不得在开放许可期间就该专利给予独占或者排他许可，为被许可人和潜在被许可人提供了一定的保护，有助于维护许可交易的安全。这是开放许可的应有之义。否则，容易造成独占或者排他许可实施者与开放许可实施者之间的权利冲突，不利于充分发挥开放许可的制度价值。因此，本条规定"专利权处于独占或者排他许可有效期限内"不予公告。

根据《专利法》第四十四条第（一）项规定，没有按照规定缴纳年费的，专利权在期限届满前终止。因此，本条规定"没有按照规定缴纳年费的"不予公告。

根据《民法典》第四百四十四条第二款规定，知识产权中的财产权出质后，出质人不得转让或者许可他人使用，但是出质人与质权人协商同意的除外。因此，本条规定"专利权被质押，未经质权人同意的"不予公告。

此外，由于我国实用新型和外观设计采用初步审查制度，如果涉及就实用新型专利权或者外观设计专利权提出开放许可声明的，《专利法》中明确要求专利权人提供专利权评价报告，以免由于专利权不稳定而影响被许可人的利益。因此，如果专利权评价报告结论认为实用新型或者外观设计不符合授予专利权条件的，国家知识产权局将以本条第五项"其他妨碍专利权有效实施的情形"为理由，不予公告。

3. 关于第八十七条

第八十七条　通过开放许可达成专利实施许可的，专利权人或者被许可人应当凭能够证明达成开放许可的书面文件向国务院专利行政部门备案。

专利权人以书面方式向国务院专利行政部门声明其愿意许可任何人实施其专利，并明确许可使用费，并由国务院专利行政部门予以公告，实行开放许可，具有较强的法律效力。而开放许可合同的成立由许可双方达成，需要及时向国务院专利行政部门备案，以避免在该开放许可实施合同生效期间，专利权人就该专利给予独占或者排他许可，以保护被许可人的合法权益。开放许可实质是普通许可，从时间和地域上分，被许可人可能数量较多，分布不均。为避免无序竞争或信息不对称，导致被许可人盲目投资或者过度投资，有必要让社会公众了解特定专利开放许可的实施状况，保护投资者权益。

（三）制度参考

法国、德国、英国等发达国家以及不少发展中国家例如巴西、俄罗斯等均设置了开放许可制度。一些代表性国家有关规定如下。

1. 法国

《法国知识产权法典》规定，专利权人在没有影响专利性的现有技术、公开报价、未进行独占许可的前提下，可声明同意任何人非独占地使用其专利，请求并经工业产权局局长决定后可适用开放许可制度并减缴专利年费。双方就专利许可使用费协商不成的，由法院确定。被许可人可随时放弃获得的许可。专利权人可请求撤销其开放许可声明，但不影响撤销前已获得的许可或者正在请求中的开放许可。

2. 德国

《德国专利法》规定，专利权人在未进行独占许可、没有影响专利性的现有技术的前提下，公开声明同意任何人使用其专利，请求并经德国专利商标局决定后该专利可适用开放许可制度并减缴专利年费。应一方当事人的请求，专利使用费由德国专利商标局确定。被许可人可随时放弃获得的许可。没有人请求实施该专利的，专利权人可请求撤销其开放许可声明并补足减缴的专利年费。

3. 英国

《英国专利法》规定，专利权人可向英国知识产权局局长提出开放许可请求，若该请求与现存合同不冲突则可批准并登记。开放许可请求被批准并登记后，任何人可获得许可，许可条件由许可双方协商，协商不成的由英国知识产权局局长决定。开放许可的专利年费减半。若侵权人承诺按开放许可的条件取得许可，法院不得颁发临时或永久禁令。被许可人实施该专利受到侵害时，可要求专利权人起诉，专利权人不起诉的可自行起诉。专利权人在未达成开放许可协议或所有当前被许可人同意的前提下，随时可请求取消开放许可登记，但须补足少缴的专利年费。

4. 俄罗斯

《俄罗斯联邦民法典》规定，专利权人在以普通许可方式许可、公开许可条件的前提下，可声明允许任何人使用其专利，由联邦政府负责知识产权事务的机构决定实行开放许可并公布，从公布当年的次年起专利年费减半。决定公布满2年未许可的，专利权人可撤回开放许可请求并补缴过去少缴的年费。

5. 巴西

《巴西工业产权法》规定，专利权人在未进行独占许可的前提下可向工业产权局申请实行开放许可。许可双方就许可费达不成协议的，由工业产权局裁定，该费用1年后可以修改。发出开放许可声明到发出第一个开放许可期间的专利年费减半。有人获得开放许可之前专利权人可以撤回开放许可申请。被许可人1年不实施、实施间断超过 1 年或不符合实施条件的，专利权人可以请求撤销许可。

（四）修改作用

在《专利法实施细则》中对《专利法》中关于开放许可声明的相关规定予以细化，有利于专利权人在作出开放许可声明时的实践操作。

专利开放许可制度是依托国家知识产权局的职能及信息资源优势建立起的专利交易许可相关信息披露和传播机制，为确保交易安全和权益保障，要求开放许可声明所传达的信息状态必须是准确的。将开放许可声明的具体事项、不予公告开放许可声明的相关情形予以明确，能够预防、纠正现实中可能存在的申请专利开放许可的前提条件错误；设置备案程序，能够为开放许可纠纷的处理提供更充分的证据基础，同时为权利人申请年费减免提供支撑依据。此外，在《专利法实施细则》第一百零六条增加国务院专利行政部门对相关开放许可信息予以公告的规定，进一步保障开放许可制度的运行。

三十七、关于第八十八条

第八十八条　专利权人不得通过提供虚假材料、隐瞒事实等手段，作出开放许可声明或者在开放许可实施期间获得专利年费减免。

（一）修改目的

本条是《专利法》中关于开放许可制度相关规定的配套修改，进一步细化《专利法》中关于开放许可制度的相关规定，对专利权人在作出开放许可过程中提供虚假材料、隐瞒事实等不诚信行为作出规制。

（二）修改内容

《专利法》新增了申请专利和行使专利权应当遵循诚实信用原则的条款，明确了在申请专利和行使专利权的过程中违反诚实信用原则，或者滥用专利权而可能损害公共利益或者妨碍技术的推广应用时，应受到法律的规制。

专利权是法律赋予发明创造所有人的一项民事权利。和其他民事权利一样，无论是申请专利，还是行使权利，都应当遵循诚实信用原则和禁止权利滥用原则，不能通过抄袭、伪造等手段获得专利权，也不得违反诚实信用原则滥用专利权。《专利法》第一条开宗明义阐述了立法宗旨，阐明了保护专利权的最终目的是推动发明创造的应用，促进科学技术进步和经济社会发展。《专利法》第五条也明确规定，对违反法律、社会公德或者妨害公共利益的发明创造，不授予专利权。在申请专利过程中的非正常申请专利行为不仅违反《专利法》立法宗旨，也有违民法诚实信用的基本原则，会影响专利制度的运行及社会公众的利益。另外，如果权利人违反诚实信用原则，滥用自己的专利权，则可能损害公共利益或者妨碍技术的推广应用等，从而违背《专利法》的立法宗旨，应当受到法律的规制。

开放许可实施期间，对专利权人缴纳专利年费给予减免能够降低企业负担，以鼓励专利权人通过开放许可的方式实施专利，进而能够使专利技术在更大范围内运用，提升社会公众的整体利益。但是考虑到实践中，可能存在专利权人违反诚实信用原则，通过提供虚假材料、隐瞒事实等手段作出开放许可声明或者在开放许可实施期间获得专利年费减免的行为，这些行为势必损害实施人的利益，降低开放许可制度的社会公信力，严重影响专利的转化运用，有损专利制度的正常运行及社会公众利益，与开放许可制度设立的初衷背道而驰，必须加以规制。

（三）制度参考

诚实信用原则是民法最重要的基本原则之一，其指的是民事主体在从事民事活动、行使民事权利和履行民事义务时，应该按照诚实、善意的态度，讲究信用，履行义务，信守承诺，在不损害社会和他人利益的前提下追求自己的利益、行使自己的权利。❶ 诚实信用原则在民法中的地位突出，被誉为民法中的"帝王条款"。其涉及两重利益关系，即民事主体之间的利益关系以及民事主体与社会公众利益之间的关系。民事主体按照诚实信用原则进行民事活动，不仅应当使民事主体之间的利益得到平衡，也应当使民事主体与社会公众之间的利益得到平衡。❷ 我国的民事法律制度已经将诚实信用原则作为基本准则之一。1986 年通过的《民法通则》第四条规定："民事活动应当遵循自愿、公平、等价有偿、诚实信用的原则。"1999 年通过的《合同法》第六条规定："当事人行使权利、履行义务应当遵循诚实信用原则。"2012 年《民事诉讼法》修改后在第十三条增加规定："民事诉讼应当遵循诚实信用原则。"2017年通过的《民法总则》第七条和 2020 年通过的《民法典》第七条都规定："民事主体从事民事活动，应当遵循诚信原则，秉持诚实，恪守承诺。"

我国国内法在知识产权领域已有相关立法经验。例如，《商标法》第七条第一款规定："申请注册和使用商标，应当遵循诚实信用原则。"这也是 2013 年《商标法》第三次修改时增加的内容。全国人大常委会法制工作委员会编写的《中华人民共和国商标法释义》对此指出："诚实信用原则是民商事活动的基本原则，针对实践中在商标的申请注册和使用环节出现的一些违反诚实信用原则的现象，此次修改商标法进一步完善了这方面的规范，即在本条中明确规定，申请注册和使用商标，应当遵循诚实信用原则。"❸《著作权法》第四条中也规定："著作权人和与著作权有关的权利人行使权利，不得违反宪法和法律，不得损害公共利益。"该条规定为著

---

❶ 申卫星. 民法学 [M]. 北京：北京大学出版社，2003：36 - 39.
❷ 徐棣枫. 不正当行为抗辩制度之移植可行性及设计构想：基于专利法第四次修改中的"诚实信用原则"[J]. 东方法学，2018 (6)：28 - 29.
❸ 郎胜. 中华人民共和国商标法释义 [M]. 北京：法律出版社，2013：19.

作权人行使著作权划定了一个原则性的边界。《美国专利法》要求申请人提出专利申请时宣誓或者声明，申请人是所申请专利的原始发明人。《美国联邦法规汇编》第 37 编规定，专利申请人有义务向美国专利商标局披露其知悉的与其专利申请授权有关的信息，如果有欺骗行为或故意违反这一义务的行为，将导致其专利申请不得被授权，或者导致其被授权的专利权不可实施。

（四）修改作用

本条规制专利权人在作出开放许可过程中提供虚假材料、隐瞒事实等不诚信行为，不仅符合《民法典》第七条关于诚信原则的规定，而且将《专利法》第二十条的原则规定应用于专利开放许可制度，进一步规范专利开放许可的相关行为，有利于引导专利权人合法、正当行使自己的权利，恪守诚实信用原则，保障专利开放许可制度的良好运行，有效发挥法律的威慑作用，维护《专利法》立法宗旨。

三十八、关于第九十三条、第九十四条

第九十三条 被授予专利权的单位未与发明人、设计人约定也未在其依法制定的规章制度中规定专利法第十五条规定的奖励的方式和数额的，应当自公告**授予专利权**之日起 3 个月内发给发明人或者设计人奖金。一项发明专利的奖金最低不少于 **4000** 元；一项实用新型专利或者外观设计专利的奖金最低不少于 **1500** 元。

由于发明人或者设计人的建议被其所属单位采纳而完成的发明创造，被授予专利权的单位应当从优发给奖金。

第九十四条 被授予专利权的单位未与发明人、设计人约定也未在其依法制定的规章制度中规定专利法第十五条规定的报酬的方式和数额的，**应当依照《中华人民共和国促进科技成果转化法》的规定，给予发明人或者设计人合理的报酬。**

（一）修改目的

我国自《专利法》制定之初，就规定了职务发明制度以及对发明人、设计人的奖励和报酬制度，并随着我国经济社会的发展不断完善。1984年制定《专利法》时，对于职务发明创造专利权的规定为：全民所有制单位申请的，专利权归该单位持有；集体所有制单位或者个人申请的，专利权归该单位或者个人所有。同时为激励单位人员积极性，规定对于发明人和设计人应当予以奖励。1985年制定的《专利法实施细则》中规定了奖金（发明专利200元，实用新型专利和外观设计专利50元）和报酬（专利权的持有单位实施的，实施发明或者实用新型所得利润纳税后0.5%~2%，外观设计为0.05%~0.2%；许可实施的，为收取的使用费纳税后5%~10%）的数额和比例。1992年《专利法实施细则》第一次修改时未对该数额和比例进行修改。

随着我国体制改革的不断深化，2000年《专利法》第二次修改时，对职务发明制度作了较大修改。其中取消了全民所有制单位对专利权"持有"的规定。同时，2001年《专利法实施细则》修改对此也进行了调整，仅规定国有企业事业单位应当对发明人和设计人进行奖励（发明专利不少于2000元，实用新型专利和外观设计专利不少于500元）和报酬（单位实施的，实施发明或实用新型所得利润纳税后不低于2%，外观设计为不低于0.2%；许可实施的，收取的使用费纳税后不低于10%）。

2008年《专利法》第三次修改时，市场经济进一步全面发展，虽未在法律层面对职务发明制度进行大的调整，考虑到单位与发明人之间的关系首先是民事关系，应遵循平等、自愿、公平等民法基本原则，因此在《专利法实施细则》层面全面引入了"约定优先原则"，即不再区分单位性质，对于职务发明中对发明人和设计人奖励和报酬的方式和金额，有约定的从其约定，没有约定的根据《专利法实施细则》规定执行。2010年《专利法实施细则》第三次修改将奖励调整为发明专利不少于3000元，实用新型专利和外观设计专利不少于1000元；报酬比例未作调整。

职务发明的奖励和报酬是职务发明制度的核心内容之一。其安排合理与否，直接关系到科研人员的创新积极性，也关系到整个职务发明制度的公平与合理。近年来，我国正大力推动专利产业化，加快创新成果向现实生产力转化，新形势下，需要结合最新情况对职务发明奖酬制度进行全面梳理，适当提高奖励和报酬，激励创新，促进专利的转移转化。

（二）修改内容

关于第九十三条，小幅上调发明专利、实用新型专利和外观设计专利的最低法定奖金数额。前两次《专利法实施细则》修改均随着社会经济的发展对奖金数额作了适当的上调，2001 年《专利法实施细则》第二次修改将奖金数额分别从 200 元、50 元上调到 2000 元、500 元，2010 年《专利法实施细则》第三次修改将奖金数额分别从 2000 元、500 元上调到 3000 元、1000 元。考虑到从 2010 年《专利法实施细则》第三次修改到 2023 年本次修改已 13 年之久，中国居民人均可支配收入、GDP、全国城镇单位就业人员平均工资均有较大幅度增长，参考 2010～2022 年中国居民年人均可支配收入的增长幅度（从 1.25 万元增长到 3.69 万元）、GDP 的增长幅度（从 41.21 万亿元增长到 121.02 万亿元），以及全国城镇单位就业人员平均工资增长幅度（从 3.65 万元增长到 11.40 万元），增长比例在 2 倍左右。因此考虑将最低法定奖金数额适当上调。同时，考虑以下因素，经综合考量，将奖金数额作小幅提高，分别从 3000 元、1000 元提高到 4000 元、1500 元：一是近三年新冠疫情对于经济、社会和企业发展的影响；二是数额提高太多可能造成申请量的波动、造成企业成本和管理负担增加的反馈意见；三是发明专利经过实质审查，实用新型专利和外观设计专利未经过实质审查，专利质量有所区别，体现在奖金数额的提升比例上也应有所区别。

关于第九十四条，与《促进科技成果转化法》相关规定保持协调一致。《促进科技成果转化法》第四十五条规定了科技成果完成单位未规定、也未与科技人员约定奖励和报酬的方式和数额的，对完成、转化职务科技成果做出重要贡献的人员给予奖励和报酬的最低法定标准。因《促进科技成果转化法》为现行法律，与其保持一致符合最小变动、最大共识的修改原则，因此《专利法实施细则》第九十四条关于给予职务发明人、设计人的报酬数额直接参照《促进科技成果转化法》，按照发明人和设计人对于职务发明成果实施、转化的贡献度，以及特定专利在产品利润中的贡献度给予合理的报酬，以使《专利法实施细则》与《促进科技成果转化法》的相关规定保持协调一致。

（三）制度参考

域外立法中对职务发明的奖励和报酬也进行了规定，内容各有不同，但基本以约定优先为原则。

1. 德国

《德国雇员发明法》规定，如果雇主对一项发明主张无限权利或者主张有限权利并且使用了该发明的，雇员有权从其雇主那里获得合理的报酬。在确定报酬时，雇主应当主要考虑该职务发明的商业实用性、雇员在公司的职务和职位，以及公司对该发明的贡献等。

2. 日本

《日本专利法》规定，雇员对职务发明获得专利的权利或者专利权转让给雇主，或者根据合同、劳动规章或者其他规定授予雇主独占实施权的，雇员有权获得合理的报酬。报酬的数额应当根据雇主从该发明中获得的利润和雇主对该发明的完成所做的贡献进行计算。

3. 英国

《英国专利法》规定，雇员所完成的已获得专利的一项发明属于雇主，且此专利对雇主具有显著的收益，则雇主应当向雇员支付合理报酬。此外，如果一项已获得专利的发明是由雇员作出属于雇员，并且雇员已将相关的专利申请权或者专利权转让给雇主，而雇员从转让中获得利益不够，则雇主应当给予雇员合理的报酬。

4. 法国

《法国知识产权法典》规定，完成职务发明的雇员享受额外报酬的条件，由集体合同、企业协议及单独的雇佣合同确定；没有集体合同的，与额外报酬有关的一切争议由调解委员会或法院解决。

（四）修改作用

第九十三条、第九十四条的修改有以下特点和作用。一是符合经济社会发展趋势和我国激励创新、促进专利转化运用的总体目标，同时也利于更好地发挥政府在市场中平衡相关方利益的作用。二是有明确的法律依据。《专利法》第十五条第一款明确规定："被授予专利权的单位应当对职务发明创造的发明人或者设计人给予奖励；发明创造专利实施后，根据其推广应用的范围和取得的经济效益，对发明人或者设计人给予合理的报酬。"第九十三条和第九十四条是从行政法规层面进一步细化保障申请人奖励和报酬权益的落实。三是有利于促进知识产权管理制度还不完善的中小微企业进一步完善内部制度，同时，法定最低数额、比例的适当提高可以更好地保障相关发明人或者设计人的利益。四是兼顾企业对于影响经营自主权、增加管理和经济成本的担心，同时还能进一步保持法律之间的一致性和稳定性。五是在遵从约定优先的前提下，对于法定奖励报酬数额、比例作小幅上调和参照现有法律作适应性修改。

三十九、关于第九十五条

第九十五条 省、自治区、直辖市人民政府**管理专利工作的部**门以及专利管理工作量大又有实际处理能力的**地级市、自治州、盟、地区和直辖市的区人民政府管理专利工作的部门，可以处理和调解专利纠纷。**

（一）修改目的

原《专利法实施细则》第七十九条规定："专利法和本细则所称管理专利工作的部门，是指由省、自治区、直辖市人民政府以及专利管理工作量大又有实际处理能力的设区的市人民政府设立的管理专利工作的部门。"相关表述采取定义式的方式，明确"管理专利工作的部门"的范围。由于"管理专利工作的部门"并非仅仅限于省级和市级，且本条的主要目的在于明确处理和调解专利纠纷权限的执法层级，因此有必要修改相关内容，完善相关表述的严谨性。

（二）修改内容

本条主要修改了表述，明确省、市两级的管理专利工作的部门，"可以处理和调解专利纠纷"。此外，由于原细则中的"市"无法涵盖"市级"之外的行政区域，例如"自治州、盟"等，因此调整修改为"地级市、自治州、盟、地区和直辖市的区"。

（三）制度参考

关于地级市、自治州、盟、地区和直辖市的区的表述及范围，可以参考下述司法解释。

《最高人民法院关于审理环境民事公益诉讼案件适用法律若干问题的解释》第三条规定："设区的市，自治州、盟、地区，不设区的地级市，直辖市的区以上人民政府民政部门，可以认定为环境保护法第五十八条规定的'设区的市级以上人民政府民政部门'。"

（四）修改作用

自专利制度建立之初，我国就建立了行政保护与司法保护"两条途径、协调运作"的保护模式。广义上的专利行政执法包括对专利侵权纠纷的处理、对假冒专利行为的查处以及对专利纠纷的调解。其中，对专利侵权纠纷的处理属于行政裁决，对于假冒专利的查处属于行政处罚，对于专利纠纷的调解属于行政调解。对于专利侵权纠纷，当事人可以自行协商解决，也可以选择司法、行政裁决、调解等方式解决。当前我国创新主体以中小微企业居多，其专利产品更新快，市场周期短，对快速维权的需求迫切。行政执法提供了多元化的纠纷解决途径，可以满足不同创新主体的多种需求。

多年的实践表明，专利行政保护具有简便、快捷、便民和低成本等优势，具有中国特色。尤其是对于事实相对清楚、侵权易于判定的纠纷，优先通过行政途径解决，可以实现快保护，满足创新主体需求。

本次修改进一步完善了条款表述，使条款更加严谨、准确。

四十、关于原《专利法实施细则》第八十条

（一）修改目的

原《专利法实施细则》第八十条对国务院专利行政部门的业务指导职责进行了规定："国务院专利行政部门应当对管理专利工作的部门处理专利侵权纠纷、查处假冒专利行为、调解专利纠纷进行业务指导。"2018 年和 2023 年机构改革后，国家知识产权局职能有所调整，为了和改革后的职能保持一致，有必要在《专利法实施细则》中予以对应调整。

（二）修改内容

删除原《专利法实施细则》第八十条对国务院专利行政部门的业务指导职责的相关规定，实践中国家知识产权局可参考《国家知识产权局"三定"方案》及《专利法》的规定，对相关专利执法工作进行指导。

《专利法》第三条第一款对国务院专利行政部门作为主管部门的职责已经进行了明确规定："国务院专利行政部门负责管理全国的专利工作；统一受理和审查专利申请，依法授予专利权。"在《国家知识产权局"三定"方案》与《专利法》都对国家知识产权局的职能作出明确规定的背景下，《专利法实施细则》作为行政法规，对于国务院专利行政部门在执法方面的具体职责没有必要予以进一步细化。因此有必要删除本条，否则既不能完全涵盖相关执法职责，也容易造成实践中不同法律、政策规定不一致的情形，给执法工作带来不便。

（三）制度参考

2018 年国务院机构改革后，我国重新组建国家知识产权局，国务院专利行政部门相关职责均由《国家知识产权局"三定"方案》规定。其规定，国家知识产权局主要职责包括：负责拟订和组织实施国家知识产权战略、负责保护知识产权、负责促进知识产权运用、负责知识产权的审查注册登记和行政裁决、负责建立知识产权公共服务体系、负责统筹协调涉外知识产权事宜等职能。

《国家知识产权局"三定"方案》中，国家知识产权局与国家市场监督管理总局关于对专利执法工作的职责分工为："国家知识产权局负责对商标专利执法工作的业务指导，制定并指导实施商标权、专利权确权和侵权判断标准，制定商标专利执法的检验、鉴定和其他相关标准，建立机制，做好政策标准衔接和信息通报等工作。国家市场监督管理总局负责组织指导商标专利执法工作。"

2023 年《党和国家机构改革方案》中明确："完善知识产权管理体制。……将国家知识产权局由国家市场监督管理总局管理的国家局调整为国务院直属机构。商标、专利等领域执法职责继续由市场监管综合执法队伍承担，相关执法工作接受国家知识产权局专业指导。"

（四）修改作用

相关部门的职能设定以及国家知识产权局与国家市场监督管理总局的职能分工均由《国家知识产权局"三定"方案》以及国务院机构改革方案规定，上述规定理顺了政府职能关系，因此没有必要在行政法规中重复规定，且容易造成不一致。因此删除本条，简化条文表述。

四十一、关于第九十六条

第九十六条　有下列情形之一的，属于专利法第七十条所称的在全国有重大影响的专利侵权纠纷：

（一）涉及重大公共利益的；

（二）对行业发展有重大影响的；

（三）跨省、自治区、直辖市区域的重大案件；

（四）国务院专利行政部门认为可能有重大影响的其他情形。

专利权人或者利害关系人请求国务院专利行政部门处理专利侵权纠纷，相关案件不属于在全国有重大影响的专利侵权纠纷的，国务院专利行政部门可以指定有管辖权的地方人民政府管理专利工作

的部门处理。

（一）修改目的

本条是《专利法》第七十条的配套细化条款。根据第四次修改前《专利法》的规定，国家知识产权局承担指导地方知识产权行政执法的职能，但不能对专利侵权纠纷作出行政裁决。现阶段，重大、复杂的侵权案件时有发生，对于在全国有重大影响的专利侵权案件，跨地区侵权行为越来越多，给权利人维权造成较大困扰，由某个地方管理专利工作的部门处理跨省区市的群体侵权、跨地区侵权等复杂案件存在难度，地方管理专利工作的部门仅负责处理本行政区域内的侵权案件，面对上述案件时往往能力有限，影响专利保护效果。

为此，《专利法》第四次修改在第七十条增加了国务院专利行政部门处理在全国有重大影响的专利侵权纠纷的职能。对于"在全国有重大影响的专利侵权纠纷"的情形，有必要予以细化，为专权利人、利害关系人以及地方人民政府管理专利工作的部门提供明确指引。因此本次《专利法实施细则》修改新增本条，对"在全国有重大影响"的具体情形作出界定及解释，同时明确未达到在全国有重大影响的程度的，国务院专利行政部门可以指定有管辖权的地方人民政府管理专利工作的部门处理。

（二）修改内容

本条规定了四种属于在全国有重大影响的专利侵权纠纷，包括涉及重大公共利益的，对行业发展有重大影响的，跨省、自治区、直辖市区域的重大案件和国务院专利行政部门认为可能有重大影响的其他案件。这四类案件涉及面广、案情复杂，将产生重大影响，不适合由某一地方人民政府管理专利工作的部门处理或者由于受行政辖区限制难以由地方人民政府管理专利工作的部门处理，有必要由国务院专利行政部门处理。同时，为节约行政资源，集中力量处理重大专利侵权纠纷案件，本条规定了对于未达到在全国有重大影响的程度的案件处理方式。

（三）制度参考

1. 美国

美国设有专门的国家知识产权执法协调委员会，统筹国内国际知识产权执法事宜。美国国际贸易委员会是联邦政府设立的独立管理机构，有权依请求或依职权按照"337 程序"调查处理知识产权侵权纠纷，重点是专利侵权纠纷；如果其认为存在侵权行为，则可下令禁止有关物品进入美国。

2. 英国

《英国专利法》规定，英国知识产权局可以基于当事人依约定提出的请求处理专利侵权纠纷，就是否构成侵权、损害赔偿及有关开支费用等救济作出决定。

3. 墨西哥

《墨西哥工业产权法》规定墨西哥工业产权执法部门可以依法查处专利侵权行为，一旦发现专利侵权产品，可以查封、扣押这些产品，可以在处理侵权案件中作出以下决定：对侵权人予以罚款；勒令侵权企业暂时或永久关闭；拘留侵权人至 36 个小时。当事人不服上述裁决的，可以向联邦法院起诉。专利权人如发现自己的专利权被严重侵害，可以向联邦检察官提出刑事诉讼。联邦检察官在调查中将征询工业产权执法部门的意见。

4. 菲律宾

《菲律宾知识产权法典》规定，菲律宾知识产权行政执法部门可以调查、处罚侵犯专利权的行为，可以颁布停止专利侵权的禁令，并就损害赔偿作出决定，并有权扣押、没收、处置侵权产品或要求侵权人提供担保，必要时处以行政罚款。

（四）修改作用

本条对"在全国有重大影响的专利侵权纠纷"的具体情形进行了细化，明确界定了国务院专利行政部门处理专利侵权案件的范围，有利于提高专利侵权纠纷处理水平，促进统一侵权认定标准，充分发挥国务院专利行政部门在指导、协调全国专利行政保护工作方面的作用，健全专利行政保护体系。

符合本条所列情形的专利侵权行为，专利权人或者利害关系人可以直接向国家知识产权局请求处理。地方人民政府管理专利工作的部门也可将其认为在全国有重大影响的专利侵权纠纷上报国家知识产权局，以有效处理相关纠纷。

四十二、关于第九十九条、第一百零一条

第九十九条　专利权人依照专利法第十六条的规定，在其专利产品或者该产品的包装上标明专利标识的，应当按照国务院专利行政部门规定的方式予以标明。

专利标识不符合前款规定的，**由县级以上负责专利执法**的部门责令改正。

第一百零一条　下列行为属于专利法第六十八条规定的假冒专利的行为：

（一）在未被授予专利权的产品或者其包装上标注专利标识，专利权被宣告无效后或者终止后继续在产品或者其包装上标注专利标识，或者未经许可在产品或者产品包装上标注他人的专利号；

（二）销售第（一）项所述产品；

（三）在产品说明书等材料中将未被授予专利权的技术或者设计称为专利技术或者专利设计，将专利申请称为专利，或者未经许可使用他人的专利号，使公众将所涉及的技术或者设计误认为是专利技术或者专利设计；

（四）伪造或者变造专利证书、专利文件或者专利申请文件；

（五）其他使公众混淆，将未被授予专利权的技术或者设计误认为是专利技术或者专利设计的行为。

专利权终止前依法在专利产品、依照专利方法直接获得的产品或者其包装上标注专利标识，在专利权终止后许诺销售、销售该产品的，不属于假冒专利行为。

销售不知道是假冒专利的产品，并且能够证明该产品合法来源的，由**县级以上负责专利执法**的部门责令停止销售。

（一）修改目的

根据 2018 年以及 2023 年国务院机构改革调整情况，对于除专利侵权纠纷以外的案件的查处，机构改革后，全部交由市场监管综合执法队伍负责。在《专利法》中，上述执法机关统一被表述为"负责专利执法的部门"。因此，涉及对专利标识不符合有关规定的查处，需要对执法部门的表述按照"三定"方案以及《专利法》的表述进行适应性修改。此外，对于假冒专利的行政处罚具体内容，根据《行政处罚法》的规定进行更为规范的表述。

（二）修改内容

第九十九条的修改在于：对专利标识不符合有关规定的查处机关，将管理专利工作的部门调整为县级以上负责专利执法的部门。

第一百零一条的修改在于：一是根据机构改革调整情况，对假冒专利行为的查处机关，将管理专利工作的部门调整为县级以上负责专利执法的部门；二是对于销售不知道是假冒专利的产品，并且能够证明该产品合法来源的行为，删除"但免除罚款的处罚"的规定，实践中，由执法部门直接根据《行政处罚法》相关规定作出不予行政处罚的处理。

（三）制度参考

1. 关于执法主体修改

国家知识产权局于 2012 年制定部门规章《专利标识标注办法》，规定了专利标识的标注方式。实践中，权利人如果标注不当，应当由政府部门责令改正；构成假冒专利的，因为涉及公共利益，还应当对其进行行政处罚。2018 年国务院机构改革后，《国家知识产权局"三定"方案》中关于专利执法工作的职责分工为："国家知识产权局负责对商标专利执法工作的业务指导，制定并指导实施商标权、专利权确权和侵权判断标准，制定商标专利执法的检验、鉴定和其他相关标准，建立机制，做好政策标准衔接和信息通报等工作。国家市场监督管理总局负责组织指导商标专利执法工作。"

2023 年,《党和国家机构改革方案》中明确:"完善知识产权管理体制。……将国家知识产权局由国家市场监督管理总局管理的国家局调整为国务院直属机构。商标、专利等领域执法职责继续由市场监管综合执法队伍承担,相关执法工作接受国家知识产权局专业指导。"

2. 关于"免除罚款的处罚"的文字表述

《行政处罚法》第三十三条规定了不予行政处罚的相关标准,即:"违法行为轻微并及时改正,没有造成危害后果的,不予行政处罚。初次违法且危害后果轻微并及时改正的,可以不予行政处罚。当事人有证据足以证明没有主观过错的,不予行政处罚。法律、行政法规另有规定的,从其规定。对当事人的违法行为依法不予行政处罚的,行政机关应当对当事人进行教育。"该条文中并没有单独"免除罚款的处罚"的类似表述。考虑到对于销售不知道是假冒专利的产品,并且能够证明该产品合法来源的行为,可以直接依据《行政处罚法》的上述规定以及相关市场监督管理领域行政执法的标准,因此删除"但免除罚款的处罚"的文字表述,但该修改并不意味着行政机关对此类情形可以罚款,而是应当直接适用《行政处罚法》第三十三条,不予行政处罚。

(四)修改作用

将"管理专利工作的部门"修改为"县级以上负责专利执法的部门",文字表述更加严谨。根据机构改革调整情况,适应性调整执法部门,与《专利法》保持一致,有利于执法机关及时高效查处专利标识标注不当及假冒专利的行为。此外,删除"但免除罚款的处罚"的规定,与《行政处罚法》保持一致。

四十三、关于第一百条

第一百条 申请人或者专利权人违反本细则第十一条、第八十八条规定的,由县级以上负责专利执法的部门予以警告,可以处 10 万元以下的罚款。

（一）修改目的

本次《专利法实施细则》修改新增第十一条，细化了《专利法》相关规定，规定："申请专利应当遵循诚实信用原则。提出各类专利申请应当以真实发明创造活动为基础，不得弄虚作假。"此外，《专利法实施细则》还新增第八十八条，细化完善专利开放许可制度，规定专利权人不得通过提供虚假材料、隐瞒事实等手段，作出开放许可声明或者在开放许可实施期间获得专利年费减免。

实践中，一些申请人采取弄虚作假方式或者其他不正当手段提出各类非正常专利申请，一些专利权人通过违法方式骗取各类费用减免，严重干扰了专利管理工作秩序，影响了专利制度作用的充分发挥。为了使本次《专利法实施细则》新增的第十一条、第八十八条能够有效实施，加大对于违反诚实信用原则行为的规制力度，使诚实信用原则真正落到实处，发挥法律威慑力，有必要对相关违法行为规定相应的处罚措施。

（二）修改内容

本条规定，对于申请人违反诚实信用原则提出专利申请或者专利权人通过提供虚假材料、隐瞒事实等手段作出开放许可声明或者骗取专利年费减免的，由县级以上负责专利执法的部门予以警告，并可以处 10 万元以下的罚款。

（三）制度参考

目前不少国家立法中确立了不得弄虚作假的原则。如《美国专利法》要求申请人提出专利申请时宣誓或者声明，申请人是所申请专利的原始发明人。《澳大利亚专利法》规定，如果一项专利权获权过程中有欺诈、虚假或者失实陈述，应当全部撤销该专利或者只撤销所涉及的某项权利要求。《日本专利法》在法律责任部分引用《日本民事诉讼法》规定，专利申请人或者专利权人有义务向日本特许厅提交文件或者陈述的，如果其中有虚假陈述，应当判处罚金。

（四）修改作用

实践中，一些申请人采取弄虚作假方式或者其他不正当手段提出各类非正常专利申请，严重干扰了专利管理工作秩序，影响了专利制度作用的充分发挥。有必要通过对此种行为予以行政处罚，促进专利制度真正发挥其作用。

此外，为了激励专利的运用转化，《专利法实施细则》规定开放许可实施期间，权利人可以请求减免年费。需要注意的是，并非专利权人提出开放许可声明就可以获得年费减免的优惠，而是必须满足至少已经有一个实施者的条件。全国人大常委会审议《专利法实施细则》修改草案期间，部分专家学者提出，我国目前专利数量多、质量不高，这与专利申请、维持的成本不高有一定的联系；如果专利权人提出声明就可以获得年费减免，则有可能进一步导致低质量的专利申请。因此，在年费优惠方面予以特别规定，应当在"开放许可实施期间"对专利权人缴纳年费相应给予减免。为了进一步回应立法机关的上述担忧，防止开放许可制度被滥用，也有必要进一步通过增加行政处罚对故意利用开放许可制度减免年费等行为进行规制。

总之，适用修改后的本条款，违反诚实信用原则的行为将受到有力规制，使诚实信用原则真正发挥作用，加大对非正常专利申请等行为的规制，并确保新增的开放许可制度在实践中不变形、不走样，切实发挥其促进专利实施运用的作用，从而进一步维护专利管理秩序。

四十四、关于第一百零三条

第一百零三条　当事人因专利申请权或者专利权的归属发生纠纷，已请求管理专利工作的部门调解或者向人民法院起诉的，可以请求国务院专利行政部门中止有关程序。

依照前款规定请求中止有关程序的，应当向国务院专利行政部门提交请求书，**说明理由**，并附具管理专利工作的部门或者人民法院的写明申请号或者专利号的有关受理文件副本。**国务院专利行政部门认为当事人提出的中止理由明显不能成立的，可以不中止有关程序。**

管理专利工作的部门作出的调解书或者人民法院作出的判决生效后，当事人应当向国务院专利行政部门办理恢复有关程序的手续。自请求中止之日起 1 年内，有关专利申请权或者专利权归属的纠纷未能结案，需要继续中止有关程序的，请求人应当在该期限内请求延长中止。期满未请求延长的，国务院专利行政部门自行恢复有关程序。

（一）修改目的

设置中止程序的本意是为了更好地保护真正权利人的利益，但在实践中却被部分专利权人恶意利用，导致专利权审查授权和无效宣告程序久拖不决，严重影响当事人利益及专利管理秩序，因此有必要对该制度进行优化，对不当利用该制度的行为进行规制。

（二）修改内容

本条的修改在于第二款中：一是请求中止有关程序时，在应当向国务院专利行政部门提交请求书的基础上，增加"说明理由"表述；二是增加规定，明确对于请求中止相关程序的，"国务院专利行政部门认为当事人提出的中止理由明显不能成立的，可以不中止有关程序"。

实践中，通过中止制度恶意拖延专利权无效宣告程序的情况时有发生。在《专利法实施细则》中对中止程序增加例外情形，可以更好地回应实践需求，也为在《专利审查指南》中对上述例外情形进一步细化留出空间。

（三）制度参考

为避免程序交叉同时兼顾效率，在行政机关处理侵权纠纷和诉讼程序中均规定了中止程序，同时也规定了中止的例外。

《专利法实施细则》第九十八条（原第八十二条）规定："在处理专利侵权纠纷过程中，被请求人提出无效宣告请求并被国务院专利行政部门受理的，可以请求管理专利工作的部门中止处理。管理专利工作的部门认为被请求人提出的中止理由明显不能成立的，可以不中止处理。"

《最高人民法院关于审理专利纠纷案件适用法律问题的若干规

定》第五条规定:"人民法院受理的侵犯实用新型、外观设计专利权纠纷案件,被告在答辩期间内请求宣告该项专利权无效的,人民法院应当中止诉讼,但具备下列情形之一的,可以不中止诉讼:(一)原告出具的检索报告或者专利权评价报告未发现导致实用新型或者外观设计专利权无效的事由的;(二)被告提供的证据足以证明其使用的技术已经公知的;(三)被告请求宣告该项专利权无效所提供的证据或者依据的理由明显不充分的;(四)人民法院认为不应当中止诉讼的其他情形。"

(四)修改作用

增加上述内容后,如果当事人提出的中止理由明显不成立的,目的仅仅在于拖延时间,那么结合案件审理情况,经国家知识产权局判断,可以不予中止,从而有利于杜绝滥用中止程序的情形,维护当事人的利益以及正常的专利管理秩序。

四十五、关于第一百零六条、第一百零七条

第一百零六条 国务院专利行政部门设置专利登记簿,登记下列与专利申请和专利权有关的事项:

(一)专利权的授予;

(二)专利申请权、专利权的转移;

(三)专利权的质押、保全及其解除;

(四)专利实施许可合同的备案;

(五)国防专利、保密专利的解密;

(六)专利权的无效宣告;

(七)专利权的终止;

(八)专利权的恢复;

(九)专利权期限的补偿;

(十)专利实施的开放许可;

(十一)专利实施的强制许可;

(十二)专利权人的姓名或者名称、国籍和地址的变更。

第一百零七条 国务院专利行政部门定期出版专利公报,公布或者公告下列内容：

（一）发明专利申请的著录事项和说明书摘要；

（二）发明专利申请的实质审查请求和国务院专利行政部门对发明专利申请自行进行实质审查的决定；

（三）发明专利申请公布后的驳回、撤回、视为撤回、视为放弃、恢复和转移；

（四）专利权的授予以及专利权的著录事项；

（五）实用新型专利的说明书摘要，外观设计专利的一幅图片或者照片；

（六）国防专利、保密专利的解密；

（七）专利权的无效宣告；

（八）专利权的终止、恢复；

（九）专利权期限的补偿；

（十）专利权的转移；

（十一）专利实施许可合同的备案；

（十二）专利权的质押、保全及其解除；

（十三）专利实施的开放许可事项；

（十四）专利实施的强制许可的给予；

（十五）专利权人的姓名或者名称、**国籍和**地址的变更；

（十六）文件的公告送达；

（十七）国务院专利行政部门作出的更正；

（十八）其他有关事项。

（一）修改目的

专利登记簿是记载专利状态、信息的具有法律效力的载体。专利公报是社会公众了解相关专利信息的重要渠道。因此，为加强对专利信息的利用，需要在专利登记簿以及专利公报中对重要专利信息进行记载、公示。原《专利法实施细则》对登记、记载事项进行了明确规定，根据审查实践，需要对记载的事项进行增加。一方面，目前国防专利、保密专利的解密信息需要在专利登记簿中登记，而原《专利法实施细则》中对此并没有规定；另一方面，第四次《专利法》修改新增的专利权期限补偿、开放许可制度等，无论对专利权人还是社会公众均具有重要的意义，因此也需要在专利登记簿、专利公报中予以登记、公布或公告。因此，综合上述考虑，有必要对专利登记簿、专利公报的登记事项进行进一步补充完善。

（二）修改内容

修改第一百零六条，根据审查实践，在专利登记簿登记内容中增加国防专利、保密专利的解密信息；根据第四次修改后的《专利法》，增加专利权期限补偿、开放许可相关信息。

修改第一百零七条，在出版专利公报公布或公告内容中增加专利权期限补偿、开放许可、国籍变更等内容。同时，由于审查实践中，发明授权阶段不再公告说明书摘要，故删除原第（五）项中的相应内容。

（三）制度参考

专利制度的作用是保护并激励创新，同时促进技术信息的传播和利用。及时发布、传播和有效利用专利信息，对提高创新起点、减少重复研发、避免侵犯他人专利权、促进创新等具有重要意义。

随着社会各界对专利制度越来越熟悉，各方对专利信息服务平台数据范围、下载速度、功能的要求不断提高，创新主体对专利信息服务的需求日益个性化、多样化。我国专利公共和社会服务能力不强，市场化知识产权服务机构数量少、规模小，与快速增长的社会需求之间还存在较大的差距。因此有必要由政府进一步充分公开相关数据，对不保密的信息能公开的尽量公开，便于社会服务机构充分利用相关数据资源，提供更多更充分的知识产权服务。

（四）修改作用

《专利法》第四次修改新增了专利权期限补偿制度以及开放许可制度。对于专利权期限补偿制度，社会公众及相关企业需要及时了解专利的保护期限以及专利权期限补偿的具体信息，以避免侵权，并及时了解专利技术到期后成为公有技术的时间点；对于开放许可制度，为了达成许可交易、促进专利的转化运用，供需双方均需更加充分地了解相关专利信息。因此，通过修改专利登记簿及专利公报登记、公布或公告的相关信息，及时、充分、完整地公开相关专利信息，具有重要的作用。

四十六、关于第一百一十条、第一百一十一条、第一百一十四条、第一百一十七条

第一百一十条　向国务院专利行政部门申请专利和办理其他手续时，应当缴纳下列费用：

（一）申请费、申请附加费、公布印刷费、优先权要求费；

（二）发明专利申请实质审查费、复审费；

（三）年费；

（四）恢复权利请求费、延长期限请求费；

（五）著录事项变更费、专利权评价报告请求费、无效宣告请求费、**专利文件副本证明费**。

前款所列各种费用的缴纳标准，由国务院**发展改革**部门、财政部门会同国务院专利行政部门**按照职责分工规定。国务院财政部门、发展改革部门可以会同国务院专利行政部门根据实际情况对申请专利和办理其他手续应当缴纳的费用种类和标准进行调整。**

第一百一十一条　专利法和本细则规定的各种费用，**应当严格按照规定缴纳。**

直接向国务院专利行政部门缴纳费用的，以缴纳当日为缴费日；以邮局汇付方式缴纳费用的，以邮局汇出的邮戳日为缴费日；以银行汇付方式缴纳费用的，以银行实际汇出日为缴费日。

多缴、重缴、错缴专利费用的，当事人可以自缴费日起 3 年内，向国务院专利行政部门提出退款请求，国务院专利行政部门应当予以退还。

第一百一十四条　申请人办理登记手续时，应当缴纳授予专利权当年的年费；期满未缴纳或者未缴足的，视为未办理登记手续。

第一百一十七条　申请人或者专利权人缴纳本细则规定的各种

费用有困难的，可以按照规定向国务院专利行政部门提出减缴的请求。减缴的办法由国务院财政部门会同国务院**发展改革**部门、国务院专利行政部门规定。

（一）修改目的

《专利法实施细则》第十章规定了专利制度中相关费用收取的费种、缴纳时间、缴纳方式、未缴纳的法律后果等。近年来，为了降低企业申请专利的成本负担，部分费种，例如专利登记费、公告印刷费已经不再收取，同时结合审查实践，新增加专利文件副本证明费等。由于专利申请相关费用均属于行政事业性收费，因此上述费种的增删均已经由国家发展和改革委员会、财政部通知公布，需要在《专利法实施细则》中作出适应性的调整。

此外，随着支付手段和方式的不断丰富，实践中已经不限于原《专利法实施细则》中所规定的缴纳费用方式，需要根据实践情况进行适应性调整。

（二）修改内容

关于第一百一十条及第一百一十四条，结合收费实践，删除专利登记费、公告印刷费，增加专利文件副本证明费等。同时，为保持一定的灵活性，适应未来收费调整情况，第一百一十条明确："国务院财政部门、发展改革部门可以会同国务院专利行政部门根据实际情况对申请专利和办理其他手续应当缴纳的费用种类和标准进行调整。"

关于第一百一十一条，删除有关缴费方式的具体要求，拟在《专利审查指南》等部门规章、其他规范性文件中予以规定，以利于根据缴费实践灵活调整。

关于第一百一十七条，删除关于"缓缴"的规定。

（三）制度参考

根据《国家发展改革委　财政部关于重新核发国家知识产权局行政事业性收费标准等有关问题的通知》（发改价格〔2017〕270号）以及相应的国家知识产权局《关于执行新的行政事业性收费标

准的公告》（第 244 号），结合收费实践，删除专利登记费、公告印刷费，增加专利文件副本证明费等。

第四次修改后的《专利法》新增专利权期限补偿制度。2021年 5 月，我国加入《海牙协定》。无论是专利权期限补偿制度，还是涉及《海牙协定》的相关外观设计国际申请的费用，均需要拟定收费方案。

根据财政部、国家发展和改革委员会制定的《专利收费减缴办法》（财税〔2016〕78 号），结合收费实践，目前，对专利收费均采取减缴的方式，不再保留"缓缴"制度，因此删除关于"缓缴"的规定。

（四）修改作用

上述四条修改后更加符合目前专利行政事业性收费的实践，并为未来调整相关费种、缴费方式等增加灵活性，为完善我国专利制度的收费体系提供制度支撑。

四十七、关于第一百三十二条

第一百三十二条　对要求获得发明专利权的国际申请，国务院专利行政部门经初步审查认为符合专利法和本细则有关规定的，应当在专利公报上予以公布；国际申请以中文以外的文字提出的，应当公布申请文件的中文译文。

要求获得发明专利权的国际申请，由国际局以中文进行国际公布的，自国际公布日**或者国务院专利行政部门公布之日**起适用专利法第十三条的规定；由国际局以中文以外的文字进行国际公布的，自国务院专利行政部门公布之日起适用专利法第十三条的规定。

对国际申请，专利法第二十一条和第二十二条中所称的公布是指本条第一款所规定的公布。

（一）修改目的

本条为根据实践情况，对国际局以中文进行国际公布的国际申请适用《专利法》第十三条规定的"公布日"作进一步解释说明。

（二）修改内容

本条的修改在于：在第二款增加"或国务院专利行政部门公布之日"。

《专利法》第十三条规定了专利申请的临时保护规则，即发明专利申请公布后，申请人可以要求实施其发明的单位或者个人支付适当的费用。

对于普通的国内申请，《专利法》第三十四条规定："国务院专利行政部门收到发明专利申请后，经初步审查认为符合本法要求的，自申请日起满十八个月，即行公布。国务院专利行政部门可以根据申请人的请求早日公布其申请。"因此，临时保护的起算时间为公布日后，对此没有异议。

对于《专利合作条约》申请，还存在国际公布的情况，此时出现了对通过该途径提交的发明专利申请的临时保护从何时开始的问题。根据《专利合作条约》规定，如果国际公布所使用的语言与在指定国按本国法公布所使用的语言不同，该本国法可以选择规定其在本国的公布效力自使用本国法公布语言的译本已经按本国法的规定予以公布才能产生。因此，原《专利法实施细则》中规定，对于以中文进行国际公布的，自国际公布日起适用《专利法》第十三条的规定。

一般情况下，国际申请在进入国家阶段之前多数已由国际局自优先权日起满 18 个月完成国际公布，且多数国际申请在自优先权日起满 18 个月后进入国家阶段，国务院专利行政部门对进入国家阶段的国际申请进行初步审查，认为合格之后，及时进行国家公布的准备工作。而《专利合作条约》第 23 条第（2）款规定，指定局根据申请人的明确的请求，可以在任何时候处理或审查国际申请。实际操作中，有部分申请提前进入中国国家阶段，并请求提前公布，此类申请国家公布日会早于国际公布日。

对于这种以中文提出国际申请且国家公布早于国际公布的情况，目前对于产生临时保护效力的起算日并没有明确规定，因此通过修改明确为国家公布日或国际公布日中的较早日期。

（三）制度参考

《专利合作条约》第 21 条"国际公布"规定："（1）国际局应公布国际申请。（2）（a）除本款（b）和第 64 条（3）规定的例外以外，国际申请的国际公布应在自该申请的优先权日起满 18 个月后迅速予以办理。……"

《专利合作条约》第 23 条"国家程序的推迟"规定："（1）在按照第 22 条适用的期限届满以前，任何指定局不应处理或审查国际申请。（2）尽管有本条（1）的规定，指定局根据申请人的明确的请求，可以在任何时候处理或审查国际申请。"

《专利合作条约》第 29 条"国际公布的效力"规定："（1）就申请人在指定国的任何权利的保护而言，国际申请的国际公布在该国的效力，除本条（2）至（4）另有规定外，应与指定国本国法对未经审查的本国申请所规定的强制国家公布的效力相同。（2）如果国际公布所使用的语言和在指定国按本国法公布所使用的语言不同，该本国法可以规定（1）规定的效力仅从下列时间起才能产生：（i）使用后一种语言的译本已经按本国法的规定予以公布；……"

（四）修改作用

本条修改结合实际情况，充分考虑到国家公布早于国际公布时的情况，明确了此种情形下产生临时保护效力的起算日，以更好地保护相关申请人利益。

四十八、关于第一百三十六条

第一百三十六条　国务院专利行政部门根据专利法第十九条第二款、第三款规定，处理按照工业品外观设计国际注册海牙协定（1999 年文本）（以下简称海牙协定）提出的外观设计国际注册申请。

国务院专利行政部门处理按照海牙协定提出并指定中国的外观设计国际注册申请（简称外观设计国际申请）的条件和程序适用本章的规定；本章没有规定的，适用专利法及本细则其他各章的有关

规定。

（一）修改目的

本条是总则性条款，规范了外观设计国际注册申请、外观设计国际申请的名称，明确了其法律地位，表明对其处理所依据的法条是《专利法》第十九条、修改后的《专利法实施细则》第十二章关于外观设计国际申请的特别规定以及其他相关规定。

（二）修改内容

本条第一款明确了外观设计国际注册申请是指所有按照《海牙协定》提出的注册申请，既包含直接向国际局提交的注册申请，也包含通过缔约方国家局转交的注册申请。国务院专利行政部门处理此类申请的依据是《专利法》第十九条第二款、第三款的规定。

本条第二款明确了外观设计国际申请特指按照《海牙协定》提出并指定中国的外观设计国际注册申请。国务院专利行政部门处理此类申请的条件和程序适用修改后的《专利法实施细则》第十二章关于外观设计国际申请的特别规定以及其他相关规定。

（三）制度参考

1. 关于第一款

《专利法》第十九条第二款、第三款是开放式的条款，没有明确指出有关国际条约的具体名称。根据本次修改的《专利法实施细则》第一百一十八条和本条的规定，《专利法》第十九条第二款、第三款所说的"有关国际条约"是指《专利合作条约》和《海牙协定》。《海牙协定》是适用于工业品外观设计领域的一项国际协定，与适用于商标领域的《商标国际注册马德里协定》和适用于专利领域的《专利合作条约》共同构成工业产权领域国际合作的三大体系。海牙体系共有 1934 年、1960 年和 1999 年三个文本，其中 1934 年文本已于 2010 年 1 月 1 日冻结，根据 WIPO 的计划，1960 年文本也会在不久的将来予以冻结。欧盟于 2008 年加入《海牙协定》1999 年文本，韩国于 2014 年加入《海牙协定》1999 年文本，美国和日本于 2015 年加入了《海牙协定》1999 年文本。

2. 关于第二款

在《海牙协定》生效之前，各国创新主体要想在多个国家获得外观设计保护，需要面临手续复杂、费用高昂、语言不便等诸多问题，譬如申请人必须使用各国语言分别向各国提交申请，向各国缴纳费用，再由各国分别进行审查。而《海牙协定》改变了这种状况，为申请人提供了一条简单和低成本的国际保护途径。根据该协定，缔约方的国民或者居民只需使用一种语言、提交一份外观设计国际注册申请，就可以在多个缔约方寻求保护。目前海牙体系的工作语言是英语、法语和西班牙语，且外观设计国际申请与我国的普通外观设计专利申请相比，在申请文件要求、审查程序等方面存在诸多不同之处，因此有必要参照 PCT 申请，增加对其专门的规定，而对于应当或者能够按照《专利法》《专利法实施细则》的一般规定处理的大多数情形，在本章没有重复规定。

3. 关于加入《海牙协定》的声明

根据《海牙协定》第 30 条规定，缔约方可以根据《海牙协定》的规定作出声明。我国在加入《海牙协定》时作出的声明涉及：（1）外观设计国际申请必须包括描述申请保护的外观设计特点的简要说明；（2）外观设计国际申请及其续展收取单独指定费；（3）符合我国《专利法》单一性的有关规定；（4）变更登记需在国务院专利行政部门收到符合规定的变更证明文件后在中国生效；（5）外观设计专利的最长保护期限是 15 年；（6）对于立体产品或设计要点仅在于图形用户界面的产品，应当提交符合规定的视图；（7）驳回通知的期限由国际公布日后的 6 个月改为 12 个月；（8）外观设计国际申请在我国的权利生效日可以是 12 个月驳回通知期限届满后的 6 个月内；（9）通知并非故意地未在 12 个月内发出的，该外观设计专利权不能在我国生效，国务院专利行政部门将立刻通知国际局此种情况。

（四）修改作用

凡是在本章中没有特殊规定的，按照《专利法实施细则》的一般规定执行；如果对于某种情形在本章和其他章节中都有规定，则以本章规定为准。需要注意的是，海牙体系与《专利合作条约》体系存在诸多不同，比如没有进入国家阶段的程序，因此在处理外观设计国际申请时，不能照搬《专利合作条约》体系下的概念。此外，外观设计国际申请中有关优先权要求的恢复、通知书的送达等将在《专利审查指南》等部门规章和其他规范性文件中进一步细化。

四十九、关于第一百三十七条

第一百三十七条　按照海牙协定已确定国际注册日并指定中国的外观设计国际申请，视为向国务院专利行政部门提出的外观设计专利申请，该国际注册日视为专利法第二十八条所称的申请日。

（一）修改目的

《专利法》第二十八条规定，国家知识产权局收到专利申请文件之日为申请日。但是，按照《海牙协定》第 14 条规定，自国际注册日起，国际注册应在每一个被指定缔约方至少具有与要求依该缔约方法律对工业品外观设计予以保护所正规提出的申请同等的效力。所以，外观设计国际申请在中国申请日的确定不能直接适用《专利法》第二十八条的规定。因此，本条对此作出了专门规定。

（二）修改内容

本条明确了外观设计国际申请申请日的确定条件。

根据本条的规定，一件外观设计国际申请满足两个条件即可被视为向国家知识产权局提出的外观设计专利申请：一是已确定了国际注册日，二是在申请时指定了中国。

（三）制度参考

海牙体系中不存在某缔约方的主管局为受理局的概念。因此，外观设计国际申请通过直接或者间接方式向国际局提交，并由国际局确定申请日和国际注册日。

关于国际申请的申请日，根据《海牙协定》第 9 条，国际申请直接提交给国际局的，除另有规定外，国际申请的申请日应为国际局收到该国际申请的日期；根据《〈海牙协定〉1999 年文本和 1960 年文本共同实施细则》（以下简称《海牙协定共同实施细则》）第 13 条，根据 1999 年文本通过缔约方局提交的国际申请，如果国际局在缔约方局收到国际申请之日起 1 个月内收到该国际申请，以缔约方局收到国际申请之日为国际申请的申请日。因申请文件存在缺陷，有可能造成申请日的推迟。例如，国际申请没有采用规定的语言之一，就构成了一种推迟国际申请日的不规范情形。

关于国际注册日的确定，根据《海牙协定》第 10 条第（2）款，国际注册日一般应为国际申请的申请日，但国际申请经国际局审查存在不规范情形的，会致使国际申请的申请日推后。如果在国际局收到国际申请之日，该国际申请中有涉及 1999 年文本缔约方通知的额外内容的不规范情形（即设计人的身份、简要说明和/或权利要求书），国际注册日应为国际局收到对此种不规范情形作出更正的日期，或者是国际申请的申请日，二者以日期晚者为准。国际注册的效力自国际注册日起算。

（四）修改作用

《专利法》第十九条第二款规定，中国单位或者个人可以根据中华人民共和国参加的有关国际条约提出专利国际申请；第三款规定，国务院专利行政部门依照中华人民共和国参加的有关国际条约、《专利法》和国务院有关规定处理专利国际申请。

因此，外观设计国际申请是《专利法》第十九条规定的专利国际申请的一种，申请人根据《海牙协定》递交国际申请后，国际局仅审查该申请是否符合规定的形式要求，国家知识产权局作为海牙体系中的审查局审查新颖性或其他实质要件，对不符合《专利法》规定的实质要件的申请可以驳回在我国的保护请求。

根据《海牙协定共同实施细则》第 14 条第（1）款，国际局收到国际申请时，如果认为该国际申请不符合可适用的要求，会通知申请人 3 个月内更正；根据《海牙协定共同实施细则》第 14 条第（2）款，审查中会致使国际申请的申请日推后的不规范包括未使用规定的语言或遗漏国际注册请求、申请人、联系方式、申请的外观设计、指定的缔约方等。申请人应根据要求及时修改，以免影响国际申请日、国际注册日的确定，进而影响外观设计国际申请申请日的确定。

五十、关于第一百三十八条

第一百三十八条　国际局公布外观设计国际申请后，国务院专利行政部门对外观设计国际申请进行审查，并将审查结果通知国际局。

（一）修改目的

根据《海牙协定》第 12 条，外观设计国际申请的形式审查由国际局负责，被指定的缔约方的局对是否能够在该被指定的缔约方获得保护的非形式要件进行审查，并将审查结论在规定期限内通知国际局。因此，本条对国务院专利行政部门与国际局在审查过程中的衔接作出了专门规定。

（二）修改内容

本条明确了国务院专利行政部门对外观设计国际申请进行审查。

国务院专利行政部门对外观设计国际申请的明显实质性缺陷进行审查，包括外观设计国际申请是否明显属于《专利法》第五条第一款、第二十五条第一款第（六）项或者《专利法实施细则》第十一条规定的情形，或者明显不符合《专利法》第二条第四款、第二十三条第一款和第二款、第二十七条第二款、第三十一条第二款、第三十三条、《专利法实施细则》第一百四十二条的规定，或者依照《专利法》第九条的规定不能取得专利权。此外，国家知识产权局根据规定对其他文件和相关手续进行审查，包括与外观设计国际申请有关的其他文件和相关手续是否符合《专利法》第十八条、第二十四条的规定等。

（三）制度参考

1. 关于国际局公布

根据《海牙协定》第 10 条第（3）款，国际注册应由国际局予以公布，根据《海牙协定共同实施细则》第 17 条的规定，公布的时间一般为国际注册日之后 1 年，但存在两个例外：一是申请人可以请求立即公布，二是申请人可以请求延迟公布。根据《海牙协定》第 10 条第（5）款，国际局在进行国际注册之后，会立即向缔约方的局发送保密副本，在国际局公布之前，缔约方局应对保密副本保密。

2. 关于驳回通知的期限

《海牙协定》要求缔约方在国际注册公布后一定期限内对其进行审查并发出驳回通知书。根据《海牙协定》第 12 条第（2）款，如缔约方未发出驳回通知书，则在该期限届满日起，该国际注册具有与依该缔约方的法律对工业品外观设计所予保护同等的效力。此种期限一般为 6 个月，审查局可以声明将期限改为 12 个月。在加入《海牙协定》的磋商中，国际局认可了国务院专利行政部门作为审查局的地位，因此我国按照《海牙协定共同实施细则》第 18 条第（1）款（b）项声明驳回通知的期限为 12 个月。

（四）修改作用

根据《专利法实施细则》第一百三十七条的规定，外观设计国际申请视为向国家知识产权局提出的外观设计专利申请，因此，国务院专利行政部门应依据《专利法实施细则》第五十条等规定对其是否具有明显新颖性等进行审查。外观设计国际申请存在明显实质性缺陷的，审查员应当在国际局公布外观设计国际申请后，向国际局发出驳回通知。该驳回通知不是驳回申请的决定，申请人在收到驳回通知后，应当在指定的期限内根据《专利法》第十八条的规定办理委托手续，并进行答复。没有发现驳回理由的，由国家知识产权局作出给予保护的决定，通知国际局。

五十一、关于第一百三十九条

第一百三十九条　国际局公布的外观设计国际申请中包括一项或者多项优先权的，视为已经依照专利法第三十条的规定提出了书面声明。

外观设计国际申请的申请人要求优先权的，应当自外观设计国际申请公布之日起 3 个月内提交在先申请文件副本。

（一）修改目的

我国对于要求享有优先权的申请，具体要求与海牙体系不同，因此本条作出特殊规定。

（二）修改内容

本条第一款明确了外观设计国际申请提出优先权的有关规定。《海牙协定》第 6 条第（1）款规定，国际注册申请中可包括一项或多项优先权。《专利法》第三十条第二款规定，申请人要求外观设计专利优先权的，应当在申请的时候提出书面声明。按照《海牙协定》第 14 条第（1）款规定，自国际注册日起，国际注册应在每一个被指定缔约方至少具有与要求依该缔约方法律对工业品外观设计予以保护所正规提出的申请同等的效力。因此，本条第一款对此作出了特殊规定。

本条第二款明确了提交优先权副本的时限。与《PCT 实施细则》中规定了申请人应当提交优先权副本的义务不同，《海牙协定》及《海牙协定共同实施细则》中未规定申请人应当提交优先权副本的义务。《专利法》第三十条第二款中规定，申请人要求外观设计专利优先权的，应当在申请日起 3 个月内提交第一次提出的专利申请文件的副本。因此，本条第二款对外观设计国际申请优先权副本的提交作出了特殊规定。

（三）制度参考

关于优先权副本的提交时限，一方面，一般情况下，外观设计国际申请在国际注册日起 12 个月公布，国际公布后，国务院专利行政部门进行审查，并将结果通知国际局。此时，即便国务院专利行政部门要求申请人提供在先申请文件副本，也已经过了"申请日起3个月内"的期限。由于要求在先申请文件副本并不是缔约方可声明的事项，因此如果对每一件要求享有优先权的外观设计国际申请都发出驳回通知，缺少合理的法律依据，还会加重国务院专利行政部门、国际局以及申请人的负担。另一方面，从国际局进行的统计看，有相当一部分申请会要求立即公布，也就是从国际注册日起很快就进行国际公布，之后国务院专利行政部门可以进行审查并发出通知书。而《巴黎公约》规定，优先权副本的提交时间可以是后一申请提交后3个月内。因此，综合考虑以上因素及程序的合理性与合法性，将优先权副本的提交时限规定为自国际申请公布之日起3个月内。

（四）修改作用

关于优先权副本的提交，依照国家知识产权局与在先申请的受理机构签订的协议，国家知识产权局通过电子交换等途径（例如优先权文件数字接入服务）从该受理机构获得在先申请文件副本的，视为申请人提交了经该受理机构证明的在先申请文件副本。申请人要求本国优先权并且在请求书中写明了在先申请的申请日和申请号，视为提交了在先申请文件副本。

五十二、关于第一百四十条

第一百四十条　外观设计国际申请涉及的外观设计有专利法第二十四条第（二）项或者第（三）项所列情形的，应当在提出外观设计国际申请时声明，并自外观设计国际申请公布之日起2个月内提交本细则第三十三条第三款规定的有关证明文件。

（一）修改目的

我国对于要求新颖性宽限期的申请，具体要求与海牙体系不同，因此本条作出特殊规定。

（二）修改内容

本条明确了外观设计国际申请有关不丧失新颖性宽限期的规定。《海牙协定》及《海牙协定共同实施细则》中并未规定新颖性宽限期证明文件的提交时限。考虑到国际公布后，外观设计国际申请由国务院专利行政部门按照《专利法》进行审查，并将结果通知国际局，因此将证明文件的提交时限规定为自国际申请公布之日起2个月内。

（三）制度参考

根据《海牙协定共同实施细则》第7条第（4）款，国际注册申请表（DM1）中允许国际注册申请中包括不丧失新颖性宽限期的声明。《专利法》第二十四条规定了不丧失新颖性的四种情形。本次《专利法实施细则》修改后第三十三条第三款规定，存在《专利法》第二十四条第（二）项或者第（三）项情形的，申请人应当在提出专利申请时声明，并自申请日起2个月内提交证明文件。按照《海牙协定》第14条规定，自国际注册日起，国际注册应在每一个被指定缔约方至少具有与要求依该缔约方法律对工业品外观设计予以保护所正规提出的申请同等的效力。因此，本条对证明文件的提交时限作出了2个月的规定。

（四）修改作用

对于存在《专利法》第二十四条第（二）项或者第（三）项情形的，适用本条的规定；对于存在《专利法》第二十四条第（一）项或者第（四）项情形的，适用《专利法实施细则》第三十三条第四款的一般规定，国务院专利行政部门认为必要时，可以要求申请人在指定期限内提交证明文件。

五十三、关于第一百四十一条

第一百四十一条　一件外观设计国际申请包括两项以上外观设计的，申请人可以自该国际申请公布之日起2个月内，向国务院专利行政部门提出分案申请，并缴纳费用。

（一）修改目的

《专利法》对于申请单一性的要求与海牙体系不同，根据《海牙协定》第13条，我国在加入《海牙协定》时作出的声明包括符合我国单一性的有关规定。因此本条对主动分案作出了特殊规定。

（二）修改内容

本条明确了外观设计国际申请提出主动分案的情形及时限。

关于主动分案的时限，从国际局的统计数据看，有相当一部分申请存在多项设计，因此，允许申请人主动分案的时限不应过长，否则将影响审查员对案件单一性的审查。综合考虑申请人和审查的各方面因素及合理合法性，将主动分案的时限规定为自国际申请公布之日起2个月内。

（三）制度参考

《海牙协定》允许一个申请包含《国际外观设计分类表》同一大类下100项以内的设计，而《专利法》及《专利法实施细则》规定除成套申请和10项以内相似设计可以合案申请外，其他情况下一件申请仅能包含一项设计。

我国目前对于国内专利申请的相关规定，允许外观设计专利申请人主动提出分案。《专利法实施细则》对主动分案的时限作出了规定，即其主动提出分案的时限为申请人收到国务院专利行政部门对原申请作出授予专利权的通知之日起2个月内。

（四）修改作用

如果外观设计国际申请不满足我国外观设计专利单一性的要求，国务院专利行政部门可以发出驳回通知，要求申请人在我国递交分案申请。申请人在国务院专利行政部门审查员发出审查意见通知书之前，可以主动提出分案的请求，进而加快审查进程。

五十四、关于第一百四十二条

第一百四十二条　国际局公布的外观设计国际申请中包括含设计要点的说明书的，视为已经依照本细则第三十一条的规定提交了简要说明。

（一）修改目的

《专利法》对于简要说明的要求与海牙体系不同。根据《海牙协定》第5条第（2）款（b）项第（ⅱ）目，我国在加入《海牙协定》时作出的声明包括外观设计国际申请必须包括描述申请保护的外观设计特点的简要说明。因此本条对简要说明作出了特殊规定。

（二）修改内容

本条明确了外观设计国际申请简要说明的有关规定。

《专利法》要求提交外观设计专利申请时必须提交简要说明，而《海牙协定》第 5 条第（2）款（b）项第（ⅱ）目允许缔约方声明申请必须包含简要说明（说明书），因此，我国在加入《海牙协定》时作出的声明包括外观设计国际申请必须包括描述申请保护的外观设计特点的简要说明。同时考虑到《专利法实施细则》第三十一条对简要说明的要求与我国作出声明的要求有所不同，故本条规定外观设计国际申请的说明书包括设计要点的视为提交了简要说明。

（三）制度参考

根据《海牙协定共同实施细则》第 7 条，原则上，工业品外观设计的说明书是任何国际申请可以包含的一项可选内容。说明书应述及工业品外观设计复制件所显示的特征，但不得涉及工业品外观设计操作上的技术特征或其可能的用法。如果说明书超过 100 字，对于超出 100 字的部分，应当缴纳附加费。但是，主管局是审查局的任何缔约方，以及为了使某一申请得到一个申请日，其法律要求保护工业品外观设计的申请应当包含说明书的缔约方，可以相应地以声明的方式通知 WIPO 总干事。如果该缔约方得到了指定，该国际申请应当有规定的说明书。未能提交所需说明书的，将导致国际申请被视为不规范，且可能导致国际注册的延迟。国际注册申请表和 E - filing 界面均清楚地指出了哪些缔约方需要此种说明。

（四）修改作用

外观设计国际申请中应当包括含设计要点的说明书，未能提交所需的说明书的，将导致在国际局对形式要件进行审查中，国际申请被视为不规范，且可能导致国际注册的延迟。在国务院专利行政部门按照《专利法》进行审查的过程中，审查员应当就外观设计图片或者照片结合简要说明的内容和产品名称是否清楚地表达了要求保护的产品整体或者局部的外观设计进行审查。

五十五、关于第一百四十三条

第一百四十三条　外观设计国际申请经国务院专利行政部门审查后没有发现驳回理由的，由国务院专利行政部门作出给予保护的决定，通知国际局。

国务院专利行政部门作出给予保护的决定后，予以公告，该外观设计专利权自公告之日起生效。

（一）修改目的

我国外观设计制度的授权程序与海牙体系不同，因此，本条对外观设计国际申请的授权程序作出特殊规定。

（二）修改内容

本条第一款明确了国务院专利行政部门对符合授权条件的外观设计国际申请作出给予保护的决定的相关事项。为了使授权程序更规范，且符合我国专利法律制度，国务院专利行政部门会对没有发现驳回理由的外观设计国际申请向国际局发送给予保护的决定。

本条第二款明确了国务院专利行政部门作出对外观设计国际申请给予保护的决定的公告及公告的效力。为使公众及时、准确地了解外观设计国际申请在我国的法律状态，且使通过海牙体系提交的申请与我国专利授权机制更加协调一致，我国对授权的外观设计国际申请进行再次公告，同时明确在中国的公告日为权利生效日。

（三）制度参考

根据《海牙协定共同实施细则》第 18 条第（1）款（c）项及第 18 条之二，国家局可以在驳回通知的期限内发送通知给国际局告知给予外观设计国际申请在该缔约方的保护，如果没有在可适用的驳回期限内发出驳回通知，就视为该外观设计国际申请获得了保护。

海牙体系采用英语、法语和西班牙语三种工作语言对国际注册进行公布，缔约方可以自主选择是否进行再次公告。《专利法》第四十条规定，外观设计专利权自公告之日起生效。为了使外观设计国际申请在中国的生效日期与通过国家途径递交的申请保持一致，有必要对权利的生效日期进行规定。

（四）修改作用

外观设计国际申请在我国的权利生效日为国务院专利行政部门的公告日，而非国际局的国际公布日或国际局公布国家知识产权局发送的给予保护决定之日。

外观设计国际申请在国家知识产权局经初步审查作出给予保护的决定后，获得中国专利效力，成为中国专利的一部分，保护期限为15年，后续复审和无效宣告等程序均根据《专利法》《专利法实施细则》的有关规定处理，专利权人享有的权利适用《专利法》第十一条第二款对外观设计专利权的规定。

五十六、关于第一百四十四条

第一百四十四条　已在国际局办理权利变更手续的，申请人应当向国务院专利行政部门提供有关证明材料。

（一）修改目的

《专利法》对于权利变更手续的要求与海牙体系不同。根据《海牙协定》第16条，我国在加入《海牙协定》时作出的声明包括变更登记需提交收到符合规定的证明文件。因此本条对权利变更手续作出了特殊规定。

（二）修改内容

本条明确外观设计国际申请的权利变更手续，申请人应当向国务院专利行政部门提供相关证明材料。

《专利法》第十条第三款规定："转让专利申请权或者专利权的，当事人应当订立书面合同，并向国务院专利行政部门登记，由国务院专利行政部门予以公告。专利申请权或者专利权的转让自登记之日起生效。"《专利法实施细则》第一百四十六条第二款规定："请求变更发明人姓名、专利申请人和专利权人的姓名或者名称、国籍和地址、专利代理机构的名称、地址和专利代理师姓名的，应当向国务院专利行政部门办理著录事项变更手续，必要时应当提交变更理由的证明材料。"根据《海牙协定》第16条，涉及权利变更的事项，允许缔约方要求申请人提供规定的文件才生效。我国在加入《海牙协定》时作出了要求提供符合规定的变更证明文件的声明。

（三）制度参考

《专利审查指南》第一部分第一章第6.7.2.6节对于证明文件的形式要求作出如下规定："（1）提交的各种证明文件中，应当写明申请号（或专利号）、发明创造名称和申请人（或专利权人）姓名或者名称。（2）一份证明文件仅对应一次著录项目变更请求，同一著录项目发生连续变更的，应当分别提交证明文件。（3）各种证明文件应当是原件。证明文件是复印件的，应当经过公证或者由出具证明文件的主管部门加盖公章（原件在专利局备案确认的除外）；在外国形成的证明文件是复印件的，应当经过公证。"

（四）修改作用

申请人办理外观设计国际申请权利变更手续的，应当按照规定向国务院专利行政部门提交变更证明文件，变更登记需在国务院专利行政部门收到符合规定的变更证明文件后在中国生效。证明文件适用《专利审查指南》中有关证明文件的形式要求和关于专利申请权（或专利权）转移等规定。证明文件是外文的，应当同时附具中文题录译文。没有提交证明文件或提交证明文件不合格的，国家知识产权局将通知国际局该权利变更在中国未生效。

五十七、关于第一百四十六条

第一百四十六条 向国务院专利行政部门提交申请文件或者办理各种手续，应当由申请人、专利权人、其他利害关系人或者其代表人签字或者盖章；委托专利代理机构的，由专利代理机构盖章。

请求变更发明人姓名、专利申请人和专利权人的姓名或者名称、国籍和地址、专利代理机构的名称、地址和**专利代理师**姓名的，应当向国务院专利行政部门办理著录事项变更手续，**必要时应**

当提交变更理由的证明材料。

（一）修改目的

本条修改是与 2018 年修订的《专利代理条例》（中华人民共和国国务院令第 706 号）相关内容统一表述的适应性修改，并进一步简化著录事项变更相关手续。

（二）修改内容

一是与《专利代理条例》修改相适应，将"专利代理人"调整为"专利代理师"；二是为进一步减轻申请人负担，适应"互联网＋电子政务"的要求，修改第二款，著录事项变更理由的证明材料不再作为必要文件。

（三）制度参考

随着我国经济社会的不断发展，专利代理行业自身状况和发展环境均发生了显著变化，为与专利代理行业实际、有关法律规定相适应，《专利代理条例》已于 2018 年 9 月 6 日经国务院第 23 次常务会议修订通过，修订后的条例自 2019 年 3 月 1 日起施行。其中，鉴于专利代理在专利制度正常运转中的重要作用，其不但是提升专利质量的重要保障，也是服务创新主体的重要环节，同时为提升从事专利代理事务的专业人员的社会地位，增强其荣誉感，此次修订将"专利代理人"的称谓变更为"专利代理师"。

《知识产权强国建设纲要（2021—2035 年)》中提出，要"提高审查质量和效率""深入推进'互联网＋'政务服务，充分利用新技术建设智能化专利商标审查和管理系统，优化审查流程"等。随着"互联网＋"的普遍应用与深入发展，我国电子政务的服务水平、服务技术与服务覆盖范围都有了显著提升，在提高行政效率的同时减轻了社会公众的负担，如著录项目变更中一些需要官方证明的情况将会以"数据共享"方式获取验证，而不需要当事人提交证明材料，因此修改为"必要时"提交变更理由的证明材料。

（四）修改作用

本条修改将"专利代理人"的称谓变更为"专利代理师"，与现行《专利代理条例》表述一致，保证了法律制度的一致性；同时进一步简化著录事项变更相关手续，进一步提升网上政务服务水平，有利于打造服务型政府，同时切实减轻申请人的负担。

五十八、关于原第一百二十一条

第一百二十一条　各类申请文件应当打字或者印刷，字迹呈黑色，整齐清晰，并不得涂改。附图应当用制图工具绘制，线条应当均匀清晰，并不得涂改。

请求书、说明书、权利要求书、附图和摘要应当分别用阿拉伯数字顺序编号。

申请文件的文字部分应当横向书写。纸张限于单面使用。

（一）修改目的

根据实践情况，删除本条，减少对申请文件格式上的要求，进一步减轻了申请人准备申请文件的负担。

（二）修改内容

本次《专利法实施细则》修改之前，原第一百二十一条对申请文件的格式有比较详细的规定，包括：各类申请文件应当打字或者印刷，字迹呈黑色，整齐清晰，并不得涂改；附图应当用制图工具和黑色墨水绘制，线条应当均匀清晰，并不得涂改；请求书、说明书、权利要求书、附图和摘要应当分别用阿拉伯数字顺序编号；申请文件的文字部分应当横向书写；纸张限于单面使用。对于申请人提交的申请文件不符合上述规定的，国务院专利行政部门将发出不予受理通知书。

上述规定在实践中给创新主体带来了一定的操作负担。例如，当申请人要将由制图工具绘制的彩色图片或者检测设备得到的彩色结果放入申请文件中时，需要将这些彩色的图片或照片进行处理以满足原《专利法实施细则》该条款的规定；通常的做法就是将其灰度化，但有时候通过黑白图或灰度图又无法呈现附图应有信息，这就给申请人带来了很大的困扰。然而，附图的作用在于用图形补充说明书文字部分的描述，使人能够直观地、形象化地理解发明或者实用新型的每个技术特征和整体技术方案。对于机械和电学技术领域中的专利申请，说明书附图的作用尤其明显。

抛开印刷的专利公告和专利单行本的因素影响，专利申请中附带彩色附图对当事人与国家知识产权局均没有其他影响，且彩图的信息呈现效果确实更好。此外，《专利审查指南》第一部分第一章第4.3节中有如下规定："一般不得使用照片作为附图，但特殊情况下，例如，显示金相结构、组织细胞或者电泳图谱时，可以使用照片贴在图纸上作为附图。"可以看出，实践中其实也没有完全排除彩图的使用。

因此，本次《专利法实施细则》修改删除了对申请文件的格式要求。

（三）制度参考

《美国联邦法规汇编》第37编规定附图须体现权利要求中的所有特征。其在关于附图标准的条款中规定："（a）附图。在实用新型和外观设计专利申请中，有两种可接受的类别。（ⅰ）黑色墨水。通常需要黑白附图。必须使用黑色墨水或其固定黑色线条的等效墨水；或者（ⅱ）彩色。外观设计申请中允许使用彩色附图。如果外观设计申请包含彩色附图，则该申请须包括本条（a）款第（2）项（ⅱ）目要求的彩色附图套数。彩色附图必须具有足够的质量，使附图中的所有细节在印刷的专利文件中可以黑白形式再现。"

（四）修改作用

通过删除对申请文件的格式要求，进一步便利申请人，能够有效减轻申请人准备申请文件的负担。

五十九、关于第四十二条、第六十五条、第六十六条、第六十七条、第六十八条、第六十九条、第七十条、第七十一条、第七十二条、第七十四条、第七十五条、第七十六条、第九十八条、原第五十九条、原第六十二条

（一）修改目的

2018年国务院机构改革后，国家知识产权局进行了内部机构

设置的调整，不再保留独立的"专利复审委员会"的机构，而相应调整为所属事业单位专利局的内设机构。相应地，在《专利法》第四次修改时，将原《专利法》第四十一条规定的"国务院专利行政部门设立专利复审委员会。专利申请人对国务院专利行政部门驳回申请的决定不服的，可以自收到通知之日起三个月内，向专利复审委员会请求复审。专利复审委员会复审后，作出决定，并通知专利申请人。专利申请人对专利复审委员会的复审决定不服的，可以自收到通知之日起三个月内向人民法院起诉。"的表述，修改为"专利申请人对国务院专利行政部门驳回申请的决定不服的，可以自收到通知之日起三个月内向国务院专利行政部门请求复审。国务院专利行政部门复审后，作出决定，并通知专利申请人。专利申请人对国务院专利行政部门的复审决定不服的，可以自收到通知之日起三个月内向人民法院起诉。"2023年3月，党中央、国务院印发的《党和国家机构改革方案》明确，完善知识产权管理体制，国家知识产权局由国家市场监督管理总局管理的国家局调整为国务院直属机构，商标、专利等领域执法职责继续由市场监管综合执法队伍承担，相关执法工作接受国家知识产权局专业指导。

根据上述机构设置调整情况以及第四次修改后的《专利法》，审查专利复审和无效宣告请求的职能统一由国务院专利行政部门承担，不再保留"专利复审委员会"的机构设置，因此有必要对原《专利法实施细则》相关条款涉及"专利复审委员会"的表述进行适应性修改。

（二）修改内容

将第四十二条第（四）项内容由"专利复审委员会成员曾参与原申请的审查的"修改为"复审或者无效宣告程序中，曾参与原申请的审查的"，将其他条款中的"专利复审委员会"修改表述为"国务院专利行政部门"，并删除了原《专利法实施细则》第五十九条，即有关专利复审委员会机构设置的条款："专利复审委员会由国务院专利行政部门指定的技术专家和法律专家组成，主任委员由国务院专利行政部门负责人兼任。"

同时原《专利法实施细则》第六十二规定："专利复审委员会应当将受理的复审请求书转交国务院专利行政部门原审查部门进行审查。原审查部门根据复审请求人的请求，同意撤销原决定的，专利复审委员会应当据此作出复审决定，并通知复审请求人。"上述规定主要指的是复审程序中的前置审查。在机构调整后，考虑到前置审查已经作为国务院专利行政部门的内部程序，无须在《专利法实施细则》中体现，因此予以删除。

此外，第六十六条除上述对"专利复审委员会"的适应性修改之外，还删除了复审程序中要求提交修改文件"一式两份"的规定。主要原因是一式两份给申请人带来了额外的负担。为了更加便利申请人，删除上述规定，申请人在复审程序中修改文件时无须再提交一式两份的修改文件，仅提交一份即可。

（三）制度参考

2018 年《国务院机构改革方案》规定："重新组建国家知识产权局。将国家知识产权局的职责、国家工商行政管理总局的商标管理职责、国家质量监督检验检疫总局的原产地地理标志管理职责整合，重新组建国家知识产权局，由国家市场监督管理总局管理。"2023 年《党和国家机构改革方案》中明确："完善知识产权管理体制。……将国家知识产权局由国家市场监督管理总局管理的国家局调整为国务院直属机构。商标、专利等领域执法职责继续由市场监管综合执法队伍承担，相关执法工作接受国家知识产权局专业指导。"

（四）修改作用

修改后的条款客观反映了调整后的国家知识产权局机构设置情况，使得表述更加规范，同时也使得《专利法实施细则》层面关于流程和程序的表述更加简洁，为后续内部规则调整留有了更加灵活的空间。

国家知识产权局公告

（第 559 号）

为保障修改后专利法及其实施细则的顺利实施，明确其中涉及审查业务的相关条款在修改后的专利法实施细则生效实施前后的具体适用规则，国家知识产权局制定《关于施行修改后的专利法及其实施细则相关审查业务处理的过渡办法》，现予发布，自 2024 年 1 月 20 日起施行。

特此公告。

国家知识产权局

2023 年 12 月 21 日

关于施行修改后的专利法及其实施细则
相关审查业务处理的过渡办法

第一条 申请日在 2021 年 6 月 1 日以后（含该日，下同）的专利申请以及根据该专利申请授予的专利权适用修改后专利法的规定。申请日在 2021 年 6 月 1 日前（不含该日）的专利申请以及根据该专利申请授予的专利权适用修改前专利法的规定，但本办法以下各条的特殊规定除外。

申请日在 2024 年 1 月 20 日以后（含该日，下同）的专利申请以及根据该专利申请授予的专利权适用修改后专利法实施细则的规定。申请日在 2024 年 1 月 20 日前（不含该日）的专利申请以及根据该专利申请授予的专利权适用修改前专利法实施细则的规定，但本办法以下各条的特殊规定除外。

除另有规定外，本办法所称的申请日是指专利法第二十八条规定的申请日。

第二条 自 2024 年 1 月 20 日起，依照专利法第十八条第一款的规定委托专利代理机构在中国申请专利和办理其他专利事务的申请人或者专利权人可以适用修改后的专利法实施细则第十八条的规定，自行办理相关业务。

第三条 自 2024 年 1 月 20 日起，申请人可以依照修改后的专利法实施细则第三十六条、第三十七条的规定，请求恢复优先权、增加或者改正优先权要求。

第四条 首次递交日在 2024 年 1 月 20 日以后的，申请人可以依照修改后的专利法实施细则第四十五条的规定，以援引在先申请文件的方式补交文件。

第五条　提交分案申请的日期在 2024 年 1 月 20 日以后的，申请人依照修改后的专利法实施细则第四十九条的规定，无需提交有关副本。

第六条　申请人对进入日为 2024 年 1 月 20 日以后的发明、实用新型国际申请，依照修改后的专利法实施细则第一百二十一条的规定办理进入中国国家阶段的手续。

自进入日起两个月期限届满之日为 2024 年 1 月 20 日以后的，申请人可以依照修改后的专利法实施细则第一百二十八条的规定，请求恢复优先权。

第七条　自 2024 年 1 月 20 日起，国务院专利行政部门以电子形式送达的各种文件的送达日，适用修改后的专利法实施细则第四条的规定。

第八条　自 2024 年 1 月 20 日起，国务院专利行政部门依照修改后的专利法实施细则第九条规定的期限向申请人发出保密审查通知、作出是否需要保密的决定。

第九条　自 2021 年 6 月 1 日起，国务院专利行政部门依照专利法第二十条第一款的规定，对初步审查、实质审查和复审程序中的专利申请进行审查。

自 2024 年 1 月 20 日起，国务院专利行政部门依照修改后的专利法实施细则第五十条、第五十九条、第六十七条的规定，适用修改后的专利法实施细则第十一条对初步审查、实质审查和复审程序中的专利申请进行审查。

自 2024 年 1 月 20 日起，请求人以不符合修改后的专利法实施细则第十一条的规定为理由，对国务院专利行政部门公告授予的专利权提出无效宣告请求的，国务院专利行政部门适用修改后的专利法实施细则第六十九条的规定进行审查。

第十条　自 2024 年 1 月 20 日起，国务院专利行政部门对申请人依照专利法第二条第四款提交的、申请日在 2021 年 6 月 1 日以后的局部外观设计专利申请，适用修改后的专利法实施细则第三十条、第三十一条进行审查。

第十一条　自 2024 年 1 月 20 日起，国务院专利行政部门对申请人认为申请日在 2021 年 6 月 1 日以后的专利申请存在专利法第二十四条第一项规定的情形提出的相关请求，适用修改后的专利法实施细则第三十三条第四款进行审查。

第十二条　自 2024 年 1 月 20 日起，国务院专利行政部门对申请人依照专利法第二十九条第二款提交的、申请日在 2021 年 6 月 1 日以后的外观设计专利申请，适用修改后的专利法实施细则第三十五条进行审查。

第十三条　对自 2021 年 6 月 1 日起公告授权的发明专利，专利权人依照专利法第四十二条第二款，自专利权授权公告之日起三个月内提出专利权期限补偿请求并缴纳相关费用的，国务院专利行政部门自 2024 年 1 月 20 日起适用修改后的专利法实施细则第七十七条至第七十九条、第八十四条进行审查。

专利权人自 2021 年 6 月 1 日起，依照专利法第四十二条第三款，自新药上市许可请求获得批准之日起三个月内提出专利权期限补偿请求并缴纳相关费用的，国务院专利行政部门自 2024 年 1 月 20 日起适用修改后的专利法实施细则第八十条至第八十四条进行审查。

前述请求的相关专利权在 2024 年 1 月 20 日前期限届满，国务院专利行政部门经审查认为符合补偿条件的，作出给予期限补偿的决定，补偿期限自原专利权期限届满之日开始计算。

专利权人在收费标准发布前，依照专利法第四十二条第二款、第三款提出专利权期限补偿请求的，可以在收费标准发布以后，依照国务院专利行政部门指定的期限缴纳本条所称相关费用。

第十四条　自 2024 年 1 月 20 日起，国务院专利行政部门对专利权人自 2021 年 6 月 1 日起依照专利法第五十条第一款对其专利实施开放许可提出的声明，适用修改后的专利法实施细则第八十五条至第八十八条进行审查。

第十五条　自 2024 年 1 月 20 日起，国务院专利行政部门依照修改后的专利法实施细则第一百零六条的规定对专利申请和专利权有关的事项进行登记，适用修改后的专利法实施细则第一百零七条的规定出版专利公报，公布或者公告有关内容。

第十六条　自 2024 年 1 月 20 日起，国务院专利行政部门对申请日在 2022 年 5 月 5 日以后的外观设计国际申请，适用修改后的专利法实施细则第一百三十六条至第一百四十四条进行审查。

第十七条　本办法自 2024 年 1 月 20 日起施行。2023 年 1 月 11 日起施行的《关于施行修改后专利法的相关审查业务处理暂行办法》（国家知识产权局第五一〇号公告）、《关于加入〈海牙协定〉后相关业务处理暂行办法》（国家知识产权局第五一一号公告）同时废止。

本办法仅涉及专利法及其实施细则与专利审查业务处理相关条款的过渡适用。

《中华人民共和国专利法》
修改前后条文对照表

<table>
<tr><td>

2008 年

第一章　总　则

第一条

　　为了保护专利权人的合法权益，鼓励发明创造，推动发明创造的应用，提高创新能力，促进科学技术进步和经济社会发展，制定本法。

第二条

　　本法所称的发明创造是指发明、实用新型和外观设计。

　　发明，是指对产品、方法或者其改进所提出的新的技术方案。

　　实用新型，是指对产品的形状、构造或者其结合所提出的适于实用的新的技术方案。

　　外观设计，是指对产品的形状、图案或者其结合以及色彩与形状、图案的结合所作出的富有美感并适于工业应用的新设计。

</td><td>

2020 年

第一章　总　则

第一条

　　为了保护专利权人的合法权益，鼓励发明创造，推动发明创造的应用，提高创新能力，促进科学技术进步和经济社会发展，制定本法。

第二条

　　本法所称的发明创造是指发明、实用新型和外观设计。

　　发明，是指对产品、方法或者其改进所提出的新的技术方案。

　　实用新型，是指对产品的形状、构造或者其结合所提出的适于实用的新的技术方案。

　　外观设计，是指对产品**的整体或者局部**的形状、图案或者其结合以及色彩与形状、图案的结合所作出的富有美感并适于工业

</td></tr>
</table>

应用的新设计。

第三条

国务院专利行政部门负责管理全国的专利工作；统一受理和审查专利申请，依法授予专利权。

省、自治区、直辖市人民政府管理专利工作的部门负责本行政区域内的专利管理工作。

第四条

申请专利的发明创造涉及国家安全或者重大利益需要保密的，按照国家有关规定办理。

第五条

对违反法律、社会公德或者妨害公共利益的发明创造，不授予专利权。

对违反法律、行政法规的规定获取或者利用遗传资源，并依赖该遗传资源完成的发明创造，不授予专利权。

第六条

执行本单位的任务或者主要是利用本单位的物质技术条件所完成的发明创造为职务发明创造。职务发明创造申请专利的权利属于该单位；申请被批准后，该单位为专利权人。

第三条

国务院专利行政部门负责管理全国的专利工作；统一受理和审查专利申请，依法授予专利权。

省、自治区、直辖市人民政府管理专利工作的部门负责本行政区域内的专利管理工作。

第四条

申请专利的发明创造涉及国家安全或者重大利益需要保密的，按照国家有关规定办理。

第五条

对违反法律、社会公德或者妨害公共利益的发明创造，不授予专利权。

对违反法律、行政法规的规定获取或者利用遗传资源，并依赖该遗传资源完成的发明创造，不授予专利权。

第六条

执行本单位的任务或者主要是利用本单位的物质技术条件所完成的发明创造为职务发明创造。职务发明创造申请专利的权利属于该单位申请被批准后，该单位为专利权人。**该单位可以依**

非职务发明创造，申请专利的权利属于发明人或者设计人；申请被批准后，该发明人或者设计人为专利权人。

利用本单位的物质技术条件所完成的发明创造，单位与发明人或者设计人订有合同，对申请专利的权利和专利权的归属作出约定的，从其约定。

法处置其职务发明创造申请专利的权利和专利权，促进相关发明创造的实施和运用。

非职务发明创造，申请专利的权利属于发明人或者设计人；申请被批准后，该发明人或者设计人为专利权人。

利用本单位的物质技术条件所完成的发明创造，单位与发明人或者设计人订有合同，对申请专利的权利和专利权的归属作出约定的，从其约定。

第七条

对发明人或者设计人的非职务发明创造专利申请，任何单位或者个人不得压制。

第七条

对发明人或者设计人的非职务发明创造专利申请，任何单位或者个人不得压制。

第八条

两个以上单位或者个人合作完成的发明创造、一个单位或者个人接受其他单位或者个人委托所完成的发明创造，除另有协议的以外，申请专利的权利属于完成或者共同完成的单位或者个人；申请被批准后，申请的单位或者个人为专利权人。

第八条

两个以上单位或者个人合作完成的发明创造、一个单位或者个人接受其他单位或者个人委托所完成的发明创造，除另有协议的以外，申请专利的权利属于完成或者共同完成的单位或者个人；申请被批准后，申请的单位或者个人为专利权人。

第九条

同样的发明创造只能授予一项专利权。但是，同一申请人同日对同样的发明创造既申请实用新型专利又申请发明专利，先获得的实用新型专利权尚未终止，且申请人声明放弃该实用新型专利权的，可以授予发明专利权。

两个以上的申请人分别就同样的发明创造申请专利的，专利权授予最先申请的人。

第十条

专利申请权和专利权可以转让。

中国单位或者个人向外国人、外国企业或者外国其他组织转让专利申请权或者专利权的，应当依照有关法律、行政法规的规定办理手续。

转让专利申请权或者专利权的，当事人应当订立书面合同，并向国务院专利行政部门登记，由国务院专利行政部门予以公告。专利申请权或者专利权的转让自登记之日起生效。

第九条

同样的发明创造只能授予一项专利权。但是，同一申请人同日对同样的发明创造既申请实用新型专利又申请发明专利，先获得的实用新型专利权尚未终止，且申请人声明放弃该实用新型专利权的，可以授予发明专利权。

两个以上的申请人分别就同样的发明创造申请专利的，专利权授予最先申请的人。

第十条

专利申请权和专利权可以转让。

中国单位或者个人向外国人、外国企业或者外国其他组织转让专利申请权或者专利权的，应当依照有关法律、行政法规的规定办理手续。

转让专利申请权或者专利权的，当事人应当订立书面合同，并向国务院专利行政部门登记，由国务院专利行政部门予以公告。专利申请权或者专利权的转让自登记之日起生效。

2008 年	2020 年
第十一条	**第十一条**
发明和实用新型专利权被授予后，除本法另有规定的以外，任何单位或者个人未经专利权人许可，都不得实施其专利，即不得为生产经营目的制造、使用、许诺销售、销售、进口其专利产品，或者使用其专利方法以及使用、许诺销售、销售、进口依照该专利方法直接获得的产品。	发明和实用新型专利权被授予后，除本法另有规定的以外，任何单位或者个人未经专利权人许可，都不得实施其专利，即不得为生产经营目的制造、使用、许诺销售、销售、进口其专利产品，或者使用其专利方法以及使用、许诺销售、销售、进口依照该专利方法直接获得的产品。
外观设计专利权被授予后，任何单位或者个人未经专利权人许可，都不得实施其专利，即不得为生产经营目的制造、许诺销售、销售、进口其外观设计专利产品。	外观设计专利权被授予后，任何单位或者个人未经专利权人许可，都不得实施其专利，即不得为生产经营目的制造、许诺销售、销售、进口其外观设计专利产品。
第十二条	**第十二条**
任何单位或者个人实施他人专利的，应当与专利权人订立实施许可合同，向专利权人支付专利使用费。被许可人无权允许合同规定以外的任何单位或者个人实施该专利。	任何单位或者个人实施他人专利的，应当与专利权人订立实施许可合同，向专利权人支付专利使用费。被许可人无权允许合同规定以外的任何单位或者个人实施该专利。
第十三条	**第十三条**
发明专利申请公布后，申请人可以要求实施其发明的单位或者个人支付适当的费用。	发明专利申请公布后，申请人可以要求实施其发明的单位或者个人支付适当的费用。

第十四条

国有企业事业单位的发明专利，对国家利益或者公共利益具有重大意义的，国务院有关主管部门和省、自治区、直辖市人民政府报经国务院批准，可以决定在批准的范围内推广应用，允许指定的单位实施，由实施单位按照国家规定向专利权人支付使用费。

（改为第四十九条）

第十五条

专利申请权或者专利权的共有人对权利的行使有约定的，从其约定。没有约定的，共有人可以单独实施或者以普通许可方式许可他人实施该专利；许可他人实施该专利的，收取的使用费应当在共有人之间分配。

除前款规定的情形外，行使共有的专利申请权或者专利权应当取得全体共有人的同意。

第十四条

专利申请权或者专利权的共有人对权利的行使有约定的，从其约定。没有约定的，共有人可以单独实施或者以普通许可方式许可他人实施该专利；许可他人实施该专利的，收取的使用费应当在共有人之间分配。

除前款规定的情形外，行使共有的专利申请权或者专利权应当取得全体共有人的同意。

第十六条

被授予专利权的单位应当对职务发明创造的发明人或者设计人给予奖励；发明创造专利实施后，根据其推广应用的范围和取得的经济效益，对发明人或者设计人给予合理的报酬。

第十五条

被授予专利权的单位应当对职务发明创造的发明人或者设计人给予奖励；发明创造专利实施后，根据其推广应用的范围和取得的经济效益，对发明人或者设计人给予合理的报酬。

国家鼓励被授予专利权的单位实行产权激励，采取股权、期权、分红等方式，使发明人或者设计人合理分享创新收益。

第十七条

发明人或者设计人有权在专利文件中写明自己是发明人或者设计人。

专利权人有权在其专利产品或者该产品的包装上标明专利标识。

第十八条

在中国没有经常居所或者营业所的外国人、外国企业或者外国其他组织在中国申请专利的，依照其所属国同中国签订的协议或者共同参加的国际条约，或者依照互惠原则，根据本法办理。

第十九条

在中国没有经常居所或者营业所的外国人、外国企业或者外国其他组织在中国申请专利和办理其他专利事务的，应当委托依法设立的专利代理机构办理。

中国单位或者个人在国内申请专利和办理其他专利事务的，

第十六条

发明人或者设计人有权在专利文件中写明自己是发明人或者设计人。

专利权人有权在其专利产品或者该产品的包装上标明专利标识。

第十七条

在中国没有经常居所或者营业所的外国人、外国企业或者外国其他组织在中国申请专利的，依照其所属国同中国签订的协议或者共同参加的国际条约，或者依照互惠原则，根据本法办理。

第十八条

在中国没有经常居所或者营业所的外国人、外国企业或者外国其他组织在中国申请专利和办理其他专利事务的，应当委托依法设立的专利代理机构办理。

中国单位或者个人在国内申请专利和办理其他专利事务的，

可以委托依法设立的专利代理机构办理。	可以委托依法设立的专利代理机构办理。
专利代理机构应当遵守法律、行政法规，按照被代理人的委托办理专利申请或者其他专利事务；对被代理人发明创造的内容，除专利申请已经公布或者公告的以外，负有保密责任。专利代理机构的具体管理办法由国务院规定。	专利代理机构应当遵守法律、行政法规，按照被代理人的委托办理专利申请或者其他专利事务；对被代理人发明创造的内容，除专利申请已经公布或者公告的以外，负有保密责任。专利代理机构的具体管理办法由国务院规定。
第二十条	**第十九条**
任何单位或者个人将在中国完成的发明或者实用新型向外国申请专利的，应当事先报经国务院专利行政部门进行保密审查。保密审查的程序、期限等按照国务院的规定执行。	任何单位或者个人将在中国完成的发明或者实用新型向外国申请专利的，应当事先报经国务院专利行政部门进行保密审查。保密审查的程序、期限等按照国务院的规定执行。
中国单位或者个人可以根据中华人民共和国参加的有关国际条约提出专利国际申请。申请人提出专利国际申请的，应当遵守前款规定。	中国单位或者个人可以根据中华人民共和国参加的有关国际条约提出专利国际申请。申请人提出专利国际申请的，应当遵守前款规定。
国务院专利行政部门依照中华人民共和国参加的有关国际条约、本法和国务院有关规定处理专利国际申请。	国务院专利行政部门依照中华人民共和国参加的有关国际条约、本法和国务院有关规定处理专利国际申请。
对违反本条第一款规定向外国申请专利的发明或者实用新型，在中国申请专利的，不授予专利权。	对违反本条第一款规定向外国申请专利的发明或者实用新型，在中国申请专利的，不授予专利权。

2008 年	2020 年
	第二十条（新增）
	申请专利和行使专利权应当遵循诚实信用原则。不得滥用专利权损害公共利益或者他人合法权益。
	滥用专利权，排除或者限制竞争，构成垄断行为的，依照《中华人民共和国反垄断法》处理。
第二十一条	第二十一条
国务院专利行政部门及其专利复审委员会应当按照客观、公正、准确、及时的要求，依法处理有关专利的申请和请求。	国务院专利行政部门应当按照客观、公正、准确、及时的要求，依法处理有关专利的申请和请求。
国务院专利行政部门应当完整、准确、及时发布专利信息，定期出版专利公报。	国务院专利行政部门应当**加强专利信息公共服务体系建设，**完整、准确、及时发布专利信息，**提供专利基础数据，**定期出版专利公报，**促进专利信息传播与利用。**
在专利申请公布或者公告前，国务院专利行政部门的工作人员及有关人员对其内容负有保密责任。	在专利申请公布或者公告前，国务院专利行政部门的工作人员及有关人员对其内容负有保密责任。

第二章　授予专利权的条件

第二十二条

授予专利权的发明和实用新型，应当具备新颖性、创造性和实用性。

新颖性，是指该发明或者实用新型不属于现有技术；也没有任何单位或者个人就同样的发明或者实用新型在申请日以前向国务院专利行政部门提出过申请，并记载在申请日以后公布的专利申请文件或者公告的专利文件中。

创造性，是指与现有技术相比，该发明具有突出的实质性特点和显著的进步，该实用新型具有实质性特点和进步。

实用性，是指该发明或者实用新型能够制造或者使用，并且能够产生积极效果。

本法所称现有技术，是指申请日以前在国内外为公众所知的技术。

第二十三条

授予专利权的外观设计，应当不属于现有设计；也没有任何单位或者个人就同样的外观设计

第二十二条

授予专利权的发明和实用新型，应当具备新颖性、创造性和实用性。

新颖性，是指该发明或者实用新型不属于现有技术；也没有任何单位或者个人就同样的发明或者实用新型在申请日以前向国务院专利行政部门提出过申请，并记载在申请日以后公布的专利申请文件或者公告的专利文件中。

创造性，是指与现有技术相比，该发明具有突出的实质性特点和显著的进步，该实用新型具有实质性特点和进步。

实用性，是指该发明或者实用新型能够制造或者使用，并且能够产生积极效果。

本法所称现有技术，是指申请日以前在国内外为公众所知的技术。

第二十三条

授予专利权的外观设计，应当不属于现有设计；也没有任何单位或者个人就同样的外观设计

在申请日以前向国务院专利行政
部门提出过申请，并记载在申请
日以后公告的专利文件中。

授予专利权的外观设计与现
有设计或者现有设计特征的组合
相比，应当具有明显区别。

授予专利权的外观设计不得
与他人在申请日以前已经取得的
合法权利相冲突。

本法所称现有设计，是指申
请日以前在国内外为公众所知的
设计。

第二十四条

申请专利的发明创造在申请
日以前六个月内，有下列情形之
一的，不丧失新颖性：

（一）在中国政府主办或者
承认的国际展览会上首次展出的；

（二）在规定的学术会议或
者技术会议上首次发表的；

（三）他人未经申请人同意
而泄露其内容的。

在申请日以前向国务院专利行政
部门提出过申请，并记载在申请
日以后公告的专利文件中。

授予专利权的外观设计与现
有设计或者现有设计特征的组合
相比，应当具有明显区别。

授予专利权的外观设计不得
与他人在申请日以前已经取得的
合法权利相冲突。

本法所称现有设计，是指申
请日以前在国内外为公众所知的
设计。

第二十四条

申请专利的发明创造在申请
日以前六个月内，有下列情形之
一的，不丧失新颖性：

**（一）在国家出现紧急状态
或者非常情况时，为公共利益目
的首次公开的；**

（二）在中国政府主办或者
承认的国际展览会上首次展
出的；

（三）在规定的学术会议或
者技术会议上首次发表的；

（四）他人未经申请人同意
而泄露其内容的。

第二十五条

对下列各项，不授予专利权：

（一）科学发现；

（二）智力活动的规则和方法；

（三）疾病的诊断和治疗方法；

（四）动物和植物品种；

（五）用原子核变换方法获得的物质；

（六）对平面印刷品的图案、色彩或者二者的结合作出的主要起标识作用的设计。

对前款第（四）项所列产品的生产方法，可以依照本法规定授予专利权。

第三章　专利的申请

第二十六条

申请发明或者实用新型专利的，应当提交请求书、说明书及其摘要和权利要求书等文件。

请求书应当写明发明或者实用新型的名称，发明人的姓名，申请人姓名或者名称、地址，以及其他事项。

说明书应当对发明或者实用新型作出清楚、完整的说明，以所属技术领域的技术人员能够实现为准；必要的时候，应当有附

第二十五条

对下列各项，不授予专利权：

（一）科学发现；

（二）智力活动的规则和方法；

（三）疾病的诊断和治疗方法；

（四）动物和植物品种；

（五）**原子核变换方法以及用原子核变换方法获得的物质**；

（六）对平面印刷品的图案、色彩或者二者的结合作出的主要起标识作用的设计。

对前款第（四）项所列产品的生产方法，可以依照本法规定授予专利权。

第三章　专利的申请

第二十六条

申请发明或者实用新型专利的，应当提交请求书、说明书及其摘要和权利要求书等文件。

请求书应当写明发明或者实用新型的名称，发明人的姓名，申请人姓名或者名称、地址，以及其他事项。

说明书应当对发明或者实用新型作出清楚、完整的说明，以所属技术领域的技术人员能够实现为准；必要的时候，应当有附

2008 年	2020 年
图。摘要应当简要说明发明或者实用新型的技术要点。	图。摘要应当简要说明发明或者实用新型的技术要点。
权利要求书应当以说明书为依据,清楚、简要地限定要求专利保护的范围。	权利要求书应当以说明书为依据,清楚、简要地限定要求专利保护的范围。
依赖遗传资源完成的发明创造,申请人应当在专利申请文件中说明该遗传资源的直接来源和原始来源;申请人无法说明原始来源的,应当陈述理由。	依赖遗传资源完成的发明创造,申请人应当在专利申请文件中说明该遗传资源的直接来源和原始来源;申请人无法说明原始来源的,应当陈述理由。

第二十七条	第二十七条
申请外观设计专利的,应当提交请求书、该外观设计的图片或者照片以及对该外观设计的简要说明等文件。	申请外观设计专利的,应当提交请求书、该外观设计的图片或者照片以及对该外观设计的简要说明等文件。
申请人提交的有关图片或者照片应当清楚地显示要求专利保护的产品的外观设计。	申请人提交的有关图片或者照片应当清楚地显示要求专利保护的产品的外观设计。

第二十八条	第二十八条
国务院专利行政部门收到专利申请文件之日为申请日。如果申请文件是邮寄的,以寄出的邮戳日为申请日。	国务院专利行政部门收到专利申请文件之日为申请日。如果申请文件是邮寄的,以寄出的邮戳日为申请日。

第二十九条	第二十九条
申请人自发明或者实用新型在外国第一次提出专利申请之日	申请人自发明或者实用新型在外国第一次提出专利申请之日

起十二个月内，或者自外观设计在外国第一次提出专利申请之日起六个月内，又在中国就相同主题提出专利申请的，依照该外国同中国签订的协议或者共同参加的国际条约，或者依照相互承认优先权的原则，可以享有优先权。

申请人自发明或者实用新型在中国第一次提出专利申请之日起十二个月内，又向国务院专利行政部门就相同主题提出专利申请的，可以享有优先权。

第三十条

申请人要求优先权的，应当在申请的时候提出书面声明，并且在三个月内提交第一次提出的专利申请文件的副本；未提出书面声明或者逾期未提交专利申请文件副本的，视为未要求优先权。

起十二个月内，或者自外观设计在外国第一次提出专利申请之日起六个月内，又在中国就相同主题提出专利申请的，依照该外国同中国签订的协议或者共同参加的国际条约，或者依照相互承认优先权的原则，可以享有优先权。

申请人自发明或者实用新型在中国第一次提出专利申请之日起十二个月内，**或者自外观设计在中国第一次提出专利申请之日起六个月内**，又向国务院专利行政部门就相同主题提出专利申请的，可以享有优先权。

第三十条

申请人要求**发明、实用新型专利**优先权的，应当在申请的时候提出书面声明，并且在**第一次提出申请之日起十六个月内**，提交第一次提出的专利申请文件的副本。

申请人要求外观设计专利优先权的，应当在申请的时候提出书面声明，并且在三个月内提交第一次提出的专利申请文件的副本。

申请人未提出书面声明或者逾期未提交专利申请文件副本的，视为未要求优先权。

第三十一条	**第三十一条**
一件发明或者实用新型专利申请应当限于一项发明或者实用新型。属于一个总的发明构思的两项以上的发明或者实用新型，可以作为一件申请提出。	一件发明或者实用新型专利申请应当限于一项发明或者实用新型。属于一个总的发明构思的两项以上的发明或者实用新型，可以作为一件申请提出。
一件外观设计专利申请应当限于一项外观设计。同一产品两项以上的相似外观设计，或者用于同一类别并且成套出售或者使用的产品的两项以上外观设计，可以作为一件申请提出。	一件外观设计专利申请应当限于一项外观设计。同一产品两项以上的相似外观设计，或者用于同一类别并且成套出售或者使用的产品的两项以上外观设计，可以作为一件申请提出。
第三十二条	**第三十二条**
申请人可以在被授予专利权之前随时撤回其专利申请。	申请人可以在被授予专利权之前随时撤回其专利申请。
第三十三条	**第三十三条**
申请人可以对其专利申请文件进行修改，但是，对发明和实用新型专利申请文件的修改不得超出原说明书和权利要求书记载的范围，对外观设计专利申请文件的修改不得超出原图片或者照片表示的范围。	申请人可以对其专利申请文件进行修改，但是，对发明和实用新型专利申请文件的修改不得超出原说明书和权利要求书记载的范围，对外观设计专利申请文件的修改不得超出原图片或者照片表示的范围。

第四章　专利申请的
审查和批准

第三十四条
国务院专利行政部门收到发明专利申请后，经初步审查认为符合本法要求的，自申请日起满十八个月，即行公布。国务院专利行政部门可以根据申请人的请求早日公布其申请。

第三十五条
发明专利申请自申请日起三年内，国务院专利行政部门可以根据申请人随时提出的请求，对其申请进行实质审查；申请人无正当理由逾期不请求实质审查的，该申请即被视为撤回。

国务院专利行政部门认为必要的时候，可以自行对发明专利申请进行实质审查。

第三十六条
发明专利的申请人请求实质审查的时候，应当提交在申请日前与其发明有关的参考资料。

发明专利已经在外国提出过申请的，国务院专利行政部门可以要求申请人在指定期限内提交

第四章　专利申请的
审查和批准

第三十四条
国务院专利行政部门收到发明专利申请后，经初步审查认为符合本法要求的，自申请日起满十八个月，即行公布。国务院专利行政部门可以根据申请人的请求早日公布其申请。

第三十五条
发明专利申请自申请日起三年内，国务院专利行政部门可以根据申请人随时提出的请求，对其申请进行实质审查；申请人无正当理由逾期不请求实质审查的，该申请即被视为撤回。

国务院专利行政部门认为必要的时候，可以自行对发明专利申请进行实质审查。

第三十六条
发明专利的申请人请求实质审查的时候，应当提交在申请日前与其发明有关的参考资料。

发明专利已经在外国提出过申请的，国务院专利行政部门可以要求申请人在指定期限内提交

该国为审查其申请进行检索的资料或者审查结果的资料；无正当理由逾期不提交的，该申请即被视为撤回。

第三十七条

国务院专利行政部门对发明专利申请进行实质审查后，认为不符合本法规定的，应当通知申请人，要求其在指定的期限内陈述意见，或者对其申请进行修改；无正当理由逾期不答复的，该申请即被视为撤回。

第三十八条

发明专利申请经申请人陈述意见或者进行修改后，国务院专利行政部门仍然认为不符合本法规定的，应当予以驳回。

第三十九条

发明专利申请经实质审查没有发现驳回理由的，由国务院专利行政部门作出授予发明专利权的决定，发给发明专利证书，同时予以登记和公告。发明专利权自公告之日起生效。

该国为审查其申请进行检索的资料或者审查结果的资料；无正当理由逾期不提交的，该申请即被视为撤回。

第三十七条

国务院专利行政部门对发明专利申请进行实质审查后，认为不符合本法规定的，应当通知申请人，要求其在指定的期限内陈述意见，或者对其申请进行修改；无正当理由逾期不答复的，该申请即被视为撤回。

第三十八条

发明专利申请经申请人陈述意见或者进行修改后，国务院专利行政部门仍然认为不符合本法规定的，应当予以驳回。

第三十九条

发明专利申请经实质审查没有发现驳回理由的，由国务院专利行政部门作出授予发明专利权的决定，发给发明专利证书，同时予以登记和公告。发明专利权自公告之日起生效。

第四十条

实用新型和外观设计专利申请经初步审查没有发现驳回理由的，由国务院专利行政部门作出授予实用新型专利权或者外观设计专利权的决定，发给相应的专利证书，同时予以登记和公告。实用新型专利权和外观设计专利权自公告之日起生效。

第四十条

实用新型和外观设计专利申请经初步审查没有发现驳回理由的，由国务院专利行政部门作出授予实用新型专利权或者外观设计专利权的决定，发给相应的专利证书，同时予以登记和公告。实用新型专利权和外观设计专利权自公告之日起生效。

第四十一条

国务院专利行政部门设立专利复审委员会。专利申请人对国务院专利行政部门驳回申请的决定不服的，可以自收到通知之日起三个月内，向专利复审委员会请求复审。专利复审委员会复审后，作出决定，并通知专利申请人。

专利申请人对专利复审委员会的复审决定不服的，可以自收到通知之日起三个月内向人民法院起诉。

第四十一条

专利申请人对国务院专利行政部门驳回申请的决定不服的，可以自收到通知之日起三个月内向**国务院专利行政部门**请求复审。**国务院专利行政部门**复审后，作出决定，并通知专利申请人。

专利申请人对**国务院专利行政部门**的复审决定不服的，可以自收到通知之日起三个月内向人民法院起诉。

第五章　专利权的期限、终止和无效

第五章　专利权的期限、终止和无效

第四十二条

发明专利权的期限为二十年，实用新型专利权和外观设计

第四十二条

发明专利权的期限为二十年，实用新型专利权的期限为十

2008 年	2020 年
专利权的期限为十年，均自申请日起计算。	年，外观设计专利权的期限为十五年，均自申请日起计算。 自发明专利申请日起满四年，且自实质审查请求之日起满三年后授予发明专利权的，国务院专利行政部门应专利权人的请求，就发明专利在授权过程中的不合理延迟给予专利权期限补偿，但由申请人引起的不合理延迟除外。 为补偿新药上市审评审批占用的时间，对在中国获得上市许可的新药相关发明专利，国务院专利行政部门应专利权人的请求给予专利权期限补偿。补偿期限不超过五年，新药批准上市后总有效专利权期限不超过十四年。
第四十三条 　　专利权人应当自被授予专利权的当年开始缴纳年费。	**第四十三条** 　　专利权人应当自被授予专利权的当年开始缴纳年费。
第四十四条 　　有下列情形之一的，专利权在期限届满前终止： 　　（一）没有按照规定缴纳年费的； 　　（二）专利权人以书面声明放弃其专利权的。	**第四十四条** 　　有下列情形之一的，专利权在期限届满前终止： 　　（一）没有按照规定缴纳年费的； 　　（二）专利权人以书面声明放弃其专利权的。

专利权在期限届满前终止的，由国务院专利行政部门登记和公告。	专利权在期限届满前终止的，由国务院专利行政部门登记和公告。

第四十五条	**第四十五条**
自国务院专利行政部门公告授予专利权之日起，任何单位或者个人认为该专利权的授予不符合本法有关规定的，可以请求专利复审委员会宣告该专利权无效。	自国务院专利行政部门公告授予专利权之日起，任何单位或者个人认为该专利权的授予不符合本法有关规定的，可以请求**国务院专利行政部门**宣告该专利权无效。

第四十六条	**第四十六条**
专利复审委员会对宣告专利权无效的请求应当及时审查和作出决定，并通知请求人和专利权人。宣告专利权无效的决定，由国务院专利行政部门登记和公告。 对专利复审委员会宣告专利权无效或者维持专利权的决定不服的，可以自收到通知之日起三个月内向人民法院起诉。人民法院应当通知无效宣告请求程序的对方当事人作为第三人参加诉讼。	**国务院专利行政部门**对宣告专利权无效的请求应当及时审查和作出决定，并通知请求人和专利权人。宣告专利权无效的决定，由国务院专利行政部门登记和公告。 对**国务院专利行政部门**宣告专利权无效或者维持专利权的决定不服的，可以自收到通知之日起三个月内向人民法院起诉。人民法院应当通知无效宣告请求程序的对方当事人作为第三人参加诉讼。

第四十七条	**第四十七条**
宣告无效的专利权视为自始即不存在。	宣告无效的专利权视为自始即不存在。

宣告专利权无效的决定，对在宣告专利权无效前人民法院作出并已执行的专利侵权的判决、调解书，已经履行或者强制执行的专利侵权纠纷处理决定，以及已经履行的专利实施许可合同和专利权转让合同，不具有追溯力。但是因专利权人的恶意给他人造成的损失，应当给予赔偿。

依照前款规定不返还专利侵权赔偿金、专利使用费、专利权转让费，明显违反公平原则的，应当全部或者部分返还。

第六章　专利实施的强制许可

宣告专利权无效的决定，对在宣告专利权无效前人民法院作出并已执行的专利侵权的判决、调解书，已经履行或者强制执行的专利侵权纠纷处理决定，以及已经履行的专利实施许可合同和专利权转让合同，不具有追溯力。但是因专利权人的恶意给他人造成的损失，应当给予赔偿。

依照前款规定不返还专利侵权赔偿金、专利使用费、专利权转让费，明显违反公平原则的，应当全部或者部分返还。

第六章　专利实施的特别许可

第四十八条 （新增）

国务院专利行政部门、地方人民政府管理专利工作的部门应当会同同级相关部门采取措施，加强专利公共服务，促进专利实施和运用。

第四十九条 （新增）

国有企业事业单位的发明专利，对国家利益或者公共利益具有重大意义的，国务院有关主管部门和省、自治区、直辖市人民

政府报经国务院批准，可以决定
在批准的范围内推广应用，允许
指定的单位实施，由实施单位按
照国家规定向专利权人支付使
用费。

第五十条（新增）

专利权人自愿以书面方式向
国务院专利行政部门声明愿意许
可任何单位或者个人实施其专
利，并明确许可使用费支付方
式、标准的，由国务院专利行政
部门予以公告，实行开放许可。
就实用新型、外观设计专利提出
开放许可声明的，应当提供专利
权评价报告。

专利权人撤回开放许可声明
的，应当以书面方式提出，并由
国务院专利行政部门予以公告。
开放许可声明被公告撤回的，不
影响在先给予的开放许可的效力。

第五十一条（新增）

任何单位或者个人有意愿实
施开放许可的专利的，以书面方
式通知专利权人，并依照公告的
许可使用费支付方式、标准支付
许可使用费后，即获得专利实施
许可。

开放许可实施期间，对专利权人缴纳专利年费相应给予减免。

实行开放许可的专利权人可以与被许可人就许可使用费进行协商后给予普通许可，但不得就该专利给予独占或者排他许可。

第五十二条（新增）

当事人就实施开放许可发生纠纷的，由当事人协商解决；不愿协商或者协商不成的，可以请求国务院专利行政部门进行调解，也可以向人民法院起诉。

第五十三条

有下列情形之一的，国务院专利行政部门根据具备实施条件的单位或者个人的申请，可以给予实施发明专利或者实用新型专利的强制许可：

（一）专利权人自专利权被授予之日起满三年，且自提出专利申请之日起满四年，无正当理由未实施或者未充分实施其专利的；

（二）专利权人行使专利权的行为被依法认定为垄断行为，为消除或者减少该行为对竞争产生的不利影响的。

第四十八条

有下列情形之一的，国务院专利行政部门根据具备实施条件的单位或者个人的申请，可以给予实施发明专利或者实用新型专利的强制许可：

（一）专利权人自专利权被授予之日起满三年，且自提出专利申请之日起满四年，无正当理由未实施或者未充分实施其专利的；

（二）专利权人行使专利权的行为被依法认定为垄断行为，为消除或者减少该行为对竞争产生的不利影响的。

2008 年	2020 年

第四十九条

在国家出现紧急状态或者非常情况时，或者为了公共利益的目的，国务院专利行政部门可以给予实施发明专利或者实用新型专利的强制许可。

第五十条

为了公共健康目的，对取得专利权的药品，国务院专利行政部门可以给予制造并将其出口到符合中华人民共和国参加的有关国际条约规定的国家或者地区的强制许可。

第五十一条

一项取得专利权的发明或者实用新型比前已经取得专利权的发明或者实用新型具有显著经济意义的重大技术进步，其实施又有赖于前一发明或者实用新型的实施的，国务院专利行政部门根据后一专利权人的申请，可以给予实施前一发明或者实用新型的强制许可。

在依照前款规定给予实施强制许可的情形下，国务院专利行政部门根据前一专利权人的申请，也可以给予实施后一发明或

第五十四条

在国家出现紧急状态或者非常情况时，或者为了公共利益的目的，国务院专利行政部门可以给予实施发明专利或者实用新型专利的强制许可。

第五十五条

为了公共健康目的，对取得专利权的药品，国务院专利行政部门可以给予制造并将其出口到符合中华人民共和国参加的有关国际条约规定的国家或者地区的强制许可。

第五十六条

一项取得专利权的发明或者实用新型比前已经取得专利权的发明或者实用新型具有显著经济意义的重大技术进步，其实施又有赖于前一发明或者实用新型的实施的，国务院专利行政部门根据后一专利权人的申请，可以给予实施前一发明或者实用新型的强制许可。

在依照前款规定给予实施强制许可的情形下，国务院专利行政部门根据前一专利权人的申请，也可以给予实施后一发明或

者实用新型的强制许可。	者实用新型的强制许可。

第五十二条	**第五十七条**
强制许可涉及的发明创造为半导体技术的，其实施限于公共利益的目的和本法第四十八条第（二）项规定的情形。	强制许可涉及的发明创造为半导体技术的，其实施限于公共利益的目的和本法第五十三条第（二）项规定的情形。

第五十三条	**第五十八条**
除依照本法第四十八条第（二）项、第五十条规定给予的强制许可外，强制许可的实施应当主要为了供应国内市场。	除依照本法第五十三条第（二）项、第五十五条规定给予的强制许可外，强制许可的实施应当主要为了供应国内市场。

第五十四条	**第五十九条**
依照本法第四十八条第（一）项、第五十一条规定申请强制许可的单位或者个人应当提供证据，证明其以合理的条件请求专利权人许可其实施专利，但未能在合理的时间内获得许可。	依照本法第五十三条第（一）项、第五十六条规定申请强制许可的单位或者个人应当提供证据，证明其以合理的条件请求专利权人许可其实施专利，但未能在合理的时间内获得许可。

第五十五条	**第六十条**
国务院专利行政部门作出的给予实施强制许可的决定，应当及时通知专利权人，并予以登记和公告。 给予实施强制许可的决定，应当根据强制许可的理由规定实	国务院专利行政部门作出的给予实施强制许可的决定，应当及时通知专利权人，并予以登记和公告。 给予实施强制许可的决定，应当根据强制许可的理由规定实

2008 年	2020 年

施的范围和时间。强制许可的理由消除并不再发生时，国务院专利行政部门应当根据专利权人的请求，经审查后作出终止实施强制许可的决定。

第五十六条

取得实施强制许可的单位或者个人不享有独占的实施权，并且无权允许他人实施。

第五十七条

取得实施强制许可的单位或者个人应当付给专利权人合理的使用费，或者依照中华人民共和国参加的有关国际条约的规定处理使用费问题。付给使用费的，其数额由双方协商；双方不能达成协议的，由国务院专利行政部门裁决。

第五十八条

专利权人对国务院专利行政部门关于实施强制许可的决定不服的，专利权人和取得实施强制许可的单位或者个人对国务院专利行政部门关于实施强制许可的使用费的裁决不服的，可以自收到通知之日起三个月内向人民法院起诉。

施的范围和时间。强制许可的理由消除并不再发生时，国务院专利行政部门应当根据专利权人的请求，经审查后作出终止实施强制许可的决定。

第六十一条

取得实施强制许可的单位或者个人不享有独占的实施权，并且无权允许他人实施。

第六十二条

取得实施强制许可的单位或者个人应当付给专利权人合理的使用费，或者依照中华人民共和国参加的有关国际条约的规定处理使用费问题。付给使用费的，其数额由双方协商；双方不能达成协议的，由国务院专利行政部门裁决。

第六十三条

专利权人对国务院专利行政部门关于实施强制许可的决定不服的，专利权人和取得实施强制许可的单位或者个人对国务院专利行政部门关于实施强制许可的使用费的裁决不服的，可以自收到通知之日起三个月内向人民法院起诉。

| 第七章　专利权的保护 | 第七章　专利权的保护 |

第五十九条

发明或者实用新型专利权的保护范围以其权利要求的内容为准，说明书及附图可以用于解释权利要求的内容。

外观设计专利权的保护范围以表示在图片或者照片中的该产品的外观设计为准，简要说明可以用于解释图片或者照片所表示的该产品的外观设计。

第六十条

未经专利权人许可，实施其专利，即侵犯其专利权，引起纠纷的，由当事人协商解决；不愿协商或者协商不成的，专利权人或者利害关系人可以向人民法院起诉，也可以请求管理专利工作的部门处理。管理专利工作的部门处理时，认定侵权行为成立的，可以责令侵权人立即停止侵权行为，当事人不服的，可以自收到处理通知之日起十五日内依照《中华人民共和国行政诉讼法》向人民法院起诉；侵权人期满不起诉又不停止侵权行为的，管理专利工作的部门可以申请人

第六十四条

发明或者实用新型专利权的保护范围以其权利要求的内容为准，说明书及附图可以用于解释权利要求的内容。

外观设计专利权的保护范围以表示在图片或者照片中的该产品的外观设计为准，简要说明可以用于解释图片或者照片所表示的该产品的外观设计。

第六十五条

未经专利权人许可，实施其专利，即侵犯其专利权，引起纠纷的，由当事人协商解决；不愿协商或者协商不成的，专利权人或者利害关系人可以向人民法院起诉，也可以请求管理专利工作的部门处理。管理专利工作的部门处理时，认定侵权行为成立的，可以责令侵权人立即停止侵权行为，当事人不服的，可以自收到处理通知之日起十五日内依照《中华人民共和国行政诉讼法》向人民法院起诉；侵权人期满不起诉又不停止侵权行为的，管理专利工作的部门可以申请人

民法院强制执行。进行处理的管理专利工作的部门应当事人的请求，可以就侵犯专利权的赔偿数额进行调解；调解不成的，当事人可以依照《中华人民共和国民事诉讼法》向人民法院起诉。

民法院强制执行。进行处理的管理专利工作的部门应当事人的请求，可以就侵犯专利权的赔偿数额进行调解；调解不成的，当事人可以依照《中华人民共和国民事诉讼法》向人民法院起诉。

第六十一条

专利侵权纠纷涉及新产品制造方法的发明专利的，制造同样产品的单位或者个人应当提供其产品制造方法不同于专利方法的证明。

专利侵权纠纷涉及实用新型专利或者外观设计专利的，人民法院或者管理专利工作的部门可以要求专利权人或者利害关系人出具由国务院专利行政部门对相关实用新型或者外观设计进行检索、分析和评价后作出的专利权评价报告，作为审理、处理专利侵权纠纷的证据。

第六十六条

专利侵权纠纷涉及新产品制造方法的发明专利的，制造同样产品的单位或者个人应当提供其产品制造方法不同于专利方法的证明。

专利侵权纠纷涉及实用新型专利或者外观设计专利的，人民法院或者管理专利工作的部门可以要求专利权人或者利害关系人出具由国务院专利行政部门对相关实用新型或者外观设计进行检索、分析和评价后作出的专利权评价报告，作为审理、处理专利侵权纠纷的证据；**专利权人、利害关系人或者被控侵权人也可以主动出具专利权评价报告。**

第六十二条

在专利侵权纠纷中，被控侵权人有证据证明其实施的技术或者设计属于现有技术或者现有设计的，不构成侵犯专利权。

第六十七条

在专利侵权纠纷中，被控侵权人有证据证明其实施的技术或者设计属于现有技术或者现有设计的，不构成侵犯专利权。

第六十三条

假冒专利的，除依法承担民事责任外，由管理专利工作的部门责令改正并予公告，没收违法所得，可以并处违法所得四倍以下的罚款；没有违法所得的，可以处二十万元以下的罚款；构成犯罪的，依法追究刑事责任。

第六十四条

管理专利工作的部门根据已经取得的证据，对涉嫌假冒专利行为进行查处时，可以询问有关当事人，调查与涉嫌违法行为有关的情况；对当事人涉嫌违法行为的场所实施现场检查；查阅、复制与涉嫌违法行为有关的合同、发票、账簿以及其他有关资料；检查与涉嫌违法行为有关的产品，对有证据证明是假冒专利的产品，可以查封或者扣押。

管理专利工作的部门依法行使前款规定的职权时，当事人应当予以协助、配合，不得拒绝、阻挠。

第六十八条

假冒专利的，除依法承担民事责任外，由**负责专利执法**的部门责令改正并予公告，没收违法所得，可以处违法所得**五倍以下**的罚款；没有违法所得**或者违法所得在五万元以下的**，可以处二十五万元以下的罚款；构成犯罪的，依法追究刑事责任。

第六十九条

负责专利执法的部门根据已经取得的证据，对涉嫌假冒专利行为进行查处时，**有权采取下列措施：**

（一）询问有关当事人，调查与涉嫌违法行为有关的情况；

（二）对当事人涉嫌违法行为的场所实施现场检查；

（三）查阅、复制与涉嫌违法行为有关的合同、发票、账簿以及其他有关资料；

（四）检查与涉嫌违法行为有关的产品；

（五）对有证据证明是假冒专利的产品，可以查封或者扣押。

管理专利工作的部门应专利权人或者利害关系人的请求处理专利侵权纠纷时，可以采取前款第（一）项、第（二）项、第（四）项所列措施。

负责专利执法的部门、管理专利工作的部门依法行使前**两款**规定的职权时，当事人应当予以协助、配合，不得拒绝、阻挠。

第七十条（新增）

国务院专利行政部门可以应专利权人或者利害关系人的请求处理在全国有重大影响的专利侵权纠纷。

地方人民政府管理专利工作的部门应专利权人或者利害关系人请求处理专利侵权纠纷，对在本行政区域内侵犯其同一专利权的案件可以合并处理；对跨区域侵犯其同一专利权的案件可以请求上级地方人民政府管理专利工作的部门处理。

<table>
<tr><td>

第六十五条

侵犯专利权的赔偿数额按照权利人因被侵权所受到的实际损失确定；实际损失难以确定的，可以按照侵权人因侵权所获得的利益确定。权利人的损失或者侵权人获得的利益难以确定的，参照该专利许可使用费的倍数合理

</td><td>

第七十一条

侵犯专利权的赔偿数额按照权利人因被侵权所受到的实际损**失或者侵权人因侵权所获得的利益确定**；权利人的损失或者侵权人获得的利益难以确定的，参照该专利许可使用费的倍数合理确定。**对故意侵犯专利权，情节严**

</td></tr>
</table>

确定。赔偿数额还应当包括权利人为制止侵权行为所支付的合理开支。

权利人的损失、侵权人获得的利益和专利许可使用费均难以确定的，人民法院可以根据专利权的类型、侵权行为的性质和情节等因素，确定给予一万元以上一百万元以下的赔偿。

重的，**可以在按照上述方法确定数额的一倍以上五倍以下确定赔偿数额。**

权利人的损失、侵权人获得的利益和专利许可使用费均难以确定的，人民法院可以根据专利权的类型、侵权行为的性质和情节等因素，确定给予**三万元以上五百万元**以下的赔偿。

赔偿数额还应当包括权利人为制止侵权行为所支付的合理开支。

人民法院为确定赔偿数额，在权利人已经尽力举证，而与侵权行为相关的账簿、资料主要由侵权人掌握的情况下，可以责令侵权人提供与侵权行为相关的账簿、资料；侵权人不提供或者提供虚假的账簿、资料的，人民法院可以参考权利人的主张和提供的证据判定赔偿数额。

第六十六条

专利权人或者利害关系人有证据证明他人正在实施或者即将实施侵犯专利权的行为，如不及时制止将会使其合法权益受到难以弥补的损害的，可以在起诉前向人民法院申请采取责令停止有

第七十二条

专利权人或者利害关系人有证据证明他人正在实施或者即将实施侵犯专利权、**妨碍其实现权利的行为，**如不及时制止将会使其合法权益受到难以弥补的损害的，可以在起诉前依法向人民法

关行为的措施。

　　申请人提出申请时，应当提供担保；不提供担保的，驳回申请。

　　人民法院应当自接受申请之时起四十八小时内作出裁定；有特殊情况需要延长的，可以延长四十八小时。裁定责令停止有关行为的，应当立即执行。当事人对裁定不服的，可以申请复议一次；复议期间不停止裁定的执行。

　　申请人自人民法院采取责令停止有关行为的措施之日起十五日内不起诉的，人民法院应当解除该措施。

　　申请有错误的，申请人应当赔偿被申请人因停止有关行为所遭受的损失。

院申请采取**财产保全、责令作出一定行为或者禁止作出一定行为**的措施。

第六十七条

　　为了制止专利侵权行为，在证据可能灭失或者以后难以取得的情况下，专利权人或者利害关系人可以在起诉前向人民法院申请保全证据。

　　人民法院采取保全措施，可以责令申请人提供担保；申请人不提供担保的，驳回申请。

　　人民法院应当自接受申请之

第七十三条

　　为了制止专利侵权行为，在证据可能灭失或者以后难以取得的情况下，专利权人或者利害关系人可以在起诉前**依法**向人民法院申请保全证据。

2008 年	2020 年
时起四十八小时内作出裁定；裁定采取保全措施的，应当立即执行。 　　申请人自人民法院采取保全措施之日起十五日内不起诉的，人民法院应当解除该措施。	

第六十八条

　　侵犯专利权的诉讼时效为二年，自专利权人或者利害关系人得知或者应当得知侵权行为之日起计算。

　　发明专利申请公布后至专利权授予前使用该发明未支付适当使用费的，专利权人要求支付使用费的诉讼时效为二年，自专利权人得知或者应当得知他人使用其发明之日起计算，但是，专利权人于专利权授予之日前即已得知或者应当得知的，自专利权授予之日起计算。

第七十四条

　　侵犯专利权的诉讼时效为三年，自专利权人或者利害关系人**知道或者应当知道**侵权行为**以及侵权人**之日起计算。

　　发明专利申请公布后至专利权授予前使用该发明未支付适当使用费的，专利权人要求支付使用费的诉讼时效为三年，自专利权人**知道或者应当知道**他人使用其发明之日起计算，但是，专利权人于专利权授予之日前即已**知道或者应当知道**的，自专利权授予之日起计算。

第六十九条

　　有下列情形之一的，不视为侵犯专利权：

　　（一）专利产品或者依照专利方法直接获得的产品，由专利权人或者经其许可的单位、个人售出后，使用、许诺销售、销售、

第七十五条

　　有下列情形之一的，不视为侵犯专利权：

　　（一）专利产品或者依照专利方法直接获得的产品，由专利权人或者经其许可的单位、个人售出后，使用、许诺销售、销售、

进口该产品的；

（二）在专利申请日前已经制造相同产品、使用相同方法或者已经作好制造、使用的必要准备，并且仅在原有范围内继续制造、使用的；

（三）临时通过中国领陆、领水、领空的外国运输工具，依照其所属国同中国签订的协议或者共同参加的国际条约，或者依照互惠原则，为运输工具自身需要而在其装置和设备中使用有关专利的；

（四）专为科学研究和实验而使用有关专利的；

（五）为提供行政审批所需要的信息，制造、使用、进口专利药品或者专利医疗器械的，以及专门为其制造、进口专利药品或者专利医疗器械的。

进口该产品的；

（二）在专利申请日前已经制造相同产品、使用相同方法或者已经作好制造、使用的必要准备，并且仅在原有范围内继续制造、使用的；

（三）临时通过中国领陆、领水、领空的外国运输工具，依照其所属国同中国签订的协议或者共同参加的国际条约，或者依照互惠原则，为运输工具自身需要而在其装置和设备中使用有关专利的；

（四）专为科学研究和实验而使用有关专利的；

（五）为提供行政审批所需要的信息，制造、使用、进口专利药品或者专利医疗器械的，以及专门为其制造、进口专利药品或者专利医疗器械的。

第七十六条（新增）

药品上市审评审批过程中，药品上市许可申请人与有关专利权人或者利害关系人，因申请注册的药品相关的专利权产生纠纷的，相关当事人可以向人民法院起诉，请求就申请注册的药品相关技术方案是否落入他人药品专

	利权保护范围作出判决。国务院药品监督管理部门在规定的期限内，可以根据人民法院生效裁判作出是否暂停批准相关药品上市的决定。
	药品上市许可申请人与有关专利权人或者利害关系人也可以就申请注册的药品相关的专利权纠纷，向国务院专利行政部门请求行政裁决。
	国务院药品监督管理部门会同国务院专利行政部门制定药品上市许可审批与药品上市许可申请阶段专利权纠纷解决的具体衔接办法，报国务院同意后实施。

第七十条

为生产经营目的使用、许诺销售或者销售不知道是未经专利权人许可而制造并售出的专利侵权产品，能证明该产品合法来源的，不承担赔偿责任。

第七十七条

为生产经营目的使用、许诺销售或者销售不知道是未经专利权人许可而制造并售出的专利侵权产品，能证明该产品合法来源的，不承担赔偿责任。

第七十一条

违反本法第二十条规定向外国申请专利，泄露国家秘密的，由所在单位或者上级主管机关给予行政处分；构成犯罪的，依法追究刑事责任。

第七十八条

违反本法第十九条规定向外国申请专利，泄露国家秘密的，由所在单位或者上级主管机关给予行政处分；构成犯罪的，依法追究刑事责任。

2008 年	2020 年

第七十二条

侵夺发明人或者设计人的非职务发明创造专利申请权和本法规定的其他权益的，由所在单位或者上级主管机关给予行政处分。

（删除）

第七十三条

管理专利工作的部门不得参与向社会推荐专利产品等经营活动。

管理专利工作的部门违反前款规定的，由其上级机关或者监察机关责令改正，消除影响，有违法收入的予以没收；情节严重的，对直接负责的主管人员和其他直接责任人员依法给予行政处分。

第七十九条

管理专利工作的部门不得参与向社会推荐专利产品等经营活动。

管理专利工作的部门违反前款规定的，由其上级机关或者监察机关责令改正，消除影响，有违法收入的予以没收；情节严重的，对直接负责的主管人员和其他直接责任人员依法给予处分。

第七十四条

从事专利管理工作的国家机关工作人员以及其他有关国家机关工作人员玩忽职守、滥用职权、徇私舞弊，构成犯罪的，依法追究刑事责任；尚不构成犯罪的，依法给予行政处分。

第八十条

从事专利管理工作的国家机关工作人员以及其他有关国家机关工作人员玩忽职守、滥用职权、徇私舞弊，构成犯罪的，依法追究刑事责任；尚不构成犯罪的，依法给予处分。

第八章　附　则

第八章　附　则

第七十五条

向国务院专利行政部门申请专利和办理其他手续，应当按照规定缴纳费用。

第八十一条

向国务院专利行政部门申请专利和办理其他手续，应当按照规定缴纳费用。

2008 年	2020 年
第七十六条 本法自 1985 年 4 月 1 日起施行。	**第八十二条** 本法自 1985 年 4 月 1 日起施行。

《中华人民共和国专利法实施细则》
修改前后条文对照表

2010 年	2023 年
第一章　总　则	**第一章　总　则**
第一条	**第一条**
根据《中华人民共和国专利法》（以下简称专利法），制定本细则。	根据《中华人民共和国专利法》（以下简称专利法），制定本细则。
第二条	**第二条**
专利法和本细则规定的各种手续，应当以书面形式或者国务院专利行政部门规定的其他形式办理。	专利法和本细则规定的各种手续，应当以书面形式或者国务院专利行政部门规定的其他形式办理。**以电子数据交换等方式能够有形地表现所载内容，并可以随时调取查用的数据电文（以下统称电子形式），视为书面形式。**
第三条	**第三条**
依照专利法和本细则规定提	依照专利法和本细则规定提

交的各种文件应当使用中文；国家有统一规定的科技术语的，应当采用规范词；外国人名、地名和科技术语没有统一中文译文的，应当注明原文。

依照专利法和本细则规定提交的各种证件和证明文件是外文的，国务院专利行政部门认为必要时，可以要求当事人在指定期限内附送中文译文；期满未附送的，视为未提交该证件和证明文件。

第四条

向国务院专利行政部门邮寄的各种文件，以寄出的邮戳日为递交日；邮戳日不清晰的，除当事人能够提出证明外，以国务院专利行政部门收到日为递交日。

国务院专利行政部门的各种文件，可以通过邮寄、直接送交或者其他方式送达当事人。当事人委托专利代理机构的，文件送交专利代理机构；未委托专利代理机构的，文件送交请求书中指明的联系人。

国务院专利行政部门邮寄的各种文件，自文件发出之日起满15日，推定为当事人收到文件

交的各种文件应当使用中文；国家有统一规定的科技术语的，应当采用规范词；外国人名、地名和科技术语没有统一中文译文的，应当注明原文。

依照专利法和本细则规定提交的各种证件和证明文件是外文的，国务院专利行政部门认为必要时，可以要求当事人在指定期限内附送中文译文；期满未附送的，视为未提交该证件和证明文件。

第四条

向国务院专利行政部门邮寄的各种文件，以寄出的邮戳日为递交日；邮戳日不清晰的，除当事人能够提出证明外，以国务院专利行政部门收到日为递交日。

以电子形式向国务院专利行政部门提交各种文件的，以进入国务院专利行政部门指定的特定电子系统的日期为递交日。

国务院专利行政部门的各种文件，可以通过**电子形式**、邮寄、直接送交或者其他方式送达当事人。当事人委托专利代理机构的，文件送交专利代理机构；未委托专利代理机构的，文件送

2010 年	2023 年
之日。	交请求书中指明的联系人。
根据国务院专利行政部门规定应当直接送交的文件，以交付日为送达日。	国务院专利行政部门邮寄的各种文件，自文件发出之日起满 15 日，推定为当事人收到文件之日。**当事人提供证据能够证明实际收到文件的日期的，以实际收到日为准。**
文件送交地址不清，无法邮寄的，可以通过公告的方式送达当事人。自公告之日起满 1 个月，该文件视为已经送达。	根据国务院专利行政部门规定应当直接送交的文件，以交付日为送达日。
	文件送交地址不清，无法邮寄的，可以通过公告的方式送达当事人。自公告之日起满 1 个月，该文件视为已经送达。
	国务院专利行政部门以电子形式送达的各种文件，以进入当事人认可的电子系统的日期为送达日。
第五条	第五条
专利法和本细则规定的各种期限的第一日不计算在期限内。期限以年或者月计算的，以其最后一月的相应日为期限届满日；该月无相应日的，以该月最后一日为期限届满日；期限届满日是法定休假日的，以休假日后的第一个工作日为期限届满日。	专利法和本细则规定的各种期限**开始的当日**不计算在期限内，**自下一日开始计算**。期限以年或者月计算的，以其最后一月的相应日为期限届满日；该月无相应日的，以该月最后一日为期限届满日；期限届满日是法定休假日的，以休假日后的第一个工作日为期限届满日。

第六条

当事人因不可抗拒的事由而延误专利法或者本细则规定的期限或者国务院专利行政部门指定的期限，导致其权利丧失的，自障碍消除之日起 2 个月内，最迟自期限届满之日起 2 年内，可以向国务院专利行政部门请求恢复权利。

除前款规定的情形外，当事人因其他正当理由延误专利法或者本细则规定的期限或者国务院专利行政部门指定的期限，导致其权利丧失的，可以自收到国务院专利行政部门的通知之日起 2 个月内向国务院专利行政部门请求恢复权利。

当事人依照本条第一款或者第二款的规定请求恢复权利的，应当提交恢复权利请求书，说明理由，必要时附具有关证明文件，并办理权利丧失前应当办理的相应手续；依照本条第二款的规定请求恢复权利的，还应当缴纳恢复权利请求费。

当事人请求延长国务院专利行政部门指定的期限的，应当在期限届满前，向国务院专利行政部门说明理由并办理有关手续。

第六条

当事人因不可抗拒的事由而延误专利法或者本细则规定的期限或者国务院专利行政部门指定的期限，导致其权利丧失的，自障碍消除之日起 2 个月内**且**自期限届满之日起 2 年内，可以向国务院专利行政部门请求恢复权利。

除前款规定的情形外，当事人因其他正当理由延误专利法或者本细则规定的期限或者国务院专利行政部门指定的期限，导致其权利丧失的，可以自收到国务院专利行政部门的通知之日起 2 个月内向国务院专利行政部门请求恢复权利；**但是，延误复审请求期限的，可以自复审请求期限届满之日起 2 个月内向国务院专利行政部门请求恢复权利**。

当事人依照本条第一款或者第二款的规定请求恢复权利的，应当提交恢复权利请求书，说明理由，必要时附具有关证明文件，并办理权利丧失前应当办理的相应手续；依照本条第二款的规定请求恢复权利的，还应当缴纳恢复权利请求费。

当事人请求延长国务院专利行政部门指定的期限的，应当在

2010 年	2023 年
本条第一款和第二款的规定不适用专利法第二十四条、第二十九条、第四十二条、第六十八条规定的期限。	期限届满前，向国务院专利行政部门**提交延长期限请求书**，说明理由，并办理有关手续。 本条第一款和第二款的规定不适用专利法第二十四条、第二十九条、第四十二条、第**七十四**条规定的期限。
第七条 专利申请涉及国防利益需要保密的，由国防专利机构受理并进行审查；国务院专利行政部门受理的专利申请涉及国防利益需要保密的，应当及时移交国防专利机构进行审查。经国防专利机构审查没有发现驳回理由的，由国务院专利行政部门作出授予国防专利权的决定。 国务院专利行政部门认为其受理的发明或者实用新型专利申请涉及国防利益以外的国家安全或者重大利益需要保密的，应当及时作出按照保密专利申请处理的决定，并通知申请人。保密专利申请的审查、复审以及保密专利权无效宣告的特殊程序，由国务院专利行政部门规定。	**第七条** 专利申请涉及国防利益需要保密的，由国防专利机构受理并进行审查；国务院专利行政部门受理的专利申请涉及国防利益需要保密的，应当及时移交国防专利机构进行审查。经国防专利机构审查没有发现驳回理由的，由国务院专利行政部门作出授予国防专利权的决定。 国务院专利行政部门认为其受理的发明或者实用新型专利申请涉及国防利益以外的国家安全或者重大利益需要保密的，应当及时作出按照保密专利申请处理的决定，并通知申请人。保密专利申请的审查、复审以及保密专利权无效宣告的特殊程序，由国务院专利行政部门规定。

第八条

专利法第二十条所称在中国完成的发明或者实用新型，是指技术方案的实质性内容在中国境内完成的发明或者实用新型。

任何单位或者个人将在中国完成的发明或者实用新型向外国申请专利的，应当按照下列方式之一请求国务院专利行政部门进行保密审查：

（一）直接向外国申请专利或者向有关国外机构提交专利国际申请的，应当事先向国务院专利行政部门提出请求，并详细说明其技术方案；

（二）向国务院专利行政部门申请专利后拟向外国申请专利或者向有关国外机构提交专利国际申请的，应当在向外国申请专利或者向有关国外机构提交专利国际申请前向国务院专利行政部门提出请求。

向国务院专利行政部门提交专利国际申请的，视为同时提出了保密审查请求。

第八条

专利法第十九条所称在中国完成的发明或者实用新型，是指技术方案的实质性内容在中国境内完成的发明或者实用新型。

任何单位或者个人将在中国完成的发明或者实用新型向外国申请专利的，应当按照下列方式之一请求国务院专利行政部门进行保密审查：

（一）直接向外国申请专利或者向有关国外机构提交专利国际申请的，应当事先向国务院专利行政部门提出请求，并详细说明其技术方案；

（二）向国务院专利行政部门申请专利后拟向外国申请专利或者向有关国外机构提交专利国际申请的，应当在向外国申请专利或者向有关国外机构提交专利国际申请前向国务院专利行政部门提出请求。

向国务院专利行政部门提交专利国际申请的，视为同时提出了保密审查请求。

第九条

国务院专利行政部门收到依照本细则第八条规定递交的请求后，经过审查认为该发明或者实用新型可能涉及国家安全或者重大利益需要保密的，应当及时向申请人发出保密审查通知；申请人未在其请求递交日起 4 个月内收到保密审查通知的，可以就该发明或者实用新型向外国申请专利或者向有关国外机构提交专利国际申请。

国务院专利行政部门依照前款规定通知进行保密审查的，应当及时作出是否需要保密的决定，并通知申请人。申请人未在其请求递交日起 6 个月内收到需要保密的决定的，可以就该发明或者实用新型向外国申请专利或者向有关国外机构提交专利国际申请。

第十条

专利法第五条所称违反法律的发明创造，不包括仅其实施为法律所禁止的发明创造。

第九条

国务院专利行政部门收到依照本细则第八条规定递交的请求后，经过审查认为该发明或者实用新型可能涉及国家安全或者重大利益需要保密的，应当**在请求递交日起 2 个月内**向申请人发出保密审查通知；**情况复杂的，可以延长 2 个月。**

国务院专利行政部门依照前款规定通知进行保密审查的，应当**在请求递交日起 4 个月内作出**是否需要保密的决定，并通知申请人；**情况复杂的，可以延长 2 个月。**

第十条

专利法第五条所称违反法律的发明创造，不包括仅其实施为法律所禁止的发明创造。

第十一条 （新增）
申请专利应当遵循诚实信用

原则。提出各类专利申请应当以真实发明创造活动为基础，不得弄虚作假。

第十一条

除专利法第二十八条和第四十二条规定的情形外，专利法所称申请日，有优先权的，指优先权日。

本细则所称申请日，除另有规定的外，是指专利法第二十八条规定的申请日。

第十二条

专利法第六条所称执行本单位的任务所完成的职务发明创造，是指：

（一）在本职工作中作出的发明创造；

（二）履行本单位交付的本职工作之外的任务所作出的发明创造；

（三）退休、调离原单位后或者劳动、人事关系终止后 1 年内作出的，与其在原单位承担的本职工作或者原单位分配的任务有关的发明创造。

专利法第六条所称本单位，包括临时工作单位；专利法第六

第十二条

除专利法第二十八条和第四十二条规定的情形外，专利法所称申请日，有优先权的，指优先权日。

本细则所称申请日，除另有规定的外，是指专利法第二十八条规定的申请日。

第十三条

专利法第六条所称执行本单位的任务所完成的职务发明创造，是指：

（一）在本职工作中作出的发明创造；

（二）履行本单位交付的本职工作之外的任务所作出的发明创造；

（三）退休、调离原单位后或者劳动、人事关系终止后 1 年内作出的，与其在原单位承担的本职工作或者原单位分配的任务有关的发明创造。

专利法第六条所称本单位，包括临时工作单位；专利法第六

2010 年	2023 年
条所称本单位的物质技术条件，是指本单位的资金、设备、零部件、原材料或者不对外公开的技术资料等。	条所称本单位的物质技术条件，是指本单位的资金、设备、零部件、原材料或者不对外公开的技术**信息和**资料等。

第十三条	第十四条
专利法所称发明人或者设计人，是指对发明创造的实质性特点作出创造性贡献的人。在完成发明创造过程中，只负责组织工作的人、为物质技术条件的利用提供方便的人或者从事其他辅助工作的人，不是发明人或者设计人。	专利法所称发明人或者设计人，是指对发明创造的实质性特点作出创造性贡献的人。在完成发明创造过程中，只负责组织工作的人、为物质技术条件的利用提供方便的人或者从事其他辅助工作的人，不是发明人或者设计人。

第十四条	第十五条
除依照专利法第十条规定转让专利权外，专利权因其他事由发生转移的，当事人应当凭有关证明文件或者法律文书向国务院专利行政部门办理专利权转移手续。 专利权人与他人订立的专利实施许可合同，应当自合同生效之日起 3 个月内向国务院专利行政部门备案。 以专利权出质的，由出质人和质权人共同向国务院专利行政部门办理出质登记。	除依照专利法第十条规定转让专利权外，专利权因其他事由发生转移的，当事人应当凭有关证明文件或者法律文书向国务院专利行政部门办理专利权转移手续。 专利权人与他人订立的专利实施许可合同，应当自合同生效之日起 3 个月内向国务院专利行政部门备案。 以专利权出质的，由出质人和质权人共同向国务院专利行政部门办理出质登记。

第十六条（新增）

专利工作应当贯彻党和国家知识产权战略部署，提升我国专利创造、运用、保护、管理和服务水平，支持全面创新，促进创新型国家建设。

国务院专利行政部门应当提升专利信息公共服务能力，完整、准确、及时发布专利信息，提供专利基础数据，促进专利相关数据资源的开放共享、互联互通。

第二章　专利的申请

第十五条

以书面形式申请专利的，应当向国务院专利行政部门提交申请文件一式两份。

以国务院专利行政部门规定的其他形式申请专利的，应当符合规定的要求。

申请人委托专利代理机构向国务院专利行政部门申请专利和办理其他专利事务的，应当同时提交委托书，写明委托权限。

申请人有 2 人以上且未委托专利代理机构的，除请求书中另有声明的外，以请求书中指明的

第二章　专利的申请

第十七条

申请专利的，应当向国务院专利行政部门提交申请文件。**申请文件**应当符合规定的要求。

申请人委托专利代理机构向国务院专利行政部门申请专利和办理其他专利事务的，应当同时提交委托书，写明委托权限。

申请人有 2 人以上且未委托专利代理机构的，除请求书中另有声明的外，以请求书中指明的第一申请人为代表人。

第一申请人为代表人。

　　第十八条（新增）

　　依照专利法第十八条第一款的规定委托专利代理机构在中国申请专利和办理其他专利事务的，涉及下列事务，申请人或者专利权人可以自行办理：

　　（一）申请要求优先权的，提交第一次提出的专利申请（以下简称在先申请）文件副本；

　　（二）缴纳费用；

　　（三）国务院专利行政部门规定的其他事务。

　　第十六条

　　发明、实用新型或者外观设计专利申请的请求书应当写明下列事项：

　　（一）发明、实用新型或者外观设计的名称；

　　（二）申请人是中国单位或者个人的，其名称或者姓名、地址、邮政编码、组织机构代码或者居民身份证件号码；申请人是外国人、外国企业或者外国其他组织的，其姓名或者名称、国籍或者注册的国家或者地区；

　　（三）发明人或者设计人的

　　第十九条

　　发明、实用新型或者外观设计专利申请的请求书应当写明下列事项：

　　（一）发明、实用新型或者外观设计的名称；

　　（二）申请人是中国单位或者个人的，其名称或者姓名、地址、邮政编码、**统一社会信用代码或者身份证件号码**；申请人是外国人、外国企业或者外国其他组织的，其姓名或者名称、国籍或者注册的国家或者地区；

　　（三）发明人或者设计人的

姓名;

（四）申请人委托专利代理机构的，受托机构的名称、机构代码以及该机构指定的专利代理人的姓名、**执业证**号码、联系电话;

（五）要求优先权的，申请人第一次提出专利申请（以下简称在先申请）的申请日、申请号以及原受理机构的名称;

（六）申请人或者专利代理机构的签字或者盖章;

（七）申请文件清单;

（八）附加文件清单;

（九）其他需要写明的有关事项。

第十七条

发明或者实用新型专利申请的说明书应当写明发明或者实用新型的名称，该名称应当与请求书中的名称一致。说明书应当包括下列内容:

（一）技术领域:写明要求保护的技术方案所属的技术领域;

（二）背景技术:写明对发明或者实用新型的理解、检索、审查有用的背景技术;有可能的，并引证反映这些背景技术的文件;

姓名;

（四）申请人委托专利代理机构的，受托机构的名称、机构代码以及该机构指定的**专利代理师**的姓名、**专利代理师资格证**号码、联系电话;

（五）要求优先权的，在先申请的申请日、申请号以及原受理机构的名称;

（六）申请人或者专利代理机构的签字或者盖章;

（七）申请文件清单;

（八）附加文件清单;

（九）其他需要写明的有关事项。

第二十条

发明或者实用新型专利申请的说明书应当写明发明或者实用新型的名称，该名称应当与请求书中的名称一致。说明书应当包括下列内容:

（一）技术领域:写明要求保护的技术方案所属的技术领域;

（二）背景技术:写明对发明或者实用新型的理解、检索、审查有用的背景技术;有可能的，并引证反映这些背景技术的文件;

（三）发明内容：写明发明或者实用新型所要解决的技术问题以及解决其技术问题采用的技术方案，并对照现有技术写明发明或者实用新型的有益效果；

（四）附图说明：说明书有附图的，对各幅附图作简略说明；

（五）具体实施方式：详细写明申请人认为实现发明或者实用新型的优选方式；必要时，举例说明；有附图的，对照附图。

发明或者实用新型专利申请人应当按照前款规定的方式和顺序撰写说明书，并在说明书每一部分前面写明标题，除非其发明或者实用新型的性质用其他方式或者顺序撰写能节约说明书的篇幅并使他人能够准确理解其发明或者实用新型。

发明或者实用新型说明书应当用词规范、语句清楚，并不得使用"如权利要求……所述的……"一类的引用语，也不得使用商业性宣传用语。

发明专利申请包含一个或者多个核苷酸或者氨基酸序列的，说明书应当包括符合国务院专利行政部门规定的序列表。申请人应当将该序列表作为说明书的一

（三）发明内容：写明发明或者实用新型所要解决的技术问题以及解决其技术问题采用的技术方案，并对照现有技术写明发明或者实用新型的有益效果；

（四）附图说明：说明书有附图的，对各幅附图作简略说明；

（五）具体实施方式：详细写明申请人认为实现发明或者实用新型的优选方式；必要时，举例说明；有附图的，对照附图。

发明或者实用新型专利申请人应当按照前款规定的方式和顺序撰写说明书，并在说明书每一部分前面写明标题，除非其发明或者实用新型的性质用其他方式或者顺序撰写能节约说明书的篇幅并使他人能够准确理解其发明或者实用新型。

发明或者实用新型说明书应当用词规范、语句清楚，并不得使用"如权利要求……所述的……"一类的引用语，也不得使用商业性宣传用语。

发明专利申请包含一个或者多个核苷酸或者氨基酸序列的，说明书应当包括符合国务院专利行政部门规定的序列表。

实用新型专利申请说明书应

2010 年	2023 年
个单独部分提交,并按照国务院专利行政部门的规定提交该序列表的计算机可读形式的副本。	当有表示要求保护的产品的形状、构造或者其结合的附图。
实用新型专利申请说明书应当有表示要求保护的产品的形状、构造或者其结合的附图。	

第十八条   **第二十一条**

发明或者实用新型的几幅附图应当按照"图1,图2,……"顺序编号排列。	发明或者实用新型的几幅附图应当按照"图1,图2,……"顺序编号排列。
发明或者实用新型说明书文字部分中未提及的附图标记不得在附图中出现,附图中未出现的附图标记不得在说明书文字部分中提及。申请文件中表示同一组成部分的附图标记应当一致。	发明或者实用新型说明书文字部分中未提及的附图标记不得在附图中出现,附图中未出现的附图标记不得在说明书文字部分中提及。申请文件中表示同一组成部分的附图标记应当一致。
附图中除必需的词语外,不应当含有其他注释。	附图中除必需的词语外,不应当含有其他注释。

第十九条   **第二十二条**

权利要求书应当记载发明或者实用新型的技术特征。	权利要求书应当记载发明或者实用新型的技术特征。
权利要求书有几项权利要求的,应当用阿拉伯数字顺序编号。	权利要求书有几项权利要求的,应当用阿拉伯数字顺序编号。
权利要求书中使用的科技术语应当与说明书中使用的科技术语一致,可以有化学式或者数学式,但是不得有插图。除绝对必	权利要求书中使用的科技术语应当与说明书中使用的科技术语一致,可以有化学式或者数学式,但是不得有插图。除绝对必

要的外，不得使用"如说明书……部分所述"或者"如图……所示"的用语。

权利要求中的技术特征可以引用说明书附图中相应的标记，该标记应当放在相应的技术特征后并置于括号内，便于理解权利要求。附图标记不得解释为对权利要求的限制。

第二十条

权利要求书应当有独立权利要求，也可以有从属权利要求。

独立权利要求应当从整体上反映发明或者实用新型的技术方案，记载解决技术问题的必要技术特征。

从属权利要求应当用附加的技术特征，对引用的权利要求作进一步限定。

第二十一条

发明或者实用新型的独立权利要求应当包括前序部分和特征部分，按照下列规定撰写：

（一）前序部分：写明要求保护的发明或者实用新型技术方案的主题名称和发明或者实用新型主题与最接近的现有技术共有

要的外，不得使用"如说明书……部分所述"或者"如图……所示"的用语。

权利要求中的技术特征可以引用说明书附图中相应的标记，该标记应当放在相应的技术特征后并置于括号内，便于理解权利要求。附图标记不得解释为对权利要求的限制。

第二十三条

权利要求书应当有独立权利要求，也可以有从属权利要求。

独立权利要求应当从整体上反映发明或者实用新型的技术方案，记载解决技术问题的必要技术特征。

从属权利要求应当用附加的技术特征，对引用的权利要求作进一步限定。

第二十四条

发明或者实用新型的独立权利要求应当包括前序部分和特征部分，按照下列规定撰写：

（一）前序部分：写明要求保护的发明或者实用新型技术方案的主题名称和发明或者实用新型主题与最接近的现有技术共有

的必要技术特征；

（二）特征部分：使用"其特征是……"或者类似的用语，写明发明或者实用新型区别于最接近的现有技术的技术特征。这些特征和前序部分写明的特征合在一起，限定发明或者实用新型要求保护的范围。

发明或者实用新型的性质不适于用前款方式表达的，独立权利要求可以用其他方式撰写。

一项发明或者实用新型应当只有一个独立权利要求，并写在同一发明或者实用新型的从属权利要求之前。

第二十二条

发明或者实用新型的从属权利要求应当包括引用部分和限定部分，按照下列规定撰写：

（一）引用部分：写明引用的权利要求的编号及其主题名称；

（二）限定部分：写明发明或者实用新型附加的技术特征。

从属权利要求只能引用在前的权利要求。引用两项以上权利要求的多项从属权利要求，只能以择一方式引用在前的权利要求，并不得作为另一项多项从属

的必要技术特征；

（二）特征部分：使用"其特征是……"或者类似的用语，写明发明或者实用新型区别于最接近的现有技术的技术特征。这些特征和前序部分写明的特征合在一起，限定发明或者实用新型要求保护的范围。

发明或者实用新型的性质不适于用前款方式表达的，独立权利要求可以用其他方式撰写。

一项发明或者实用新型应当只有一个独立权利要求，并写在同一发明或者实用新型的从属权利要求之前。

第二十五条

发明或者实用新型的从属权利要求应当包括引用部分和限定部分，按照下列规定撰写：

（一）引用部分：写明引用的权利要求的编号及其主题名称；

（二）限定部分：写明发明或者实用新型附加的技术特征。

从属权利要求只能引用在前的权利要求。引用两项以上权利要求的多项从属权利要求，只能以择一方式引用在前的权利要求，并不得作为另一项多项从属

权利要求的基础。　　　　　权利要求的基础。

第二十三条　　　　　　**第二十六条**

说明书摘要应当写明发明或者实用新型专利申请所公开内容的概要，即写明发明或者实用新型的名称和所属技术领域，并清楚地反映所要解决的技术问题、解决该问题的技术方案的要点以及主要用途。

说明书摘要可以包含最能说明发明的化学式；有附图的专利申请，还应当提供一幅最能说明该发明或者实用新型技术特征的附图。附图的大小及清晰度应当保证在该图缩小到 4 厘米 ×6 厘米时，仍能清晰地分辨出图中的各个细节。摘要文字部分不得超过 300 个字。摘要中不得使用商业性宣传用语。

说明书摘要应当写明发明或者实用新型专利申请所公开内容的概要，即写明发明或者实用新型的名称和所属技术领域，并清楚地反映所要解决的技术问题、解决该问题的技术方案的要点以及主要用途。

说明书摘要可以包含最能说明发明的化学式；有附图的专利申请，还应当**在请求书中指定**一幅最能说明该发明或者实用新型技术特征的**说明书附图作为摘要附图**。摘要中不得使用商业性宣传用语。

第二十四条　　　　　　**第二十七条**

申请专利的发明涉及新的生物材料，该生物材料公众不能得到，并且对该生物材料的说明不足以使所属领域的技术人员实施其发明的，除应当符合专利法和本细则的有关规定外，申请人还应当办理下列手续：

申请专利的发明涉及新的生物材料，该生物材料公众不能得到，并且对该生物材料的说明不足以使所属领域的技术人员实施其发明的，除应当符合专利法和本细则的有关规定外，申请人还应当办理下列手续：

（一）在申请日前或者最迟在申请日（有优先权的，指优先权日），将该生物材料的样品提交国务院专利行政部门认可的保藏单位保藏，并在申请时或者最迟自申请日起 4 个月内提交保藏单位出具的保藏证明和存活证明；期满未提交证明的，该样品视为未提交保藏；

（二）在申请文件中，提供有关该生物材料特征的资料；

（三）涉及生物材料样品保藏的专利申请应当在请求书和说明书中写明该生物材料的分类命名（注明拉丁文名称）、保藏该生物材料样品的单位名称、地址、保藏日期和保藏编号；申请时未写明的，应当自申请日起 4 个月内补正；期满未补正的，视为未提交保藏。

第二十五条

发明专利申请人依照本细则第二十四条的规定保藏生物材料样品的，在发明专利申请公布后，任何单位或者个人需要将该专利申请所涉及的生物材料作为实验目的使用的，应当向国务院专利行政部门提出请求，并写明

（一）在申请日前或者最迟在申请日（有优先权的，指优先权日），将该生物材料的样品提交国务院专利行政部门认可的保藏单位保藏，并在申请时或者最迟自申请日起 4 个月内提交保藏单位出具的保藏证明和存活证明；期满未提交证明的，该样品视为未提交保藏；

（二）在申请文件中，提供有关该生物材料特征的资料；

（三）涉及生物材料样品保藏的专利申请应当在请求书和说明书中写明该生物材料的分类命名（注明拉丁文名称）、保藏该生物材料样品的单位名称、地址、保藏日期和保藏编号；申请时未写明的，应当自申请日起 4 个月内补正；期满未补正的，视为未提交保藏。

第二十八条

发明专利申请人依照本细则第二十七条的规定保藏生物材料样品的，在发明专利申请公布后，任何单位或者个人需要将该专利申请所涉及的生物材料作为实验目的使用的，应当向国务院专利行政部门提出请求，并写明

下列事项：

（一）请求人的姓名或者名称和地址；

（二）不向其他任何人提供该生物材料的保证；

（三）在授予专利权前，只作为实验目的使用的保证。

第二十六条

专利法所称遗传资源，是指取自人体、动物、植物或者微生物等含有遗传功能单位并具有实际或者潜在价值的材料；专利法所称依赖遗传资源完成的发明创造，是指利用了遗传资源的遗传功能完成的发明创造。

就依赖遗传资源完成的发明创造申请专利的，申请人应当在请求书中予以说明，并填写国务院专利行政部门制定的表格。

第二十七条

申请人请求保护色彩的，应当提交彩色图片或者照片。

申请人应当就每件外观设计产品所需要保护的内容提交有关图片或者照片。

下列事项：

（一）请求人的姓名或者名称和地址；

（二）不向其他任何人提供该生物材料的保证；

（三）在授予专利权前，只作为实验目的使用的保证。

第二十九条

专利法所称遗传资源，是指取自人体、动物、植物或者微生物等含有遗传功能单位并具有实际或者潜在价值的材料**和利用此类材料产生的遗传信息**；专利法所称依赖遗传资源完成的发明创造，是指利用了遗传资源的遗传功能完成的发明创造。

就依赖遗传资源完成的发明创造申请专利的，申请人应当在请求书中予以说明，并填写国务院专利行政部门制定的表格。

第三十条

申请人应当就每件外观设计产品所需要保护的内容提交有关图片或者照片。

申请局部外观设计专利的，应当提交整体产品的视图，并用虚线与实线相结合或者其他方式

表明所需要保护部分的内容。

申请人请求保护色彩的，应当提交彩色图片或者照片。

第二十八条

外观设计的简要说明应当写明外观设计产品的名称、用途，外观设计的设计要点，并指定一幅最能表明设计要点的图片或者照片。省略视图或者请求呆护色彩的，应当在简要说明中写明。

对同一产品的多项相似外观设计提出一件外观设计专利申请的，应当在简要说明中指定其中一项作为基本设计。

简要说明不得使用商业性宣传用语，也不能用来说明产品的性能。

第三十一条

外观设计的简要说明应当写明外观设计产品的名称、用途，外观设计的设计要点，并指定一幅最能表明设计要点的图片或者照片。省略视图或者请求保护色彩的，应当在简要说明中写明。

对同一产品的多项相似外观设计提出一件外观设计专利申请的，应当在简要说明中指定其中一项作为基本设计。

申请局部外观设计专利的，应当在简要说明中写明请求保护的部分，已在整体产品的视图中用虚线与实线相结合方式表明的除外。

简要说明不得使用商业性宣传用语，也不**得**说明产品的性能。

第二十九条

国务院专利行政部门认为必要时，可以要求外观设计专利申请人提交使用外观设计的产品样品或者模型。样品或者模型的体积不得超过 30 厘米 ×30 厘米 ×

第三十二条

国务院专利行政部门认为必要时，可以要求外观设计专利申请人提交使用外观设计的产品样品或者模型。样品或者模型的体积不得超过 30 厘米 ×30 厘米 ×

30 厘米，重量不得超过 15 公斤。易腐、易损或者危险品不得作为样品或者模型提交。

第三十条

专利法第二十四条第（一）项所称中国政府承认的国际展览会，是指国际展览会公约规定的在国际展览局注册或者由其认可的国际展览会。

专利法第二十四条第（二）项所称学术会议或者技术会议，是指国务院有关主管部门或者全国性学术团体组织召开的学术会议或者技术会议。

申请专利的发明创造有专利法第二十四条第（一）项或者第（二）项所列情形的，申请人应当在提出专利申请时声明，并自申请日起 2 个月内提交有关国际展览会或者学术会议、技术会议的组织单位出具的有关发明创造已经展出或者发表，以及展出或者发表日期的证明文件。

申请专利的发明创造有专利法第二十四条第（三）项所列情形的，国务院专利行政部门认为必要时，可以要求申请人在指定期限内提交证明文件。

---

30 厘米，重量不得超过 15 公斤。易腐、易损或者危险品不得作为样品或者模型提交。

第三十三条

专利法第二十四条第（二）项所称中国政府承认的国际展览会，是指国际展览会公约规定的在国际展览局注册或者由其认可的国际展览会。

专利法第二十四条第（三）项所称学术会议或者技术会议，是指国务院有关主管部门或者全国性学术团体组织召开的学术会议或者技术会议，**以及国务院有关主管部门认可的由国际组织召开的学术会议或者技术会议**。

申请专利的发明创造有专利法第二十四条第（二）项或者第（三）项所列情形的，申请人应当在提出专利申请时声明，并自申请日起 2 个月内提交有关发明创造已经展出或者发表，以及展出或者发表日期的证明文件。

申请专利的发明创造有专利法第二十四条第（一）**项或者第（四）**项所列情形的，国务院专利行政部门认为必要时，可以要求申请人在指定期限内提交

申请人未依照本条第三款的
规定提出声明和提交证明文件
的，或者未依照本条第四款的规
定在指定期限内提交证明文件
的，其申请不适用专利法第二十
四条的规定。

证明文件。

申请人未依照本条第三款的
规定提出声明和提交证明文件
的，或者未依照本条第四款的规
定在指定期限内提交证明文件
的，其申请不适用专利法第二十
四条的规定。

第三十一条

申请人依照专利法第三十条
的规定要求外国优先权的，申请
人提交的在先申请文件副本应当
经原受理机构证明。依照国务院
专利行政部门与该受理机构签订
的协议，国务院专利行政部门通
过电子交换等途径获得在先申请
文件副本的，视为申请人提交了
经该受理机构证明的在先申请文
件副本。要求本国优先权，申请
人在请求书中写明在先申请的申
请日和申请号的，视为提交了在
先申请文件副本。

要求优先权，但请求书中漏
写或者错写在先申请的申请日、
申请号和原受理机构名称中的一
项或者两项内容的，国务院专利
行政部门应当通知申请人在指定
期限内补正；期满未补正的，视
为未要求优先权。

第三十四条

申请人依照专利法第三十条
的规定要求外国优先权的，申请
人提交的在先申请文件副本应当
经原受理机构证明。依照国务院
专利行政部门与该受理机构签订
的协议，国务院专利行政部门通
过电子交换等途径获得在先申请
文件副本的，视为申请人提交了
经该受理机构证明的在先申请文
件副本。要求本国优先权，申请
人在请求书中写明在先申请的申
请日和申请号的，视为提交了在
先申请文件副本。

要求优先权，但请求书中漏
写或者错写在先申请的申请日、
申请号和原受理机构名称中的一
项或者两项内容的，国务院专利
行政部门应当通知申请人在指定
期限内补正；期满未补正的，视
为未要求优先权。

2010 年	2023 年

要求优先权的申请人的姓名或者名称与在先申请文件副本中记载的申请人姓名或者名称不一致的，应当提交优先权转让证明材料，未提交该证明材料的，视为未要求优先权。

外观设计专利申请的申请人要求外国优先权，其在先申请未包括对外观设计的简要说明，申请人按照本细则第二十八条规定提交的简要说明未超出在先申请文件的图片或者照片表示的范围的，不影响其享有优先权。

第三十二条

申请人在一件专利申请中，可以要求一项或者多项优先权；要求多项优先权的，该申请的优先权期限从最早的优先权日起计算。

申请人要求本国优先权，在先申请是发明专利申请的，可以就相同主题提出发明或者实用新型专利申请；在先申请是实用新型专利申请的，可以就相同主题提出实用新型或者发明专利申请。但是，提出后一申请时，在先申请的主题有下列情形之一的，不得作为要求本国优先权的基础：

要求优先权的申请人的姓名或者名称与在先申请文件副本中记载的申请人姓名或者名称不一致的，应当提交优先权转让证明材料，未提交该证明材料的，视为未要求优先权。

外观设计专利申请人要求外国优先权，其在先申请未包括对外观设计的简要说明，申请人按照本细则第三十一条规定提交的简要说明未超出在先申请文件的图片或者照片表示的范围的，不影响其享有优先权。

第三十五条

申请人在一件专利申请中，可以要求一项或者多项优先权；要求多项优先权的，该申请的优先权期限从最早的优先权日起计算。

发明或者实用新型专利申请人要求本国优先权，在先申请是发明专利申请的，可以就相同主题提出发明或者实用新型专利申请；在先申请是实用新型专利申请的，可以就相同主题提出实用新型或者发明专利申请。**外观设计专利申请人要求本国优先权，在先申请是发明或者实用新型专**

· 373 ·

（一）已经要求外国优先权或者本国优先权的；

（二）已经被授予专利权的；

（三）属于按照规定提出的分案申请的。

申请人要求本国优先权的，其在先申请自后一申请提出之日起即视为撤回。

利申请的，可以就附图显示的设计提出相同主题的外观设计专利申请；在先申请是外观设计专利申请的，可以就相同主题提出外观设计专利申请。但是，提出后一申请时，在先申请的主题有下列情形之一的，不得作为要求本国优先权的基础：

（一）已经要求外国优先权或者本国优先权的；

（二）已经被授予专利权的；

（三）属于按照规定提出的分案申请的。

申请人要求本国优先权的，其在先申请自后一申请提出之日起即视为撤回，**但外观设计专利申请人要求以发明或者实用新型专利申请作为本国优先权基础的除外**。

第三十六条（新增）

申请人超出专利法第二十九条规定的期限，向国务院专利行政部门就相同主题提出发明或者实用新型专利申请，有正当理由的，可以在期限届满之日起 **2** 个月内请求恢复优先权。

第三十七条（新增）

发明或者实用新型专利申请人要求了优先权的，可以自优先权日起 16 个月内或者自申请日起 4 个月内，请求在请求书中增加或者改正优先权要求。

第三十三条

在中国没有经常居所或者营业所的申请人，申请专利或者要求外国优先权的，国务院专利行政部门认为必要时，可以要求其提供下列文件：

（一）申请人是个人的，其国籍证明；

（二）申请人是企业或者其他组织的，其注册的国家或者地区的证明文件；

（三）申请人的所属国，承认中国单位和个人可以按照该国国民的同等条件，在该国享有专利权、优先权和其他与专利有关的权利的证明文件。

第三十四条

依照专利法第三十一条第一款规定，可以作为一件专利申请提出的属于一个总的发明构思的两项以上的发明或者实用新型，

第三十八条

在中国没有经常居所或者营业所的申请人，申请专利或者要求外国优先权的，国务院专利行政部门认为必要时，可以要求其提供下列文件：

（一）申请人是个人的，其国籍证明；

（二）申请人是企业或者其他组织的，其注册的国家或者地区的证明文件；

（三）申请人的所属国，承认中国单位和个人可以按照该国国民的同等条件，在该国享有专利权、优先权和其他与专利有关的权利的证明文件。

第三十九条

依照专利法第三十一条第一款规定，可以作为一件专利申请提出的属于一个总的发明构思的两项以上的发明或者实用新型，

应当在技术上相互关联，包含一个或者多个相同或者相应的特定技术特征，其中特定技术特征是指每一项发明或者实用新型作为整体，对现有技术作出贡献的技术特征。

第三十五条

依照专利法第三十一条第二款规定，将同一产品的多项相似外观设计作为一件申请提出的，对该产品的其他设计应当与简要说明中指定的基本设计相似。一件外观设计专利申请中的相似外观设计不得超过 10 项。

专利法第三十一条第二款所称同一类别并且成套出售或者使用的产品的两项以上外观设计，是指各产品属于分类表中同一大类，习惯上同时出售或者同时使用，而且各产品的外观设计具有相同的设计构思。

将两项以上外观设计作为一件申请提出的，应当将各项外观设计的顺序编号标注在每件外观设计产品各幅图片或者照片的名称之前。

应当在技术上相互关联，包含一个或者多个相同或者相应的特定技术特征，其中特定技术特征是指每一项发明或者实用新型作为整体，对现有技术作出贡献的技术特征。

第四十条

依照专利法第三十一条第二款规定，将同一产品的多项相似外观设计作为一件申请提出的，对该产品的其他设计应当与简要说明中指定的基本设计相似。一件外观设计专利申请中的相似外观设计不得超过 10 项。

专利法第三十一条第二款所称同一类别并且成套出售或者使用的产品的两项以上外观设计，是指各产品属于分类表中同一大类，习惯上同时出售或者同时使用，而且各产品的外观设计具有相同的设计构思。

将两项以上外观设计作为一件申请提出的，应当将各项外观设计的顺序编号标注在每件外观设计产品各幅图片或者照片的名称之前。

第三十六条

申请人撤回专利申请的，应当向国务院专利行政部门提出声明，写明发明创造的名称、申请号和申请日。

撤回专利申请的声明在国务院专利行政部门作好公布专利申请文件的印刷准备工作后提出的，申请文件仍予公布；但是，撤回专利申请的声明应当在以后出版的专利公报上予以公告。

第三章　专利申请的
审查和批准

第三十七条

在初步审查、实质审查、复审和无效宣告程序中，实施审查和审理的人员有下列情形之一的，应当自行回避，当事人或者其他利害关系人可以要求其回避：

（一）是当事人或者其代理人的近亲属的；

（二）与专利申请或者专利权有利害关系的；

（三）与当事人或者其代理人有其他关系，可能影响公正审查和审理的；

（四）专利复审委员会成员

第四十一条

申请人撤回专利申请的，应当向国务院专利行政部门提出声明，写明发明创造的名称、申请号和申请日。

撤回专利申请的声明在国务院专利行政部门做好公布专利申请文件的印刷准备工作后提出的，申请文件仍予公布；但是，撤回专利申请的声明应当在以后出版的专利公报上予以公告。

第三章　专利申请的
审查和批准

第四十二条

在初步审查、实质审查、复审和无效宣告程序中，实施审查和审理的人员有下列情形之一的，应当自行回避，当事人或者其他利害关系人可以要求其回避：

（一）是当事人或者其代理人的近亲属的；

（二）与专利申请或者专利权有利害关系的；

（三）与当事人或者其代理人有其他关系，可能影响公正审查和审理的；

（四）**复审或者无效宣告程**

2010 年	2023 年
曾参与原申请的审查的。	序中，曾参与原申请的审查的。

第三十八条

国务院专利行政部门收到发明或者实用新型专利申请的请求书、说明书（实用新型必须包括附图）和权利要求书，或者外观设计专利申请的请求书、外观设计的图片或者照片和简要说明后，应当明确申请日、给予申请号，并通知申请人。

第四十三条

国务院专利行政部门收到发明或者实用新型专利申请的请求书、说明书（实用新型必须包括附图）和权利要求书，或者外观设计专利申请的请求书、外观设计的图片或者照片和简要说明后，应当明确申请日、给予申请号，并通知申请人。

第三十九条

专利申请文件有下列情形之一的，国务院专利行政部门不予受理，并通知申请人：

（一）发明或者实用新型专利申请缺少请求书、说明书（实用新型无附图）或者权利要求书的，或者外观设计专利申请缺少请求书、图片或者照片、简要说明的；

（二）未使用中文的；

（三）不符合本细则第一百二十一条第一款规定的；

（四）请求书中缺少申请人姓名或者名称，或者缺少地址的；

（五）明显不符合专利法第十八条或者第十九条第一款的规

第四十四条

专利申请文件有下列情形之一的，国务院专利行政部门不予受理，并通知申请人：

（一）发明或者实用新型专利申请缺少请求书、说明书（实用新型无附图）或者权利要求书的，或者外观设计专利申请缺少请求书、图片或者照片、简要说明的；

（二）未使用中文的；

（三）**申请文件的格式**不符合规定的；

（四）请求书中缺少申请人姓名或者名称，或者缺少地址的；

（五）明显不符合专利法第十七条或者第十八条第一款的规

2010 年	2023 年
定的;	定的;
（六）专利申请类别（发明、实用新型或者外观设计）不明确或者难以确定的。	（六）专利申请类别（发明、实用新型或者外观设计）不明确或者难以确定的。

2023 年

第四十五条（新增）
发明或者实用新型专利申请缺少或者错误提交权利要求书、说明书或者权利要求书、说明书的部分内容，但申请人在递交日要求了优先权的，可以自递交日起 2 个月内或者在国务院专利行政部门指定的期限内以援引在先申请文件的方式补交。补交的文件符合有关规定的，以首次提交文件的递交日为申请日。

2010 年

第四十条
说明书中写有对附图的说明但无附图或者缺少部分附图的，申请人应当在国务院专利行政部门指定的期限内补交附图或者声明取消对附图的说明。申请人补交附图的，以向国务院专利行政部门提交或者邮寄附图之日为申请日；取消对附图的说明的，保留原申请日。

2023 年

第四十六条
说明书中写有对附图的说明但无附图或者缺少部分附图的，申请人应当在国务院专利行政部门指定的期限内补交附图或者声明取消对附图的说明。申请人补交附图的，以向国务院专利行政部门提交或者邮寄附图之日为申请日；取消对附图的说明的，保留原申请日。

第四十一条

两个以上的申请人同日（指申请日；有优先权的，指优先权日）分别就同样的发明创造申请专利的，应当在收到国务院专利行政部门的通知后自行协商确定申请人。

同一申请人在同日（指申请日）对同样的发明创造既申请实用新型专利又申请发明专利的，应当在申请时分别说明对同样的发明创造已申请了另一专利；未作说明的，依照专利法第九条第一款关于同样的发明创造只能授予一项专利权的规定处理。

国务院专利行政部门公告授予实用新型专利权，应当公告申请人已依照本条第二款的规定同时申请了发明专利的说明。

发明专利申请经审查没有发现驳回理由，国务院专利行政部门应当通知申请人在规定期限内声明放弃实用新型专利权。申请人声明放弃的，国务院专利行政部门应当作出授予发明专利权的决定，并在公告授予发明专利权时一并公告申请人放弃实用新型专利权声明。申请人不同意放弃的，国务院专利行政部门应当驳

第四十七条

两个以上的申请人同日（指申请日；有优先权的，指优先权日）分别就同样的发明创造申请专利的，应当在收到国务院专利行政部门的通知后自行协商确定申请人。

同一申请人在同日（指申请日）对同样的发明创造既申请实用新型专利又申请发明专利的，应当在申请时分别说明对同样的发明创造已申请了另一专利；未作说明的，依照专利法第九条第一款关于同样的发明创造只能授予一项专利权的规定处理。

国务院专利行政部门公告授予实用新型专利权，应当公告申请人已依照本条第二款的规定同时申请了发明专利的说明。

发明专利申请经审查没有发现驳回理由，国务院专利行政部门应当通知申请人在规定期限内声明放弃实用新型专利权。申请人声明放弃的，国务院专利行政部门应当作出授予发明专利权的决定，并在公告授予发明专利权时一并公告申请人放弃实用新型专利权声明。申请人不同意放弃的，国务院专利行政部门应当驳

回该发明专利申请；申请人期满未答复的，视为撤回该发明专利申请。	回该发明专利申请；申请人期满未答复的，视为撤回该发明专利申请。
实用新型专利权自公告授予发明专利权之日起终止。	实用新型专利权自公告授予发明专利权之日起终止。
第四十二条	**第四十八条**
一件专利申请包括两项以上发明、实用新型或者外观设计的，申请人可以在本细则第**五十四**条第一款规定的期限届满前，向国务院专利行政部门提出分案申请；但是，专利申请已经被驳回、撤回或者视为撤回的，不能提出分案申请。	一件专利申请包括两项以上发明、实用新型或者外观设计的，申请人可以在本细则第**六十**条第一款规定的期限届满前，向国务院专利行政部门提出分案申请；但是，专利申请已经被驳回、撤回或者视为撤回的，不能提出分案申请。
国务院专利行政部门认为一件专利申请不符合专利法第三十一条和本细则第三十四条或者第三十五条的规定的，应当通知申请人在指定期限内对其申请进行修改；申请人期满未答复的，该申请视为撤回。	国务院专利行政部门认为一件专利申请不符合专利法第三十一条和本细则第**三十九**条或者第**四十**条的规定的，应当通知申请人在指定期限内对其申请进行修改；申请人期满未答复的，该申请视为撤回。
分案的申请不得改变原申请的类别。	分案的申请不得改变原申请的类别。
第四十三条	**第四十九条**
依照本细则第四十二条规定提出的分案申请，可以保留原申请日，享有优先权的，可以保留	依照本细则第四十八条规定提出的分案申请，可以保留原申请日，享有优先权的，可以保留

优先权日，但是不得超出原申请
记载的范围。

分案申请应当依照专利法及
本细则的规定办理有关手续。

分案申请的请求书中应当写
明原申请的申请号和申请日。提
交分案申请时，申请人应当提交
原申请文件副本；原申请享有优
先权的，并应当提交原申请的优
先权文件副本。

第四十四条

专利法第三十四条和第四十
条所称初步审查，是指审查专利
申请是否具备专利法第二十六条
或者第二十七条规定的文件和其
他必要的文件，这些文件是否符
合规定的格式，并审查下列各项：

（一）发明专利申请是否明
显属于专利法第五条、第二十五
条规定的情形，是否不符合专利
法第十八条、第十九条第一款、
第二十条第一款或者本细则第十
六条、第二十六条第二款的规
定，是否明显不符合专利法第二
条第二款、第二十六条第五款、
第三十一条第一款、第三十三条
或者本细则第十七条至第二十一
条的规定；

优先权日，但是不得超出原申请
记载的范围。

分案申请应当依照专利法及
本细则的规定办理有关手续。

分案申请的请求书中应当写
明原申请的申请号和申请日。

第五十条

专利法第三十四条和第四十
条所称初步审查，是指审查专利
申请是否具备专利法第二十六条
或者第二十七条规定的文件和其
他必要的文件，这些文件是否符
合规定的格式，并审查下列各项：

（一）发明专利申请是否明
显属于专利法第五条、第二十五
条规定的情形，是否不符合专利
法第**十七条**、第**十八条第一款**、
第**十九条第一款**或者本细则**第十
一条**、第**十九条**、第**二十九条第
二款**的规定，是否明显不符合专
利法第二条第二款、第二十六条
第五款、第三十一条第一款、第
三十三条或者本细则第**二十条至
第二十四条**的规定；

2010 年	2023 年

（二）实用新型专利申请是否明显属于专利法第五条、第二十五条规定的情形，是否不符合专利法第十八条、第十九条第一款、第二十条第一款或者本细则第十六条至第十九条、第二十一条至第二十三条的规定，是否明显不符合专利法第二条第三款、第二十二条第二款、第四款、第二十六条第三款、第四款、第三十一条第一款、第三十三条或者本细则第二十条、第四十三条第一款的规定，是否依照专利法第九条规定不能取得专利权；

（三）外观设计专利申请是否明显属于专利法第五条、第二十五条第一款第（六）项规定的情形，是否不符合专利法第十八条、第十九条第一款或者本细则第十六条、第二十七条、第二十八条的规定，是否明显不符合专利法第二条第四款、第二十三条第一款、第二十七条第二款、第三十一条第二款、第三十三条或者本细则第四十三条第一款的规定，是否依照专利法第九条规定不能取得专利权；

（四）申请文件是否符合本细则第二条、第三条第一款的

（二）实用新型专利申请是否明显属于专利法第五条、第二十五条规定的情形，是否不符合专利法**第十七条**、第十八条第一款、**第十九条**第一款或者本细则**第十一条**、**第十九条至第二十二条**、**第二十四条至第二十六条**的规定，是否明显不符合专利法第二条第三款、第二十二条、第二十六条第三款、**第二十六条**第四款、第三十一条第一款、第三十三条或者本细则**第二十三条**、**第四十九条**第一款的规定，是否依照专利法第九条规定不能取得专利权；

（三）外观设计专利申请是否明显属于专利法第五条、第二十五条第一款第（六）项规定的情形，是否不符合专利法第十**七条**、第十八条第一款或者本细则**第十一条**、第十九条、**第三十条**、**第三十一条**的规定，是否明显不符合专利法第二条第四款、第二十三条第一款、**第二十三条第二款**、第二十七条第二款、第三十一条第二款、第三十三条或者本细则**第四十九条**第一款的规定，是否依照专利法第九条规定不能取得专利权；

2010 年	2023 年

规定。

国务院专利行政部门应当将审查意见通知申请人，要求其在指定期限内陈述意见或者补正；申请人期满未答复的，其申请视为撤回。申请人陈述意见或者补正后，国务院专利行政部门仍然认为不符合前款所列各项规定的，应当予以驳回。

第四十五条

除专利申请文件外，申请人向国务院专利行政部门提交的与专利申请有关的其他文件有下列情形之一的，视为未提交：

（一）未使用规定的格式或者填写不符合规定的；

（二）未按照规定提交证明材料的。

国务院专利行政部门应当将视为未提交的审查意见通知申请人。

第四十六条

申请人请求早日公布其发明专利申请的，应当向国务院专利行政部门声明。国务院专利行政

（四）申请文件是否符合本细则第二条、第三条第一款的规定。

国务院专利行政部门应当将审查意见通知申请人，要求其在指定期限内陈述意见或者补正；申请人期满未答复的，其申请视为撤回。申请人陈述意见或者补正后，国务院专利行政部门仍然认为不符合前款所列各项规定的，应当予以驳回。

第五十一条

除专利申请文件外，申请人向国务院专利行政部门提交的与专利申请有关的其他文件有下列情形之一的，视为未提交：

（一）未使用规定的格式或者填写不符合规定的；

（二）未按照规定提交证明材料的。

国务院专利行政部门应当将视为未提交的审查意见通知申请人。

第五十二条

申请人请求早日公布其发明专利申请的，应当向国务院专利行政部门声明。国务院专利行政

2010 年	2023 年
部门对该申请进行初步审查后，除予以驳回的外，应当立即将申请予以公布。	部门对该申请进行初步审查后，除予以驳回的外，应当立即将申请予以公布。

第四十七条	**第五十三条**
申请人写明使用外观设计的产品及其所属类别的，应当使用国务院专利行政部门公布的外观设计产品分类表。未写明使用外观设计的产品所属类别或者所写的类别不确切的，国务院专利行政部门可以予以补充或者修改。	申请人写明使用外观设计的产品及其所属类别的，应当使用国务院专利行政部门公布的外观设计产品分类表。未写明使用外观设计的产品所属类别或者所写的类别不确切的，国务院专利行政部门可以予以补充或者修改。
第四十八条	**第五十四条**
自发明专利申请公布之日起至公告授予专利权之日止，任何人均可以对不符合专利法规定的专利申请向国务院专利行政部门提出意见，并说明理由。	自发明专利申请公布之日起至公告授予专利权之日止，任何人均可以对不符合专利法规定的专利申请向国务院专利行政部门提出意见，并说明理由。
第四十九条	**第五十五条**
发明专利申请人因有正当理由无法提交专利法第三十六条规定的检索资料或者审查结果资料的，应当向国务院专利行政部门声明，并在得到有关资料后补交。	发明专利申请人因有正当理由无法提交专利法第三十六条规定的检索资料或者审查结果资料的，应当向国务院专利行政部门声明，并在得到有关资料后补交。

2010 年	2023 年
第五十条	**第五十六条**
国务院专利行政部门依照专利法第三十五条第二款的规定对专利申请自行进行审查时，应当通知申请人。	国务院专利行政部门依照专利法第三十五条第二款的规定对专利申请自行进行审查时，应当通知申请人。
	申请人可以对专利申请提出延迟审查请求。
第五十一条	**第五十七条**
发明专利申请人在提出实质审查请求时以及在收到国务院专利行政部门发出的发明专利申请进入实质审查阶段通知书之日起的 3 个月内，可以对发明专利申请主动提出修改。	发明专利申请人在提出实质审查请求时以及在收到国务院专利行政部门发出的发明专利申请进入实质审查阶段通知书之日起的 3 个月内，可以对发明专利申请主动提出修改。
实用新型或者外观设计专利申请人自申请日起 2 个月内，可以对实用新型或者外观设计专利申请主动提出修改。	实用新型或者外观设计专利申请人自申请日起 2 个月内，可以对实用新型或者外观设计专利申请主动提出修改。
申请人在收到国务院专利行政部门发出的审查意见通知书后对专利申请文件进行修改的，应当针对通知书指出的缺陷进行修改。	申请人在收到国务院专利行政部门发出的审查意见通知书后对专利申请文件进行修改的，应当针对通知书指出的缺陷进行修改。
国务院专利行政部门可以自行修改专利申请文件中文字和符号的明显错误。国务院专利行政部门自行修改的，应当通知申请人。	国务院专利行政部门可以自行修改专利申请文件中文字和符号的明显错误。国务院专利行政部门自行修改的，应当通知申请人。

第五十二条	**第五十八条**
发明或者实用新型专利申请的说明书或者权利要求书的修改部分，除个别文字修改或者增删外，应当按照规定格式提交替换页。外观设计专利申请的图片或者照片的修改，应当按照规定提交替换页。	发明或者实用新型专利申请的说明书或者权利要求书的修改部分，除个别文字修改或者增删外，应当按照规定格式提交替换页。外观设计专利申请的图片或者照片的修改，应当按照规定提交替换页。
第五十三条	**第五十九条**
依照专利法第三十八条的规定，发明专利申请经实质审查应当予以驳回的情形是指：	依照专利法第三十八条的规定，发明专利申请经实质审查应当予以驳回的情形是指：
（一）申请属于专利法第五条、第二十五条规定的情形，或者依照专利法第九条规定不能取得专利权的；	（一）申请属于专利法第五条、第二十五条规定的情形，或者依照专利法第九条规定不能取得专利权的；
（二）申请不符合专利法第二条第二款、第二十条第一款、第二十二条、第二十六条第三款、第四款、第五款、第三十一条第一款或者本细则第二十条第二款规定的；	（二）申请不符合专利法第二条第二款、**第十九条**第一款、第二十二条、第二十六条第三款、**第二十六条**第四款、**第二十六条**第五款、第三十一条第一款或者本细则**第十一条**、第二十三条第二款规定的；
（三）申请的修改不符合专利法第三十三条规定，或者分案的申请不符合本细则第四十三条第一款的规定的。	（三）申请的修改不符合专利法第三十三条规定，或者分案的申请不符合本细则**第四十九条**第一款的规定的。

第五十四条

国务院专利行政部门发出授予专利权的通知后，申请人应当自收到通知之日起 2 个月内办理登记手续。申请人按期办理登记手续的，国务院专利行政部门应当授予专利权，颁发专利证书，并予以公告。

期满未办理登记手续的，视为放弃取得专利权的权利。

第五十五条

保密专利申请经审查没有发现驳回理由的，国务院专利行政部门应当作出授予保密专利权的决定，颁发保密专利证书，登记保密专利权的有关事项。

第五十六条

授予实用新型或者外观设计专利权的决定公告后，专利法第六十条规定的专利权人或者利害关系人可以请求国务院专利行政部门作出专利权评价报告。

请求作出专利权评价报告的，应当提交专利权评价报告请求书，写明专利号。每项请求应当限于一项专利权。

专利权评价报告请求书不符

第六十条

国务院专利行政部门发出授予专利权的通知后，申请人应当自收到通知之日起 2 个月内办理登记手续。申请人按期办理登记手续的，国务院专利行政部门应当授予专利权，颁发专利证书，并予以公告。

期满未办理登记手续的，视为放弃取得专利权的权利。

第六十一条

保密专利申请经审查没有发现驳回理由的，国务院专利行政部门应当作出授予保密专利权的决定，颁发保密专利证书，登记保密专利权的有关事项。

第六十二条

授予实用新型或者外观设计专利权的决定公告后，专利法第**六十六条**规定的专利权人、利害关系人、**被控侵权人**可以请求国务院专利行政部门作出专利权评价报告。**申请人可以在办理专利权登记手续时请求国务院专利行政部门作出专利权评价报告。**

请求作出专利权评价报告的，应当提交专利权评价报告请合规定的，国务院专利行政部门应当通知请求人在指定期限内补正；请求人期满未补正的，视为未提出请求。

求书，写明**专利申请号或者**专利号。每项请求应当限于一项**专利申请或者**专利权。

专利权评价报告请求书不符合规定的，国务院专利行政部门应当通知请求人在指定期限内补正；请求人期满未补正的，视为未提出请求。

第五十七条

国务院专利行政部门应当自收到专利权评价报告请求书后 2 个月内作出专利权评价报告。对同一项实用新型或者外观设计专利权，有多个请求人请求作出专利权评价报告的，国务院专利行政部门仅作出一份专利权评价报告。任何单位或者个人可以查阅或者复制该专利权评价报告。

第六十三条

国务院专利行政部门应当自收到专利权评价报告请求书后 2 个月内作出专利权评价报告，**但申请人在办理专利权登记手续时请求作出专利权评价报告的，国务院专利行政部门应当自公告授予专利权之日起 2 个月内作出专利权评价报告。**

对同一项实用新型或者外观设计专利权，有多个请求人请求作出专利权评价报告的，国务院专利行政部门仅作出一份专利权评价报告。任何单位或者个人可以查阅或者复制该专利权评价报告。

第五十八条

国务院专利行政部门对专利公告、专利单行本中出现的错误，

第六十四条

国务院专利行政部门对专利公告、专利单行本中出现的错误，

一经发现，应当及时更正，并对所作更正予以公告。	一经发现，应当及时更正，并对所作更正予以公告。

第四章　专利申请的复审与专利权的无效宣告	**第四章　专利申请的复审与专利权的无效宣告**

第五十九条 专利复审委员会由国务院专利行政部门指定的技术专家和法律专家组成，主任委员由国务院专利行政部门负责人兼任。	（删除）

第六十条 依照专利法第四十一条的规定向专利复审委员会请求复审的，应当提交复审请求书，说明理由，必要时还应当附具有关证据。 复审请求不符合专利法第十九条第一款或者第四十一条第一款规定的，专利复审委员会不予受理，书面通知复审请求人并说明理由。 复审请求书不符合规定格式的，复审请求人应当在专利复审委员会指定的期限内补正；期满未补正的，该复审请求视为未提出。	**第六十五条** 依照专利法第四十一条的规定向**国务院专利行政部门**请求复审的，应当提交复审请求书，说明理由，必要时还应当附具有关证据。 复审请求不符合专利法第十八条第一款或者第四十一条第一款规定的，**国务院专利行政部门**不予受理，书面通知复审请求人并说明理由。 复审请求书不符合规定格式的，复审请求人应当在**国务院专利行政部门**指定的期限内补正；期满未补正的，该复审请求视为未提出。

2010 年	2023 年
第六十一条	**第六十六条**
请求人在提出复审请求或者在对专利复审委员会的复审通知书作出答复时，可以修改专利申请文件；但是，修改应当仅限于消除驳回决定或者复审通知书指出的缺陷。	请求人在提出复审请求或者在对**国务院专利行政部门**的复审通知书作出答复时，可以修改专利申请文件；但是，修改应当仅限于消除驳回决定或者复审通知书指出的缺陷。
修改的专利申请文件应当提交一式两份。	
第六十二条	（删除）
专利复审委员会应当将受理的复审请求书转交国务院专利行政部门原审查部门进行审查。原审查部门根据复审请求人的请求，同意撤销原决定的，专利复审委员会应当据此作出复审决定，并通知复审请求人。	
第六十三条	**第六十七条**
专利复审委员会进行复审后，认为复审请求不符合专利法和本细则有关规定的，应当通知复审请求人，要求其在指定期限内陈述意见。期满未答复的，该复审请求视为撤回；经陈述意见或者进行修改后，专利复审委员会认为仍不符合专利法和本细则有关规定的，应当作出维持原驳	**国务院专利行政部门**进行复审后，认为复审请求不符合专利法和本细则有关规定**或者专利申请存在其他明显违反专利法和本细则有关规定情形**的，应当通知复审请求人，要求其在指定期限内陈述意见。期满未答复的，该复审请求视为撤回；经陈述意见或者进行修改后，**国务院专利行**

· 391 ·

回决定的复审决定。

专利复审委员会进行复审后，认为原驳回决定不符合专利法和本细则有关规定的，或者认为经过修改的专利申请文件消除了原驳回决定指出的缺陷的，应当撤销原驳回决定，由原审查部门继续进行审查程序。

政部门认为仍不符合专利法和本细则有关规定的，应当作出**驳回复审请求**的复审决定。

国务院专利行政部门进行复审后，认为原驳回决定不符合专利法和本细则有关规定的，或者认为经过修改的专利申请文件消除了原驳回决定**和复审通知书**指出的缺陷的，应当撤销原驳回决定，继续进行审查程序。

第六十四条

复审请求人在专利复审委员会作出决定前，可以撤回其复审请求。

复审请求人在专利复审委员会作出决定前撤回其复审请求的，复审程序终止。

第六十八条

复审请求人在**国务院专利行政部门**作出决定前，可以撤回其复审请求。

复审请求人在**国务院专利行政部门**作出决定前撤回其复审请求的，复审程序终止。

第六十五条

依照专利法第四十五条的规定，请求宣告专利权无效或者部分无效的，应当向专利复审委员会提交专利权无效宣告请求书和必要的证据一式两份。无效宣告请求书应当结合提交的所有证据，具体说明无效宣告请求的理由，并指明每项理由所依据的证据。

第六十九条

依照专利法第四十五条的规定，请求宣告专利权无效或者部分无效的，应当向**国务院专利行政部门**提交专利权无效宣告请求书和必要的证据一式两份。无效宣告请求书应当结合提交的所有证据，具体说明无效宣告请求的理由，并指明每项理由所依据的证据。

前款所称无效宣告请求的理由，是指被授予专利的发明创造不符合专利法第二条、第二十条第一款、第二十二条、第二十三条、第二十六条第三款、第四款、第二十七条第二款、第三十三条或者本细则第二十条第二款、第四十三条第一款的规定，或者属于专利法第五条、第二十五条的规定，或者依照专利法第九条规定不能取得专利权。	前款所称无效宣告请求的理由，是指被授予专利的发明创造不符合专利法第二条、**第十九条**第一款、第二十二条、第二十三条、第二十六条第三款、**第二十六条**第四款、第二十七条第二款、第三十三条或者本细则**第十一条**、**第二十三条第二款**、**第四十九条**第一款的规定，或者属于专利法第五条、第二十五条规定**的情形**，或者依照专利法第九条规定不能取得专利权。
第六十六条 专利权无效宣告请求不符合专利法第十九条第一款或者本细则第六十五条规定的，专利复审委员会不予受理。 在专利复审委员会就无效宣告请求作出决定之后，又以同样的理由和证据请求无效宣告的，专利复审委员会不予受理。 以不符合专利法第二十三条第三款的规定为理由请求宣告外观设计专利权无效，但是未提交证明权利冲突的证据的，专利复审委员会不予受理。 专利权无效宣告请求书不符合规定格式的，无效宣告请求人	**第七十条** 专利权无效宣告请求不符合专利法第十八条第一款或者本细则第六十九条规定的，**国务院专利行政部门**不予受理。 **在国务院专利行政部门**就无效宣告请求作出决定之后，又以同样的理由和证据请求无效宣告的，**国务院专利行政部门**不予受理。 以不符合专利法第二十三条第三款的规定为理由请求宣告外观设计专利权无效，但是未提交证明权利冲突的证据的，**国务院专利行政部门**不予受理。 专利权无效宣告请求书不符

2010 年	2023 年
应当在专利复审委员会指定的期限内补正；期满未补正的，该无效宣告请求视为未提出。	合规定格式的，无效宣告请求人应当在**国务院专利行政部门**指定的期限内补正；期满未补正的，该无效宣告请求视为未提出。

<table>
<tr><td>

第六十七条

在专利复审委员会受理无效宣告请求后，请求人可以在提出无效宣告请求之日起 1 个月内增加理由或者补充证据。逾期增加理由或者补充证据的，专利复审委员会可以不予考虑。

</td><td>

第七十一条

在**国务院专利行政部门**受理无效宣告请求后，请求人可以在提出无效宣告请求之日起 1 个月内增加理由或者补充证据。逾期增加理由或者补充证据的，**国务院专利行政部门**可以不予考虑。

</td></tr>
<tr><td>

第六十八条

专利复审委员会应当将专利权无效宣告请求书和有关文件的副本送交专利权人，要求其在指定的期限内陈述意见。

专利权人和无效宣告请求人应当在指定期限内答复专利复审委员会发出的转送文件通知书或者无效宣告请求审查通知书；期满未答复的，不影响专利复审委员会审理。

</td><td>

第七十二条

国务院专利行政部门应当将专利权无效宣告请求书和有关文件的副本送交专利权人，要求其在指定的期限内陈述意见。

专利权人和无效宣告请求人应当在指定期限内答复**国务院专利行政部门**发出的转送文件通知书或者无效宣告请求审查通知书；期满未答复的，不影响**国务院专利行政部门**审理。

</td></tr>
<tr><td>

第六十九条

在无效宣告请求的审查过程中，发明或者实用新型专利的专

</td><td>

第七十三条

在无效宣告请求的审查过程中，发明或者实用新型专利的专

</td></tr>
</table>

利权人可以修改其权利要求书，但是不得扩大原专利的保护范围。

发明或者实用新型专利的专利权人不得修改专利说明书和附图，外观设计专利的专利权人不得修改图片、照片和简要说明。

利权人可以修改其权利要求书，但是不得扩大原专利的保护范围。**国务院专利行政部门在修改后的权利要求基础上作出维持专利权有效或者宣告专利权部分无效的决定的，应当公告修改后的权利要求。**

发明或者实用新型专利的专利权人不得修改专利说明书和附图，外观设计专利的专利权人不得修改图片、照片和简要说明。

第七十条

专利复审委员会根据当事人的请求或者案情需要，可以决定对无效宣告请求进行口头审理。

专利复审委员会决定对无效宣告请求进行口头审理的，应当向当事人发出口头审理通知书，告知举行口头审理的日期和地点。当事人应当在通知书指定的期限内作出答复。

无效宣告请求人对专利复审委员会发出的口头审理通知书在指定的期限内未作答复，并且不参加口头审理的，其无效宣告请求视为撤回；专利权人不参加口头审理的，可以缺席审理。

第七十四条

国务院专利行政部门根据当事人的请求或者案情需要，可以决定对无效宣告请求进行口头审理。

国务院专利行政部门决定对无效宣告请求进行口头审理的，应当向当事人发出口头审理通知书，告知举行口头审理的日期和地点。当事人应当在通知书指定的期限内作出答复。

无效宣告请求人对**国务院专利行政部门**发出的口头审理通知书在指定的期限内未作答复，并且不参加口头审理的，其无效宣告请求视为撤回；专利权人不参加口头审理的，可以缺席审理。

2010 年	2023 年
第七十一条 在无效宣告请求审查程序中，专利复审委员会指定的期限不得延长。	**第七十五条** 在无效宣告请求审查程序中，**国务院专利行政部门**指定的期限不得延长。
第七十二条 专利复审委员会对无效宣告的请求作出决定前，无效宣告请求人可以撤回其请求。 专利复审委员会作出决定之前，无效宣告请求人撤回其请求或者其无效宣告请求被视为撤回的，无效宣告请求审查程序终止。但是，专利复审委员会认为根据已进行的审查工作能够作出宣告专利权无效或者部分无效的决定的，不终止审查程序。	**第七十六条** **国务院专利行政部门**对无效宣告的请求作出决定前，无效宣告请求人可以撤回其请求。 **国务院专利行政部门**作出决定之前，无效宣告请求人撤回其请求或者其无效宣告请求被视为撤回的，无效宣告请求审查程序终止。但是，**国务院专利行政部门**认为根据已进行的审查工作能够作出宣告专利权无效或者部分无效的决定的，不终止审查程序。
	第五章　专利权期限补偿（新增） **第七十七条**（新增） 依照专利法第四十二条第二款的规定请求给予专利权期限补偿的，专利权人应当自公告授予专利权之日起 **3** 个月内向国务院专利行政部门提出。

· 396 ·

第七十八条（新增）

依照专利法第四十二条第二款的规定给予专利权期限补偿的，补偿期限按照发明专利在授权过程中不合理延迟的实际天数计算。

前款所称发明专利在授权过程中不合理延迟的实际天数，是指自发明专利申请日起满 4 年且自实质审查请求之日起满 3 年之日至公告授予专利权之日的间隔天数，减去合理延迟的天数和由申请人引起的不合理延迟的天数。

下列情形属于合理延迟：

（一）依照本细则第六十六条的规定修改专利申请文件后被授予专利权的，因复审程序引起的延迟；

（二）因本细则第一百零三条、第一百零四条规定情形引起的延迟；

（三）其他合理情形引起的延迟。

同一申请人同日对同样的发明创造既申请实用新型专利又申请发明专利，依照本细则第四十七条第四款的规定取得发明专利权的，该发明专利权的期限不适

用专利法第四十二条第二款的
规定。

第七十九条（新增）

专利法第四十二条第二款规
定的由申请人引起的不合理延迟
包括以下情形：

（一）未在指定期限内答复
国务院专利行政部门发出的通知；

（二）申请延迟审查；

（三）因本细则第四十五条
规定情形引起的延迟；

（四）其他由申请人引起的
不合理延迟。

第八十条（新增）

专利法第四十二条第三款所
称新药相关发明专利是指符合规
定的新药产品专利、制备方法专
利、医药用途专利。

第八十一条（新增）

依照专利法第四十二条第三
款的规定请求给予新药相关发明
专利权期限补偿的，应当符合下
列要求，自该新药在中国获得上
市许可之日起 3 个月内向国务院
专利行政部门提出：

（一）该新药同时存在多项

专利的，专利权人只能请求对其中一项专利给予专利权期限补偿；

（二）一项专利同时涉及多个新药的，只能对一个新药就该专利提出专利权期限补偿请求；

（三）该专利在有效期内，且尚未获得过新药相关发明专利权期限补偿。

第八十二条（新增）

依照专利法第四十二条第三款的规定给予专利权期限补偿的，补偿期限按照该专利申请日至该新药在中国获得上市许可之日的间隔天数减去 5 年，在符合专利法第四十二条第三款规定的基础上确定。

第八十三条（新增）

新药相关发明专利在专利权期限补偿期间，该专利的保护范围限于该新药及其经批准的适应症相关技术方案；在保护范围内，专利权人享有的权利和承担的义务与专利权期限补偿前相同。

第八十四条（新增）

国务院专利行政部门对依照专利法第四十二条第二款、第三

	款的规定提出的专利权期限补偿请求进行审查后，认为符合补偿条件的，作出给予期限补偿的决定，并予以登记和公告；不符合补偿条件的，作出不予期限补偿的决定，并通知提出请求的专利权人。
第五章　专利实施的强制许可	**第六章　专利实施的特别许可**
	第八十五条（新增） 专利权人自愿声明对其专利实行开放许可的，应当在公告授予专利权后提出。 开放许可声明应当写明以下事项： （一）专利号； （二）专利权人的姓名或者名称； （三）专利许可使用费支付方式、标准； （四）专利许可期限； （五）其他需要明确的事项。 开放许可声明内容应当准确、清楚，不得出现商业性宣传用语。 第八十六条（新增） 专利权有下列情形之一的，

2010 年	2023 年
	专利权人不得对其实行开放许可：
	（一）专利权处于独占或者排他许可有效期限内的；
	（二）属于本细则第一百零三条、第一百零四条规定的中止情形的；
	（三）没有按照规定缴纳年费的；
	（四）专利权被质押，未经质权人同意的；
	（五）其他妨碍专利权有效实施的情形。
	第八十七条（新增） 通过开放许可达成专利实施许可的，专利权人或者被许可人应当凭能够证明达成许可的书面文件向国务院专利行政部门备案。
	第八十八条（新增） 专利权人不得通过提供虚假材料、隐瞒事实等手段，作出开放许可声明或者在开放许可实施期间获得专利年费减免。
第七十三条 专利法第四十八条第（一）项所称未充分实施其专利，是指专利权人及其被许可人实施其专	**第八十九条** 专利法第五十三条第（一）项所称未充分实施其专利，是指专利权人及其被许可人实施其专

利的方式或者规模不能满足国内对专利产品或者专利方法的需求。

专利法第五十条所称取得专利权的药品，是指解决公共健康问题所需的医药领域中的任何专利产品或者依照专利方法直接获得的产品，包括取得专利权的制造该产品所需的活性成分以及使用该产品所需的诊断用品。

第七十四条

请求给予强制许可的，应当向国务院专利行政部门提交强制许可请求书，说明理由并附具有关证明文件。

国务院专利行政部门应当将强制许可请求书的副本送交专利权人，专利权人应当在国务院专利行政部门指定的期限内陈述意见；期满未答复的，不影响国务院专利行政部门作出决定。

国务院专利行政部门在作出驳回强制许可请求的决定或者给予强制许可的决定前，应当通知请求人和专利权人拟作出的决定及其理由。

国务院专利行政部门依照专利法第五十条的规定作出给予强制许可的决定，应当同时符合中

利的方式或者规模不能满足国内对专利产品或者专利方法的需求。

专利法第五十五条所称取得专利权的药品，是指解决公共健康问题所需的医药领域中的任何专利产品或者依照专利方法直接获得的产品，包括取得专利权的制造该产品所需的活性成分以及使用该产品所需的诊断用品。

第九十条

请求给予强制许可的，应当向国务院专利行政部门提交强制许可请求书，说明理由并附具有关证明文件。

国务院专利行政部门应当将强制许可请求书的副本送交专利权人，专利权人应当在国务院专利行政部门指定的期限内陈述意见；期满未答复的，不影响国务院专利行政部门作出决定。

国务院专利行政部门在作出驳回强制许可请求的决定或者给予强制许可的决定前，应当通知请求人和专利权人拟作出的决定及其理由。

国务院专利行政部门依照专利法第五十五条的规定作出给予强制许可的决定，应当同时符合

国缔结或者参加的有关国际条约关于为了解决公共健康问题而给予强制许可的规定，但中国作出保留的除外。

中国缔结或者参加的有关国际条约关于为了解决公共健康问题而给予强制许可的规定，但中国作出保留的除外。

第七十五条

依照专利法第五十七条的规定，请求国务院专利行政部门裁决使用费数额的，当事人应当提出裁决请求书，并附具双方不能达成协议的证明文件。国务院专利行政部门应当自收到请求书之日起 3 个月内作出裁决，并通知当事人。

第九十一条

依照专利法第六十二条的规定，请求国务院专利行政部门裁决使用费数额的，当事人应当提出裁决请求书，并附具双方不能达成协议的证明文件。国务院专利行政部门应当自收到请求书之日起 3 个月内作出裁决，并通知当事人。

第六章　对职务发明创造的发明人或者设计人的奖励和报酬

第七章　对职务发明创造的发明人或者设计人的奖励和报酬

第七十六条

被授予专利权的单位可以与发明人、设计人约定或者在其依法制定的规章制度中规定专利法第十六条规定的奖励、报酬的方式和数额。

企业、事业单位给予发明人或者设计人的奖励、报酬，按照国家有关财务、会计制度的规定进行处理。

第九十二条

被授予专利权的单位可以与发明人、设计人约定或者在其依法制定的规章制度中规定专利法第十五条规定的奖励、报酬的方式和数额。**鼓励被授予专利权的单位实行产权激励，采取股权、期权、分红等方式，使发明人或者设计人合理分享创新收益。**

企业、事业单位给予发明人

或者设计人的奖励、报酬，按照国家有关财务、会计制度的规定进行处理。

第七十七条

被授予专利权的单位未与发明人、设计人约定也未在其依法制定的规章制度中规定专利法第十六条规定的奖励的方式和数额的，应当自专利权公告之日起 3 个月内发给发明人或者设计人奖金。一项发明专利的奖金最低不少于 3000 元；一项实用新型专利或者外观设计专利的奖金最低不少于 1000 元。

由于发明人或者设计人的建议被其所属单位采纳而完成的发明创造，被授予专利权的单位应当从优发给奖金。

第七十八条

被授予专利权的单位未与发明人、设计人约定也未在其依法制定的规章制度中规定专利法第十六条规定的报酬的方式和数额的，在专利权有效期限内，实施发明创造专利后，每年应当从实施该项发明或者实用新型专利的营业利润中提取不低于 2% 或者

第九十三条

被授予专利权的单位未与发明人、设计人约定也未在其依法制定的规章制度中规定专利法第**十五条**规定的奖励的方式和数额的，应当自公告**授予专利权**之日起 3 个月内发给发明人或者设计人奖金。一项发明专利的奖金最低不少于 **4000** 元；一项实用新型专利或者外观设计专利的奖金最低不少于 **1500** 元。

由于发明人或者设计人的建议被其所属单位采纳而完成的发明创造，被授予专利权的单位应当从优发给奖金。

第九十四条

被授予专利权的单位未与发明人、设计人约定也未在其依法制定的规章制度中规定专利法第**十五条**规定的报酬的方式和数额的，**应当依照《中华人民共和国促进科技成果转化法》的规定，给予发明人或者设计人合理的报酬。**

从实施该项外观设计专利的营业利润中提取不低于 0.2%，作为报酬给予发明人或者设计人，或者参照上述比例，给予发明人或者设计人一次性报酬；被授予专利权的单位许可其他单位或者个人实施其专利的，应当从收取的使用费中提取不低于 10%，作为报酬给予发明人或者设计人。

第七章　专利权的保护

第七十九条

专利法和本细则所称管理专利工作的部门，是指由省、自治区、直辖市人民政府以及专利管理工作量大又有实际处理能力的设区的市人民政府设立的管理专利工作的部门。

第八十条

国务院专利行政部门应当对管理专利工作的部门处理专利侵权纠纷、查处假冒专利行为、调解专利纠纷进行业务指导。

第八章　专利权的保护

第九十五条

省、自治区、直辖市人民政府**管理专利工作的部门**以及专利管理工作量大又有实际处理能力的**地级市、自治州、盟、地区和直辖市**的区人民政府管理专利工作的部门，**可以处理和调解专利纠纷。**

（删除）

第九十六条（新增）

有下列情形之一的，属于专利法第七十条所称的在全国有重大影响的专利侵权纠纷：

（一）涉及重大公共利益的；

（二）对行业发展有重大影响的；

（三）跨省、自治区、直辖市区域的重大案件；

（四）国务院专利行政部门认为可能有重大影响的其他情形。

专利权人或者利害关系人请求国务院专利行政部门处理专利侵权纠纷，相关案件不属于在全国有重大影响的专利侵权纠纷的，国务院专利行政部门可以指定有管辖权的地方人民政府管理专利工作的部门处理。

第八十一条

当事人请求处理专利侵权纠纷或者调解专利纠纷的，由被请求人所在地或者侵权行为地的管理专利工作的部门管辖。

两个以上管理专利工作的部门都有管辖权的专利纠纷，当事人可以向其中一个管理专利工作的部门提出请求；当事人向两个以上有管辖权的管理专利工作的

第九十七条

当事人请求处理专利侵权纠纷或者调解专利纠纷的，由被请求人所在地或者侵权行为地的管理专利工作的部门管辖。

两个以上管理专利工作的部门都有管辖权的专利纠纷，当事人可以向其中一个管理专利工作的部门提出请求；当事人向两个以上有管辖权的管理专利工作的

部门提出请求的，由最先受理的管理专利工作的部门管辖。

　　管理专利工作的部门对管辖权发生争议的，由其共同的上级人民政府管理专利工作的部门指定管辖；无共同上级人民政府管理专利工作的部门的，由国务院专利行政部门指定管辖。

第八十二条

　　在处理专利侵权纠纷过程中，被请求人提出无效宣告请求并被专利复审委员会受理的，可以请求管理专利工作的部门中止处理。

　　管理专利工作的部门认为被请求人提出的中止理由明显不能成立的，可以不中止处理。

第八十三条

　　专利权人依照专利法第十七条的规定，在其专利产品或者该产品的包装上标明专利标识的，应当按照国务院专利行政部门规定的方式予以标明。

　　专利标识不符合前款规定的，由管理专利工作的部门责令改正。

部门提出请求的，由最先受理的管理专利工作的部门管辖。

　　管理专利工作的部门对管辖权发生争议的，由其共同的上级人民政府管理专利工作的部门指定管辖；无共同上级人民政府管理专利工作的部门的，由国务院专利行政部门指定管辖。

第九十八条

　　在处理专利侵权纠纷过程中，被请求人提出无效宣告请求并被**国务院专利行政部门**受理的，可以请求管理专利工作的部门中止处理。

　　管理专利工作的部门认为被请求人提出的中止理由明显不能成立的，可以不中止处理。

第九十九条

　　专利权人依照专利法第十六条的规定，在其专利产品或者该产品的包装上标明专利标识的，应当按照国务院专利行政部门规定的方式予以标明。

　　专利标识不符合前款规定的，由**县级以上负责专利执法**的部门责令改正。

2010 年	2023 年
	第一百条（新增） 申请人或者专利权人违反本细则第十一条、第八十八条规定的，由县级以上负责专利执法的部门予以警告，可以处 10 万元以下的罚款。
第八十四条 下列行为属于专利法第六十三条规定的假冒专利的行为： （一）在未被授予专利权的产品或者其包装上标注专利标识，专利权被宣告无效后或者终止后继续在产品或者其包装上标注专利标识，或者未经许可在产品或者产品包装上标注他人的专利号； （二）销售第（一）项所述产品； （三）在产品说明书等材料中将未被授予专利权的技术或者设计称为专利技术或者专利设计，将专利申请称为专利，或者未经许可使用他人的专利号，使公众将所涉及的技术或者设计误认为是专利技术或者专利设计； （四）伪造或者变造专利证书、专利文件或者专利申请文件；	**第一百零一条** 下列行为属于专利法第六十八条规定的假冒专利的行为： （一）在未被授予专利权的产品或者其包装上标注专利标识，专利权被宣告无效后或者终止后继续在产品或者其包装上标注专利标识，或者未经许可在产品或者产品包装上标注他人的专利号； （二）销售第（一）项所述产品； （三）在产品说明书等材料中将未被授予专利权的技术或者设计称为专利技术或者专利设计，将专利申请称为专利，或者未经许可使用他人的专利号，使公众将所涉及的技术或者设计误认为是专利技术或者专利设计； （四）伪造或者变造专利证书、专利文件或者专利申请文件；

（五）其他使公众混淆，将未被授予专利权的技术或者设计误认为是专利技术或者专利设计的行为。

专利权终止前依法在专利产品、依照专利方法直接获得的产品或者其包装上标注专利标识，在专利权终止后许诺销售、销售该产品的，不属于假冒专利行为。

销售不知道是假冒专利的产品，并且能够证明该产品合法来源的，由管理专利工作的部门责令停止销售，但免除罚款的处罚。

第八十五条

除专利法第六十条规定的外，管理专利工作的部门应当事人请求，可以对下列专利纠纷进行调解：

（一）专利申请权和专利权归属纠纷；

（二）发明人、设计人资格纠纷；

（三）职务发明创造的发明人、设计人的奖励和报酬纠纷；

（四）在发明专利申请公布后专利权授予前使用发明而未支付适当费用的纠纷；

（五）其他专利纠纷。

（五）其他使公众混淆，将未被授予专利权的技术或者设计误认为是专利技术或者专利设计的行为。

专利权终止前依法在专利产品、依照专利方法直接获得的产品或者其包装上标注专利标识，在专利权终止后许诺销售、销售该产品的，不属于假冒专利行为。

销售不知道是假冒专利的产品，并且能够证明该产品合法来源的，**由县级以上负责专利执法**的部门责令停止销售。

第一百零二条

除专利法第六十五条规定的外，管理专利工作的部门应当事人请求，可以对下列专利纠纷进行调解：

（一）专利申请权和专利权归属纠纷；

（二）发明人、设计人资格纠纷；

（三）职务发明创造的发明人、设计人的奖励和报酬纠纷；

（四）在发明专利申请公布后专利权授予前使用发明而未支付适当费用的纠纷；

（五）其他专利纠纷。

对于前款第（四）项所列的纠纷，当事人请求管理专利工作的部门调解的，应当在专利权被授予之后提出。

第八十六条

当事人因专利申请权或者专利权的归属发生纠纷，已请求管理专利工作的部门调解或者向人民法院起诉的，可以请求国务院专利行政部门中止有关程序。

依照前款规定请求中止有关程序的，应当向国务院专利行政部门提交请求书，并附具管理专利工作的部门或者人民法院的写明申请号或者专利号的有关受理文件副本。

管理专利工作的部门作出的调解书或者人民法院作出的判决生效后，当事人应当向国务院专利行政部门办理恢复有关程序的手续。自请求中止之日起 1 年内，有关专利申请权或者专利权归属的纠纷未能结案，需要继续中止有关程序的，请求人应当在该期限内请求延长中止。期满未请求延长的，国务院专利行政部门自行恢复有关程序。

对于前款第（四）项所列的纠纷，当事人请求管理专利工作的部门调解的，应当在专利权被授予之后提出。

第一百零三条

当事人因专利申请权或者专利权的归属发生纠纷，已请求管理专利工作的部门调解或者向人民法院起诉的，可以请求国务院专利行政部门中止有关程序。

依照前款规定请求中止有关程序的，应当向国务院专利行政部门提交请求书，**说明理由，**并附具管理专利工作的部门或者人民法院的写明申请号或者专利号的有关受理文件副本。**国务院专利行政部门认为当事人提出的中止理由明显不能成立的，可以不中止有关程序。**

管理专利工作的部门作出的调解书或者人民法院作出的判决生效后，当事人应当向国务院专利行政部门办理恢复有关程序的手续。自请求中止之日起 1 年内，有关专利申请权或者专利权归属的纠纷未能结案，需要继续中止有关程序的，请求人应当在该期限内请求延长中止。期满未

<table>
<tr><td>

</td><td>

请求延长的，国务院专利行政部门自行恢复有关程序。

</td></tr>
<tr><td>

第八十七条

人民法院在审理民事案件中裁定对专利申请权或者专利权采取保全措施的，国务院专利行政部门应当在收到写明申请号或者专利号的裁定书和协助执行通知书之日中止被保全的专利申请权或者专利权的有关程序。保全期限届满，人民法院没有裁定继续采取保全措施的，国务院专利行政部门自行恢复有关程序。

</td><td>

第一百零四条

人民法院在审理民事案件中裁定对专利申请权或者专利权采取保全措施的，国务院专利行政部门应当在收到写明申请号或者专利号的裁定书和协助执行通知书之日中止被保全的专利申请权或者专利权的有关程序。保全期限届满，人民法院没有裁定继续采取保全措施的，国务院专利行政部门自行恢复有关程序。

</td></tr>
<tr><td>

第八十八条

国务院专利行政部门根据本细则第八十六条和第八十七条规定中止有关程序，是指暂停专利申请的初步审查、实质审查、复审程序，授予专利权程序和专利权无效宣告程序；暂停办理放弃、变更、转移专利权或者专利申请权手续，专利权质押手续以及专利权期限届满前的终止手续等。

</td><td>

第一百零五条

国务院专利行政部门根据本细则第**一百零三条**和第**一百零四**条规定中止有关程序，是指暂停专利申请的初步审查、实质审查、复审程序，授予专利权程序和专利权无效宣告程序；暂停办理放弃、变更、转移专利权或者专利申请权手续，专利权质押手续以及专利权期限届满前的终止手续等。

</td></tr>
</table>

第八章　专利登记和 专利公报

第八十九条

国务院专利行政部门设置专利登记簿，登记下列与专利申请和专利权有关的事项：

（一）专利权的授予；

（二）专利申请权、专利权的转移；

（三）专利权的质押、保全及其解除；

（四）专利实施许可合同的备案；

（五）专利权的无效宣告；

（六）专利权的终止；

（七）专利权的恢复；

（八）专利实施的强制许可；

（九）专利权人的姓名或者名称、国籍和地址的变更。

第九十条

国务院专利行政部门定期出版专利公报，公布或者公告下列

第九章　专利登记和 专利公报

第一百零六条

国务院专利行政部门设置专利登记簿，登记下列与专利申请和专利权有关的事项：

（一）专利权的授予；

（二）专利申请权、专利权的转移；

（三）专利权的质押、保全及其解除；

（四）专利实施许可合同的备案；

（五）国防专利、保密专利的解密；

（六）专利权的无效宣告；

（七）专利权的终止；

（八）专利权的恢复；

（九）专利权期限的补偿；

（十）专利实施的开放许可；

（十一）专利实施的强制许可；

（十二）专利权人的姓名或者名称、国籍和地址的变更。

第一百零七条

国务院专利行政部门定期出版专利公报，公布或者公告下列

2010 年	2023 年
内容：	内容：
（一）发明专利申请的著录事项和说明书摘要；	（一）发明专利申请的著录事项和说明书摘要；
（二）发明专利申请的实质审查请求和国务院专利行政部门对发明专利申请自行进行实质审查的决定；	（二）发明专利申请的实质审查请求和国务院专利行政部门对发明专利申请自行进行实质审查的决定；
（三）发明专利申请公布后的驳回、撤回、视为撤回、视为放弃、恢复和转移；	（三）发明专利申请公布后的驳回、撤回、视为撤回、视为放弃、恢复和转移；
（四）专利权的授予以及专利权的著录事项；	（四）专利权的授予以及专利权的著录事项；
（五）发明或者实用新型专利的说明书摘要，外观设计专利的一幅图片或者照片；	（五）实用新型专利的说明书摘要，外观设计专利的一幅图片或者照片；
（六）国防专利、保密专利的解密；	（六）国防专利、保密专利的解密；
（七）专利权的无效宣告；	（七）专利权的无效宣告；
（八）专利权的终止、恢复；	（八）专利权的终止、恢复；
（九）专利权的转移；	**（九）专利权期限的补偿；**
（十）专利实施许可合同的备案；	（十）专利权的转移；
（十一）专利权的质押、保全及其解除；	（十一）专利实施许可合同的备案；
（十二）专利实施的强制许可的给予；	（十二）专利权的质押、保全及其解除；
（十三）专利权人的姓名或者名称、地址的变更；	**（十三）专利实施的开放许可事项；**
（十四）文件的公告送达；	（十四）专利实施的强制许可的给予；

2010 年	2023 年
（十五）国务院专利行政部门作出的更正；	（十五）专利权人的姓名或者名称、**国籍**和地址的变更；
（十六）其他有关事项。	（十六）文件的公告送达；
	（十七）国务院专利行政部门作出的更正；
	（十八）其他有关事项。
第九十一条	**第一百零八条**
国务院专利行政部门应当提供专利公报、发明专利申请单行本以及发明专利、实用新型专利、外观设计专利单行本，供公众免费查阅。	国务院专利行政部门应当提供专利公报、发明专利申请单行本以及发明专利、实用新型专利、外观设计专利单行本，供公众免费查阅。
第九十二条	**第一百零九条**
国务院专利行政部门负责按照互惠原则与其他国家、地区的专利机关或者区域性专利组织交换专利文献。	国务院专利行政部门负责按照互惠原则与其他国家、地区的专利机关或者区域性专利组织交换专利文献。
第九章 费 用	**第十章 费 用**
第九十三条	**第一百一十条**
向国务院专利行政部门申请专利和办理其他手续时，应当缴纳下列费用：	向国务院专利行政部门申请专利和办理其他手续时，应当缴纳下列费用：
（一）申请费、申请附加费、公布印刷费、优先权要求费；	（一）申请费、申请附加费、公布印刷费、优先权要求费；
（二）发明专利申请实质审	（二）发明专利申请实质审

查费、复审费；

（三）专利登记费、公告印刷费、年费；

（四）恢复权利请求费、延长期限请求费；

（五）著录事项变更费、专利权评价报告请求费、无效宣告请求费。

前款所列各种费用的缴纳标准，由国务院价格管理部门、财政部门会同国务院专利行政部门规定。

查费、复审费；

（三）年费；

（四）恢复权利请求费、延长期限请求费；

（五）著录事项变更费、专利权评价报告请求费、无效宣告请求费、**专利文件副本证明费**。

前款所列各种费用的缴纳标准，由国务院**发展改革**部门、财政部门会同国务院专利行政部门**按照职责分工**规定。**国务院财政部门、发展改革部门可以会同国务院专利行政部门根据实际情况对申请专利和办理其他手续应当缴纳的费用种类和标准进行调整。**

第九十四条

专利法和本细则规定的各种费用，可以直接向国务院专利行政部门缴纳，也可以通过邮局或者银行汇付，或者以国务院专利行政部门规定的其他方式缴纳。

通过邮局或者银行汇付的，应当在送交国务院专利行政部门的汇单上写明正确的申请号或者专利号以及缴纳的费用名称。不符合本款规定的，视为未办理缴费手续。

直接向国务院专利行政部门

第一百一十一条

专利法和本细则规定的各种费用，**应当严格按照规定缴纳**。

直接向国务院专利行政部门缴纳费用的，以缴纳当日为缴费日；以邮局汇付方式缴纳费用的，以邮局汇出的邮戳日为缴费日；以银行汇付方式缴纳费用的，以银行实际汇出日为缴费日。

多缴、重缴、错缴专利费用的，当事人可以自缴费日起 3 年内，向国务院专利行政部门提出退款请求，国务院专利行政部门缴纳费用的，以缴纳当日为缴费日；以邮局汇付方式缴纳费用的，以邮局汇出的邮戳日为缴费日；以银行汇付方式缴纳费用的，以银行实际汇出日为缴费日。

多缴、重缴、错缴专利费用的，当事人可以自缴费日起 3 年内，向国务院专利行政部门提出退款请求，国务院专利行政部门应当予以退还。

应当予以退还。

第九十五条

申请人应当自申请日起 2 个月内或者在收到受理通知书之日起 15 日内缴纳申请费、公布印刷费和必要的申请附加费；期满未缴纳或者未缴足的，其申请视为撤回。

申请人要求优先权的，应当在缴纳申请费的同时缴纳优先权要求费；期满未缴纳或者未缴足的，视为未要求优先权。

第一百一十二条

申请人应当自申请日起 2 个月内或者在收到受理通知书之日起 15 日内缴纳申请费、公布印刷费和必要的申请附加费；期满未缴纳或者未缴足的，其申请视为撤回。

申请人要求优先权的，应当在缴纳申请费的同时缴纳优先权要求费；期满未缴纳或者未缴足的，视为未要求优先权。

第九十六条

当事人请求实质审查或者复审的，应当在专利法及本细则规定的相关期限内缴纳费用；期满未缴纳或者未缴足的，视为未提出请求。

第一百一十三条

当事人请求实质审查或者复审的，应当在专利法及本细则规定的相关期限内缴纳费用；期满未缴纳或者未缴足的，视为未提出请求。

第九十七条

申请人办理登记手续时，应当缴纳专利登记费、公告印刷费和授予专利权当年的年费；期满未缴纳或者未缴足的，视为未办理登记手续。

第九十八条

授予专利权当年以后的年费应当在上一年度期满前缴纳。专利权人未缴纳或者未缴足的，国务院专利行政部门应当通知专利权人自应当缴纳年费期满之日起6个月内补缴，同时缴纳滞纳金；滞纳金的金额按照每超过规定的缴费时间1个月，加收当年全额年费的5%计算；期满未缴纳的，专利权自应当缴纳年费期满之日起终止。

第九十九条

恢复权利请求费应当在本细则规定的相关期限内缴纳；期满未缴纳或者未缴足的，视为未提出请求。

延长期限请求费应当在相应期限届满之日前缴纳；期满未缴纳或者未缴足的，视为未提出请求。

第一百一十四条

申请人办理登记手续时，应当缴纳授予专利权当年的年费；期满未缴纳或者未缴足的，视为未办理登记手续。

第一百一十五条

授予专利权当年以后的年费应当在上一年度期满前缴纳。专利权人未缴纳或者未缴足的，国务院专利行政部门应当通知专利权人自应当缴纳年费期满之日起6个月内补缴，同时缴纳滞纳金；滞纳金的金额按照每超过规定的缴费时间1个月，加收当年全额年费的5%计算；期满未缴纳的，专利权自应当缴纳年费期满之日起终止。

第一百一十六条

恢复权利请求费应当在本细则规定的相关期限内缴纳；期满未缴纳或者未缴足的，视为未提出请求。

延长期限请求费应当在相应期限届满之日前缴纳；期满未缴纳或者未缴足的，视为未提出请求。

著录事项变更费、专利权评价报告请求费、无效宣告请求费应当自提出请求之日起 1 个月内缴纳；期满未缴纳或者未缴足的，视为未提出请求。

著录事项变更费、专利权评价报告请求费、无效宣告请求费应当自提出请求之日起 1 个月内缴纳；期满未缴纳或者未缴足的，视为未提出请求。

第一百条

申请人或者专利权人缴纳本细则规定的各种费用有困难的，可以按照规定向国务院专利行政部门提出减缴或者缓缴的请求。减缴或者缓缴的办法由国务院财政部门会同国务院价格管理部门、国务院专利行政部门规定。

第一百一十七条

申请人或者专利权人缴纳本细则规定的各种费用有困难的，可以按照规定向国务院专利行政部门提出减缴的请求。减缴的办法由国务院财政部门会同国务院**发展改革**部门、国务院专利行政部门规定。

第十章　关于国际申请的特别规定

第十一章　关于**发明、实用新型**国际申请的特别规定

第一百零一条

国务院专利行政部门根据专利法第二十条规定，受理按照专利合作条约提出的专利国际申请。

按照专利合作条约提出并指定中国的专利国际申请（以下简称国际申请）进入国务院专利行政部门处理阶段（以下称进入中国国家阶段）的条件和程序适用本章的规定；本章没有规定的，

第一百一十八条

国务院专利行政部门根据专利法**第十九**条规定，受理按照专利合作条约提出的专利国际申请。

按照专利合作条约提出并指定中国的专利国际申请（以下简称国际申请）进入国务院专利行政部门处理阶段（以下称进入中国国家阶段）的条件和程序适用本章的规定；本章没有规定的，

2010 年	2023 年
适用专利法及本细则其他各章的有关规定。	适用专利法及本细则其他各章的有关规定。
第一百零二条 按照专利合作条约已确定国际申请日并指定中国的国际申请，视为向国务院专利行政部门提出的专利申请，该国际申请日视为专利法第二十八条所称的申请日。	**第一百一十九条** 按照专利合作条约已确定国际申请日并指定中国的国际申请，视为向国务院专利行政部门提出的专利申请，该国际申请日视为专利法第二十八条所称的申请日。
第一百零三条 国际申请的申请人应当在专利合作条约第二条所称的优先权日（本章简称优先权日）起30个月内，向国务院专利行政部门办理进入中国国家阶段的手续；申请人未在该期限内办理该手续的，在缴纳宽限费后，可以在自优先权日起32个月内办理进入中国国家阶段的手续。	**第一百二十条** 国际申请的申请人应当在专利合作条约第二条所称的优先权日（本章简称优先权日）起30个月内，向国务院专利行政部门办理进入中国国家阶段的手续；申请人未在该期限内办理该手续的，在缴纳宽限费后，可以在自优先权日起32个月内办理进入中国国家阶段的手续。
第一百零四条 申请人依照本细则第一百零三条的规定办理进入中国国家阶段的手续的，应当符合下列要求： （一）以中文提交进入中国国家阶段的书面声明，写明国际申请号和要求获得的专利权类型；	**第一百二十一条** 申请人依照本细则第一百二十条的规定办理进入中国国家阶段的手续的，应当符合下列要求： （一）以中文提交进入中国国家阶段的书面声明，写明国际申请号和要求获得的专利权类型；

（二）缴纳本细则第九十三条第一款规定的申请费、公布印刷费，必要时缴纳本细则第一百零三条规定的宽限费；

（三）国际申请以外文提出的，提交原始国际申请的说明书和权利要求书的中文译文；

（四）在进入中国国家阶段的书面声明中写明发明创造的名称，申请人姓名或者名称、地址和发明人的姓名，上述内容应当与世界知识产权组织国际局（以下简称国际局）的记录一致；国际申请中未写明发明人的，在上述声明中写明发明人的姓名；

（五）国际申请以外文提出的，提交摘要的中文译文，有附图和摘要附图的，提交附图副本和摘要附图副本，附图中有文字的，将其替换为对应的中文文字；国际申请以中文提出的，提交国际公布文件中的摘要和摘要附图副本；

（六）在国际阶段向国际局已办理申请人变更手续的，提供变更后的申请人享有申请权的证明材料；

（七）必要时缴纳本细则第九十三条第一款规定的申请附

（二）缴纳本细则第**一百一十**条第一款规定的申请费、公布印刷费，必要时缴纳本细则第**一百二十**条规定的宽限费；

（三）国际申请以外文提出的，提交原始国际申请的说明书和权利要求书的中文译文；

（四）在进入中国国家阶段的书面声明中写明发明创造的名称，申请人姓名或者名称、地址和发明人的姓名，上述内容应当与世界知识产权组织国际局（以下简称国际局）的记录一致；国际申请中未写明发明人的，在上述声明中写明发明人的姓名；

（五）国际申请以外文提出的，提交摘要的中文译文，有附图和摘要附图的，提交附图副本**并指定**摘要附图，附图中有文字的，将其替换为对应的中文文字；

（六）在国际阶段向国际局已办理申请人变更手续的，**必要时**提供变更后的申请人享有申请权的证明材料；

（七）必要时缴纳本细则第**一百一十**条第一款规定的申请附加费。

符合本条第一款第（一）项至第（三）项要求的，国务院专加费。

符合本条第一款第（一）项至第（三）项要求的，国务院专利行政部门应当给予申请号，明确国际申请进入中国国家阶段的日期（以下简称进入日），并通知申请人其国际申请已进入中国国家阶段。

国际申请已进入中国国家阶段，但不符合本条第一款第（四）项至第（七）项要求的，国务院专利行政部门应当通知申请人在指定期限内补正；期满未补正的，其申请视为撤回。

第一百零五条

国际申请有下列情形之一的，其在中国的效力终止：

（一）在国际阶段，国际申请被撤回或者被视为撤回，或者国际申请对中国的指定被撤回的；

（二）申请人未在优先权日起 32 个月内按照本细则第一百零三条规定办理进入中国国家阶段手续的；

（三）申请人办理进入中国国家阶段的手续，但自优先权日起 32 个月期限届满仍不符合本细则第一百零四条第（一）项

利行政部门应当给予申请号，明确国际申请进入中国国家阶段的日期（以下简称进入日），并通知申请人其国际申请已进入中国国家阶段。

国际申请已进入中国国家阶段，但不符合本条第一款第（四）项至第（七）项要求的，国务院专利行政部门应当通知申请人在指定期限内补正；期满未补正的，其申请视为撤回。

第一百二十二条

国际申请有下列情形之一的，其在中国的效力终止：

（一）在国际阶段，国际申请被撤回或者被视为撤回，或者国际申请对中国的指定被撤回的；

（二）申请人未在优先权日起 32 个月内按照本细则第一百二十条规定办理进入中国国家阶段手续的；

（三）申请人办理进入中国国家阶段的手续，但自优先权日起 32 个月期限届满仍不符合本细则第一百二十一条第（一）项

至第（三）项要求的。

依照前款第（一）项的规定，国际申请在中国的效力终止的，不适用本细则第六条的规定；依照前款第（二）项、第（三）项的规定，国际申请在中国的效力终止的，不适用本细则第六条第二款的规定。

至第（三）项要求的。

依照前款第（一）项的规定，国际申请在中国的效力终止的，不适用本细则第六条的规定；依照前款第（二）项、第（三）项的规定，国际申请在中国的效力终止的，不适用本细则第六条第二款的规定。

第一百零六条

国际申请在国际阶段作过修改，申请人要求以经修改的申请文件为基础进行审查的，应当自进入日起 2 个月内提交修改部分的中文译文。在该期间内未提交中文译文的，对申请人在国际阶段提出的修改，国务院专利行政部门不予考虑。

第一百二十三条

国际申请在国际阶段作过修改，申请人要求以经修改的申请文件为基础进行审查的，应当自进入日起 2 个月内提交修改部分的中文译文。在该期间内未提交中文译文的，对申请人在国际阶段提出的修改，国务院专利行政部门不予考虑。

第一百零七条

国际申请涉及的发明创造有专利法第二十四条第（一）项或者第（二）项所列情形之一，在提出国际申请时作过声明的，申请人应当在进入中国国家阶段的书面声明中予以说明，并自进入日起 2 个月内提交本细则第三十条第三款规定的有关证明文件；未予说明或者期满未提交证

第一百二十四条

国际申请涉及的发明创造有专利法第二十四条第（二）项或者第（三）项所列情形之一，在提出国际申请时作过声明的，申请人应当在进入中国国家阶段的书面声明中予以说明，并自进入日起 2 个月内提交本细则第三十三条第三款规定的有关证明文件；未予说明或者期满未提交证

明文件的，其申请不适用专利法第二十四条的规定。

第一百零八条

申请人按照专利合作条约的规定，对生物材料样品的保藏已作出说明的，视为已经满足了本细则第二十四条第（三）项的要求。申请人应当在进入中国国家阶段声明中指明记载生物材料样品保藏事项的文件以及在该文件中的具体记载位置。

申请人在原始提交的国际申请的说明书中已记载生物材料样品保藏事项，但是没有在进入中国国家阶段声明中指明的，应当自进入日起 4 个月内补正。期满未补正的，该生物材料视为未提交保藏。

申请人自进入日起 4 个月内向国务院专利行政部门提交生物材料样品保藏证明和存活证明的，视为在本细则第二十四条第（一）项规定的期限内提交。

第一百零九条

国际申请涉及的发明创造依赖遗传资源完成的，申请人应当在国际申请进入中国国家阶段的

明文件的，其申请不适用专利法第二十四条的规定。

第一百二十五条

申请人按照专利合作条约的规定，对生物材料样品的保藏已作出说明的，视为已经满足了本细则第二十七条第（三）项的要求。申请人应当在进入中国国家阶段声明中指明记载生物材料样品保藏事项的文件以及在该文件中的具体记载位置。

申请人在原始提交的国际申请的说明书中已记载生物材料样品保藏事项，但是没有在进入中国国家阶段声明中指明的，应当自进入日起 4 个月内补正。期满未补正的，该生物材料视为未提交保藏。

申请人自进入日起 4 个月内向国务院专利行政部门提交生物材料样品保藏证明和存活证明的，视为在本细则第二十七条第（一）项规定的期限内提交。

第一百二十六条

国际申请涉及的发明创造依赖遗传资源完成的，申请人应当在国际申请进入中国国家阶段的

书面声明中予以说明，并填写国务院专利行政部门制定的表格。

第一百一十条

申请人在国际阶段已要求一项或者多项优先权，在进入中国国家阶段时该优先权要求继续有效的，视为已经依照专利法第三十条的规定提出了书面声明。

申请人应当自进入日起 2 个月内缴纳优先权要求费；期满未缴纳或者未缴足的，视为未要求该优先权。

申请人在国际阶段已依照专利合作条约的规定，提交过在先申请文件副本的，办理进入中国国家阶段手续时不需要向国务院专利行政部门提交在先申请文件副本。申请人在国际阶段未提交在先申请文件副本的，国务院专利行政部门认为必要时，可以通知申请人在指定期限内补交；申请人期满未补交的，其优先权要求视为未提出。

第一百二十七条

申请人在国际阶段已要求一项或者多项优先权，在进入中国国家阶段时该优先权要求继续有效的，视为已经依照专利法第三十条的规定提出了书面声明。

申请人应当自进入日起 2 个月内缴纳优先权要求费；期满未缴纳或者未缴足的，视为未要求该优先权。

申请人在国际阶段已依照专利合作条约的规定，提交过在先申请文件副本的，办理进入中国国家阶段手续时不需要向国务院专利行政部门提交在先申请文件副本。申请人在国际阶段未提交在先申请文件副本的，国务院专利行政部门认为必要时，可以通知申请人在指定期限内补交；申请人期满未补交的，其优先权要求视为未提出。

第一百二十八条 （新增）

国际申请的申请日在优先权期限届满之后 2 个月内，在国际阶段受理局已经批准恢复优先权的，视为已经依照本细则第三十六条的规定提出了恢复优先权请求；在国际阶段申请人未请求恢复优先权，或者提出了恢复优先权请求但受理局未批准，申请人有正当理由的，可以自进入日起2个月内向国务院专利行政部门请求恢复优先权。

第一百一十一条

在优先权日起 30 个月期满前要求国务院专利行政部门提前处理和审查国际申请的，申请人除应当办理进入中国国家阶段手续外，还应当依照专利合作条约第二十三条第二款规定提出请求。国际局尚未向国务院专利行政部门传送国际申请的，申请人应当提交经确认的国际申请副本。

第一百一十二条

要求获得实用新型专利权的国际申请，申请人可以自进入日起2个月内对专利申请文件主动提出修改。

要求获得发明专利权的国际申请，适用本细则第五十一条第一款的规定。

第一百二十九条

在优先权日起 30 个月期满前要求国务院专利行政部门提前处理和审查国际申请的，申请人除应当办理进入中国国家阶段手续外，还应当依照专利合作条约第二十三条第二款规定提出请求。国际局尚未向国务院专利行政部门传送国际申请的，申请人应当提交经确认的国际申请副本。

第一百三十条

要求获得实用新型专利权的国际申请，申请人可以自进入日起2个月内对专利申请文件主动提出修改。

要求获得发明专利权的国际申请，适用本细则第**五十七条**第一款的规定。

第一百一十三条

申请人发现提交的说明书、权利要求书或者附图中的文字的中文译文存在错误的，可以在下列规定期限内依照原始国际申请文本提出改正：

（一）在国务院专利行政部门作好公布发明专利申请或者公告实用新型专利权的准备工作之前；

（二）在收到国务院专利行政部门发出的发明专利申请进入实质审查阶段通知书之日起 3 个月内。

申请人改正译文错误的，应当提出书面请求并缴纳规定的译文改正费。

申请人按照国务院专利行政部门的通知书的要求改正译文的，应当在指定期限内办理本条第二款规定的手续；期满未办理规定手续的，该申请视为撤回。

第一百一十四条

对要求获得发明专利权的国际申请，国务院专利行政部门经初步审查认为符合专利法和本细则有关规定的，应当在专利公报上予以公布；国际申请以中文以

第一百三十一条

申请人发现提交的说明书、权利要求书或者附图中的文字的中文译文存在错误的，可以在下列规定期限内依照原始国际申请文本提出改正：

（一）在国务院专利行政部门做好公布发明专利申请或者公告实用新型专利权的准备工作之前；

（二）在收到国务院专利行政部门发出的发明专利申请进入实质审查阶段通知书之日起 3 个月内。

申请人改正译文错误的，应当提出书面请求并缴纳规定的译文改正费。

申请人按照国务院专利行政部门的通知书的要求改正译文的，应当在指定期限内办理本条第二款规定的手续；期满未办理规定手续的，该申请视为撤回。

第一百三十二条

对要求获得发明专利权的国际申请，国务院专利行政部门经初步审查认为符合专利法和本细则有关规定的，应当在专利公报上予以公布；国际申请以中文以

外的文字提出的，应当公布申请文件的中文译文。

　　要求获得发明专利权的国际申请，由国际局以中文进行国际公布的，自国际公布日起适用专利法第十三条的规定；由国际局以中文以外的文字进行国际公布的，自国务院专利行政部门公布之日起适用专利法第十三条的规定。

　　对国际申请，专利法第二十一条和第二十二条中所称的公布是指本条第一款所规定的公布。

第一百一十五条

　　国际申请包含两项以上发明或者实用新型的，申请人可以自进入日起，依照本细则第四十二条第一款的规定提出分案申请。

　　在国际阶段，国际检索单位或者国际初步审查单位认为国际申请不符合专利合作条约规定的单一性要求时，申请人未按照规定缴纳附加费，导致国际申请某些部分未经国际检索或者未经国际初步审查，在进入中国国家阶段时，申请人要求将所述部分作为审查基础，国务院专利行政部

外的文字提出的，应当公布申请文件的中文译文。

　　要求获得发明专利权的国际申请，由国际局以中文进行国际公布的，自国际公布日**或者国务院专利行政部门公布之日**起适用专利法第十三条的规定；由国际局以中文以外的文字进行国际公布的，自国务院专利行政部门公布之日起适用专利法第十三条的规定。

　　对国际申请，专利法第二十一条和第二十二条中所称的公布是指本条第一款所规定的公布。

第一百三十三条

　　国际申请包含两项以上发明或者实用新型的，申请人可以自进入日起，依照本细则**第四十八**条第一款的规定提出分案申请。

　　在国际阶段，国际检索单位或者国际初步审查单位认为国际申请不符合专利合作条约规定的单一性要求时，申请人未按照规定缴纳附加费，导致国际申请某些部分未经国际检索或者未经国际初步审查，在进入中国国家阶段时，申请人要求将所述部分作为审查基础，国务院专利行政部

门认为国际检索单位或者国际初步审查单位对发明单一性的判断正确的，应当通知申请人在指定期限内缴纳单一性恢复费。期满未缴纳或者未足额缴纳的，国际申请中未经检索或者未经国际初步审查的部分视为撤回。

第一百一十六条

国际申请在国际阶段被有关国际单位拒绝给予国际申请日或者宣布视为撤回的，申请人在收到通知之日起 2 个月内，可以请求国际局将国际申请档案中任何文件的副本转交国务院专利行政部门，并在该期限内向国务院专利行政部门办理本细则第一百零三条规定的手续，国务院专利行政部门应当在接到国际局传送的文件后，对国际单位作出的决定是否正确进行复查。

第一百一十七条

基于国际申请授予的专利权，由于译文错误，致使依照专利法第五十九条规定确定的保护范围超出国际申请的原文所表达的范围的，以依据原文限制后的保护范围为准；致使保护范围小

门认为国际检索单位或者国际初步审查单位对发明单一性的判断正确的，应当通知申请人在指定期限内缴纳单一性恢复费。期满未缴纳或者未足额缴纳的，国际申请中未经检索或者未经国际初步审查的部分视为撤回。

第一百三十四条

国际申请在国际阶段被有关国际单位拒绝给予国际申请日或者宣布视为撤回的，申请人在收到通知之日起 2 个月内，可以请求国际局将国际申请档案中任何文件的副本转交国务院专利行政部门，并在该期限内向国务院专利行政部门办理本细则第**一百二十**条规定的手续，国务院专利行政部门应当在接到国际局传送的文件后，对国际单位作出的决定是否正确进行复查。

第一百三十五条

基于国际申请授予的专利权，由于译文错误，致使依照专利法第**六十四**条规定确定的保护范围超出国际申请的原文所表达的范围的，以依据原文限制后的保护范围为准；致使保护范围小

于国际申请的原文所表达的范围的，以授权时的保护范围为准。

于国际申请的原文所表达的范围的，以授权时的保护范围为准。

第十二章　关于外观设计国际申请的特别规定

（新增）

第一百三十六条（新增）

国务院专利行政部门根据专利法第十九条第二款、第三款规定，处理按照工业品外观设计国际注册海牙协定（1999 年文本）（以下简称海牙协定）提出的外观设计国际注册申请。

国务院专利行政部门处理按照海牙协定提出并指定中国的外观设计国际注册申请（简称外观设计国际申请）的条件和程序适用本章的规定；本章没有规定的，适用专利法及本细则其他各章的有关规定。

第一百三十七条（新增）

按照海牙协定已确定国际注册日并指定中国的外观设计国际申请，视为向国务院专利行政部门提出的外观设计专利申请，该国际注册日视为专利法第二十八条所称的申请日。

第一百三十八条（新增）

国际局公布外观设计国际申请后，国务院专利行政部门对外观设计国际申请进行审查，并将审查结果通知国际局。

第一百三十九条（新增）

国际局公布的外观设计国际申请中包括一项或者多项优先权的，视为已经依照专利法第三十条的规定提出了书面声明。

外观设计国际申请的申请人要求优先权的，应当自外观设计国际申请公布之日起 3 个月内提交在先申请文件副本。

第一百四十条（新增）

外观设计国际申请涉及的外观设计有专利法第二十四条第（二）项或者第（三）项所列情形的，应当在提出外观设计国际申请时声明，并自外观设计国际申请公布之日起 2 个月内提交本细则第三十三条第三款规定的有关证明文件。

第一百四十一条（新增）

一件外观设计国际申请包括两项以上外观设计的，申请人可以自外观设计国际申请公布之日起 2 个月内，向国务院专利行政部门提出分案申请，并缴纳费用。

第一百四十二条（新增）

国际局公布的外观设计国际申请中包括含设计要点的说明书的，视为已经依照本细则第三十一条的规定提交了简要说明。

第一百四十三条（新增）

外观设计国际申请经国务院专利行政部门审查后没有发现驳回理由的，由国务院专利行政部门作出给予保护的决定，通知国际局。

国务院专利行政部门作出给予保护的决定后，予以公告，该外观设计专利权自公告之日起生效。

第一百四十四条（新增）

已在国际局办理权利变更手续的，申请人应当向国务院专利行政部门提供有关证明材料。

第十一章　附　则	**第十三章　附　则**
第一百一十八条	**第一百四十五条**
经国务院专利行政部门同意，任何人均可以查阅或者复制已经公布或者公告的专利申请的案卷和专利登记簿，并可以请求国务院专利行政部门出具专利登记簿副本。	经国务院专利行政部门同意，任何人均可以查阅或者复制已经公布或者公告的专利申请的案卷和专利登记簿，并可以请求国务院专利行政部门出具专利登记簿副本。
已视为撤回、驳回和主动撤回的专利申请的案卷，自该专利申请失效之日起满 2 年后不予保存。	已视为撤回、驳回和主动撤回的专利申请的案卷，自该专利申请失效之日起满 2 年后不予保存。
已放弃、宣告全部无效和终止的专利权的案卷，自该专利权失效之日起满 3 年后不予保存。	已放弃、宣告全部无效和终止的专利权的案卷，自该专利权失效之日起满 3 年后不予保存。
第一百一十九条	**第一百四十六条**
向国务院专利行政部门提交申请文件或者办理各种手续，应当由申请人、专利权人、其他利害关系人或者其代表人签字或者盖章；委托专利代理机构的，由专利代理机构盖章。	向国务院专利行政部门提交申请文件或者办理各种手续，应当由申请人、专利权人、其他利害关系人或者其代表人签字或者盖章；委托专利代理机构的，由专利代理机构盖章。
请求变更发明人姓名、专利申请人和专利权人的姓名或者名称、国籍和地址、专利代理机构的名称、地址和代理人姓名的，应当向国务院专利行政部门办理	请求变更发明人姓名、专利申请人和专利权人的姓名或者名称、国籍和地址、专利代理机构的名称、地址和**专利代理师**姓名的，应当向国务院专利行政部门

著录事项变更手续，并附具变更理由的证明材料。	办理著录事项变更手续，**必要时应当提交**变更理由的证明材料。

第一百二十条

向国务院专利行政部门邮寄有关申请或者专利权的文件，应当使用挂号信函，不得使用包裹。

除首次提交专利申请文件外，向国务院专利行政部门提交各种文件、办理各种手续的，应当标明申请号或者专利号、发明创造名称和申请人或者专利权人姓名或者名称。

一件信函中应当只包含同一申请的文件。

第一百四十七条

向国务院专利行政部门邮寄有关申请或者专利权的文件，应当使用挂号信函，不得使用包裹。

除首次提交专利申请文件外，向国务院专利行政部门提交各种文件、办理各种手续的，应当标明申请号或者专利号、发明创造名称和申请人或者专利权人姓名或者名称。

一件信函中应当只包含同一申请的文件。

第一百二十一条

各类申请文件应当打字或者印刷，字迹呈黑色，整齐清晰，并不得涂改。附图应当用制图工具和黑色墨水绘制，线条应当均匀清晰，并不得涂改。

请求书、说明书、权利要求书、附图和摘要应当分别用阿拉伯数字顺序编号。

申请文件的文字部分应当横向书写。纸张限于单面使用。

（删除）

2010 年	2023 年
第一百二十二条	**第一百四十八条**
国务院专利行政部门根据专利法和本细则制定专利审查指南。	国务院专利行政部门根据专利法和本细则制定专利审查指南。
第一百二十三条	**第一百四十九条**
本细则自 2001 年 7 月 1 日起施行。1992 年 12 月 12 日国务院批准修订、1992 年 12 月 21 日中国专利局发布的《中华人民共和国专利法实施细则》同时废止。	本细则自 2001 年 7 月 1 日起施行。1992 年 12 月 12 日国务院批准修订、1992 年 12 月 21 日中国专利局发布的《中华人民共和国专利法实施细则》同时废止。

后　记

冬至阳生，岁回律转。《中华人民共和国专利法》（以下简称《专利法》）于 1984 年诞生，今朝四十载，恰是风华正茂。"四十"而"不惑"，经过这四十年的砥砺前行，中国的专利法律制度从无到有，从小到大，已形成支撑全面创新的基础制度，为建设市场化、法治化、国际化一流营商环境提供坚实的法治保障。

看似寻常最奇崛，成如容易却艰辛。《专利法》及其实施细则的修改，每一步都凝聚了知识产权人的心血与汗水。来之不易、成之惟艰的成绩，是国家知识产权局全体同仁齐心协力、锐意进取的结晶。这一路走来，我们经历了艰难曲折，看到了美丽风景，取得了沉甸甸的收获。

为了更好地宣传和实施新修改的《专利法》及其实施细则，国家知识产权局条法司组织编撰此书，从修改目的、修改内容、制度参考、修改作用等方面对修改条款进行了深入解读。国家知识产权局条法司的汪旻梁、方华、孙迪、李丁俊、高鹏、纪登波、张熙、刘贺明、李裕、付安之等多位同志参加了编写和校对工作。梁雨、王韦玮、韩超、姜洋洋、刘佳、王伟、庞尔江等同志为本书撰写提出了宝贵意见和修改建议。此外，条法司司领导张鹏、何越峰对本书的编写工作给予了全面深入的指导，并进行了全稿审读。

在本书的撰写过程中，我们还得到了国家知识产权局各级领导专家的指导、帮助和支持，汲取了众多业内专家学者的智慧与见解，在此表示衷心的感谢。本书还参考借鉴了许多著述，获益匪浅，尽管做了一些出处标引，但仍存在漏标的可能，在表示诚挚谢意的同时，还要敬请谅解。

尽管我们力求完美，但由于能力有限，书中难免有疏漏之处，敬请读者朋友们批评指正，并给予宝贵的意见和建议。

　　最后，谨以此书作为中国专利制度建立四十周年的一份小小礼物，愿它能给业界朋友以帮助，指引我们在专利的海洋中破浪前行，共同书写新的辉煌篇章。